राजकमल

विद्यार्थी हिन्दी-अंग्रेजी शब्दकोश

RAJKAMAL

STUDENT HINDI-ENGLISH DICTIONARY

अन्य महत्त्वपूर्ण कोश

पॉकेट हिन्दी शब्दकोश
पॉकेट अंग्रेजी-हिन्दी कोश
पॉकेट हिन्दी-अंग्रेजी कोश
संक्षिप्त हिन्दी शब्दकोश
संक्षिप्त अंग्रेजी-हिन्दी कोश
संक्षिप्त हिन्दी-अंग्रेजी कोश
विद्यार्थी हिन्दी शब्दकोश
राजकमल विद्यार्थी हिन्दी-अंग्रेजी शब्दकोश
राजकमल विद्यार्थी अंग्रेजी-हिन्दी शब्दकोश
राजकमल अंग्रेजी-हिन्दी वाक्यांश एवं मुहावरा कोश
राजकमल हिन्दी-अंग्रेजी वर्णमाला कोश
राजकमल अंग्रेजी-हिंदी पटबंध कोश
पहला हिन्दी-अंग्रेजी शब्दकोश
हिन्दी-अंग्रेजी वर्णमाला कोश
सचित्र बाल हिन्दी शब्दकोश
सचित्र हिन्दी-अंग्रेजी बालकोश
सचित्र हिन्दी बाल कोश
हिन्दी बाल कोश
राधाकृष्ण हिन्दी-अंग्रेजी व्यावहारिक कोश
राधाकृष्ण अंग्रेजी-हिन्दी व्यावहारिक कोश
लोकभारती राजभाषा शब्द कोश (हिन्दी-अंग्रेजी)
लोकभारती राजभाषा शब्द कोश (अंग्रेजी-हिन्दी)
हिन्दी अंग्रेजी पर्यायवाची एवं विपर्याय कोश
लोकभारती हिन्दी मुहावरे और लोकोक्ति कोश
लोकभारती उर्दू-हिंदी कोश (उर्दू लिपि सहित)
लोकभारती प्रामाणिक हिन्दी कोश (संक्षिप्त संस्करण)
लोकभारती उर्दू-हिन्दी-अंग्रेजी त्रिभाषी कोश
लोकभारती वृहद प्रामाणिक हिन्दी कोश
लोकभारती प्रामाणिक हिन्दी बाल-कोश
हिन्दी प्रयोग कोश
उर्दू-हिन्दी कोश
तुकान्तक कोश
मानविकी पारिभाषिक कोश (दर्शन)
मानविकी पारिभाषिक कोश (मनोविज्ञान)
पालि-हिंदी कोश
अरविन्द सहज समांतर कोश
शब्देश्वरी
फ़ारसी हिन्दी शब्दकोश (दो भाग)
लोकभारती हिन्दी क्रिया कोश
संस्कृत वाङ्मय कोश (चार खंड)
अर्थशास्त्र परिभाषा कोश
प्रबंध परिभाषा कोश
ग्रीक नाट्यकला कोश
ग्रीक पुराणकथा कोश
समाज-विज्ञान विश्वकोश (6 खंड)
भारतीय वन्य प्राणियों के संरक्षित क्षेत्रों का विश्व कोश
रामसाहित्य कोश (2 खंडों में)
आधुनिक हिंदी प्रयोग कोश
कम्प्यूटर व सूचना प्रौद्योगिकी शब्दकोश
मनोविज्ञान का पारिभाषिक शब्दकोश
छत्तीसगढ़ : बोली, व्याकरण और कोश
रीतिकालीन साहित्य कोश

राजकमल

विद्यार्थी हिन्दी-अंग्रेजी शब्दकोश

RAJKAMAL

STUDENT HINDI-ENGLISH DICTIONARY

डॉ. द्वारका प्रसाद

सहयोग

श्रीमती संतोष प्रसाद

राजकमल प्रकाशन

परामर्श

डॉ. कृष्ण कुमार गोस्वामी

ISBN : 978-81-267-0912-0

मूल्य : ₹695

पहला संस्करण : 2004
दसवाँ संस्करण : 2025

प्रकाशक : राजकमल प्रकाशन प्रा.लि.
1-बी, नेताजी सुभाष मार्ग, दरियागंज
नई दिल्ली-110 002

शाखाएँ : अशोक राजपथ, साइंस कॉलेज के सामने, पटना-800 006
पहली मंजिल, दरबारी बिल्डिंग, महात्मा गांधी मार्ग, प्रयागराज-211 001

वेबसाइट : www.rajkamalprakashan.com
ई-मेल : info@rajkamalprakashan.com

मुद्रक : बी.के. ऑफसेट
नवीन शाहदरा, दिल्ली-110 032

RAJKAMAL STUDENT HINDI-ENGLISH DICTIONARY
by. Dr. Dwarka Prasad, Smt. Santosh Prasad

प्रकाशकीय

अंग्रेज़ी भाषा आज हमारे सामाजिक और शैक्षणिक जीवन का अभिन्न हिस्सा हो गई है। प्रत्येक वर्ग और क्षेत्र के व्यक्ति के लिए आज अंग्रेज़ी को जानना ज़रूरी है, अगर वह भाषा का पूर्णरूपेण ज्ञाता नहीं है तो भी समाज में गति के लिए उसे अंग्रेज़ी शब्दावली का संतोषजनक ज्ञान होना ही चाहिए।

राजकमल प्रकाशन गत पाँच दशकों से विभिन्न विषयों में विशिष्ट पुस्तकों के प्रकाशन से हिन्दीभाषी समाज की नित नवीन ज़रूरतों के साथ चलता रहा है। हमने न सिर्फ अपने पाठकों की रुचियों का परिष्कार किया है, बल्कि उनकी रुचियों की विविधता को ध्यान में रखते हुए नए-नए क्षेत्रों में भी क़दम बढ़ाए हैं। हिन्दी के छात्रों व पाठकों की वर्तमान आवश्यकताओं के मद्‌देनज़र हिन्दी-अंग्रेज़ी शब्दकोशों की यह श्रृंखला उसी का नतीजा है।

प्रस्तुत कोश अंग्रेज़ी भाषा की नवीनतम शब्दावली के साथ शब्दों के सम्यक् उच्चारण और उनके व्याकरणसम्मत प्रयोग की जानकारी पाठकों को देता है। इसके अलावा इस कोश के निर्माण में इस बात का विशेष ध्यान रखा गया है कि वे शब्द जिनका इस्तेमाल हमारे दैनिक जीवन तथा समाचार-पत्रों, टी.वी., सिनेमा, रेडियो आदि संचार माध्यमों में होता है, इसमें अवश्य शामिल रहें।

हमें पूरी आशा है कि पाठकगण इस कोश को उपयोगी पाएँगे।

भूमिका

यद्यपि हिन्दी भारत की राष्ट्रभाषा मानी जाती है, यथार्थ यह है कि देश के हर कोने में अभी भी अंग्रेज़ी का महत्त्व कम नहीं हुआ है, बल्कि देखा यह जा रहा है कि अंग्रेज़ी का प्रचार-प्रसार पहले से भी अधिक होता जा रहा है। ऐसी स्थिति में यह आवश्यक हो गया है कि आप कम-से-कम इतनी अंग्रेज़ी तो जानें ही कि अपने काम अंग्रेज़ी में भी चला सकें। अब तो स्कूलों की प्राइमरी कक्षाओं तक में अंग्रेज़ी का प्रचलन होता जा रहा है। ऐसी स्थिति में आपको एक ऐसे कोश की आवश्यकता पड़ती ही है जिसके माध्यम से आप अपने अन्दर हिन्दी में उठते विचारों को अंग्रेज़ी में भी प्रकट कर सकें। हमने इस कोश में यह प्रयास किया है कि आज की प्रचलित हिन्दी का अगर आपको अंग्रेज़ी में अनुवाद करना हो तो आप आसानी से अपना मनचाहा अंग्रेज़ी शब्द इसमें पा जाएँ। अगर आप अहिन्दी भाषी हों और अंग्रेज़ी से अधिक परिचित हों तो हिन्दी पढ़ते हुए अगर कहीं कठिनाई हो तो इस कोश में आपको अपना वांछित अंग्रेज़ी अर्थ आसानी से मिल जाएगा। शब्दों के चुनाव में हमने इसका ध्यान रखा है कि यह स्कूल-कॉलेज के विद्यार्थियों के अलावा लेखकों, पत्रकारों, शिक्षकों, दफ्तरों, आदि के लिए भी उपयोगी हो।

हम राजकमल प्रकाशन प्रा. लि. के प्रबंध निदेशक श्री अशोक महेश्वरी के आभारी हैं कि उन्होंने इसे इतने सुन्दर ढंग से प्रकाशित किया है।

मेन रोड, लोहरदगा (झारखंड)
सितंबर, 2003 ई.

–द्वारका प्रसाद
संतोष प्रसाद

संकेत सूची
(ABBREVIATIONS)

(A) • Arabic अरबी
adj. • adjective विशेषण
adv. • adverb अव्यय; क्रिया विशेषण
conj. • conjuction संयोजक
e.g. • for example उदाहरणार्थ
f. • feminine स्त्रीलिंग
f.t. • future tense भविष्यकाल
gram. • grammar व्याकरण
i.e. • that is अर्थात्
interj. • interjection विस्मयबोधक
interro. • interrogative प्रश्नवाचक
m. • masculine पुल्लिंग
math. • mathematics गणित
n. • noun संज्ञा
(P). • Persian फ़ारसी
pl. • plural बहुवचन
ppn. • preposition कारक चिह्न
p.t. • past tense भूतकाल
pr.t. • present tense वर्तमानकाल
pron. • pronoun सर्वनाम
(S) • Sanskrit संस्कृत
sin. • singular एकवचन
(T) • Ṭurkish तुर्की
v.i. • verb intransitive अकर्मक क्रिया
v.t. • verb transitive सकर्मक क्रिया
viz. • namely; that is to say यानी

हिन्दी-अंग्रेज़ी पॉकेट कोश

STUDENT HINDI-ENGLISH DICTIONARY

अ

अंक *(S) m.* • a number; a figure; a digit; 2. number (of the issue of publication); 3. act (of a drama). ~**देना,** to give marks. ~**लगाना,** to embrace. ~**गणित,** *m.* arithmetic.

अंकन *(S) m.* • drawing; marking.

अंकवार *(f)* • the embrace.

अंकित *(S) adj.* • numbered.

अंकुर *(S) m.* • sprout.

अंकुरण *(S) m.* • germination.

अंकुरित *(S) adj.* • sprouted; germinated.

अंकुश *(S) m.* • a goad. ~ **लगाना** to goad; to spur.

अंकुसी *f.* • a hook.

अंखुआ *m.* • sprout.

अंग *(S) m.* • limb; section (of a whole). ~**लगाना** to embrace. ~**भंग करना** *v.* to mutilate. ~**रक्षक** *adj.* bodyguard. ~**हीन** *adj.* limbless.

अंगड़ाई *f.* • stretching the limbs. ~**लेना** to stretch the body.

अंगना *n.m.* • courtyard.

अंगरखा *n.m.* • coat.

अंगार, अंगारा *n.m.* • a glowing coal.

अंगिया *n.f.* • brassiere.

अंगीकार *(S) m.* • to own somebody; consent. ~**करना** to accept.

अंगीकृत *(S) adj.* • accepted.

अंगीठी *f.* • a brazier.

अंगुल *m.* • a finger's length.

अंगुली *n.f.* • finger.

अंगूठा *m.* • the thumb. ~**दिखाना** to defy.

अंगूठी *f.* • ring.

अंगूर *(P)*. • grape.
अंगूरी *(P) adj.* • having to do with grapes.
अंगोछा *m.* • a towel.
अंचल *(S) m.* • hem or the end (of a sari or shawl); zone; region.
अंजन *(S) m.* • lamp black (applied to the eyes).
अंजर-पंजर *(S) m.* • ribs and bones; skeleton.
अंजलि, अंजली *f.* • hollowed hands placed together.
अंजाम *(P) m.* • result; end.
अंजुमन *(P) m.* • assembly.
अंटिया *f.* • handful.
अंड *(S) m.* • egg; testicle. ~**ज** *m. adj.* egg born. ~**बंड** *adj.* incoherent.
अंडा *m* • egg. ~**देना** *v.* to lay egg. ~**सेना** *v.* to hatch. ~**कार** *adj.* egg-shaped. ~**शय** *m.* ovary.
अंत *(S) m.* • end; completion. ~**काल** hour of death. ~**कालीन** *adj.* provisional. ~**होना** *v.* to be completed; to die. ~**में** at the end.
अंतड़ी *(f)* • intestines.
अंतरात्मा *(S) p.* • Inner soul; conscience.
अंतराल *(S) m.adj.* • interior; interval.
अंतरीप *(S) m.* • cape; peninsula.
अंतर्कालीन *adj.* • internal; innermost.
अंतर्गत *(S) adj.* • internal; *adv.* included in; *ppn.* under.
अंतर्जातीय *(S) adj.* • intercaste.
अंतर्दृष्टि *(S) f* • subtle understanding.
अंतर्देशीय *(S) adj.* • inland.
अंतर्द्वंद्व *(S) m.* • inner conflict.
अंतर्धान *(S) m.* • disappearance.
अंतर्निहित *(S) adj.* • hidden.
अंतर्बोध *(S) m.* • intuition.
अंतर्यामी *(S) m.adj.* • knowing the inner thoughts; the supreme being.
अंतर्राष्ट्रीय *(S) adj.* • international.
अंतिम *(S) adj.* • last; ultimate.
अंत्येष्टि *(S) f.* • funeral ceremony.
अंदर *(S) adv.* • within; inside. ~**करना** to put inside.
अंदरूनी *(P) adj.* • interior; internal.
अंदाज़ *(P) m.* • conjecture; estimate.
अंदाज़न *(P) adv.* • approximately.
अंदेशा *(P) m.* • anxious thought; misgiving.
अंध *(S) adj.* • blind. ~**विश्वास** blind faith, superstition.
अंधकार *(S) m.* • darkness.
अंधड़ *(S) m.* • dust-storm.
अंधा *adj & m.* • blind. ~**कुआँ** a dried-out well. ~**धुंध** indiscriminately; blindly. ~**पन** *m.* blindness.

अंधियारा *adj.* • dark; m. darkness.

अंबर *(S) m.* • clothing; the sky; clouds.

अंबार *(P) m.* • heap.

अंबिया *f.* • a small unripe mango.

अंबुज *(S) n.m.* • lotus; water born.

अंश *(S) m.* • part. ~**कालिक** part-time. ~**दान** m. contribution. ~**पत्र** n. share-deed.

अंशुमान, अंशुमाली *(S) m.* • the sun.

अकंटक *(S) adj.* • without obstacles.

अकंपित *(S) adj.* • firm.

अकड़ *(S) n.f.* • haughtinerss; arrogance. ~**बाज़** *adj.* arrogant.

अकथ, अकथनीय *(S) adj.* • unmentionable.

अकथ्य *(S)* • see **अकथ**

अकरणीय *(S) adj.* • not proper; not to be done.

अकर्म *(S) m.* • vice; sin; wickedness.

अकर्मक *(S) adj.* • intransitive (verb).

अकर्मण्य *(S) adj.* • idle. ~**ता** *n.f.* idleness.

अकल्पनीय *(S) adj.* • unimaginable.

अकल्पित *(S) adj.* • unimagined; natural.

अकस्मात् *(S) adj.* • suddenly; by chance.

अकाज *m.* • harm; improper action; uselessness; *adv.* in vain.

अकाट्य *(S) adj.* • incontrovertible.

अकारण *(S) adj.* • causeless; without reason.

अकारथ *(S) adj.* • useless; unprofitable.

अकाल *(S) adj.* • untimely; famine. ~**मृत्यु** premature death.

अकिंचन *(S) adj.* • destitute. m. a pauper.

अकुलाना *v.i.* • to be agitated.

अकुलीन *(S) adj.* • not of high birth.

अकुशल *(S) adj.* • unskilled.

अकृतज्ञ *(S) adj.* • ungrateful.

अकृत्रिम *(S) adj.* • natural; genuine.

अकेला *(S) adj.* • single; solitary; alone; lonely. *adv.* singly. ~**पन** loneliness.

अकेले *adv.* • alone.

अक्खड़ *adj.* • unyielding. ~**पन** *m.n.* haughtiness.

अक़्ल *(A) f.* • mind; wisdom. ~**मंद** *adj.* intelligent.

अक्ष *(S) m.* • an axle; latitude.

अक्षत *(S) adj.* • entire; unbroken. ~**योनि** *adj. f.* virgin.

अक्षम *(S) adj.* • incompetent. ~**ता** *f.* incompetence.

अक्षय *(S) adj.* • imperishable.

अक्षर *(S) adj.* • unchangeable. *m.* a syllable; letter. ~**शः** *adj.* literally.

अक्षुण्ण *(S) adj.* • unbroken; continuing.

अक्स *adj. m.* • reflection.
अखंड *(S) adj.* • entire; undivided; indivisible. ~ता *f.* wholeness.
अखंडित *(S) adj.* • unbroken.
अख़बार *(A) m.* • newspaper. ~नवीस *m.* reporter; journalist.
अखरना *v.i.* • to be disagreeable; to irritate.
अखरोट *m.* • walnut (tree & fruit).
अखाड़ा *m.* • arena; wrestling ground; place of assembly.
अखिल *(S) adj.* • whole; all.
अख़्तियार *(A) m.* • power; authority.
अगणित, अगण्य *(S) adj.* • innumerable.
अगति *(S) adj.* • helpless. *f.* helpless state; inertness.
अगम, अगम्य *(S) adj.* • inaccessible; unfathomable.
अगर *(P) conj.* • if. ~मगर; *m.* ifs and buts.
अगरचे *(P) conj.* • although; even if.
अगल-बगल *adv.* • here and there; all around.
अगला *adj.* • foremost; former; next.
अगवा *m.* • kidnapping.
अगवानी *f.* • reception; welcome.
अगहनी *f.* • the kharif crop harvested in Aghan.
अगाध *(S) adj.* • unfathomable.
अगुआ *m.* • leader.
अगुआई *f.* • the lead (in an activity). ~करना to lead.
अगोचर *(S) adj.* • not perceptible; *m.* the invisible supreme being.
अग्नि *(S) f.* • fire. ~कुंड a fire-pit. ~कर्म *m.* cremation. ~शामक *m.* fire-extinguisher.
अग्न्यस्त्र *(S) m.* • fire-arm.
अग्र *(S) adj.* • foremost; first; prior. ~ज *m.* elder brother. ~सारित *adj.* forwarded. ~णी *adj.* advanced; leading.
अग्राह्य *(S) adj.* • inadmissible.
अग्रिम *(S) adj.* • first in order of rank. *m.* an advance.
अघटित *(S) adj.* • unprecedented; improbable.
अघनाशक *(S) adj.* • destroyer of sin.
अघमय *(S) adj.* • sinful.
अघाना *v.i.* • to be contented; to be satisfied.
अचंभा *m.* • astonishment; a wonder.
अचंभित *adj.* • bewildered.
अचर *(S) adj.* • immovable.
अचरज *m.* • wonder; a miracle.
अचल *(S) adj.* • not able to move; firm; changeless. ~संपत्ति *f.* immovable property.
अचला *(S) f.* • the earth.
अचानक *adv.* • suddenly; unexpectedly; inadvertently.

अचार *(P) m.* • pickle.

अचिंतनीय *(S) adj.* • unimaginable.

अचिंत्य *(S) adj.* • unimaginable.

अचूक *adj.* • infallible; unerring.

अचेत *(S) adj.* • unconscious; fainting.

अचेतन *(S) adj.* • subconscious; unconscious.

अच्छा *adj.* • good. ~**करना** to do good. ~ **होना** to recover (health). ~**खासा** *adj.* excellent. ~**ई** *f.* good quality; excellence. ~**पन** *m.* virtue.

अच्युत *(S) adj.* • permanent; eternal.

अछूत *adj.* • untouchable; *m.* an untouchable (person, caste).

अछूता *adj.* • untouched; undefiled; pure; virgin.

अजगर *(S) m.* • a large snake; python.

अजनबी *(A) m.* • a stranger; *adj.* strange.

अजब *(A) adj.* • strange.

अजय *(S) adj.* • invincible.

अजर *(S) adj.* • ever young; unchanging.

अजल *(A) f.* • death.

अजस्र *(S) adj.* • perpetual; *adv.* for ever.

अजात *(S) adj.* • unborn. ~**शत्रु** *adj.* one who has no enemy.

अजाति *m.* • low caste status; out caste.

अज़ान *(A) m.* • call to prayer (Muslim).

अजाना *adj.* • unknown.

अजायब *(A) m.* • wonders. ~**घर** *m.* museum.

अज़ीज़ *(A) adj.* • dear; beloved; *m.* a dear friend.

अजीब *(A) adj.* • extrordinary; unique.

अजीर्ण *(S) m.* • indigestion.

अजूबा *(A) adj.* • wonderful; *m.* a miracle.

अज्ञात *(A) adj.* • unknown. ~**यौवना** *f.* (a girl) surprised at the symptoms of her adolescence. ~**कुल** *adj.* of unknown family. ~**वास** *m.* residence in a secret place; underground.

अज्ञान *(S) m.* • ignorance.

अज्ञानता • see **अज्ञान**

अज्ञेय *(S) adj.* • unknowable.

अटक *f.* • obstacle; hesitation.

अटकना *v.i.* • to hesitate.

अटकल *f.* • guessing; conjecture. ~**लगाना** to make a guess.

अटकाना *v.t.* • to obstruct.

अटकाव *m.* • obstruction.

अटपट, अटपटा *adj.* • confused; restless; *f.* random remarks; nonsense.

अटल *adj.* • firm; immovable.

अटाना *v.i.* • to fit (into).

अटारी *f.* • attic; balcony.

अटिया *f.* • a small thatched room on the roof of a house.

अटूट *adj.* • unbreakable; continuous; unbroken.

अटेरन *m.* • bobbin; distaff.

अट्टालिका *(S) f.* • high building.

अठगुणा *adj.* • eightfold.

अठन्नी *f.* • half a rupee.

अठमासा *m.* • a child born after eight months of conception.

अठवाड़ा, अठवारा *m.* • week.

अठखेली *f.* • playfulness.

अठहत्तर *adj.* • seventy-eight.

अठारह *adj.* • eighteen. ~**वां** *adj.* eighteenth.

अड़ंगा *m.* • obstruction; obstacle. ~**लगाना या डालना** to hinder.

अड़चन *f.* • hindrance; obstacle.

अड़ना *v.i.* • to stop; to be obstinate.

अड़ाना *v.t.* • to obstruct.

अड़ियल *adj.* • stubborn; obstinate.

अड़ोस-पड़ोस *m.* • neighbourhood. *adv.* nearby.

अड़ोसी-पड़ोसी *m.* • a neighbour.

अड्डा *m.* • site; stand; station (of vehicles).

अढ़ाई *adj.* • two and a half.

अणु *(S) m.* • an atom; molecule. ~**बम** *m.* atom bomb. ~**शक्ति** *f.* atomic energy. ~**वीक्षणयंत्र** *m.* microscope.

अतर्क *(S) adj.* • illogical.

अतल *(S) adj.* • unfathomable; bottomless. *m.* depth.

अति *(S) adj.* • very much; excessive. ~**काय** *adj.* gigantic. ~**क्रमण** *m.* transgression.

अतिथि *(S) m.* • a guest. ~**गृह** *m.* ~**शाला** *f.* guesthouse. ~**सत्कार** *m.* hospitality.

अतिरंजित *(S) adj.* • exaggerated.

अतिरिक्त *(S) adj.* • reserve; surplus.

अतिरेक *(S) m.* • excess.

अतिशय *(S) adj.* • very much; excessive. *m.* excess.

अतिशयोक्ति *f.* • exaggeration; hyperbole.

अतिसार *(S) m.* • diarrhoea; dysentery.

अतीन्द्रिय *(S) adj.* • supernatural.

अतीत *(S) adj.* • past.

अतीव *(S) adj.* • extreme.

अतुल, अतुलनीय *(S) adj.* • incomparable.

अतृप्त *(S) adj.* • dissatisfied.

अत्तार *(A) m.* • perfume seller.

अत्यंत *(S) adj.* • extreme; excessive.

अत्यल्प *(S) adj.* • very little.

अत्याचार *(S) m.* • atrocity.

अत्याचारी *(S) adj.* • oppressive; tyrannical. *m.* a tyrant.

अत्याधुनिक *(S) adj.* • ultra-modern.

अत्यावश्यक *(S) adj.* • very urgent.

अत्युक्ति *(S) f.* • exaggeration.

अत्युत्तम *(S) adj.* • the very best.

अथ *(S) adv.* • thus; so. *m.* beginning.

अथक *adj.* • indefatigable.

अथवा *(S) conj.* • or.

अथाह *adj.* • bottomless. *m.* a depth.

अदंडनीय *(S) adj.* • unpunishable.

अदद *(A) m.* • a number; a unit.

अदना *(A) adj.* • low; humble; insignificant.

अदब *(A) adj. m.* • good manners; literature.

अदक्ष *(S) adj.* • unskilled.

अदम्य *(S) adj.* • irrepressible.

अदल-बदल, अदला-बदला, अदला-बदली • exchange; interchange.

अदा *(A) f.* • performing; due payment; charm; flirtations, gestures. ~**कार** artist; an actor. ~**कारा** *f.* actress. ~**कारी** *f.* per formance. ~**यगी** *f.* payment.

अदालत *(A) f.* • court. ~**दीवानी** *f.* civil court. ~**फ़ौजदारी** *f.* criminal court. ~**फ़ौजी** *f.* military court. ~**अपील** *f.* court of appeal.

अदालती *(A) adj.* • legal; judicial.

अदावत *(A) f.* • malice; hatred.

अदिन *(S) m.* • unlucky day.

अदिष्ट *(S) m.* • misfortune.

अदूर्दर्शित *(S) f.* • lack of foresight.

अदूर्दर्शी *(S) adj.* • unfarsighted.

अदृष्य *(S) adj.* • invisible.

अदृष्ट *(S) adj.* • invisible. *m.* something unforeseen.

अदेय *(S) adj.* • unfit to be given.

अद्धा *m.* • a half.

अद्भुत *(S) adj.* • remarkable; wonderful.

अद्यतन *(S) adj.* • up-to-date.

अद्वितीय *(S) adj.* • unique.

अध *(S) m.* • sin; wickedness.

अधखिला *adj.* • half open (a flower).

अधपका *adj.* • half-ripe. half-cooked; immature.

अधःपतन *(S) n.m.* • downfall.

अधम *(S) adj.* • vile; wretched. *m.* a base person. ~**ता** *f.* meanness.

अधर *(S) adj.* • lower part. *m.* the lower lip; the lip; mid-air.

अधर्म *(S) m.* • immorality; sin.

अधर्मी *(S) adj.* • immoral; irreligious.

अधार्मिक *(S) adj.* • wicked; irreligious.

अधिक *(S) adj.* • more; exceeding; much; many. ~**तम** *adj.* maximum. ~**भुगतान** *m.* over payment. ~**मूल्य पर** *adj.* above par. ~**ता** *f.* excess.

अधिकांश *(S) m.* • greater part.

अधिकाधिक *(S) adj.* • more and more.

अधिकार *(S) m.* • authority; power; freedom of action; a right. ~**क्षेत्र** *m.* jurisdiction.

अधिकारी *(S) adj.* • official; authoritative. *m.* officer.

अधिकृत *(S) adj.* • authorised; under control.

अधिग्रहण *(S) m.* • requisitioning; acquisition.

अधित्यका *(S) f.* • a plateau.

अधिनायक *(S) m.* • supreme leader; dictator.

अधिनियम *(S) m.* • an act (of Parliament.).

अधिपति *(S) m.* • master; king.

अधिपत्र *(S) m.* • a warrant.

अधिभार *(S) m.* • a surcharge.

अधिया *f.* • a half; a half share of produce.

अधियाचक *(S) m.* • claimant.

अधियाचन *(S) m.* • claim.

अधिवक्ता *(S) m.* • pleader; advocate.

अधिवास *(S) m.* • residence; domicile.

अधिवासी *(S) m.* • one domiciled in a place.

अधिवेशन *(S) m.* • session; meeting.

अधिष्ठाता *(S) m.* • founder; governor.

अधिष्ठात्री *(S) f.* • one who guides; a controlling principal.

अधिष्ठित *(S) adj.* • placed; residing.

अधिशासी अभियंता *(S) n.m.* • executive engineer.

अधिसंख्य *(S) adj.* • numerous.

अधिसूचना *(S) f.* • a notification.

अधिसूचित *(S) adj.* • notified.

अधीक्षक *(S) m.* • superintendent.

अधीक्षण *(S) m.* • supervision; Superintendence.

अधीन *(S) adj.* • subordinate; dependent. ~**ता** *f.* dependence; subordination. ~**स्थ** *adj.* subordinate.

अधीर *(S) adj.* • unstable; restless.

अधीश्वर *(S) m.* • supreme lord; emperor.

अधुना *(S) adv.* • at present.

अधूरा *adj.* • unfinished.

अधेड़ *adj.* • middle-aged.

अधो *(S) pref.* • downward. ~**गति** *f.* decline. ~**गामी** *adj.* descending; declining. ~**लिखित** *m.* written down. ~**हस्ताक्षरी** *m.* undersigned.

अध्यक्ष *(S) m.* • chairman; president; speaker (of Parliament or Assembly).

अध्ययन *(S) m.* • study; reading.

अध्यवसाय *(S) m.* • effort; perseverance.

अध्यवसायी *(S) adj.* • persevering.

अध्यात्म (S) m. • spiritual matters.
अध्यादेश (S) m. • ordinance.
अध्यापक (S) m. • teacher.
अध्यापकी f. • activity of teaching.
अध्यापन (S) m. • act of teaching.
अध्यापिका (S) f. • lady-teacher.
अध्याय (S) m. • chapter (of a book).
अध्येता (S) m. • scholar; a student.
अध्येय (S) adj. • deserving of study.
अनंग (S) adj. • bodiless; a title of the love-god Kamdeva.
अनंत (S) adj. • eternal; infinite.
अनंतर (S) adj. • continuous. ppn. immediately upon.
अनखाहट f. • displeasure.
अनगढ़ adj. • unfinished; crude.
अनगिनत adj. • innumerable.
अनचाहा adj. • unwanted.
अनजान, अनजाना adj. • unknown. m. stranger.
अनजाने adv. • unknowingly.
अनदेखा, अनदेखी adj. • unseen; unprecedented.
अनधिकार (S) adj. • unauthorised. ~प्रवेश n. trespass.
अनधिकारिक (S) adj. • non-official.
अनन्य (S) adj. • unique; single.
अनपच f. • indigestion.
अनपढ़ adj. • illeterate; un-educated.
अनबन f. • quarrel; discord.
अनबूझ adj. • hard to understand.
अनबोल adj. • speechless; dumb.
अनभल m. • bad fortune; harm.
अनभिज्ञ (S) adj. • ignorant. ~ता f. ignorance.
अनभ्यस्त (S) adj. • unpractised; unaccustomed.
अनमोल adj. • precious.
अनरीत, अनरीति f. • unmannerly conduct.
अनर्गल (S) adj. • incoherent.
अनर्जित आय n.m. • unearned income.
अनर्थ (S) • useless; pointless; misfortune.
अनर्थक (S) adj. • see अनर्थ
अनहर्ता (S) f. • disqualification.
अनल (S) m. • fire.
अनवरत (S) adj. • incessant; continuous.
अनशन (S) m. • fast; hunger strike.
अनसुना m., **अनसुनी** f. • unheard; disregarded; unprecedented.
अनहंकार (S) m. • humility.
अनहित m. • disadvantage; misfortune. adj. bringing misfortune.
अनहोनी f. • something improbable.
अनाक्रमण (S) m. • non-aggression.
अनाचार (S) m. • improper conduct.
अनाचारी (S) adj. • unprincipled; dishonest.
अनाज m. • grain.

अनाड़ी *adj.* • unskilful; foolish. *m.* a novice.

अनाथ *(S) adj.* • orphaned; helpless.

अनाथालय, अनाथाश्रम *(S) m.* • orphanage.

अनादर *(S) m.* • disrespect.

अनिच्छा *(S) f.* • lack of desire.

अनादि *(S) adj.* • eternal.

अनाप-शनाप *adj.* • excessive; *m.* nonsense.

अनाम, अनामक *(S) adj.* • anonymous.

अनामिका *(S) f.* • the ring finger; a nameless woman.

अनायास *(S) adj.* • done without effort. *adv.* suddenly.

अनायुक्त अधिकारी *(S) m.* • non-commissioned officer.

अनावर्ती व्यय *(S) m.* • non-recurring; expenditure.

अनावासिक *(S) adj.* • non-residential. ~**छात्र** day-scholar.

अनावृष्टि *(S) f.* • drought; lack of rain.

अनावृत *(S) adj.* • uncovered.

अनाश्रित *(S) adj.* • helpless.

अनाहार *(S) m.* • not eating; starvation.

अनिंदनीय *(S) adj.* • blameless.

अनिच्छा *(S) f.* • lack of desire.

अनिच्छुक *(S) adj.* • unwilling.

अनित्य *(S) adj.* • transient.

अनिद्रा *(S) f.* • sleeplessness; insomnia.

अनियंत्रित *(S) adj.* • uncontrolled.

अनियमित *(S) adj.* • irregular.

अनिर्णीत *(S) adj.* • pending.

अनिवर्त्तनीय, अनिर्वाच्य *(S) adj.* • unutterable.

अनिवार्य *(S) adj.* • compulsory; unavoidable.

अनिश्चित *(S) adj.* • uncertain; doubtful. ~**ता** *f.* indefiniteness.

अनिष्ट *(S) m.* • harm; misfortune. *adj.* undesirable.

अनीति *(S) f.* • immorality; injustice.

अनुकंपा *(S) f.* • compassion.

अनुकरण *(S) m.* • immitation.

अनुकरणीय *(S) adj.* • deserving to be emulated.

अनुकूल *(S) adj.* • favourable. *ppn.* according to.

अनुकूलन *(S) m.* • conditioning.

अनुकूलित *(S) adj.* • conditioned. **वात~वातानुकूलित** air-conditioned.

अनुक्रमणिका *(S) f.* • table of contents; index.

अनुगामी *(S) m.* • follower. *adj.* succeeding; consequent.

अनुगृहीत *(S) adj.* • obliged.

अनुग्रह *(S) m.* • favour; kindness.

अनुग्राहक, अनुग्राही *(S) m.* • patron; supportor.

अनुच्छेद *(S) n.* • paragraph; article (of the constitution)

अनुचर *(S) m.* • a follower.

अनुचित *(S) adj.* • improper.

अनुज *(S) adj.* • younger. *m.* younger brother.

अनुजा *(S) f.* • younger sister.

अनुज्ञा *(S) f.* • sanction; licence.

अनुज्ञेय *(S) adj.* • deserving sanction.

अनुताप *(S) m.* • remorse; distress.

अनुदान *(S) m.* • grant.

अनुदेश *(S) m.* • instruction; directive.

अनुद्योगी *(S) adj.* • indolent; idle.

अनुनय *(S) m.* • entreaty.

अनुन्नत *(S) adj.* • undeveloped.

अनुपत्र *(S) m.* • enclosure.

अनुपम-अनुपमेय *(S) adj.* • incomparable.

अनुपयुक्त, अनुपयोगी *(S) adj.* • useless; unsuitable

अनुपलब्ध *(S) adj.* • not obtained.

अनुपस्थित *(S) adj.* • absent.

अनुपस्थिति *(S) f.* • absence.

अनुपात *(S) m.* • ratio; proportion.

अनुपालन *(S) m.* • compliance.

अनुपूरक *(S) adj.* • supplementary.

अनुप्राणित *(S) adj.* • inspired.

अनुबंध *(S) m.* • agreement; contract.

अनुभव *(S) m.* • experience. ~**करना** to be conscious; to feel. ~**हीनता** *f.* inexperience.

अनुभवी *(S) adj.* • experienced.

अनुभाग *(S) conj.* • section.

अनुभूत *(S) adj.* • perceived; felt; experienced.

अनुभूति *(S) f.* • perception; realisation; feeling.

अनुमति *(S) f.* • permission.

अनुमान *(S) m.* • conjecture; guess.

अनुमानित *(S) adj.* • estimated.

अनुमोदक *(S) adj.* • approver. *m.* supporter.

अनुमोदन *(S) m.* • approval; seconding (a motion).

अनुमोदित *(S) adj.* • approved; supported.

अनुयायी *(S) m.* • follower.

अनुरक्त *(S) adj.* • attached (to); devoted (to)

अनुरक्षक *(S) m.* • escort.

अनुराग *(S) m.* • attachment; affection.

अनुरूप *(S) adj.* • similar; alike. ~**ता** *f.* likeness.

अनुरोध *(S) m.* • appeal; entreaty. ~**पत्र** *m.* memorandum.

अनुलग्नक *(S) m.* • annexure.

अनुलेख *(S) n.* • post-script.

अनुलिपि *(S) f.* • duplicate copy.

अनुवर्ती *(S) adj.* • following; obeying (a directive).

अनुवाद *(S) m.* • translation.

अनुवादक *(S) m.* • translator.

अनुवादित, अनूदित *(S) adj.* • translated.
अनुवेशक *(S) n.* • instructor.
अनुशासन *(S) m.* • discipline.
अनुशासनात्मक, अनुशासनिक *(S) adj.* • disciplinary.
अनुशीलन *(S) m.* • continued study; reflection.
अनुष्ठान *(S) m.* • rite; celebration.
अनुसंधान *(S) m.* • research; enquiry.
अनुसचिव *(S) m.* • under-secretary.
अनुसरण *(S) m.* • following. ~**करना** to follow.
अनुस्मारक *(S) m.* • reminder.
अनुसार *(S) m.* • conformity to usage. *adv.* in accordance with (rule). *prop.* according to.
अनुसूची *(S) f.* • schedule.
अनुसूचित जाति *(S) f.* • scheduled caste.
अनुज्ञापत्र *(S) m.* • licence.
अनुज्ञापत्राधिकारी *(S) n.* • licensee.
अनूठा *adj.* • uncommon; rare.
अनूप *(S) adj.* • splendid; unique.
अनेक *(S) adj.* • more than one; several; many. ~**ता** *f.* variety.
अनैक्य *(S) m.* • disunity; disagreement.
अनैच्छिक *(S) adj.* • involuntary.
अनोखा *(S) adj.* • uncommon; unique; novel.
अनौपचारिक *(S) n.* • informal.
अन्तरिक्ष *(S) n.* • space.
अन्तःस्थलीय *(S) adj.* • inland.
अन्तिम *(S) adj.* • final; last.
अन्ध *(S) adj.* • blind.
अन्न *(S) n.* • grain. ~**जल उठना** to have no means of sustainance. ~**दाता** *m.* benefactor. ~**नियंत्रण** food rationing. ~**मंत्री** food minister. ~**संकट** food crisis.
अन्य *(S) adj.* • other; different. ~**पुरुष** (grammar) third person. ~**तम** *adj.* the best. ~**मनस्क** *adj.* absentminded.
अन्यत्र *(S) adv.* • elsewhere.
अन्यथा *(S) adv.* • otherwise.
अन्याय *(S) m.* • injustice; outrage.
अन्यायी *(S) adj.* • wicked. *m.* a wicked person.
अन्वेषण *(S) m.* • investigation; research.
अपकार *(S) m.* • harm; injury.
अपकारी *(S) adj.* • harmful; offensive; hostile.
अपकीर्ति *(S) f.* • disrepute; infamy.
अपक्व *(S) adj.* • unripe; raw; immature.
अपक्षपात *(S) m.* • impartiality.
अपघात *(S) m.* • murder.
अपच *(S) m.* • indigestion.
अपचार *(S) m.* • delinquency.
अपजस *(S) n.* • infamy.
अपढ़, अनपढ़ *adj.* • illiterate.

अपथ्य *(S) adj.* • unwholesome; indigestible.

अपना *adj.* • one's own. ~**पराया** *m.* & *adj.* relations and strangers; friends and foes.

अपनाना *v.t.* • to make one's own (a thing or person).

अपनापन *m.* • kinship.

अपभ्रंश *(S) m.* • corrupt form (of speech).

अपमान *(S) m.* • disrespect; insult.

अपमानित *(S) adj.* • insulted.

अपमिश्रण *(S) m.* • adulteration.

अपमृत्यु *(S) f.* • untimely death.

अपयश *(S) m.* • disgrace; shame.

अपरम्पार *(S) adj. & m.* • infinite.

अपरदन *(S) m.* • erosion.

अपर *(S) adj.* • additional.

अपराजित *(S) adj.* • invincible; undefeated.

अपराजेय *(S) adj.* • invincible.

अपराध *(S) m.* • an offence; crime.

अपराधी *(S) adj.* • guilty; criminal.

अपराह्न *(S) m.* • afternoon; midday.

अपरिचित *(S) adj.* • unknown; unfamiliar.

अपरिमित *(S) adj.* • unlimited.

अपर्याप्त *(S) adj.* • insufficient.

अपरिहार्य *(S) adj.* • unavoidable.

अपवाद *(S) m.* • blame; accusation.

अपवाह *(S) m.* • catchment area.

अपवित्र *(S) adj.* • unclean; impure.

अपव्यय *(S) m.* • mis-spending (of money).

अपव्ययी *(S) adj.* • extravagant.

अपशकुन *(S) m.* • a bad omen.

अपशब्द *(S) m.* • abuse.

अपसामान्य *(S) adj.* • abnormal.

अपहरण *(S) m.* • kidnapping. ~**कर्त्ता** *m.* kidnapper.

अपात्र *(S) m.* • a worthless person. *adj.* ineligible.

अपार *(S) adj.* • infinite; unlimited. ~**दर्शिता** *f.* opacity. ~**दर्शी** *adj.* opaque.

अपावन *(S) adj.* • impure.

अपाहिज *m.* • a cripple.

अपूर्ण *(S) adj.* • incomplete.

अपूर्व *(S) adj.* • uncommon; extraordinary.

अपेक्षा *(S) f.* • wish; desire; hope.

अपेक्षित *(S) adj.* • expected.

अप्रकाशित *(S) adj.* • unpublished; unilluminated.

अप्रचलित *(S) adj.* • obsolete.

अप्रतिष्ठित *(S) adj.* • disgraced.

अप्रत्यक्ष *(S) m.* • indirect.

अप्रतिदेय *(S) n.* • non-refundable.

अप्रधान *(S) adj.* • secondary; subordinate.

अप्रमाणित *(S) adj.* • unattested.

अप्रवेश्य *(S) adj.* • impervious.

अप्रशिक्षित *(S) adj.* • untrained.

अप्रसन्न *(S) adj.* • displeased.

अप्राप्य *(S) adj.* • unattainable.

अप्रामाणिक *(S) adj.* • inauthentic.

अप्रासंगिक *(S) adj.* • irrelevant.

अप्रिय *(S) adj.* • unpleasant; unloving.

अप्रौढ़ *(S) adj.* • immature.

अप्सरा *(S) f.* • a dancing girl of the court of Indra; a beautiful woman.

अफ़वाह *(A) f.* • rumour.

अफ़सोस *(P) m.* • regret.

अब *adv.* • now. ~**तक** hitherto; uptill now. ~**तब करना** to put off.

अबदाब *m.* • land revenue.

अबध्य *(S) adj.* • not deserving death; not to be killed.

अबरक *m.* • mica.

अबला *(S) f.* • a woman.

अबीर *(A) m.* • a coloured powder thrown at the Holi festival.

अबेर *f.* • delay; lateness.

अबोध *(S) adj.* • innocent; ignorant.

अभद्र *(S) adj.* • indecent.

अभय *(S) m.* • freedom from fear. *adj.* fearless

अभाग *m.* • misfortune.

अभागा *(S) m.* • unfortunate.

अभाग्य *(S) m.* • misfortune.

अभाव *(S) m.* • want; poverty.

अभिकरण *(S) m.* • agency.

अभिकर्त्ता *(S) m.* • agent; intermediary.

अभिकल्पन *(S) m.* • designing; planning.

अभिजात *(S) adj.* • aristocratic.

अभिजात्य *(S) adj.* • of high birth.

अभिज्ञ *(S) adj.* • knowledgeable.

अभिज्ञान *(S) m.* • recognition.

अभिनंदन *(S) m.* • commemoration; praise. ~**पत्र** *n.* welcome address. ~**ग्रंथ** *n.* commemorative volume; ~**समारोह** *n.* commemorative function.

अभिनय *(S) m.* • acting.

अभिनव *(S) adj.* • very new.

अभिनेता *(S) m.* • an actor.

अभिनेत्री *(S) f.* • an actress.

अभिन्न *(S) adj.* • close; undivided.

अभिन्यास *(S) n.* • lay-out

अभिप्राय *(S) m.* • intention; purpose.

अभिभावक *(S) m.* • guardian.

अभिमान *(S) m.* • pride; vanity.

अभिमानी *(S) adj.* • proud; arrogant.

अभियंता *(S) m.* • engineer.

अभियंत्रण, अभियांत्रिकी *(S)* • engineering.

अभियान *(S) m.* • campaign.

अभियुक्त *(S) adj.* • accused.

अभियोक्ता *(S) m.* • prosecutor; complainant.

अभियोग *(S) m.* • an accusation; charge; prosecution. ~**फलक** *n.* charge-sheet. ~**मुक्त** *adj.* discharged.

अभिरक्षण *(S) m.* • custody.
अभिरुचि *(S) f.* • inclination; interest.
अभिलाषा *(S) f.* • desire; longing.
अभिलेखापाल *(S) m.* • archivist.
अभिलेखागार *(S) m.* • archives.
अभिवक्ता *(S) m.* • pleader; advocate.
अभिवादन *(S) m.* • greeting.
अभिव्यंजना *(S) f.* • expression.
अभ्यागत *(S) m.* • guest.
अभिव्यक्ति *(S) f.* • expression.
अभिशंसा *(S) f.* • conviction.
अभिशप्त *(S) adj.* • accursed.
अभिशाप *(S) m.* • a curse.
अभिशापित *(S) adj.* • cursed.
अभिषेक *(S) m.* • investiture; consecration; enthronement.
अभिसंधि *(S) f.* • deceit. **दुर**~*f.* plot.
अभिसार *(S) m.* • rendezvous; meeting (specially lovers' meeting).
अभिसारिका *(S) f.* • a woman who keeps a lover's tryst.
अभी *(S) adv.* • now; just now. ~**का** *adj.* & adv. recent. ~**तक** *adv.* uptill now. ~**-अभी** *adv.* just now.
अभीष्ट *(S) adj.* • desired.
अभेद्य *(S) adj.* • impenetrable.
अभ्यर्थना *(S) f.* • earnest request.
अभ्यर्थी *(S) m.* • a candidate.
अभ्यस्त *(S) adj.* • habitual; practised.
अभ्यागत *(S) m.* • a guest.
अभ्यास *(S) m.* • practice.
अभ्युत्थान *(S) m.* • rise; progress.
अभ्युदय *(S) m.* • rise.
अभ्र *(S) m.* • a cloud; the sky.
अमंगल *(S) adj.* • inauspicious; unlucky.
अमन *(A) m.* • peace.
अमर *(S) adj.* • eternal; immortal. ~**ता** *f.* immortality. ~**लोक,** ~**पुर,** ~**धाम** *m.* heaven; paradise.
अमराई *f.* • mango grove.
अमलदारी *f.* • rule; government.
अमलाफैला *n.* • officers of court; staff.
अमानत *(P) f.* • trust; a deposit. ~**दार** *n.* trustee. ~**में खयानत** *f.* breach of trust.
अमानी *(P) f.* • casual labour.
अमिट *adj.* • indelible.
अमित *adj.* • incalculable.
अमिय *(S) m.* • nectar.
अमीन *(A) m.* • a surveyor.
अमीर *(A) adj.* • wealthy; rich. *m.* nobleman.
अमीराना *(A) adj.* • lordly.
अमीरी *(A) adj.* • of an amir. *f.* richness.
अमुक *(S) adj.* • someone; such and such (a person).
अमूर्त *(S) adj.* • formless. ~**कला** *f.* non-plastic arts (literature;

painting, etc).

अमूल्य *(S) adj.* • invaluable; priceless.

अमृत *(S) m.* • nectar.

अम्ल *(S) adj.* • acid; sour; *n.m.* acidity.

अयश *(S) m.* • disrepute; disgrace.

अयशस्वी *(S) adj.* • infamous; disgraced.

अयस्क *(S) m.* • ore.

अयाल *(P) f.* • mane.

अयोग्य *(S) adj.* • unusuitable; incapable. ~**ता** *f.* inability; unsuitability.

अरक्षित *(S) adj.* • undefended; unprotected.

अरण्य *(S) m.* • forest. ~**रोदन** useless weeping.

अरथी *f.* • bier.

अरदली *m.* • orderly.

अरब *m.* • a hundred million; the Arab country.

अरबी *(A) adj.* • Arabian; Arabic (language).

अरमान *(P) m.* • longing; earnest hope.

अराजकता *(S) f.* • anarchy.

अराजपत्रित *(S) adj.* • non-gazetted.

अरुचि *(S) f.* • distaste; aversion; dislike.

अरुण *(S) adj.* • reddish-brown. *m.* the sun.

अरुणोदय *(S) m.* • early dawn.

अर्गल, अर्गला *(S) m.f.* • a wooden bar to fasten a door.

अर्घ्य *(S) adj.* • respected. *m.* article respectfully offered to a deity or a guest.

अर्चन, अर्चना *(S) m.f.* • worship; homage.

अर्जन *(S) m.* • earnings.

अर्जित *(S) adj.* • earned.

अर्ज़ी *(P) f.* • petition. representation. ~**नवीस** *m.* petition writer.

अर्थ *(S) m.* • wealth; meaning; motive. ~**दंड** *m.* fine. ~**नीति** *f.* economic policy. ~**पूर्ण** *adj.* meaningful. ~**मंत्री** *m.* Finance Minister. ~**शास्त्र** *m.* economics. ~**हीन** *adj.* meaningless; senseless.

अर्थात् *(S) adv.* • in other words.

अर्थी *f.* • a bier.

अर्द्ध, अर्ध *(S) adj.* • half. ~**व्यास** *m.* radius. ~**सरकारी** *adj.* demi-official; semi-official.

अर्धांगिनी *(S) f.* • wife.

अर्हता *(S) f.* • qualification. ~**रोध** *m.* efficiency bar.

अलंकार *(S) m.* • ornament; ~**शास्त्र** *m.* the science of rhetoric.

अलंकृत *(S) adj.* • ornamented; decorated.

अलक *(S) f.* • lock of hair.

अलका *(S) f.* • name of the residence of Kuber (god of wealth).

अलकतरा *(A) m.* • tar.

अलग *adj.* • separate. ~**करना** *v.t.* to separate. ~**अलग** *adv.* separately.

अलग़रज़ी *(A) f.* • heedlessness.

अलगाना *v.t.* • to separate.

अलबेला *adj.* • charming; handsome.

अलभ्य *(S) adj.* • rare; precious.

अलमस्त *(P) adj.* • carefree; lustful.

अलसाना *v.t.* • to be lazy.

अलहदा *adj.* • separate.

अलहदी *adj.* • lazy.

अलाभकारी *adj.* • unremunerative.

अलावा *(A) adv.* • over and above.

अलोना *adj.* • unsalted; tasteless.

अलौकिक *(S) adj.* • unearthly; transcendental.

अलौह *(S) adj.* • non-ferrous.

अल्प *(S) adj.* • little; small; short.

अल्पकालिक *(S) adj.* • shortlived.

अल्पजीवी *(S) adj.* • shortlived.

अल्पबचत *f.* • a small savings.

अल्पमत *adj.* • minority.

अल्पवयस्क *adj.* • minor.

अल्पवाद न्यायालय *m.* • small cause court.

अल्पसंख्यक वर्ग *m.* • minority.

अल्हड़ *adj.* • childish; carefree. ~**पन** *m.* childishness.

अवकाश *(S) m.* • leisure; vacation; retirement. ~**प्राप्त** *adj.* retired.

अवगुंठन *(S) m.* • veil.

अवगुण *(S) m.* • fault; defect; vice.

अवचेतन *(S) adj.* • sub-conscious.

अवज्ञा *(S) m.* • disregard (for an order).

अवतरण *(S) m.* • descent.

अवतन *(S) adj.* • concave.

अवतार *(S) m.* • incarnation.

अवधायक *(S) m.* • caretaker.

अवधारणा *(S) f.* • conception; idea.

अवधि *(S) f.* • period; term. ~**सूचक** *adj.* duratine.

अवनि, अवनी *(S) f.* • the earth.

अवमूल्यन *(S) m.* • devaluation.

अवयव *(S) m.* • limb.

अवर *(S) adj.* • subordinate. ~**कर्मचारी वर्ग** *m.* subordinate staff.

अवरुद्ध *(S) adj.* • obstructed.

अवरोध *(S) m.* • obstacle.

अवरोहण *(S) m.* • descent.

अवर्णनीय *(S) adj.* • indescribable.

अवयस्क खाता *n.* • minor account.

अवलंब *(S) m.* • support.

अवशेष *(S) m.* • remainder; remains.

अवश्य *(S) adv.* • without doubt; necessarily.

अवसर *(S) m.* • opportunity; proper time.

अवसान *(S) m.* • end; death.

अवस्था *(S) f.* • condition; circumstances.

अवस्थित *(S) adj.* • situated.

अवस्फीति *(S) f.* • deflation.

अवहेलना *(S) f.* • neglect; indifference.

अवाम *(A) m.pl.* • the common people; public.

अविचल *(S) adj.* • unmoved; motionless.

अवितरण *(S) m.* • non-delivery.

अविनय *(S) m.* • discourtesy. *adj.* ill-mannered.

अविनाशी *(S) adj.* • imperishable; immortal.

अविभक्त *(S) adj.* • undivided. ~**जोत** *f.* joint-holding. ~**परिवार** *m.* joint-family. ~**परिवार संपत्ति** *f.* joint-family property.

अविश्वसनीय *(S) adj.* • untrustworthy.

अविश्वास प्रस्ताव *(S) m.* • motion of no-confidence.

अवैध *(S) adj.* • illegal.

अव्यवस्था *(S) f.* • disorder; lack of organization.

अव्यवस्थित *(S) adj.* • disorganised; confused.

अशांति *(S) f.* • restlessness; disturbance.

अशासकीय *(S) adj.* • unofficial.

अशिक्षित *(S) adj.* • uneducated.

अशिष्ट *(S) adj.* • impolite.

अशुद्ध *(S) adj.* • impure; incorrect.

अशुभ *(S) adj.* • inauspicious.

अशेष *(S) adj.* • complete; without remainder.

अशोक *(S) m.* • freedom from sorrow.

अशोभन, अशोभनीय *(S) adj.* • unattractive; unseemly.

अश्रु *(S) m.* • tear.

अश्लील *(S) adj.* • indecent; obscene.

अश्व *(S) m.* • horse. ~**चिकित्सक** *m.* veterinary surgeon. ~**शक्ति** *f.* horse power. ~**शाला** *f.* stable.

अश्वारोही *(S) m.* • cavalier.

अष्ट *(S) adj.* • eight. ~**कोण** *m.* octangular.

असंख्य *(S) adj.* • countless.

असंतुष्ट *(S) adj.* • discontented; dissatisfied.

असंतोष *(S) m.* • dissatisfaction.

असंभव *(S) adj.* • impossible.

असंसदीय *(S) adj.* • unparliamentary.

असंयमी *(S) adj.* • unrestrained.

असगुन *(S) m.* • ill-omen.

असज्जित *(S) adj.* • unfurnished.

असत्य *(S) adj.* • untrue; false. *m.* untruth.

असबाब *(A) m.* • goods; luggage; baggage.

असभ्य *(S) adj.* • uncivilised. ~**ता** *f.* uncouthness.

असमंजस *(S) m.* • hesitation; uncertainty.

असमय *(S) adj.* • untimely. *m.* an unsuitable time.

असमर्थ *(S) adj.* • unable; incapable; helpless.

असमायोजन *(S) m.* • maladjustment.

असमायोजित *(S) adj.* • unadjusted.

असम्मत *(S) f.* • disagreement.

असल *(A) m.* • essence; real nature; an original (document or sum, etc.)

असलियत *(A) f.* • reality.

असली *(A) adj.* • real; genuine.

असहमति *(S) f.* • dissent. ~**लेख** *m.* note of dissent.

असहयोग *(S) m.* • non-cooperation.

असहाय *(S) adj.* • helpless.

असह्य *(S) adj.* • intolerable.

असाधारण *(S) adj.* • exceptional; unusual.

असाधु *(S) adj.* • immoral.

असाध्य *(S) adj.* • incurable.

असामयिक *(S) adj.* • untimely.

असामान्य *(S) adj.* • unusual; uncommon.

असामी *m.* • tenant.

असावधान *(S) adj.* • careless.

असावधानी *(S) f.* • carelessness.

असीम *(S) adj.* • unlimited.

असीस *f.* • blessing.

असुविधा *(S) f.* • inconvenience.

असैनिक कर्मचारी *m.* • civil employee.

अस्तबल *(P) m.* • stable.

अस्तर *(P) m.* • lining (of a garment).

अस्त-व्यस्त *adj.* • disorganised.

अस्तित्व *(S) m.* • existence. ~**वादी** *m.* existentialist.

अस्त्र *(S) m.* • weapon. ~**धारी** *adj. & m.* bearing arms. ~**विद्या** *f.* military science. ~**शस्त्र** *m.* weapons. ~**शाला** *f.* arsenal, armoury.

अस्त्रागार *(S) m.* • arsenal.

अस्थाई *(S) adj.* • temporary. ~**सूची** *f.* provisional list.

अस्थि *(S) f.* • a bone. ~**पंजर** *m.* skeleton. ~**प्रवाह** *m.* consigning of human remains to a sacred river.

अस्थिर *(S) adj.* • unstable; unsteady.

अस्पृश्य *(S) m.* • untouchable.

अस्मिता *(S) f.* • one's self.

अस्वस्थ *(S) adj.* • sick.

अस्वाभाविक *(S) adj.* • unnatural.

अस्वीकार, अस्वीकृति *(S) m.f.* • refusal.

अस्सी *adj.* • eighty.

अहं *(S) pron.* • the self; the ego. *m.* egoism. ~**कार** *m.* egoism; pride. ~**कारी** *m.* proud.

अहस्तांतरणीय *(S) m.* • non-transferable.

अहाता *(A) m.* • a compound.

अहिंसा *(S) f.* • non-violence.

अहीर *m.* • a herdsman; milkman.

अहीरिन *f.* • a milkmaid.

अहेरी *m.* • a hunter.

अहोभाग्य *adj. & m.* • good fortune; fortunate.

आ

आँकड़ा *m.* • a figure; estimate.

आँकड़े *m.pl.* • statistics; data.

आँकना *v.t.* • to draw; to value; to assess.

आँख *f.* • the eye. ~**आना** *v.t.* to have an inflammation of the eye. ~**उठा कर न देखना** *v.i.* not to notice; to be humble. ~**का अंधा** *m.* a foolish person. ~**का कांटा** *m.* something vexatious. ~**दिखाना** *v.t.* to look angrily. ~**बचाना** *v.t.* to pretend not to see. ~**-भौं चढ़ाना** *v.t.* to show dislike. ~**-मिचौनी** *f.* blind man's buff.

आँख *m./f.* • sprout; eye (of potato, etc.).

आँगन *m.* • courtyard (of a house).

आँच *f.* • flame; heat; misfortune.

आँचल *m.* • the border or hem of the end of the sari, etc.

आंचलिक *(S) adj.* • concerning the end of a sari; having to do with a region; regional.

आंटी *f.* • bunch of grass, etc.

आंत *f.* • intestines. ~**उतरना** occurence of a hernia.

आंतरिक *(S) adj.* • inner; internal.

आंदोलन *(S) m.* • a movement (political, etc.)

आंधी *f.* • storm.

आंव *m.* • diarrhoea; dysentery.

आंवा *m.* • potter's kiln.

आंशिक *(S) adj.* • fractional.

आंसू *m.* • a tear.

आइंदा *(P) adj.* • future. *adv.* in future. *m.* the future.

आईन *(P) m.* • law.

आईना *(P) m.* • mirror.

आकर्षक *(S) adj.* • attractive.

आकर्षण *(S) adj.* • attraction.

आकर्षित *(S) adj.* • attracted.

आकलन *(S) m.* • collection; evaluation.

आकस्मिक *(S) adj.* • sudden; casual. ~**छुट्टी** *f.* casual leave. ~**व्यय** *m.* contingencies. ~**निधि** *f.*

contingency fund.

आकांक्षा *(S) f.* • desire; ambition.

आकार *(S) m.* • form; appearance; size.

आकाश *(S) m.* • the sky; space. ~**गंगा** milky way. ~**वाणी** *f.* a voice from heaven; All India Radio. ~**वृत्ति** *f.* precarious existence; dependent on forturne.

आकुल *(S) adj.* • anxious; eager; distressed.

आकृति *(S) f.* • form; shape; features.

आकृष्ट *(S) adj.* • attracted.

आक्रमण *(S) m.* • invasion; attack.

आख़िर *(A) adj.* • final; last; latter. *adv.* at last.

आख़िरी *(A) adj.* • final; last; irrevocable.

आखेट *(S) m.* • hunting.

आख्यान *(S) m.* • narrative; tale.

आगंतुक *(S) m.* • a newcomer.

आग *f.* • fire. ~**जनी** *f.* arsen. ~**बबूला** *adj.* very angry. ~**बुझाना** *v.t.* to extinguish a fire. ~**भड़काना** *v.t.* to fan a fire; to stir up a quarrel.

आगणन *(S) m.* • estimate.

आगत *(S) adj.* • arrived.

आगमन *(S) m.* • arrival.

आगामी *(S) adj.* • impending; future.

आगे *adv.* • ahead; in front; further.

आग़ोश *(P) f.* • embrace.

आग्नेय *(S) adj.* • fiery; glowing.

आग्नेयास्त्र *(S) m.* • fire-arms.

आग्रह *(S) m.* • insistence; zeal. ~**पूर्ण** *adv.* insistent.

आघात *(S) m.* • shock; blow; injury.

आचरण *(S) m.* • behaviour; conduct. ~**पंजी** *f.* character roll.

आचारवान *(S) adj.* • of good conduct.

आचारशास्त्र *(S) m.* • ethics.

आच्छादित *(S) adj.* • covered.

आज *adv.* • today. ~**का** *adj.* modern; today's.

आजन्म *(S) adj.* • lifelong.

आज़माइश *(P) f.* • test; trial.

आज़माना *(P) v.t.* • to test.

आज़मूदा *(P) adj.* • tested.

आज़ाद *(P) adj.* • free; independent.

आज़ादी *(P) f.* • independence; freedom.

आजीवन *(S) adj.* • lifelong. ~**पट्टा** *m.* life-tenure.

आजीविका *(S) f.* • livelihood.

आज्ञा *(S) f.* • command; order. ~**मांगना** to ask for permission. ~**कारी** *adj.* obedient. ~**पालन** *m.* obedience.

आटा *m.* • flour.

आठ *adj.* • eight. ~**आँसू रोना** *v.t.* to shed floods of tears.

आठवाँ *adj.* • eighth.

आड़ *f.* • screen; covering; support.

आडंबर *(S) m.* • show; ostentation.

आड़ू *m.* • peach. ~**बुखारा** *m.* plum.

आढ़त *f.* • brokerage business; agency; warehouse (for grain).

आढ़तिया *m.* • a broker; agent (especially in grain).

आणविक *(S) adj.* • atomic.

आतंक *(S) m.* • terror. ~**वादी** *adj.* terrorist.

आतंकित *(S) adj.* • terror-stricken.

आतताई *(S) m.* • tyrant; oppressor.

आतप *(S) m.* • heat.

आतिथेय *(S) adj.* • attention to a guest; *m.* host.

आतिथ्य *(S) m.* • hospitality.

आतिश *(P) f.* • fire. ~**बाज़ी** *f.* fireworks.

आतिशक *(P) f.* • a venereal disease; syphilis.

आतिशी शीशा *(P) m.* • magnifying glass.

आतुर *(S) adj.* • impatient.

आत्म *(S) adj.* • one's own. ~**कल्याण** *m.* self-welfare. ~**कथा** *f.* autobiography. ~**घात** *m.* suicide. ~**ज** *m.* son. ~**जा** *f.* daughter. ~**ज्ञान** self-realisation. ~**त्याग** *m.* self-sacrifice. ~**निष्ठ** *adj.* subjective. ~**पीड़न** *m.* masochism; self-torment. ~**प्रशंसा** *f.* self-praise. ~**रक्षा** self-defence. ~**विश्वास** *m.* self-confidence. ~**सम्मान** *m.* self-respect. ~**हत्या** *f.* suicide.

आत्मा *f.* • soul.

आत्मीय *(S) adj.* • intimate; related. *m.* relative.

आत्मीयता *(S) f.* • relationship; intimacy.

आत्मोत्सर्ग *(S) m.* • self-sacrifice.

आदत *(P) f.* • habit. ~**न** *adv.* from habit; habitually.

आदम *(A) m.* • Adam. ~**कद** *adj.* of a man's height. ~**ख़ोर** *m.* cannibal.

आदमीयत *(P) f.* • compassion; humanity.

आदमी *(A) m.* • man.

आदर *(S) m.* • respect.

आदरणीय *(S) adj.* • revered.

आदर्श *(S) m.* • ideal. *adj.* ideal. ~**वाद** *m.* idealism.

आदाता *(S) adj.* • payee.

आदान-प्रदान *(S) m.* • exchange; give and take.

आदाब *(A) m.* • courteous greeting. ~**अर्ज़** *m.* greetings.

आदि *(S) m.* • beginning. *adj.* primary; first; original. ~**कवि** *m.* the first poet; Valmiki. ~**पुरुष** *m.* the first man; Vishnu. ~**वासी** *m.* aborigines. *adj.* aboriginal.

आदित्य *(S) m.* • the sun.
आदिम *(S) adj.* • primitive.
आदी *(S) adj.* • accustomed to.
आदेश *(S) m.* • order, instruction. ~**पंजी** *f.* orderbook.
आदेशात्मक *(S) adj.* • mandatory.
आधा *adj.* • half. *m.* a half.
आधार *(S) m.* • foundation; base. ~**भूत** *adj.* basic.
आधिकारिक *(S) adj.* • official.
आधिक्य *(S) m.* • abundance; surplus.
आधिपत्य *(S) m.* • authority; control.
आधुनिक *(S) adj.* • modern. ~**तम** *adj.* most recent; ultra-modern. ~**ता** *f.* modernity.
आधुनिकीकरण *(S) m.* • modernisation.
आध्यात्मिक *(S) adj.* • spiritual.
आन *f.* • dignity.
आन्दोलन *(S) m.* • movement; agitation.
आनंद *(S) m.* • joy; delight; bliss. ~**मय** *adj.* blissful. ~**वाद** *m.* hedonism.
आनंदित *(S) adj.* • blissful; joyful.
आनन-फानन *adv.* • in the space of a moment.
आन-बान *f.* • pomp and show.
आन्तरिक *(S) adj.* • internal.
आना *v.t.* • to come.
आनाकानी *f.* • avoidance; turning a deaf ear; overlooking.
आनुपातिक *(S) adj.* • proportional.
आनुवंशिक *(S) adj.* • hereditary.
आनुषंगिक *(S) adj.* • concomitant. ~**व्यय** *n.* incidental charges.
आपत्ति *(S) f.* • misfortune; objection.
आपराधिक *(S) adj.* • criminal. ~**षड्यंत्र** *m.* criminal conspiracy.
आपस *f.* • kindred; mutual. ~**दारी** *f.* mutual relationship.
आपसी *adj.* • mutual.
आपात *(S) m.* • emergency.
आपेक्षिक *(S) adj.* • relative. ~**घनत्व** *m.* specific gravity.
आप्रवासी *(S) adj.* • immigrant.
आफ़त *(A) f.* • misfortune; disaster ~**की पुड़िया** *f.* bundle of trouble. ~**मोल लेना** *v.t.* to bring misfortune upon oneself unnecessarily.
आफ़ताब *(P) m.* • the sun.
आब *(P) m.* • water. ~**कारी** *f.* excise.
आबकारी विभाग *m.* • excise department.
आबपाशी *f.* • irrigation.
आबरू *(P) f.* • reputation; honour.
आबद्ध *(S) adj.* • bound.
आबोहवा *(A) f.* • climate.
आबाद *(P) adj.* • inhabited; populous; settled.
आबादी *(P) f.* • population.

आभ्यासिक अपराधी *(S) m.* • habitual offender.

आभार *(S) m.* • obligation; regards.

आभारी *(S) adj.* • obliged.

आभास *(S) m.* • appearance; semblance.

आम *(A) adj.* • common. ~**लोग** *n.* public.

आमदनी *(P) f.* • income.

आमादा *(P) adj.* • ready; prepared.

आमिष *(S) m.* • meat. ~**भोजी** *adj.* non-vegetarian.

आमोद *(S) m.* • amusement. ~**प्रमोद** *m.* diversion; pastime.

आमूल परिवर्तन *(S) m.* • radical change.

आय *(S) m.* • income. ~**कर** *m.* income tax.

आया *(P) f.* • children's nurse; maid.

आयात *(S) m.* • import. ~**निर्यात** *m.* import-export. ~**निर्यात कर** custom duty.

आयु *f.* • age; span of life.

आयुक्त *(S) m.* • commissioner.

आयुध *(S) m.* • weapon.

आयोग *(S) m.* • commission.

आयोजक *(S) m.* • organiser.

आयोजन *(S) m.* • convening; organisation.

आयोजित *(S) adj.* • organised.

आरंभ *(S) m.* • start; beginning. ~**करना** *v.t.* to begin.

आरंभिक *(S) adj.* • primary; elementary; initial.

आरक्षक *(S) m.* • providing protection; guard.

आरक्षण *(S) m.* • reservation.

आरक्षित *(S) adj.* • reserved.

आरक्षी *(S) m.* • guard.

आरती *f.* • ceremony performed with lamps in worshipping a god.

आर-पार *m.* • the nearer further sides of something.

आरा *n.* • big saw. ~**चलाना** *v.t.* to saw.

आराजी *f.* • tilled land.

आराध्य *(S) adj.* • worth worshipping.

आराम *(S) m.* • rest; repose. ~**गाह** *f.* bed room. ~**तलब** *adj.* indolent; lazy.

आरेख *m.* • diagram.

आरोग्य *(S) m.* • health. *adj.* free of disease.

आरोप *(S) m.* • accusation; allegation; charge. ~**पत्र** *n.* charge-sheet.

आरोह *(S) m.* • ascent. ~**ण** *m.* ascending.

आरोही *(S) m.* • one who mounts or ascents.

आर्त *(S) adj.* • distressed.

आर्थिक *(S) adj.* • economic; financial.

आर्य (S) *adj.* • Aryan; noble.

आर्यावर्त (S) *m.* • north and central India, the land of the Aryans.

आलस *m.* • laziness.

आलसी *adj.* • lazy. *m.* a lazy person.

आलस्य • see आलस

आलाप (S) *m.* • conversation; prelude to a song.

आलिंगन (S) *m.* • embrace.

आलेख (S) *m.* • essay; diagram.

आलोचना (S) *f.* • criticism.

आवंटन (S) *m.* • allocation.

आवंटित (S) *adj.* • allotted.

आवती *f.* • receipt.

आवर्तक, आवर्ती (S) *adj.* • recurring.

आवश्यक (S) *adj.* • necessary. ~ता *f.* necessity.

आवाज़ (P) *f.* • sound; noise. ~ उठाना *v.t.* to raise the voice; to speak out.

आवाज़ा (P) *m.* • taunt.

आवारा (P) *m.* • vagabond. *adj.* vagrant. ~ गर्दी *f.* loafing.

आवास (S) *m.* abode; dwelling. ~ भत्ता *m.* residential allowance.

आवासिक (S) *adj.* • residential.

आविष्कार (S) *m.* • invention; discovery. ~क *m.* inventor. (आविष्कर्ता)

आवृत (S) *adj.* • covered.

आवृत्ति (S) *f.* • repetition; new edition (of a book).

आवेग (S) *m.* • impulse; fit (of anger, etc.).

आवेदक (S) *m.* • an applicant.

आवेदन (S) *m.* • prayer. ~-पत्र *n.* petition; application.

आवेश (S) *m.* • excess of emotions; frenzy.

आशंका (S) *f.* • fear; apprehension.

आशनाई (P) *f.* • love relationship; liaison.

आशय (S) *m.* • intention; purpose; receptacle.

आशा (S) *f.* • expectation; hope. ~वाद *m.* optimism. ~वादी *m.* optimist.

आशिक (A) *m.* • lover.

आशीर्वाद, आशीष (S) *m.* • blessing.

आशुपत्र (S) *m.* • express letter.

आशुलिपि (S) *f.* • shorthand.

आशुलिपिक, आशुलेखक (S) *m.* • stenographer.

आश्चर्य (S) *m.* • surprise; wonder.

आश्रम (S) *m.* • refuge; abode of a hermit.

आश्रय (S) *m.* • refuge; shelter.

आश्रित (S) *adj.* • dependent.

आश्वासन (S) *m.* • assurance.

आसक्त (S) *adj.* • infatuated; strongly attached.

आसक्ति (S) *f.* • attachment; attraction; infatuation.

आसन (S) *m.* • posture.

आसन्न (S) *adj.* • impending. ~

अधिकारी immediat officer. ~ कोण *m.* adjacent angle.

आस-पास *adv.* • round about.

आसमान *(P) m.* • the sky. ~ ज़मीन का फ़र्क *m.* a world of difference.

आसमानी *(P) adj.* • light blue.

आसरा *m.* • support; shelter.

आसादन *(S) m.* • procurement.

आसान *(P) adj.* • easy; simple.

आसानी *(P) f.* • ease.

आसार *(A) M.* • signs.

आसीन *(S) adj.* • seated.

आसुर *(S) adj.* • relating to a bad spirit.

आस्तिक *(S) adj.* • devout; believer. (in the existence of God or the Vedas). ~ वाद *m.* ~ ता *f.* theism.

आस्तीन *(P) m.* • sleeve.

आस्थान *(S) m.* • site.

आहट *f.* • the sound of footsteps.

आहत *(S) adj.* • wounded.

आहार *(S) m.* • food.

आहिस्ता *(P) adj.* • slow.

आह्लाद *(S) m.* • delight; joy.

आह्वान *(S) m.* • summons; call.

इ

इंगित *(S) m.* • hint.

इंतक़ाम *(A) m.* • revenge.

इंतक़ाल *(A) m.* • death.

इंतख़ाब *(A) m.* • election.

इंतज़ाम *(A) m.* • arrangement.

इंतज़ार *(A) m.* • waiting.

इंतहा *(A) f.* • limit.

इंदराज *m.* • entry.

इंदु *(S) m.* • the moon.

इंद्र *(S) m.* • the Vadic god Indra (god of rain). ~ धनुष *m.* rainbow. ~ लोक *m.* paradise.

इंद्रिय *(S) m.* • the senses; sense organs.

इंसाफ़, इन्साफ़, इनसाफ़ *(A) m.* • justice.

इकट्ठा *adj.* • assembled; gathered; together.

इकतालीस *adj.* • forty-one.

इकत्तीस *adj.* • thirty-one.

इक़बाल *adj.* • *m.* confession; prestige.

इक़बालिया *(A) adj.* • confessional (as a statement).

इक़रार *(A) m.* • promise; agreement. ~ नामा *m.* written statment.

इकसठ *adj.* • sixty-one.

इकहत्तर *adj.* • seventy-one.

इकहरा *adj.* • of one piece or

layer; thin (as a body).

इकाई *f.* • unit.

इक्कीस *adj.* • twenty-one.

इक्यानवे *adj.* • ninty-one.

इक्यावन *adj.* • fifty-one.

इक्यासी *adj.* • eighty-one.

इख़्तियार *m.* • authority.

इच्छा *(S) f.* • wish; will. ~**पूर्वक** *adj.* deliberate. *adv.* willingly. ~**पत्र** *m.* will

इच्छित *(S) adj.* • intended.

इच्छुक *(S) adj.* • desirous.

इजमाल *n.* • joint possession.

इजलास *(A) m.* • a court.

इज़हार *(A) m.* • evidence; disclosure.

इजाज़त *(A) f.* • permission.

इज़ाफ़ा *(A) m.* • increase.

इज़्ज़त *(P) f.* • honour; good name. ~**दार** *adj.* respected.

इठलाना *v.i.* • to give oneself airs.

इतना *adj.* • as much as this.

इतने *adj.* • as many as these. ~**पर भी** *adv.* • despite this. ~**में** *adv.* in the mean time.

इतमीनान *(A) m.* • assurance; content; confidence.

इतर *(S) adj.* • other.

इतराना *v.i.* • to behave with pride or arrogance.

इति *(S) adv.* • this much. ~**वृत्त** *m.* a narrative. ~**हास** *m.* History. ~**हासकार** *m. a historian.*

इत्तफ़ाक, इत्तिफ़ाक *(A) m.* • coincidence; chance.

इत्तला, इत्तिला *(A) f.* • information; notification.

इत्यादि *(S) adv.* • etcetera; etc.

इत्र *(A) m.* • perfume.

इधर *adv.* • hither; on this side; ~-**उधर** *adv.* here and there.

इनक़लाब, इन्क़िलाब *(A) m.* • revolution.

इनकार, इन्कार *(A) m.* • denial; refusal.

इनसान, इन्सान *(A) m.* • a man; human being.

इन्सानियत *(A) f.* • humanity.

इनाम *(A) m.* • a prize; reward; gift.

इनायत *(P) f.* • favour.

इफ़रात *(A) f.* • excess; abundance.

इबारत *(P) f.* • article.

इमदाद *(A) n.* • help; assistance.

इमाम *(A) m.* • priest.

इमारत *(P) f.* • building.

इम्तहान, इम्तिहान *(A) m.* • examination.

इरादा *(A) m.* • intention; desire.

इर्द-गिर्द *(P) adv.* • round about; in the vicinity.

इलज़ाम, इल्ज़ाम *(A) m.* • charge; accusation.

इलाक़ा *(A) m.* • region.

इलाज *(A) m.* • medical treatment.

इल्म *(A) m.* • knowledge.

इशारा *(A) m.* • sign; indication.

इश्क़ *(A) m.* • love.

इश्तहार *(A) m.* • advertisement; notification.

इष्टि *(S) f.* • desire; an object of desire.

इस • this.

इसलाम, इस्लाम *(A) m.* • Islam; Mohammedanism.

इसी • this.

इस्तक़बाल *(A) m.* • welcome.

इस्तरी *f.* • an iron. ~**करना** *v.t.* ironing.

इस्तीफ़ा *(A) m.* • resignation. ~**देना** *v.t.* to resign.

इस्तेमाल *(A) m.* • use.

इस्पात *(P) m.* • steel.

इहलौकिक *(S) adj.* • worldly.

ई

ईंगुर *m.* • vermillion.

ईंट *f.* • brick.

ईंधन *(S) m.* • fuel.

ईख *f.* • sugarcane.

ईजाद *(A) m.* • invention. ~**करना** *v.t.* to invent.

ईद *(A) f.* • a Muslim festival. ~**का चांद** something or someone rarely seen.

ईदी *(P) f.* • a gift made at Id.

ईप्सित *(S) adj.* • desired.

ईमान *(A) m.* • faith; honesty. ~**दार** *adj.* honest; faithful. ~**दारी** *f.* honesty.

ईर्ष्या *(S) f.* • jealousy; envy. ~**लु** *adj.* jealous.

ईश्वर *(S) m.* • God. ~**भक्त** *m.* a worshipper of God.

ईश्वरीय *(S) adj.* • divine; of god.

ईषत् *(S) adj.* • a little.

ईसवी *(A) adj.* • the Christian era. ~**सन्** *m.* the Christian year.

ईसा *(A) m.* • Jesus.

ईसाई *(P) adj.* • Christian. *m.* a Christian.

उ

उंगली *f.* • the finger. ~**उठाना** to point a finger (at). ~**दांतों तले** ~**दबाना** to be utterly astonished.

उऋण *adj.* • out of debt.

उकटना *v.t.* • to dig up.
उकड़ू *adj.* • squatting.
उकताना *v.i.* • to grow tired; to fret.
उकताहट *f.* • boredom.
उकसाना *v.t.* • to incite; to provoke.
उकेरना *v.t.* • to carve out.
उक्त *(S) adj.* • aforesaid.
उक्ति *(S) f.* • utterance.
उखड़ना *v.i.* • to be rooted out.
उखाड़ना *v.t.* • to root up; to uproot.
उगना *v.i.* • to spring up; to grow.
उगलना *v.t.* • to spit out.
उगाहना *v.t.* • to collect; to raise (funds)
उगाही *f.* • collecting; levy.
उग्र *(S) adj.* • terrible. ~**वाद** *m.* extremism. ~ **वादी** *adj.* & *m.* extremist.
उघाड़ना, उघारना *v.t.* • to uncover; to expose; to bare (the body).
उचकना *v.i.* • to stand on tiptoes.
उचकाना *v.t.* • to lift up.
उचक्का *m.* • pilferer; swindler.
उचाट *adj.* • indifferent.
उचित *(S) adj.* • proper; right.
उच्च *(S) adj.* • high; lofty. ~**कुल का** *adj.* of aristocratic family. ~**तर** *adj.* higher. ~**तम** highest. ~**तम न्यायालय** supreme court. ~**शिक्षा** higher education.
उच्चायुक्त *(S) m.* • high commissioner.
उच्चायोग *(S) m.* • high commission.
उच्चारण *(S) m.* • pronunciation.
उच्चारित *(S) adj.* • pronounced; uttered.
उच्छिन्न *(S) adj.* • uprooted.
उच्छिष्ट *(S) adj.* • left over.
उच्छृंखलता *(S) f.* • lack of restraint.
उच्छ्वास *(S) m.* • sigh.
उछलकूद *f.* • gambling.
उछलना *v.i.* • to leap.
उछाल *f.* • to bound.
उछालना *v.t.* • to throw up.
उजड़ना *v.i.* • to be rooted up.
उजड़वाना *v.t.* • to cause to be laid waste.
उजड्ड *adj.* • uncouth. ~**पन** *m.* stupidity.
उजला *adj.* • bright; white. ~**पन** *n.* whiteness.
उजाड़ *adj.* • devastated. ~**ना** *v.t.* to devastate.
उजाड़ू *adj.* • destructive.
उजाला, उजेला *adj.* • bright; radiant.
उज्ज्वल *(S) adj.* • bright; clean; white. ~**ता** *f.* brilliance.
उज्र *(A) m.* • excuse; objection.
उठना *v.t.* • to rise; to get up; to be abolished; to be rented out.
उठती जवानी *f.* • budding youth.
उठाईगीर, उठाईगीरा *m.* • petty thief; pilferer.
उठान *f.* • rise; ascent.
उठाना *v.t.* • to lift; to raise.

उड्डयन *(S) m.* • aviation.

उड़ना *v.i.* • to fly; to vanish.

उड़ाऊ *adj.* • extravagant.

उड़ान *f.* • flight; flying.

उड़ाना *v.t.* • to cause to fly; to squander (as money); to circulate (rumour).

उड़ेलना *v.t.* • to pour out.

उढ़री *f.* • a kept woman.

उढ़ाना *v.t.* • to cover.

उतना *adj.* • as much as that; as many as them.

उतरना *v.t.* • to come down; to alight; to descend.

उतराई *f.* • slope; descent; river crossing toll.

उतराना *v.i.* • to float.

उतान-उत्तान *(S) adj.* • inverted; lying on the back.

उतार *m.* • descent; slope.

उतार-चढ़ाव *m.* • descent and ascent, rise and fall.

उतारना *v.t.* • to cause to descend; to set down.

उतारू *adj.* • bent upon.

उतावला, उतावली *adj.* • eager. ~**पन** *m.* eagerness.

उत्कंठा *(S) f.* • longing.

उत्कंठित *(S) adj.* • eagerly desirous.

उत्कर्ष *(S) adj.* • elevation; excellence.

उत्कीर्ण *(S) adj.* • engraved.

उत्कोच *(S) m.* • bribe.

उत्कृष्ट *(S) adj.* • excellent.

उत्खनन *(S) m.* • excavation.

उत्तम *(S) adj.* • excellent; ~**पुरुष** (gram.) first person. ~**ता** *f.* excellence.

उत्तर *(S) adj.* • further; last; northerly; *m.* answer. ~**दायित्व** *m.* responsibility. ~**दाई** *m.* responsible.

उत्तराधिकार *(S) m.* • inheritance. ~**प्रमाणपत्र** *m.* succession certificate.

उत्तराधिकारी *(S) m.* • successor; heir.

उत्तरी *adj.* • northern.

उत्तरोत्तर *(S) adj.* • higher and higher; gradually.

उत्तीर्ण *(S) adj.* • passed; successful.

उत्तुंग *(S) adj.* • lofty.

उत्तेजना *(S) f.* • excitement.

उत्तेजित *(S) adj.* • excited; stimulated.

उत्तोलन *(S) m.* • lifting.

उत्थान *(S) m.* • awakening; erection.

उत्थापन *(S) m.* • erecting; raising up.

उत्पत्ति *(S) f.* • origin; birth.

उत्पन्न *(S) adj.* • born. ~**करना** *v.t.* to produce. ~**होना** to be created.

उत्पात *(S) m.* • violence; mischief.

उत्पाती *(S) adj.* • violent.

उत्पाद *(S) m.* • product. ~**क** *adj.*

productive. *n.* producer. ~कता *f.* productivity.

उत्पादन *(S) m.* • production. ~क्षमता *f.* productivity.

उत्पीड़क *(S) m.* • an oppressor.

उत्पीड़न *(S) m.* • oppression.

उत्पीड़ित *(S) adj.* • oppressed.

उत्प्रवास *(S) m.* • emigration.

उत्फुल्ल *(S) adj.* • radiant.

उत्सर्ग *(S) m.* • a sacrifice; offering.

उत्सव *(S) m.* • festival.

उत्साह *(S) m.* • enthusiasm.

उत्साही *(S) adj.* • enthusiastic.

उत्सुक *(S) adj.* • eager. ~ता *f.* eagerness.

उथल-पुथल *f.* • confusion; upheaval.

उथला *adj.* • shallow.

उड्डयन *(S) m.* • aviation.

उदय *(S) m.* • rising; advent.

उदयास्त *(S) m.* • rise and fall.

उदर *(S) m.* • stomach; abdomen. ~पूर्ति *f.* filling the belly.

उदात्त *(S) adj.* • lofty.

उदार *(S) adj.* • generous; noble.

उदारता *(S) f.* • generosity.

उदास *(S) adj.* • dejected; sad.

उदासी *f.* • dejection.

उदासीन *(S) adj.* • indifferent. ~ता *f.* indifference.

उदाहरण *(S) m.* • an example.

उदित *(S) adj.* • risen (as the sun).

उदीयमान *(S) adj.* • rising; promising.

उद्‌गार *(S) m.* • expression of strong feelings.

उद्‌घाटन *(S) m.* • inauguration.

उद्दंड *(S) adj.* • arrogant.

उद्दाम *(S) adj.* • unrestrained.

उद्‌घोषक *(S) n.* • announcer.

उद्‌घोषणा *(S) f.* • proclamation.

उद्दीप्त *(S) adj.* • illuminated.

उद्देश्य *(S) m.* • purpose.

उद्‌धत *(S) adj.* • arrogant; rude.

उद्‌धरण *(S) m.* • a quotation.

उद्‌धार *(S) m.* • deliverance; salvation. ~क *m.* saviour.

उद्‌यत *(S) adj.* • ready; prepared.

उद्‌यम *(S) m.* • an enterprise.

उद्‌यमी *(S) adj.* • industrious.

उद्‌यान *(S) m.* • garden.

उद्‌योग *(S) m.* • industry.

उद्‌योगीकरण *(S) m.* • industrialisation.

उद्‌योगपति *(S) m.* • an industrialist.

उद्विग्न *(S) adj.* • anxious; dejected. ~ता *f.* perplexity.

उद्वेग *(S) m.* • anxiety.

उधर *adv.* • on that side.

उधार *m.* • loan. ~खाना to live on credit. ~देना *v.t.* to lend. ~लेना *v.t.* to borrow.

उधेड़ना *v.t.* • to expose.

उधेड़बुन *f.* • perplexity.

उनचास *adj.* • forty-nine.

उनतालीस *adj.* • thirty-nine.
उनतीस *adj.* • twenty-nine.
उनसठ *adj.* • fifty-nine.
उनहत्तर *adj.* • sixty-nine.
उनासी *adj.* • seventy-nine.
उनींदा *adj.* • drowsy.
उन्नत *(S) adj.* • elevated.
उन्नति *(S) adj.* • prosperity.
उन्नासी *adj.* • seventynine.
उन्नीस *adj.* • nineteen.
उन्मत्त *(S) adj.* • insane. ~**ता** *f.* madness.
उन्मन *(S) adj.* • disturbed in mind.
उन्माद *(S) m.* • madness.
उन्मुक्त *(S) adj.* • free.
उन्मुक्ति *(S) f.* • freedom; release.
उन्मूलन *(S) m.* • rooting up.
उन्मेष *(S) m.* • manifestation.
उपकरण *(S) m.* • apparatus.
उपकार *(S) m.* • favour; obligation. ~**क** *m.* benefactor.
उपकृत *(S) adj.* • obliged.
उपग्रह *(S) m.* • satellite.
उपचार *(S) m.* • treatment (of a patient); nursing.
उपचारिका *(S) f.* • a nurse.
उपज *f.* • produce; crop.
उपजना *v.t.* • grow.
उपजाऊ *adj.* • fertile; productive.
उपजाना *v.t.* • to produce.
उपजीविका *(S) f.* • livelihood; means of support.
उपत्यका *(S) f.* • a land at the foot of a mountain.
उपदंश *(S) m.* • venereal disease.
उपदान *(S) m.* • subsidy; gratuity.
उपदेश *(S) m.* • spiritual instruction.
उपदेशक *(S) m.* • spiritual instructor.
उपद्रव *(S) m.* • riot; revolt; uprising.
उपद्रवी *(S) adj.* • rebellious; *m.* trouble maker.
उपधारा *(S) n.* • sub-clause; subsection.
उपनयन *(S) m.* • ceremony of investiture with the sacred thread (Janeu).
उपनाम *(S) m.* • pseudonym.
उप-नियम *(S)* • bye-law.
उप-निर्वाचन *(S) n.* • bye-election.
उपनिवेश *(S) m.* • colony.
उपन्यास *(S) m.* • novel. ~**कार** *m.* novelist.
उपभोग *(S) m.* • enjoyment.
उपभोक्ता *(S) m.* • consumer.
उपमंत्री *(S) m.* • Deputy Minister.
उपयुक्त *(S) adj.* • suitable.
उपयोग *(S) m.* • usefulness. ~**करना** *v.t.* to use.
उपयोगिता *(S) f.* • usefulness.
उपयोगी *(S) adj.* • useful.
उपराजदूत *(S) m.* • charged'affaires.
उपराज्यपाल *(S) n.* • Lieutenent Governor.
उपराष्ट्रपति *(S) m.* • Vice-President (of a state).

उपरिव्यय *(S) m.* • overhead charges.

उपरोक्त, उपर्युक्त *(S) adj.* • above-mentioned.

उपलब्ध *(S) adj.* • available.

उपलब्धि *(S) f.* • achievement.

उपला, उपली *(S) m/f.* • cowdung; cake (for fuel).

उपवन *(S) m.* • a garden.

उपवास *(S) m.* • fasting; fast.

उपविभाग *(S) m.* • sub-division.

उपशीर्षक *(S) m.* • sub-head.

उपसंपादक *(S) m.* • sub-editor.

उपसंहार *(S) m.* • conclusion.

उपस्कर *(S) m.* • equipment.

उपस्थित *(S) adj.* • present.

उपस्थिति *(S) f.* • presence.

उपस्वामी *(S) n.* • sub-proprietor.

उपसभापति *(S) m.* • vice-president.

उपसमिति *(S) f.* • sub-committee.

उपहार *(S) m.* • gift; present.

उपाधि *(S) f.* • title; degree; diploma.

उपाध्यक्ष *(S) m.* • Deputy Speaker.

उपापचय *(S) m.* • metabolism.

उपाय *(S) m.* • means; device; measure.

उपायुक्त *(S) m.* • Deputy Commissioner.

उपार्जन *(S) m.* • earning.

उपार्जित *(S) adj.* • earned.

उपासक *(S) m.* • a devotee.

उपासना *(S) f.* • worship.

उपाहार *(S) m.* • snack.

उपेक्षा *(S) f.* • neglect. ~**करना** *v.t.* to neglect.

उपेक्षित *(S) adj.* • neglected.

उफान *m.* • boiling up; turmoil.

उबकाई *f.* • vomiting; nausea.

उबटन *m.* • a paste made of turmeric, mustard oil and flour applied. *m.* the body.

उबरना *v.i.* • to be saved.

उबलना *v.i.* • to boil.

उबाल *m.* • boiling. ~**आना** *v.i.* to boil up.

उभय *(S) adj.* • both. ~**निष्ठ** *adj.* common to both sides. ~**लिंग** *m.* (gram.) common gender. ~**पक्षी** *adj.* bipartite.

उभरना *v.i.* • to spring up; to rise; to swell.

उभार *m.* • swelling.

उभारना *v.t.* • raise up; to incite.

उमंग *f.* • rapture; exultation.

उमड़ना *v.t.* • to rise; to gather (a crowd or clouds).

उमरा *(A) m.* • persons of high birth.

उमस *f.* • humid heat; sultriness.

उमेठना *v.t.* • to twist.

उम्दा *(A) adj.* • splendid; grand.

उम्मीद *(P) f.* • hope; expectation. ~**वार** *m.* candidate. ~**वारी** *f.* candidature.

उम्र *(A)* [illegible] • life; life time; age. ~**भर** *adv.* whole life.

उर्दू *(T)* • a Persianised form or style of Hindi.

उर्फ़ *(A) adj.* • alias.

उर्वर *(S) adj.* • fertile. ~**क** *m.* fertilizer. ~**ता** *f.* fertility.

उलझन *f.* • complication; twist.

उलझना *v.t.* • to be tangled.

उलझाना *v.t.* • to make (matters) complicated.

उलटना *v.t.* • to upset; to upturn.

उलटफेर *m.* • ups and downs.

उलटा *adj.* • upside down; reverse. ~**पलटा** *adj.* topsy-turvy.

उलटी *f.* • vomiting; nausea.

उलफ़त *(P) f.* • love.

उलाहना *m.* • reproach.

उल्लंघन *(S) m.* • violation.

उल्लास *(S) m.* • delight.

उल्लिखित *(S) adj.* • written; mentioned above.

उल्लेखनीय *(S) adj.* • notable.

उल्लू *m.* • owl. ~**का पट्ठा** *m.* an out and out fool.

उष्ण *(S) adj.* • warm; hot. ~**कटिबंध** *m.* tropical zone.

उसकाना *v.t.* • to excite.

उसनना *v.t.* • to boil.

उसूल *(A) m.* • principle.

उस्तरा *(P) m.* • razor.

उस्ताद *(P) m.* • a teacher.

ऊ

ऊँघना *v.i.* • to doze.

ऊँघाई *f.* • drowsiness.

ऊँच *adj.* • high. ~**-नीच** *adj.* high and low; uneven.

ऊँचा *adj.* • high.

ऊँचाई *f.* • height.

ऊँट *m.* • camel. ~**के मुँह में जीरा** half a mouthful for a starving man. ~**वान** *m.* camel-driver. ~**नी** she-camel.

ऊख *m.* • sugarcane.

ऊखल *m.* • mortar.

ऊटपटांग *adj.* • confused; absurd.

ऊतक *(S) m.* • tissue; ~**विज्ञान** *m.* histology.

ऊधम *m.* • uproar; tumult.

ऊधमी *adj.* • rowdy; mischievous.

ऊन *f.* • wool.

ऊनी *adj.* • woollen.

ऊपर *adv.* • above; upwards.

ऊपरी *adj.* • upper; extra.

ऊब *f.* • boredom.

ऊबड़-खाबड़ *adj.* • rugged; uneven.

ऊबना *v.i.* • be bored.

ऊरू *(S) m.* • the thigh.

ऊर्जा *(S) m.* • energy.

ऊर्ध्व (S) *adj.* • high.

ऊर्मि (S) *f.* • wave.

ऊसर *adj.* • barren.

ऊहापोह *m.* • uncertainty.

ऋ

ऋक्ष (S) *m.* • bear.

ऋचा (S) *f.* • a verse.

ऋजु (S) *adj.* • honest; straight.

ऋण (S) *m.* • a debt; credit; ~ग्रस्त *adj.* plagued by debt. ~पत्र *m.* debenture. ~ भार *m.* encumbrance. ~मुक्त *adj.* free from debt. ~शोध *m.* clearance of a debt.

ऋणी (S) *adj.* • indebted. *m.* a debtor.

ऋतु (S) *f.* • season; weather. ~मती *f.* a menstruating woman.

ऋद्धि (S) *f.* • prosperity.

ऋषि (S) *m.* • a sage; a seer.

ए

एक *adj.* • one; sole. ~-आध *adj.* a few. ~जगह *adv.* together. ~साथ *adv.* together; simultaneously. ~होना to be united. ~जुट *adj.* united. ~निष्ठ *adj.* devoted to one only. ~बारगी *adv.* suddenly. ~-मंज़िला *adj.* single storeyed. ~मत *adj.* of one opinion. ~विवाह *m.* monogamy. ~समान *adj.* uniform. ~होना to unite.

एकक (S) *m.* • a unit.

एकतंत्र (S) *m.* • absolute monarchy.

एकता (S) *f.* • unity.

एकत्र, एकत्रित (S) *adj.* • collected together.

एकदम *adv.* • at once.

एकदा (S) *adv.* • once upon a time.

एकांत (S) *adj.* • loney. *m.* a secluded place. ~वास *m.* seclusion.

एकांतिक (S) *adj.* • directed towards one object.

एका *m.* • unanimity; unity.

एकाई *f.* • a unit.

एकाएक *adv.* • suddenly.
एकाकी *(S) adj.* • solitary.
एकाग्र *(S) adj.* • intent on one point. ~**चित्त** *adj.* of intent mind. ~**ता** *f.* intentness; concentration.
एकादश *(S) adj.* • eleventh. *m.* eleven.
एकाध *adj.* • few.
एकाधिकार *(S) m.* • monopoly.
एकाधिपति *(S) m.* • absolute monarch.
एकाधिपत्य *(S) m.* • aboslute monarchy.
एकीकरण *(S) n.* • unification; consolidation.
एकीकृत वेतन *n.* • consolidated pay.
एक्यानवे *adj.* • ninety-one.
एक्यावन *adj.* • fifty-one.
एक्यासी *adj.* • eighty-one.
एतबार *(A) m.* • faith; confidence.
एतराज़ *(A) m.* • objection; opposition.
एलची *(P) m.* • ambassador.
एलान *(A) m.* • proclamation; announcement.
एवज़ *(A) m.* • substitute.
एहतियात *(A) f.* • care; precaution.
एहसान *(A) m.* • favour; obligation.
एहसानमंद *(A) adj.* • obliged.
एहसास *m.* • feeling.

ऐ

ऐंचना *v.t.* • to pull; to drag.
ऐंचाताना *adj.* • squint-eyed.
ऐंचातानी *f.* • struggle.
ऐंठन *f.* • twist. **रस्सी जल गई ~ न गई** though defeated, does not accept defeat.
ऐंठना *v.i.* • to be twisted. *v.t.* to twist.
ऐक्य *(S) m.* • unity.
ऐच्छिक *(S) adj.* • voluntary.
ऐतिहासिक *(S) adj.* • historical.
ऐन *(A) adj.* • precise; exact. ~**वक़्त पर** *adv.* punctually to the dot.
ऐनक *(P) f.* • spectacles.
ऐब *(A) m.* • fault; defect.
ऐबी *(P) adj.* • defective.
ऐयाश *(A) adj.* • fond of luxury; voluptuous.
ऐयाशी *(P) f.* • voluptuousness.
ऐरा-ग़ैरा *m.* • non-descript.
ऐरावत *(S) m.* • name of Indra's elephant.
ऐश *(A) m.* • luxury. ~**करना** to live a life of pleasure.

ऐश्वर्य *(S) m.* • prosperous state. ~**वान** *adj.* affluent.

ऐसा *adj.* • of this sort.

ऐहिता *(S) adj.* • worldly.

ओ

ओंठ *m.* • the lip.

ओकना *v.i.* • to vomit.

ओखली *f.* • a small mortar.

ओछा *m.* • shallow; vain; mean. ~**पन** *m.* meanness.

ओज *(S) m.* • lustre; brilliance. ~**स्विता** *f.* splendour. ~**स्वी** *m.* brilliant.

ओझल *m.* • hidden; out of sight.

ओझा *m.* • sorcerer.

ओट *f.* • covering; screen. ~**में** *adv.* behind the screen.

ओठंगाना *v.t.* • to shut the doors.

ओढ़ना *v.t.* • to cover with; to wrap round.

ओढ़नी *f.* • a women's shawl.

ओर *f.* • side; direction; boundary. ~**छोर** *n.* beginning and end.

ओला *m.* • hail stone.

ओस *f.* • dew. ~**पड़ना** dew to fall.

ओसारा *m.* • a verandah.

ओहदा *(A) m.* • an office; rank; position.

ओहदेदार *m.* • office holder.

औ

औंधना *v.i.* • to be overturned.

औंधा *adj.* • overturned.

औंधाना *v.t.* • to overturn.

औक़ात *(A) f.* • capacity; resources.

औघड़ *adj.* • ungainly; strange.

औचक *adv.* • suddenly. ~**निरीक्षण** *m.* unannounced (sudden) inspection.

औचित्य *(A) m.* • suitability.

औज़ार *(A) m.* • tool; implement.

औटना *v.t.* • to boil.

औटाना *v.t.* • to cause to boil.

औतार, अवतार *m.* • incarnation.

औदार्य *(S) m.* • generosity.

औद्योगिक *(S) adj.* • industrial. ~**क्रांति** *f.* industrial revolution.

औद्योगिकी *(S) f.* • technology.

औद्योगीकरण *(S) m.* • industrialisation.

औने-पौने • haggling.

औपचारिक *(S) adj.* • formal. ~**ता** *f.* formality.

औपनिवेशिक *(S) adj.* • colonial.

और *conj.* • and, moreover; else; more. ~**कुछ** something different. ~**कहीं** somewhere else.

औरत *(P) f.* • a woman; wife.

औरताना *(P) adj.* • womanly.

औरस *(S) adj.* • legitimate.

औलाद *(A) f.* • offspring; descendants.

औषध, औषधि *(S) f.* • medicine. ~**शास्त्र** *m.* pharmacology.

औषधालय *(S) m.* • pharmacy.

औसत *(A) adj.* • average. ~**न** *adv.* on an average.

क

कंकड़ *m.* • a stone. ~**पत्थर** *m.* pebbles and stones.

कंकड़ी *f.* • gravel.

कंकड़ीला *adj.* • stony; gravelly.

कंकण *(S) m.* • bracelet.

कंकाल *(S) m.* • skeleton.

कंगन *m.* • bangle.

कंगाल *adj.* • poor.

कंगूरा *(P) m.* • pinnacle; turret.

कंघी *f.* • a comb.

कंचन *m.* • gold.

कंचुक, कंचुकी *(S) m.* • brassiere.

कंजड़, कंजर *(S) m.* • gypsy.

कंजूस *adj.* • miserly. *m.* a miser.

कंजूसी *f.* • miserliness; stinginess.

कंटक *(S) m.* • a thorn.

कंटीला *adj.* • thorny.

कंठ *(S) m.* • neck; throat. ~**स्थ** *adj.* known by heart.

कंठा *m.* • necklace.

कंठी *f.* • a Vaishnava's rosary.

कंडील *f.* • lampshade.

कंथा *(S) f.* • a patched cloth.

कंद *(S) m.* • a bulbous root. ~**मूल** *m.* a vegetable.

कंदरा *(S) f.* • a cave.

कंधा *m.* • the shoulder. ~**देना** to take a corpse on its bier.

कंपकंपी *f.* • shivering.

कंपन *(S) m.* • trembling.

कंपास *m.* • compass.

कंबल *m.* • blanket.

कई *adj.* • several.

ककड़ी *f.* • a type of cucumber.

कक्ष *(S) m.* • the armpit; a private room; cell.

कक्षा *(S) f.* • orbit (of a heavenly body); a class (of a school or college).

कगार *f.* • a slope.

कचरा *m.* • rubbish.

कचहरी *f.* • a court.

कचारना *v.t.* • to wash clothes.

कचूमर *m.* • sliced fruit (for pickling). ~**निकालना** to beat to a pulp.

कचोटना *v.i.* • to feel vexed. *v.t.* to vex.

कचौड़ी, कचौरी *f.* • a deep-fried puri filled with vegetables.

कच्चा *adj.* • uncooked; raw. ~**काश्तकार** *m.* tenant at will; ~**माल** *m.* raw material. ~**पक्का** partially cooked. ~**पन** *m.* unripeness.

कच्चे-बच्चे *m., pl.* • children.

कछार *m.* • bank (of a river); low, wet land).

कछारना *v.t.* • to wash.

कछुआ *m.* • tortoise.

कजरी, कजली *f.* • a type of song sung in the month of Sawan.

क़ज़ा *(A) m.* • death; fate.

कटकटाना *v.i.* • to chatter (the teeth)

कटघरा *n.* • balustrade.

कटना *v.i.* • to be cut; to be harvested.

कटनी *f.* • harvesting; harvesting time; wages for harvesting.

कटाई *f.* • cutting; reaping; price for cutting.

कटाक्ष *(S) m.* • a sidelong glance.

कटार *f.* • a dagger.

कटारी *f.* • a small dagger.

कटि *(S) f.* • the waist. ~**बद्ध** *adj.* unyielding.

कट्टरता, कट्टरपन *f. m.* • bigotry; strictness; fanaticism.

कट्ठा *m.* • a measure of land (eighty square yards).

कठघरा *m.* • witnessbox.

कठपुतली *f.* • puppet.

कठिन *(S) adj.* • hard; difficult.

कठिनाई *f.* • hardness; difficulty.

कठोर *(S) adj.* • hard; severe. ~**कारावास** *m.* rigorous imprisonment. ~**ता** *f.* hardness.

कड़कड़ाहट *f.* • crackling sound.

कड़कना *v.i.* • to thunder.

कड़वा *adj.* • bitter. ~**पन** *m.* bitterness. ~**हट** *f.* bitter taste.

कड़ा *adj.* • stiff; hard; strict; severe. ~**पन** hardness.

कड़ा *m.* • a heavy ring of metal etc. worn on the wrist.

कड़ाह, कड़ाहा *m.* • a cauldron (for boiling or frying).

कड़ाई *f.* • a small pan.

कड़ी *f.* • a ring of metal; link.

कड़ुआ *adj.* • bitter; pungent.

कढ़ाई *f.* • embroidery.

कण *(S) m.* • a particle.

कतरन *f.* • cutting.

कतरना *v.t.* • to cut.

कतरनी *f.* • scissors.

कतराना *v.i.* • to avoid.

क़तार *(A) f.* • row; series. ~**बांधना** to place in a row.

कत्थई *adj.* • dark red.

क़त्ल *(A) m.* • killing; ~**गाह** *f.* place of execution.

कथक, कत्थक *(S) m.* • name of a style of dance.

कथन *(S) m.* • narraling; statement.

कथनीय *(S) adj.* • fit to be said.

कथा *(S) f.* • story (religious); tale. ~**वस्तु** *f.* subject matter of a story.

कथित *(S) adj.* • uttered.

क़द *(A) m.* • stature; height (of a person).

क़दम *(A) m.* • step; the foot. ~**उठाना** *v.i.* to step out; to take a step. ~**बोसी** *f.* kissing the feet (in respect).

क़दर *(A) f.* • worth; merit; degree. ~**दान** *adj. m.* a good valuing judge.

कदाचित् *(S) adv.* • perhaps.

कदापि *(S) adv.* • sometimes; on any account.

क़दीम *(A) adj.* • ancient.

क़दीमी *(P) adj.* • of old.

कद्दावर *adj.* • gigantic.

कनक *(S) m.* • gold; the thorn-apple (धतूरा); wheat.

कनकनाना *v.i.* • to tingle.

कनकनाहट *f.* • tingling.

कनखी *f.* • wink; ogling.

कनपटी *f.* • the temple.

कनस्तर *m.* • canister.

क़नात *(A)* • a canvas screen.

कनिष्ठ *(S) adj.* • younger (brother); junior.

कन्नी काटना *v.i.* • to steer clear of.

कन्या *(S) f.* • a virgin girl; a daughter.

कपट *(S) m.* • deceit. ~**वेश** *m.* a disguise.

कपटी *(S) m.* • a dissembler; *adj.* deceitful; fraudulent.

कपड़ा *m.* • cloth; clothing; garment. ~**पहनना** *v.t.* to put on a garment. ~**लत्ता** *m.* clothes.

कपाट *(S) m.* • door; valve.

कपाल, कपार *m.* • the skull; head; destiny.

कपास *f.* • cotton.

कपूत *m.* • a bad son.

कपूर *m.* • camphor.

कपोत *(S) m.* • a pigeon.

कपोल *(S) m.* • the cheek; ~**कल्पना** *f.* figment of imagination. ~**कल्पित** *adj.* imaginary.

कफ़ *(P) m.* • phlegm; one of the humours of the body.

कफ़न *(A) m.* • shroud.

कब *adv.* • when. ~**तक** *adv.* for how long.

कबाड़ *m.* • rubbish.

कबाब *(P) m.* • roasted meat.

क़बाइली *(A) m.* • tribesman (of Afghanistan).

क़बूल *(A) m.* • acceptance. ~**ना** *v.t.* to accept.

क़ब्ज़ *(A) f.* • constipation.

क़ब्ज़ा *(A) m.* • possession; occupancy.

क़ब्र *(A) f.* • grave.

कभी *adv.* • sometimes; at any time.

कमंद *(P) f.* • scaling-ladder; rope.

कमंडल *m.* • an wooden or earthen waterpot.

कम *adj.* • little; less. ~**खर्च** *adj.* thrifty; ~**ज़ोर** *adj.* weak. ~**बख़्त** *adj.* & m. unfortunate.

कमनीय *(S) adj.* • beautiful.

कमर *(P) f.* • the waist.

कमरा *m.* • a room.

कमल *(S) m.* • lotus.

कमसिन *(A) adj.* • young.

कमसिनी *(A) f.* • youth.

कमाई *f.* • earnings.

कमाऊ *adj.* • capable of earning.

कमान *(P) f.* • a bow.

कमान *f.* • a command.

कमाना *v.t.* • to earn.

कमानी *f.* • a spring.

कमाल *(A) m.* • excellence.

कमासुत *m.* • an earner.

कमी *(P) f.* • shortage; shortfall. ~**बेशी** *f.* fluctuation; profit and loss.

क़मीज़ *(A)* • a shirt.

कमीना *(P) adj.* • base; m. a base person. ~**पन** *m.* lowness; baseness.

क़यामत *(A) f.* • doomsday.

कर *m.* • tax; hand. ~**उगाहना** *v.t.* to collect a tax. ~ **दाता** *m.* taxpayer. ~**देय** *adj.* taxable. ~**मुक्त** *adj.* exempt from tax.

करघा *(P) m.* • a loom.

करछुल *f.* • ladle.

करतब *m.* • skill; deed.

करतबी *adj.* • skilled; adroit.

करतूत *f.* • deed; action.

करना *v.t.* • to do; to act; to perform.

करनी *f.* • an action; a bricklayer's trowel.

करम *(A) m.* • fate; favour.

करमकल्ला *(P) m.* • cabbage.

करवट *f.* • the side of the body (on which one rests). ~**लेना**, ~**बदलना** to turn over.

कराधान *(S) n.* • taxation.

करामात *(A) f.* • feat; marvellous deeds.

करामाती *(A) adj.* • miraculous.

क़रार *(A) m.* • agreement; peace (of mind). ~**आना** to be at rest. ~**नामा** *m.* written agreement.

करारा *adj.* • hard; strong.

कराल *adj.* • dreadful.

कराहना *v.i.* • to moan; to grieve.

करिश्मा *(P) m.* • wonderful deed; charisma.

क़रीना *(P) m.* • way; manner.

क़रीब *(A) adj.* • near. *adv.* almost.

करुणा *(S) f.* • pity; mercy. ~**निधान** *m.* treasury of compassion.

करेला *m.* • a bitter tasting gourd.

करोड़ *m.* • a crore; ten millions.

कर्क रेखा *(S) f.* • Tropic of Cancer.

कर्कट *(S) m.* • a crab.

कर्कश *(S) adj.* • quarrelsome; harsh.

कर्कशा *(S) f.* • termagant.

कर्ज़, कर्ज़ा *(A) m.* • debt; loan. ~**दार** *adj. & m.* indebted; a debtor.

कर्ण *(S) m.* • the ear.

कर्तव्य *(S) m.* • duty. ~**परायण** *adj.* conscientious; dutyful.

कर्ता *(S) m.* • doer; master; subject (gram.). ~**धर्ता** *m.* the head of a family.

कर्म *(S) m.* • action; fate; object (gram.). ~**कार** *m.* worker. ~**कारक** objective case (gram). ~**चारी** *m.* employee; ~**ठ** *adj.* active; dynamic. ~ **तंत्र** *m.* bureaucracy. ~**शाला** *f.* workshop. ~**हीन** *adj.* unlucky.

कर्मण्य *(S) adj.* • industrious. ~**ता** *f.* industriousness.

कलंक *(S) m.* • disgrace; blemish.

कलंकित *(S) adj.* • disgraced.

कल *m.* • yesterday; tomorrow.

कल *f.* • a device; a machine.

कल *f.* • peace (of mind); repose. ~**आना** to be at ease.

क़लई *f.* • tin-plating; white-washing. ~**खुलना** to be exposed.

कलगी *f.* • comb (of a cock).

कलफ़ *(P) m.* • starch.

क़लम *(A) f.* • a pen; a cutting (for grafting). ~**करना** *v.t.* to cut. ~**लगाना** *v.t.* to plant; to graft. ~**जीवी** *m.* one who lives by writing; a writer; a journalist.

कलमा *(P)* • the Muslim confession of faith. ~**पढ़ाना** *v.t.* to convert to Islam.

कलश, कलसा *m.* • waterpot.

कलह *(S) m.* • quarrel.

कला *(S) f.* • art; skill; phase (as of the moon). ~**कार** *m.* artist. ~**कृति** *f.* an art work. ~**बाजी** *f.* acrobatic feat; somersault. ~**विद्यालय** *m.* technical school. ~**विभाग,** ~**संकाय** *m.* Department / Faculty of Arts.

कलाई *f.* • the wrist.

कलाबत्तू *m.* • silk and silver or gold thread twisted together.

कलाम *(A) m.* • speach; word.

क़लिया *(A) m.* • a meat curry.

कली *f.* • a flower bud.

कलुष *(S) adj.* • dirty. *m.* dirt; sin.

कलुषित *(S) adj.* • defiled.

कलेजा *m.* • the liver; the heart;

courage. ~छलनी होना the heart to be pierced. ~से लगाना f. embrace.

कलेवर (S) m. • the body.

कलेवा m. • breakfast.

कल्पना (S) f. • imagination. ~करना v.t. to imagine.

कल्पित (S) adj. • supposed.

कल्मष (S) m. • sin.

कल्याण (S) m. • welfare. ~कोष m. welfare fund.

कवच (S) m. • armour.

कवयित्री (S) f. • poetess.

क़वायद (A) f. • drill.

कवि (S) m. • a poet. ~सम्मेलन m. a gathering of poets.

कविता (S) f. • poetry.

कव्वाली (A) f. • songs sung by qawals.

कश्ती (P) f. • a boat.

कष्ट (S) m. • trouble. ~सहना, ~उठाना to suffer difficulty. ~देना to trouble. ~कर adj. troublesome. ~साध्य adj. difficult to achieve.

कसक f. • an ache.

कसकना v.i. • to ache.

कसना v.t. • to tighten.

कसम (A) f. • an oath. ~खाना m. to swear on oath.

कसमसाना v.i. • to fidget.

कसमसाहट f. • restlesness.

कसर (A) f. • shortcoming.

कसरत (P) f. • exercise.

कसरती adj. • taking physical exercise.

क़साई (A) m. • a butcher. ~खाना m. slaughterhouse.

कसा-कसाया adj. • a ready packed.

कसीदा (A) • a type of Urdu poem in the form of ghazal.

क़सूर (A) m. • fault. ~वार adj. at fault.

कसेरा m. • coppersmith.

कसैला adj. • pungent.

कसौटी f. • a touchstone.

कस्तूरी f. • musk.

क़हक़हा (A) • burst of laughter.

कहना v.t. • to say. ~मानना v.t. to obey.

क़हर (A) m. • calamity.

कहाँ adv. • where.

कहानी f. • story; a short story.

कहावत f. • a proverb.

कहीं adv. • somewhere; anywhere.

कांइयाँ adj. & m • rogue.

कांख f. • armpit.

कांच m. • glass.

कांचन (S) m. • gold; adj. golden.

कांजी f. • a kind of vinegar.

काँटा f. • a small thorn; nail.

काँड़ी f. • a wooden pail.

कांत (S) adj. • beloved.

कांता (S) f. • a beloved or beautiful woman; sweetheart; wife.

कांति *(S) f.* • loveliness.

कांपना *v.i.* • to tremble.

कांसा *m.* • an alloy of copper and tin; bell metal.

का *ppn.* • of; belonging to.

काई *f.* • moss.

काक *(S) m.* • a crow.

काकुल *(P) m.* • lock (of hair).

काग *m.* • a crow; cork.

काग़ज़ *(P) m.* • paper. ~**-कलम** *m.* paper and pen.

काग़ज़ात *(P) f. pl.* • documents.

काग़ज़ी *(P) adj.* • made of paper. ~**सबूत** *m.* documentary evidence.

काज *m.* • task; buttonhole.

काजल *m.* • lampblack (applied to the eyes as cosmetic).

क़ाज़ी *(A) m.* • magistrate.

काट *f.* • cutting.

काटना *v.t.* • to cut; to carve; to strike off.

काठ *m.* • wood.

काठी *f.* • the body; saddle (for a horse).

काढ़ना *v.t.* • to embroider.

कातना *v.t.* • to spin.

कातर *(S) adj.* • submissive; timid. ~**ता** *f.* timidity.

कातिब *(A) m.* • writer; scribe.

क़ातिल *adj.* • murderous; captivating (a woman's beauty). *m.* a murderer.

कान *m.* • the ear. ~**देना** to pay attention. ~**पर जूं न रेंगना** no effect to be produced. ~**भरना** to poison one's mind.

कानन *(S) m.* • forest.

काना *adj.* • one-eyed; having a hole (as a fruit). ~**कुतरा** *adj.* disfigured. ~**फूसी** *f.* whispering.

कानून *(A) m.* • law. ~**गो** *(P) m.* lawspeaker. ~**न** *adj. adv.* legally.

कानूनी *(P) adj.* • legal. ~**सलाहकार** *m.* solicitor.

कापुरुष *(S) m.* • coward.

काफ़िर *(A) adj.* • unbeliever in Islam.

क़ाफ़िला *(A) m.* • convoy.

काफ़ी *(A) adj.* • enough.

क़ाबिल *(A) adj.* • capable.

क़ाबू *(P) m.* • possession. ~**में करना** *v.t.* to bring under control.

काम *m.* • work. ~**आना** to be of use. ~**में लगना** a work to be started. ~**निकालना** to achieve one's purpose. ~**बनना** a purpose to be achieved. ~**बिगाड़ना** to spoil the work. ~**गार** *m.* a labourer. ~**चलाऊ** serviceble. ~**चोर** *adj.* idle; shirker.

काम *(S) m.* • desire; sexual desire. ~**केली** *f.* love-making. ~**वासना** *f.* lust.

कामातुर *(S) adj.* • love-sick.

कामोत्तेजक *(S) adj.* • stirring up passion.

कामना *(S) f.* • desire.

कामिनी *(S) f.* • an amorous woman; an attractive woman.

कामुक *(S) adj.* • sensual. ~**ता** *f.* sensuality.

क़ायदा *(A) m.* • regulation; etiquette.

कायनात *(A) f.* • the world.

क़ायम *(A) adj.* • established. ~**करना** *v.t.* to set up.

कायर *adj.* • cowardly. ~**ता** *f.* timidity.

क़ायल *(A) adj. & m.* • agreeing (to); convinced; ~**करना** to convince.

काया *(S) f.* • the body. ~**कल्प** *m.* rejuvenation. ~**पलट** *m.* metamorphosis.

कारख़ाना *(P) m.* • factory; workshop.

कारबार *(P) m.* • business; trade.

कारगर *adj.* • effective.

कारगुज़ारी *f.* • achievement.

कारसाज़ *(P) adj.* • skilful.

कारण *(S) m.* • cause; reason. ~**बताना** *v.t.* to show cause.

कारतूस *m.* • cartridge.

कारवां *(P) m.* • convoy; caravan.

कारागार *(S) m.* • prison.

कारावास *(S) m.* • imprisonment.

कारिंदा *(P) m.* • manager.

कारीगर *(P) m.* • a craftsman.

कारीगरी *(P) f.* • workmanship.

कारोबार *(P) m.* • business.

कार्मिक *(S) adj.* • working. *m.* a worker; personnel.

कार्य *(S) m.* • function; work; duty. ~**कर्ता** *m.* worker or executive. ~**कारी** *adj.* temporary. ~**क्रम** *m.* programme. ~**क्षेत्र** *m.* sphere of authority. ~**पाल** *m.* an executive. ~**भार** *m.* burden of responsibility. ~**समिति** *f.* working commitee. ~**सूची** *f.* agenda.

कार्यालय *(S) m.* • office.

काल *(S) m.* • time; age. ~**क्रम** *m.* chronology. ~ **चक्र** *m.* the wheel of time. ~**धर्म** *m.* the law of time.

काल *m.* • tense (gram.); bad time; famine.

काला *adj.* • black. ~**करना** *v.t.* to blacken. ~ **बाज़ार** *m.* black market. ~**कलूटा** *adj.* coal black (of complexion). ~**पानी** *m.* transportation. **मुँह** ~**करना** to sin.

कालिंदी *(S) f.* • a name of river, Yamuna.

कालिख *m.* • soot; lamp black.

कालिमा *(S) f.* • blackness.

क़ालीन *(P) f.* • carpet.

काल्पनिक *(S) adj.* • imaginary.

काव्य *(S) m.* • literary composition in verse.

काश *conj.* • would that.

काश्त *(P) m.* • cultivation. ~कार *m.* a tenant farmer. ~कारी *f.* farming.

काष्ठ *(S) m.* • wood; timber. ~कार *m.* carpenter.

काहिल *(A) adj.* • slack.

काहिली *(A) f.* • indolence.

किंकर्त्तव्यविमूढ़ *(S) adj.* • uncertain what to do.

किंकिणी *(S) f.* • a small bell.

किंचित् *adj.* • somewhat; a little.

किंतु *(S) conj.* • but; however.

किंवदंती *(S) f.* • hearsay; a rumour.

कि *conj.* • that.

कितना *adj.* • how much; how many.

क़िता *(A) m.* • a piece.

किताब *(A) f.* • a book.

किताबी *adj.* • bookish; pertaining to a book. ~कीड़ा *m.* book worm.

किधर *adv.* • where; whither.

किनारा *(P) m.* • side; edge; bank.

किनारी *f.* • trimming. ~दार *adj.* bordered.

किनारे *adv.* • ashore; aloof.

किफ़ायत *(A) f.* • thrift; economy.

किफ़ायती *adj.* • economical.

क़िबला *(A) m.* • any venerated person; the direction of Mecca.

किमख़ाब *(P) m.* • silk or satin worked with gold or silver flowers; brocade.

किरकिरा *adj.* • gritty.

किरकिरी *f.* • sandiness.

किरण *(S) f.* • ray.

किरदार *(P) f.* • character (of a story or drama).

किरमिच *m.* • canvas.

किराना *m.* • grocery.

किरानी *m.* • clerk.

किराया *(P) m.* • charge or payment for hire; rent.

किरायेदार *(P) m.* • tenant.

किरासन *m.* • kerosene.

किरीट *m.* • a tiara.

किलकारी *f.* • shouting with delight (by children).

क़िला *(A) m.* • a fort.

क़िलाबंदी *f.* • defences.

क़िलेदार *(P) m.* • commander of a fort.

क़िल्लत *(P) f.* • scarcity.

किवाड़ *m.* • door.

किशमिश *f.* • raisin.

किशोर *(S) m.* • a youth; teenager.

किशोरी *(S) f.* • an adolescent girl.

किस *pron.* • who; which; what. ~का whose. ~को whom. ~प्रकार how. ~लिए for what.

किसान *m.* • farmer.

क़िस्त *(A) f.* • instalment.

क़िस्मत *(P) f.* • fate.

क़िस्सा *(A) m.* • story.

कीचड़ *m.* • mud.

कीट *(S) m.* • an insect. ~**नाशक** *adj. & m.* insecticide. ~**विज्ञान** *m.* entomology.

कीटाणु *(S) m.* • germ.

कीड़ा *m.* • an insect.

क़ीमत *(P) f.* • price.

क़ीमती *(P) adj.* • expensive.

क़ीमा *(A) m.* • minced meat.

कीमिया *m.* • alchemy; chemistry.

कीर्तन *(S) m.* • devotional music.

कीर्ति *(S) f.* • fame. ~**मान** *m.* a record. ~**स्तंभ** *m.* monument; victory tower.

कील *m.* • a nail.

कुंकुम *(S) m.* • saffron.

कुंज *(S) m.* • bower; a grove.

कुंजड़ा *m.* • name of a community of vegetable sellers.

कुंजी *f.* • key.

कुंठा *(S) f.* • frustration.

कुंठित *(S) adj.* • frustrated.

कुंड *(S) m.* • a wide-mouthed basin.

कुंडी *f.* • door-catch.

कुंद *(P) adj.* • blunt; dull.

कुंदन *m.* • pure gold.

कुआँ *m.* • a well. ~**खोदना** *v.t.* to dig a well.

कुकर्म *(S) m.* • a wicked action.

कुकर्मी *adj.* • wicked *m.* a wicked person.

कुख्याति *(S) f.* • disrepute.

कुच *(S) m.* • the female breast.

कुचाग्र *(S) m.* • nipple.

कुचक्र *(S) m.* • intrigue.

कुचलना *v.t.* • to crush.

कुचाल *f.* • misconduct.

कुछ *pron.* • something; anything.

कुछ-एक *adj & adv.* • a few.

कुछ-तो *adv.* • just a little.

कुछ-भी *pron. & adj.* • whatever.

कुजात *adj.* • of low caste.

कुजाति *(S) f.* • of low birth

कुटना *m.* • a pimp.

कुटनी *f.* • a bawd.

कुटिल *(S) adj.* • wicked.

कुटी *(S) f.* • hut.

कुटीर *(S) m.* • cottage. ~**उद्योग** *m.* village-industry.

कुटुंब *(S) m.* • family; relatives.

कुटेव *f.* • a bad habit.

कुठार *(S) m.* • an axe.

कुड़बुड़ाना *v.i.* • to grumble.

कुढंग *adj.* • ill-mannered. *m.* bad ways.

कुढ़न *f.* • vexation.

कुढ़ना *v.i.* • to be vexed.

कुतरना *v.t.* • to nibble.

कुतर्क *(S) m.* • wrong reasoning.

कुतिया *f.* • a bitch.

क़ुतुबनुमा *m.* • compass.

कुतूहल *(S) m.* • curiosity.

कुत्ता *m.* • dog.
कुत्ती *f.* • bitch.
कुत्सित *(S) adj.* • base.
क़ुदरत *(P) f.* • nature.
क़ुदरती *(P) adj.* • natural.
कुदान *f.* • jump.
कुदाल *f./m.* • a spade.
कुदाली *f.* • a small spade.
कुदृष्टि *(S) f.* • evil eye.
कुधातु *(S) f.* • base metal.
कुनकुना *adj.* • lukewarm.
कुनबा *m.* • family.
कुपथ *(S) m.* • bad ways.
कुपथ्य *(S) adj.* • unwholesome. *m.* unwholesome food.
कुपात्र *(S) adj.* • unworthy. *m.* unworthy person.
कुपित *(S) adj.* • angered.
कुपुत्र *(S) m.* • a bad son.
कुप्पा *m.* • a large leather pot to keep oil.
कुप्पी *f.* • a leather bottle for oil.
कुप्रतिनिधित्व *(S) m.* • misrepresentation.
कुप्रबंध *(S) m.* • mismanagement.
कुप्रयोग *(S) m.* • misuse.
कुफ़्र *(A) m.* • unbelief.
कुबड़ा *adj.* • hunchbacked.
कुबुद्धि *(S) adj.* • foolish. *f.* stupidity.
कुब्जा *(S) adj.* • a hunchbacked woman.
कुमक *(P) f.* • reinforcement.
कुमकुम *(S) m.* • saffron (Bindi).
कुमति *(S) f.* • stupidity; folly.
कुमार *(S) m.* • a youth; a young unmarried man; a bachelor; a prince.
कुमारी *(S) f.* • a virgin girl; a young unmarried girl; miss.
कुमार्ग *(S) m.* • wrong course.
कुम्हलाना *v.i. & v.t.* • to fade; to wither.
कुम्हार *m.* • a potter.
कुर्ता *(P) m.* • a type of collarless shirt.
कुर्ती *f.* • blouse.
क़ुर्बान *(A) m.* • sacrifice. ~ **करना** *v.t.* to sacrifice.
कुर्सी *(A) f.* • chair.
कुरीति *(S) f.* • misconduct.
कुरुचि *(S) f.* • distaste; aversion.
कुरूप *(S) adj.* • deformed. ~ **ता** *f.* ugliness.
क़ुर्क़ *(T) adj.* • confiscated.
क़ुर्क़ी *(P) f.* • attachment (of property).
कुल *m.* • community; tribe. ~ **पति** *m.* head of a family. ~ **वधू** *f.* a woman of noble family.
कुल *(A) m.* • total amount. *adj.* entire; all. ~ **जमा** *adj.* sum total.
कुलपति *(S) m.* • vice chancellor.
कुलसचिव *(S) m.* • registrar (of a university).

कुलटा *(S) f.* • a promiscuous woman.
कुलबुलाना *v.i.* • to fidget.
कुलबुलाहट *f.* • fidgeting; restlessness.
कुलाधिपति *(S) m.* • chancellor.
कुली *m.* • a labourer; porter.
कुलीन *(S) adj.* • of noble descent; of good family.
कुलीनता *(S) f.* • nobility of descent.
कुल्हाड़ी *f.* • a hatchet.
कुशल *(S) adj.* • skilful. ~**आनंद** *m.* health and well-being.
कुशलता *(S) f.* • skilfulness.
कुशासन *(S) m.* • maladministration; bad government.
कुश्ती *(P) f.* • wrestling. ~**बाज़** *m.* wrestler.
कुसंग *(S) m.* • bad company.
कुसुम *(S) m.* • flower.
कुस्वप्न *(S) m.* • bad dream; nightmare.
कुस्वभाव *(S) m.* • wicked nature.
कुहनी *f.* • elbow.
कुहरा *m.* • mist; fog.
कुहराम *m.* • lamentation.
कुहासा *m.* • mist.
कूंचा *m.* • broom.
कूंची *f.* • brush.
कूंड़ा *m.* • an earthen vessel.
कूच *(P) m.* • departure. ~**करना** *v.i.* to depart.
कूट *(S) m.* • peak; summit.
कूटकर्म *(S) m.* • deceit.
कूटनीति *(S) f.* • diplomacy.
कूटनीतिज्ञ *(S) m.* • diplomat.
कूटना *v.t.* • to pound.
कूड़ा *m.* • rubbish.
कूतना *v.t.* • to estimate.
कूद *f.* • jumping.
कूदना *v.i.* • to jump; to leap.
कूप *m.* • a well.
कूबड़ *m.* • a hump; hunchback.
कूल *m.* • shore; bank.
कूल्हा *m.* • the hip; the buttocks.
कृतज्ञ *(S) adj.* • grateful.
कृतघ्न *(S) adj.* • ungrateful.
कृति *(S) f.* • a work; work of art.
कृत्रिम *(S) adj.* • artificial.
कृपण *(S) adj.* • miserly. *m.* a miser. ~**ता** *f.* miserliness.
कृपया *(S) adv.* • please.
कृपा *(S) f.* • favours. ~**पात्र** *adj.* favourite.
कृपाण *(S) m.* • a dagger.
कृपालु *(S) adj.* • merciful.
कृमि *(S) m.* • worm.
कृषक *(S) m.* • farmer.
कृषि *(S) f.* • farming; agriculture. ~**उपकरण** *m.* agricultural implements. ~**क्षेत्र** *m.* farm
कृष्ण *(S) adj.* • black; dark. *m.* name of the eighth avatar of Vishnu.
केंचुआ *m.* • earthworm.
केंद्र *(S) m.* • centre. ~**बिन्दु** *m.* cen-

tre point. ~सरकार f. the central government.

केंद्रापसारी adj. • centrifugal.

केंद्राभिसारी (S) adj. • centripetal.

केन्द्रीय (S) adj. • central. ~अभिलेखागार m. central archives or record room. ~धारा सभा f. central assembly, central legislature. ~शासन m. central government.

केला m. • banana.

केलि (S) f. • sexual intercourse.

केवट m. • a boatman.

केवल (S) adj. • only; absolute. adv. only.

केश (S) m. • hair (of the head) ~प्रसाधन n. hair-dressing.

केसर m. • saffron.

केसरी m. • lion.

कैंची (T) f. • scissors.

क़ैद (A) f. • imprisonment. ~करना v.t. to imprison. ~खाना m. a jail. ~तनहाई m. solitary confinement.

क़ैदी (P) m. • a prisoner.

क़ैफ़ियत (A) f. • condition; explanation.

कैसा, कैसी, कैसे adv. • how; of what kind.

कोंपल f. • a new leaf.

को ppn. • marker of oblique case in a preceding form; e.g., दर्ज़ी ~बुलाओ.

कोई pron & adj • someone; some; any.

कोख m. • the womb.

कोटि (S) f. • catagory; crore.

कोठरी f. • a small room.

कोठा m. • granary.

कोठी f. • a bungalow.

कोड़ा m. • a whip.

कोड़ी f. • twenty.

कोढ़ m. • leprosy.

कोढ़ी adj. • leprous. m. a leper.

कोण (S) m. • an angle.

कोतवाल (P) m. • deputy superintendent of police; officer in charge of a police station.

कोना m. • a corner.

कोफ़्त (P) f. • vexation.

कोमल (S) adj. • soft; tender. ~ता f. softness.

कोयल m. • the black cuckoo.

कोयला m. • charcoal; coal.

कोर f. • tip; edge.

क़ोरमा (T) m. • spiced fried curry.

कोरा adj. • new; unused; unbleached. ~पन m. newness.

कोलतार m. • coaltar.

कोलाहल (S) m. • uproar.

कोल्हू m. • a press (for oilseeds or sugarcane).

कोश (S) m. • treasure शब्द ~ dictionary. ~कार lexicographer.

कोशिका (S) f. • cell.

कोशिश *(P) f.* • effort.

कोष *(S) m.* • treasure.

कोषागार *(S) m.* • treasury.

कोषाध्यक्ष *(S) m.* • treasurer.

कोषाधिकारी *(S) m.* • treasury officer.

कोसना *v.t.* • to abuse; to curse.

कौंधना *v.i.* • to flash (as lightning).

कौतुक *(S) m.* • eager; curiosity.

कौन *pron.* • who; which. ~**जाने** who knows.

क़ौम *(A) f.* • a nation.

कौर *m.* • a mouthful (of food).

क़ौल *(A) m.* • promise.

कौशल *(S) m.* • skill. ~**कला** *m.* craft.

क्या *pron.* • what. ~**ख़ूब** how splendid. ~**जाने** knows nothing.

क्यारी *f.* • a bed (of flowers or vegetables).

क्यों *adv.* • why. ~**कर** *adv.* by what means. ~**कि** because.

क्रम *(S) m.* • degree; order. ~**बद्ध** *adj.* graded.

क्रय *(S) m.* • purchase. ~**शक्ति** *f.* purchasing power. ~**अधिकारी** *m.* purchase officer. ~-**विक्रय** *m.* sale and purchase.

क्रांति *(S) f.* • revolution. ~**कारी** *adj & m.* revolutionary.

क्रिया *(S) f.* • act; deed. ~**विशेषण** *adverb (grm.).* ~**शील** *adj.* active.

क्रिस्तान *m.* • a Christian.

क्रिस्मस *m.* • Christmas.

क्रीड़ा *(S) f.* • sport; play.

क्रीत *(S) m.* • purchased.

क्रूर *(S) adj.* • cruel. ~**ता** *f.* cruelty. ~**शासन** *m.* tyranny.

क्रेता *(S) m.* • purchaser.

क्रोध *(S) m.* • anger.

क्रोधित *(S) adj.* • angry.

क्रोधी *(S) adj.* • hot-tempered.

क्लांत *(S) adj.* • tired; fatigued.

क्लांति *(S) f.* • tiredness; fatigue.

क्लिष्ट *(S) adj.* • difficult to grasp (as a style of language).

क्लीव *(S) adj.* • impotent.

क्लेश *(S) m.* • suffering; anguish. ~**मय** *adj.* full of suffering.

क्ष • (after **क**).

क्षण *(S) m.* • an instant; a moment. ~**भंगुर** *adj.* ephemeral.

क्षणिक *(S) adj.* • momentary.

क्षत *(S) adj.* • wounded.

क्षति *(S) f.* • loss; damage. ~**ग्रस्त** *adj.* damaged. ~**पूर्ति** *f.* indemnity; compensation.

क्षमता *(S) f.* • capacity.

क्षमा *(S) f.* • forgiveness. ~**करना** *v.t.* to forgive. ~-**याचना** *f.* entreaty; ~**योग्य** *adj.* pardonable. ~**शील** *adj.* of forgiving nature.

क्षम्य *(S) adj.* • pardonable.

क्षय *(S) m.* • decline; decrease;

destruction. ~रोग *m.* tuberculosis.

क्षरण *(S) m.* • erosion.

क्षार *(S) adj.* • salty; alkaline.

क्षीण *(S) adj.* • wasted; weak; feeble; destroyed.

क्षीर *(S) m.* • milk.

क्षुद्र *(S) adj.* • trifling; mean. ~ता *f.* meanness.

क्षुधा *(S) f.* • hunger.

क्षुधित *(S) adj.* • hungry.

क्षुद्र *(S) m.* • agitated.

क्षेत्र *(S) m.* • a region; zone; area; field; extent. ~फल *m.* area.

क्षेम *(S) m.* • well-being; happiness.

क्षोभ *(S) m.* • agitation; ill-will.

क्षौर *(S) m.* • shaving of the head.

ख

खंखार *m.* • phlegm; spittle.

खंखारना *v.i.* • to cleer the throat.

खंगालना *v.t.* • to rinse; to wash.

खंचिया *f.* • a small wicker-basket.

ख़ंजर *(A) m.* • a curved dagger.

खंजरी *(P) f.* • a small tambourine.

खंड *m.* • a piece; ~करना *v.t.* to smash into pieces. ~काव्य *m.* a narrative poem. ~कालिक *adj.* part-time. ~नीय *adj.* refutable.

खंडन *(S) m.* • breaking into pieces; refuting; contradicting. ~मंडन *m.* arguing for and against.

खंडहर *m.* • a ruin; a ruined building. *adj.* dilapidated.

खंडित *(S) m.f. & adj.* • broken into pieces; broken off.

खंदक़ *(A) f.* • ditch; trench.

खंभा *m.* • a pillar; pole.

खगोल *(S) m.* • a planet. ~विद्या *f.* astronomy.

खच्चर *m.* • a mule.

ख़ज़ानची *(P) m.* • cashier; treasurer.

खजूर *m.* • the date-palm.

खटकना *v.i.* • to rattle; to feel offended.

खटका *m.* • unease (of mind); the sound of knocking.

खटकाना, खटखटाना *v.t.* • to knock.

खटना *v.i.* • to work hard.

खटमल *m.* • bug.

खटाई *f.* • sourness. acidity. ~में डालना *v.t.* to keep in suspence.

खटास *f.* • acidity; sourness.

खटिक *m.* • a seller of vegetables and fruits.

खटोला *m.* • a small bedstead.

खट्टा *adj.* • sour; acid. ~**पन** *m.* sourness.

खड़कना *vi.* • to rattle.

खड़खड़ाना *v.i.* • to knock. *v.t.* to make a knocking sound.

खड़खड़ाहट *f.* • a knocking sound.

खड़ा *adj.* • standing; erect; perpendicular.

खड़ाऊं *m.* • a wooden-sole sandal.

खड़िया *f.* • chalk.

खड्ग *(S) m.* • sword.

खड्ड *m.* • a pit.

ख़त *(A) m.* • a letter; handwriting.

खतना *(A) m.* • circumcision. ~**करना** *v.t.* to circumcise.

ख़तरनाक *(P) adj.* • dangerous.

ख़तरा *(A) m.* • danger; risk.

ख़ता *(A) f.* • fault; mistake.

ख़त्म, ख़तम *(A) m.* • end. *adj.* finished. ~**करना** to finish; to kill. ~**होना** to come to an end.

खदान *f.* • excavation.

खदेड़ना *v.t.* • to drive away.

खनक *f.* • a ringing sound.

खनकाना *v.t.* • to cause to clink.

खनन *m.* • excavating; mining.

खनना *v.t.* • to dig.

खनिज *adj.* • mineral. *m.* a mineral.

खपच्ची *f.* • splinter.

खपड़ा *m.* • a tile (for roofing).

खपड़ैल *m.* • a tiled roof.

खपत *f.* • consumption; demand (for goods).

ख़फ़ा *(P) adj.* • angry.

ख़बर *(A) f.* • news; information; message. ~**करना** to inform. ~**मिलना** news to be received. ~**गीर** *m.* an informer. ~**दार** *adj.* watchful. ~**दारी** *f.* watchfulness; care.

ख़ब्त *(A) m.* • madness; obsession.

ख़मीर *(A) m.* • yeast.

ख़यानत *(A) f.* • breach of trust.

ख़याल, ख़्याल *(A) m.* • thought; opinion; (music) a North Indian style of singing. ~**आना** a thought to occur.

ख़रगोश *(P) m.* • a rabbit.

खरब *m.* • ten thousand millions.

ख़रबूज़ा *(P) m.* • the sweet melon.

खरल, खल्ल *f.* • mortar.

खरहा *m.* • a hare.

खरा *adj.* • real; genuine; pure. ~**-खोटा** *adj. & m.* good and bad.

ख़राद *(P) m.* • a lathe. ~**ना** *v.t.* to turn (on a lathe).

ख़राब *(A) adj.* • bad; inferior. ~**करना** to shoil.

ख़राबी *(P) f.* • defect.

ख़राश *(P) f.* • scratch.

ख़रीद *(P) f.* • purchase.

खरीदना *v.t.* • to buy.

खरीदार *(P) m.* • customer.

ख़रीफ़ *(A) f.* • autumn crops.

खरोंच *f.* • scratching. ~**ना** *v.t.* to scratch.

ख़र्च *(P) m.* • expenses; expenditure. ~**होना** to be spent. ~**ना** *v.t.* to spend; to use.

ख़र्चीला *adj.* • expensive; extravagant.

खर्रा, फर्रा *m.* • memorandum.

खर्राटा *m.* • snoring.

खल *(S) adj.* • wicked. ~**नायक** *m.* the villain (as of a story or film).

खलना *v.i.* • to hurt.

खलबल, खलबली *f.* • confusion.

ख़लल *(A) m.* • interruption.

ख़लासी *(P) m.* • a sailor; porter.

खलियान, खलिहान *m.* • granary; threshing-floor.

खली *f.* • oilcake; chalk.

ख़लीफ़ा *(A) m.* • caliph; successor.

खलवाट *(S) adj.* • bald.

ख़वास *(A) m.* • personal servant.

खसकना *v.i.* • to move on.

खसकाना *v.t.* • to remove.

ख़सम *(A) m.* • husband.

खसरा *m.* • ringworm; measles; patwari's village land record-book.

ख़स्ता *(P) adj.* • fragile; crisp. ~**हाल** bad circumstances.

खस्सी, खसी *m.* • a castrated animal.

खांचा *m.* • a basket; cage.

खांड, खाँड़ *f.* • unrefined sugar.

खांडा *m.* • cutlass; a sword.

खांसना *v.i.* • to cough.

खांसी *f.* • a cough. ~**आना** *v.i.* to cough.

खाई *f.* • trench; ditch.

खाऊ *adj.* • voracious.

ख़ाक *(P) f.* • dust; ashes. ~**फांकना** *v.i.* to wander. ~**सार** *adj.* humble.

ख़ाका *(P) m.* • outline; diagram. ~**बनाना** *v.t.* to make a plan.

ख़ाकी *adj.* • earth-coloured. *m.* khaki colth.

खाज *f.* • itch.

खाट *f.* • bed; cot.

खाड़ी *f.* • gulf; bay.

खाता *m.* • an account. ~**खोलना** *m.* to open an account. ~**बही** *m.* ledger; account book.

ख़ातिर *(A) f.* • regard; hospitality. ppn. out of consideration. ~**दारी** *f.* hospitality.

ख़ातून *(T) f.* • lady.

खाद *f.* • manure.

ख़ादिम *(A) m.* • servant.

खादी *f.* • a thick, coarse type of cotton cloth (hand woven).

खाद्य *(S) adj.* • edible. *m.* food. ~**संकट** *m.* shortage of food.

खाद्यान्न *(S) m.* • food.

खान *f.* • a mine; a store; abundance.

ख़ानदान *(P) m.* • family.

ख़ानदानी *(P) adj.* • hereditary; of good family.

खानपान *m.* • edting and drinking.

ख़ानसामां, खानसामा *(P) m.* • a steward; cook.

खाना *v.t.* • to eat. ~**कमाना** to earn one's living.

ख़ाना *(P) m.* • house. **डाक** ~ *m.* post office. ~**तलाशी** *f.* house search. ~**बदोश** *m.* vagabond.

ख़ामी *(P) f.* • defect; flaw.

खामोश *(P) adj.* • silent.

ख़ामोशी *(P) f.* • quietness.

खारा *adj.* • saline; alkaline. ~**पन** salinity; alkalinity.

ख़ारिज *(A) adj.* • rejected. ~**करना** *v.t.* to reject; to dismiss.

ख़ारिश *(P) f.* • an itch.

खारी *adj. f.* • salty.

खाल *f.* • skin; hide. ~**उधेड़ना** *v.t.* to flay.

ख़ालिस *(A) adj.* • pure; genuine.

ख़ाली *adj.* • empty. **वार**~**जाना** a scheme to misfire. ~**करना** *v.t.* to vacate; to empty.

ख़ाविंद *(P) m.* • husband.

ख़ास *(A) adj.* • particular; special. ~**कर** *adv.* especially.

ख़ासियत *(P) f.* • special property or quality.

खिंचना *v.i.* • to be pulled; to be attracted.

खिंचवाई *f.* • the cost of pulling.

खिंचवाना *v.t.* • to cause to be pulled.

खिचड़ी *f.* • a mixture; hotch-potch; a dish of rice and pulse boiled together.

खिंचाव *m.* • pull; attraction.

खिजलाना *v.i.* • to be irritable.

खिजलाहट *f.* • irritation.

ख़िज़ां *(P) m.* • autumn.

ख़िज़ाब *(A) m.* • hairdye.

खिझना *v.i.* • to be irritated.

खिझाना *v.t.* • to irritate.

खिड़की *f.* • window.

ख़िताब *(A) m.* • title.

ख़िदमत *(P) f.* • serive. ~**करना** *v.i.* to serve. ~**गार** *m.* a servant.

खिन्न *(S) adj.* • uneasy; distressed.

खिन्नता *(S) f.* • dejected state.

खिलखिलाना *v.i.* • to burst out laughing; to giggle.

खिलखिलाहट *f.* • a peal of laughter.

खिलना *v.i.* • to bloom; to open.

खिलवाड़ *m.* • amusement; play.

खिलाड़ी, खिलवाड़ी *adj.* • playful; sportsman.

खिलाना *v.t.* • to feed; to cause to bloom.

ख़िलाफ़ *(A) m.* • opposition; against.

खिलौना *m.* • a plaything; toy.

खिल्ली *f.* • fun. ~**उड़ाना** to make fun. ~**बाज़** *adj. & m.* fond of joking.

खिसकना *v.i.* • to move away; to slip away.

खिसकाना *v.i.* • to remove.

खिसियाना *v.i.* • to be ashamed; to be angry.

खींचना *v.t.* • to pull; to draw.

खींचातानी *f.* • pulling and tugging.

खीज *f.* • vexation.

खीजना *v.i.* • to be irritated.

खीझ • see **खीज**

खीरा *m.* • a cucumber.

खीसा *(P) m.* • pocket.

खुजलाना *v.t.* • to scratch (an itchy place).

खुजलाहट *f.* • itchiness.

खुजली *f.* • itchiness; mange.

ख़ुद *(P) pron.* • self. ~**गर्ज़** *adj.* selfish. ~**मुख़्तार** *adj.* independent in action. ~**कुशी** *f.* suicide.

ख़ुदरा *(P) m.* • retail. ~**फ़रोश** *m.* a retailer; pedlar.

ख़ुदा *(P) m.* • God. ~**परस्त** *adj.* devout.

खुदाई *f.* • digging.

ख़ुदाई *(P) m.* • divine; creation; the world.

ख़ुफ़िया *(A) adj.* • secret; clandestine.

ख़ुमार *(P) m.* • hangover; intoxication.

ख़ुमारी *(P) f.* • languishing.

खुर *m.* • a hoof.

खुरचना *v.t.* • to scratch.

खुरदरा *adj.* • rough.

खुरपा, खुरपी *m.* • flat-bladed tool for scraping up grass.

ख़ुराक *(P) f.* • food; dose (of medicine).

ख़ुराकी *(P) f.* • subsistence allowance.

ख़ुराफ़ात *(A) f.* • nonsense; an outrageous matter.

ख़ुराफ़ाती *(P) adj.* • trouble-making; mischievous. *m.* a trouble-maker.

ख़ुरदा *(P) m.* • a small quantity or piece.

खुर्राट *adj.* • cunning; shrewd. *m.* a shrewd old man.

खुलना *v.i.* • to be opened; to be unfastened; to get free.

खुलवाना *v.t.* • to cause to get open.

खुला *adj.* • open. ~**अधिवेशन** *m.* open session.

ख़ुलासा *(A) m.* • substance. *adj.* plain; explicit; summary; gist.

ख़ुश *adj.* • happy; pleased. ~**क़िस्मत** *adj.* fortunate. ~**ख़बरी** *f.* good news. ~**बू** *f.* fragrance. ~**हाल** *adj.* prosperous.

ख़ुशामद *(P) f.* • flattery.

ख़ुशामदी *(P) adj.* • a fatterer.

ख़ुशी *(P) f.* • happiness.

ख़ुश्क *(P) adj.* • dry.

ख़ुश्की *(P) f.* • dryness.

खूंख़ार *adj.* • ferocious.

खूंट *m.* • direction; corner.

खूंटा *m.* • peg.

खूंटी *f.* • stubble; a small peg.

ख़ून *(P) m.* • blood. ~**करना** *v.t.* to murder. ~**का प्यासा** *adj.* blood-thirsty. ~**ख़राबा** *m.* bloodshed.

ख़ूनी *(P) m.* • a murderer.

ख़ूब *adj.* • splendid; fine. ~**सूरत** *adj.* beautiful; handsome. ~**सूरती** *f.* beauty.

ख़ूबी *(P) f.* • excellence.

खूसठ *adj.* • old; worn-out (a person).

खेड़ी *f.* • placenta; after-birth.

खेत *m.* • a field; land; ~**आना** *v.i.* to fall in battle. ~**दार** *m.* occupier of a field.

खेतिहर *m.* • a cultivator, farmer.

खेती *f.* • agriculture; farming. a corn-field; a crop ~**बारी, बाड़ी** *f.* agriculture.

खेद *(S) m.* • regret. ~**जनक** *adj.* to be regretted; regrettable.

खेदा *m.* • hunt of elephants.

खेना *v.t.* • to row.

खेप *f.* • a load.

ख़ेमा *(A) m.* • a tent. ~**उखाड़ना** *v.t.* to strike a tent. ~**लगाना** *v.t.* to pitch a tent.

खेल *m.* • play; sport; game. ~**करना** to play. ~**बिगाड़ना** to spoil one's game or business. ~**कूद** *m.* athletics.

खेलना • to play.

खेलवाड़ • see **खिलवाड़**

खेलाड़ी • see **खिलाड़ी**

खेवा *m.* • crossing (of a river); fare for a river crossing.

खेवैया *m.* • a boatman.

ख़ैर *(A) f.* • well-being; welfare. ~**ख़ाह** *adj.* well-wisher.

ख़ैरात *(A) f.* • alms; donation.

ख़ैराती *(A) adj.* • charitable.

ख़ैरियत *(P) f.* • well-being.

खोंच *P.* • a tear; scratch.

खोंता *m.* • a bird's nest.

खोंपा *m.* • a woman's hair tied up on top of the head.

खोंसना *v.t.* • to tuck it in.

खोखला *adj.* • hollow.

खोज *f.* • search. ~ **निकालना** to trace. ~**खबर लेना** to enquire (about one).

खोजना *v.t.* • to search for.

ख़ोजा *(P)* • a eunuch; name of a West Indian Muslim community.

खोटा *adj.* • counterfeit. ~**पन** *m.* fraudulence.

खोदना *v.t.* • to dig; to engrave.

खोना *v.t.* • to lose.

खोपड़ी *f.* • the skull.

खोपरा *m.* • coconut shell.

खोल *m.* • an outer covering shell; a sheath.

खोलना *v.t.* • to open; to unfasten.

खोह *f.* • a cave.

ख़ौफ़ *(A) m.* • fear. ~**नाक** *adj.* terrifying.

खौलना *v.i.* • to boil.

खौलाना *v.t.* • to cause to be boiled.

ख्याति *(S) p.* • fame.

ख़्वाब *(P) m.* • dream.

ख़्वाहिश *(P) f.* • desire.

ग

गंगा *(S) f.* • the river Ganges. ~**यमुना** *f.* the Ganges and Yamna rivers. **बहती ~ में हाथ धोना** to take the current when it serves. ~**-जमनी** *adj.* mixed. ~**लाभ** *m.* death. ~**सागर** *m.* the place where the Ganges reaches the sea.

गंजा *adj.* • bald.

गंठीला *adj.* • knotty; muscular.

गंड़ासा *m.* • a chopper for crop stalks.

गंड़ेरी *f.* • a segment of sugarcane.

गंतव्य *m.* • destination.

गंदगी *f.* • filth.

गंदा *adj.* • dirty. ~**करना** *v.t.* to pollute.

गंध *(S) f.* • smell; scent; fragrance.

गंधक *(S) f.* • sulphur.

गंधी *m.* • a maker or seller of perfumes.

गंभीर *(S) adj.* • deep; serious; profound. ~**ता** *f.* • depth; profoundity.

गंवाना *v.t.* • to lose.

गंवार *m.* • an uncouth or ignorant person. *adj.* boorish. ~**पन** *m.* boorishness.

गंवारू *adj.* • unrefined.

गऊ *f.* • cow.

गगन *(S) m.* • the sky.

गच *m.* • mortar; plaster.

गज *(S) m.* • an elephant. ~**गामिनी** *adj.* walking mejestically (like an elephant, used for a beautiful owman).

गज़ *(P) m.* • yard (equal to thirty-six inches); an instrument for measuring; bow for a sarangi; violin, etc.

ग़ज़ब *m.* • a disaster. ~**करना** to tyrannise.

गजरा *m.* • a garland of flowers.

ग़ज़ल *(A) f.* • a poem on amatory theme.

गज़ी *f.* • a type of coarse cotton cloth.

गझिन *adj.* • thick (as cloth etc.).

गटकना *v.i.* • to gulp down.

गट्टा *m.* • a corn; the wrist joint.

गट्ठर *m.* • a large bundle.

गट्ठा *m.* • a load.

गठड़ी, गठरी *f.* • a bundle; a packet.

गठन *(S) f.* • build.

गठिया *f.* • gout.

गठियाना *v.t.* • to bundle up.

गठीला *adj.* • well-built (a person).

गड़गड़ *f.* • gurgling.

गड़गड़ाना *v.i.* • to gurgle.

गड़गड़ाहट *f.* • a rumbling sound.

गड़ना *v.t.* • to penetrate; *v.i.* to be buried.

गड़पना *v.i.* • to swallow.

गड़बड़ *f.* • disorder; confusion. ~ **करना** to confuse. ~ **घोटाला** scandal.

गड़बड़ाना *v.i.* • to get into a state of confusion.

गड़बड़ाहट *f.* • confusion.

गड़बड़िया *adj.* • riotous.

गड़बड़ी *f.* • confusion.

गड़रिया, गड़ेरिया *m.* • a shepherd; cowherd.

गड्डी *f.* • a bundle.

गड्ढा *m.* • a ditch; a pit.

गढ़ *m.* • a fort. ~**जीतना** to capture a fort. ~**न** *f.* making. ~**ना** *v.t.* to fabricate; to fashion.

गढ़ी *f.* • a small fort.

गण *(S) m.* • a group; tribe; servants. ~**तंत्र** *m.* republic.

गणना *(S) f.* • counting. **जन**~ *f.* census.

गणनीय *(S) adj.* • worthy of a count.

गणिका *(S) f.* • prostitute.

गणित *(S) m.* • arithmatic; mathematics. ~**ज्योतिष** *m.* astronomy.

गत *(S) adj.* • gone; last.

गति *(S) f.* • motion. ~**मान** *adj.* movable. ~**रोध** *m.* an obstacle. ~**विधि** *f.* procedure; activity. ~**हीन** *adj.* motionless. ~ **सीमा** *f.* speed limit.

गत्ता *(P) m.* • cardboard.

गद्गद् *adj.* • a ecstatic.

ग़दर *(A) m.* • revolt.

गदराना *v.i.* • to ripen; to bloom.

गदला *adj.* • muddy; dirty. ~**पन** *m.* impurity.

गदहा *m.* • an ass; donkey; fool.

गद्दा *m.* • a mattress.

ग़द्दार *(A) m.* • a traitor.

ग़द्दारी *(P) f.* • treachery.

गद्दी *f.* • a cushion; a throne. ~**पर बैठना** *v.t.* to rule. ~**नशीन** *adj.* a regent.

गद्य *(S) m.* • prose.

गद्यात्मक *(S) adj.* • prosaic.

गधा *m.* • an ass; donkey; fool.

ग़नीमत *(P) f.* • a piece of good fortune. ~**जानना** to value. ~ **समझना** to be pleased.

गन्ना *m.* • sugarcane.

गप *m.* • the sound of gulping; gossip. ~शप chit-chat. ~हाँकना to talk at random.

गपकना *v.t.* • to gulp.

गपोड़िया, गप्पी *adj.* • fond of gossip. *m.* a gossip; one who gossips.

ग़फ़ *(P) adj.* • thick.

ग़फ़लत *(P) f.* • neglect; forgetfulness.

ग़बन *(A) m.* • embezzlement; misappropriation.

गबरू *adj.* • youthful; *m.* young man.

ग़म *(P) m.* • sorrow. ~करना to grieve. ~ग़लत करना to distract from sorrow. ~ख़ोर *(P) adj.* meek. ~गीन *adj.* sad.

गमक *(S) m.* • deep tone; fragrance. ~ना *v.i.* to be fragrant.

गमछा *m.* • towel.

गमन *(S) m.* • the act of going.

गमला *m.* • a wide-mouthed pot (as for plants).

ग़मी *(P) f.* • mourning.

गया *past part.* • gone; past. ~गुज़रा *adj.* worthless.

गरज *f.* • thunder; a roaring.

गरज़ *(A) f.* • motive. ~मंद *adj.* needy.

गरजना *v.i.* • to thunder; to roar.

गरदन *(P) f.* • the neck. ~उठाना to rebel. ~उड़ाना *v.t.* to behead. ~पर सवार होना *v.i.* to tyrannise. ~फंसाना to involve in difficulty. ~मरोड़ना *v.t.* to torment.

गरदा *m.* • dust; dirt.

गरम *(P) adj.* • hot; warm. ~ख़बर *f.* hot news; a current rumour. ~होना to be excited. ~जोशी *f.* zeal.

गरमागरम *adj.* • fresh; hot.

गरमाना *v.i.* • to become hot; to be warmed up.

गरमाहट *f.* • warmth; heat.

गरमी *(P) f.* • heat; ardour; venereal disease.

गरल *(S) m.* • poison.

गरारा *(P) m.* • loose trousers (women's).

गरिमा *(S) f.* • dignity; prestige.

गरिष्ट *(S) adj.* • indigestible.

गरी *f.* • kernel (of a nut or seed); pulp (as of a fruit). ~का तेल *m.* coconut oil.

ग़रीब *(A) adj.* • poor. ~परवर *m.* cherisher of the poor (ग़रीबनवाज़).

ग़रीबी *(P) f.* • poverty.

ग़रूर *(A) m.* • vanity.

गर्जन *(S) m.* • the sound of thundering; roaring.

गर्त *(S) m.* • a ditch.

गर्द *(P) f.* • dust. ~फांकना to idle about.

गर्दभ *(S) m.* • an ass; a donkey.

गर्दिश *(P) f.* • adversity.

गर्भ *(S) m.* • the womb; pregnancy; conception. ~**गिरना** *v.i.* to miscarry. ~**गिराना** *v.t.* to carry out an abortion. ~**रहना** to conceieve. ~**पात** *m.* miscarriage; an abortion. ~**निरोध** *m.* contraception.

गर्भाधान *(S) m.* • fertilization.

गर्भावस्था *(S) f.* • pregnancy.

गर्भाशय *(S) m.* • the womb; uterus.

गर्भवती, गर्भिणी *(S) adj.* • pregnant.

गर्व *(S) m.* • pride. ~**करना** to be proud.

गर्हित *(S) adj.* • detestable.

ग़लत *(A) adj.* • wrong; incorrect. ~**बयानी** *f.* false witness; ~**फ़हमी** *f.* misunderstanding.

ग़लती *(P) f.* • mistake; error.

गलना *v.i.* • to melt.

गलफड़ा *m.* • gill (of a fish).

गलवाना *v.t.* • to cause to be melted.

गला *m.* • the throat; the neck; gullet; the voice. ~**काटना** to cut (somebody's) throat. ~**घुटना** to feel suffocated. ~**घोंटना** *v.t.* to strangle. ~**भर आना** the voice to choke (with emotion). ~ **बैठना** to have hoarse voice.

गलाना *v.t.* • to melt; to soften; to smelt (iron, etc.).

गलियारा *m.* • corridor; passage.

गली *f.* • a lane.

गलीचा, गालीचा *m.* • a small carpet.

ग़लीज़ *(A) adj.* • impure; rubbish.

गल्प *m.* • a tale; a story.

ग़ल्ला *(P) m.* • grain; daily sales of proceeds.

गवाना *v.t.* • to cause to be sung.

गवारा *(P) adj.* • acceptable.

गवाह *(P) m.* • a witness. **सरकारी** ~ *m.* approver.

गवाही *(P) f.* • evidence. ~**देना** to give evidence; to testify.

गवैया *m.* • a singer.

ग़श *(A) m.* • fainting fit. ~**आना** to faint.

गश्त *(P) f.* • patrolling. ~**लगाना** to patrol.

गश्ती *m.* • one on patrol. ~**दस्ता** *m.* mobile squad.

गहन *(S) adj.* • dense; deep (as thought). ~**ता** thickness.

गहना *v.t.* • an ornament.

गहरा *adj.* • deep. ~**असामी** *m.* a wealthy person.

गहराई *f.* • depth.

गहर *(S) adj.* • deep. *m.* dense.

गांजना *v.t.* • to pile up.

गांजा *m.* • hemp; cannabis sativa.

गांठ *f.* • a knot; bale; bundle. ~**कटना** to be robbed. ~**का पूरा** *adj. & m.* a wealthy person.

~खोलना to spend freely. ~गोभी cabbage. ~बांधना v.t. to tie a knot. ~में बांधना to bear in mind.

गांठना v.t. • to interwine; to cobble.

गाँव m. • a village.

गागर f. • a water-pot.

गाजर f. • carrot. ~-मूली समझना to consider worthless.

गाजाबाजा m. • a band; singing and music.

ग़ाज़ी (A) m. • a hero.

गाड़ना v.t. • to bury.

गाड़ी f. • cart. ~वान m. driver. माल ~f. a goods train. सवारी ~f. a passenger train.

गाढ़ा adj. • thick; dense. ~पन thickness.

गाढ़ी कमाई f. • a hard-won earning.

गाढ़ी छनना • a close friendship.

गाढ़ी नींद f. • deep sleep.

गाथा (S) f. • a narrative poem; a ballad.

गान m. • singing; a song. ~विद्या f. the theory of vocal music.

गाना v.t. • to sing. ~-बजाना m. song and music.

ग़ाफ़िल (A) adj. • negligent.

गाभिन adj. • pregnant (esp. an animal).

गाय f. • a cow.

गायक (S) m. • a singer.

गायन (S) m. • singing.

ग़ायब (A) adj. • vanished.

गायिका f. • a female singer.

ग़ारत (P) f. • devastation.

गारद m. • guard of soldiers.

गारना v.t. • to wring out; to milk.

गारा m. • mortar; thick mud.

गाल f. • the cheek. ~फुलाना to sulk. ~बजाना to boast.

गाली f. • abuse. ~देना to abuse. ~-गलौज f. mutual abuse.

गावदी (P) adj. • stupid.

गावदुम adj. • tapering.

गाहक, ग्राहक m. • a customer.

गिचपिच adj. • jumbled together.

ग़िज़ा (A) m. • diet; food.

गिट्टी f. • rubble.

गिड़गिड़ाना v.t. • entreat; to beg humbly.

गिनती f. • counting; calculation. ~करना to count. ~में लाना to take into account.

गिनना v.t. • to count.

गिनी, गिन्नी f. • guinea; gold coin.

गिनवाना v.t. • to cause to be counted.

गिरगिट m. • a chameleon. ~की तरह रंग बदलना to change colour like a chameleon; to change opinion according to circumstances.

गिरजा m. • a church.

गिरना *v.t.* • to fall; to drop; to come down.
गिरफ़्तार *(P) adj.* • arrested.
गिरफ़्तारी *(P) f.* • imprisonment.
गिरवाना *v.t.* • to cause to be knocked down.
गिरवी *(P) adj.* • pledged; mortgaged. *f.* a mortgage. ~ रखना *v.t.* to pawn. ~ दार *m.* a mortgagor.
गिरह *(P) f.* • a knot. ~ कट *m.* pick-pocket.
गिराना *v.t.* • to fell; to bring down.
गिरानी *f.* • dearness; a time of reduced prosperity.
गिरावट *f.* • fall; downfall.
गिरि *(S) m.* • a mountain.
गिरोह *m & f.* • a group;
गिर्द *adv.* • around.
गिलट *f.* • gilt.
गिलटी *f.* • a gland; a swelling of the glands.
गिलहरी *f.* • squirrel.
गिला *(P) m.* • complaint.
ग़िलाफ़ *(A) m.* • quilt; pillow-case.
गिलास *m.* • a glass; a tumbler.
गीत *(S) m.* • song. ~ गाना *v.t.* to sing a song.
गीला *adj.* • wet; damp; humid. ~ पन *m.* humidity.
गुंजलक *f.* • coil (of a snake).
गुंजान *adj.* • thick.
गुंजाइश *(P) f.* • scope.
गुंडई *f.* • hooliganism.
गुंडा *m.* • a hooligan; scoundrel.
गुंधना *v.i.* • to be kneaded.
गुंबज, गुंबद *(P) m.* • an arch; a dome.
गुइयां *(P) f.* • a female friend (of a woman).
गुच्छा *m.* • a bunch; a cluster.
गुज़र *(P) m.* • passing, passage, ~ करना to get by. ~ जाना to die.
गुज़रना *v.i.* • to pass; to elapse (time).
गुज़ारना *v.t.* • to spend (time or life).
गुज़ारा *(P) m.* • subsistence; maintenance.
गुज़ारिश *(P) f.* • request.
गुट *m.* • a group. ~ बंदी *f.* clique formation.
गुटका *m.* • a small book; a wedge.
गुठली *f.* • stone (of a fruit).
गुड़ *m.* • raw sugar.
गुड़गुड़ी *f.* • a small hukka.
गुड़िया *f.* • a doll.
गुड्डा *m.* • a doll.
गुड्डी *f.* • a paper kite.
गुण *(S) m.* • quality; property. ~ कारक *adj.* effective. ~ खान *f.* mine of virtues. ~ गान करना to eulogise. ~ ग्राहक *adj.* one who appreciates merit. ~ हीन *adj.* without virtues. ~ वत्ता *f.* qua-

lity. ~वत्ता नियंत्रण *m.* quality control. ~वाचक *adj.* qualifying.

गुणक *(S) m.* • a multiplier (maths).

गुणा *(S) m.* • multiplication. ~नुवाद *m.* praise.

गुणी *adj.* • excellent; worthy; talented.

गुत्थी *f.* • knotty problem.

गुथना *v.i.* • to be threaded; to be plaited.

गुदगुदा *adj.* • plump.

गुदगुदाना *v.t.* • to tickle.

गुदगुदाहट, गुदगुदी *f.* • tickling.

गुदड़ी *f.* • a tattered garment. ~का लाल *m.* a jewel in rags.

गुदना *v.i.* • to be tattooed. *m.* a tattoo.

गुदाना, गुदवाना *v.t.* • to cause to be tattooed.

गुदाज़ *(P) adj.* • plump; fleshy.

गुदाम *m.* • store.

गुनगुना *adj.* • tepid; luke-warm.

गुनगुनाना *v.i.* • to hum.

गुनना *v.t.* • to ponder.

गुना *m.* • multiple.

गुनाह *(P) m.* • guilt. ~गार *m.* a sinner.

गुनिया *m.* • a carpenter's square.

गुपचुप *adj.* • secret.

गुप्त *(S) adj.* • secret; hidden; confidential. ~आमदनी *f.* an undisclosed income. ~दान *m.* a secret donation. ~माल *m.* hidden wealth. ~चर *m.* spy. ~चर्या *f.* espionage. ~मत m. ballot. ~ समिति *f.* clandestine society.

गुप्ती *f.* • a sword-stick.

गुफ़ा *f.* • a cave.

गुफ़्तगू *(P) f.* • conversation.

ग़ुबार *(A) m.* • dust; dust-storm; grief. ~निकालना to vent out ill-feelings.

ग़ुब्बारा *m.* • a balloon.

गुम *(P) adj.* • lost. ~करना to lose; to hide. ~नाम *adj.* anonymous. ~सुम *adj.* quite still.

गुमान *(P) m.* • pride.

गुमाश्ता *(P) m.* • an agent.

गुरदा *(P) m.* • a kidney.

गुरु *(S) adj.* • heavy. *m.* mentor; teacher. ~कुल *m.* a hermitage type school (residential). ~जन *m.* respectable person. ~दक्षिणा *f.* gift or fee to a guru with respect. ~द्वारा *m.* a sikh temple. ~वार *m.* thursday.

गुरुत्व *(S) m.* • weight; gravity; importance. ~केन्द्र *m.* centre of gravity.

गुरुत्वाकर्षण *(S) m.* • gravitation.

गुरेज़ *(P) f.* • escape (from).

गुर्राना *v.i.* • to roar; to growl.

गुर्राहट *f.* • growling.

गुल *(P) m.* • a flower; a rose. ~करना

v.t. to extinguish. (a candle, etc.). ~**खिलना** *v.i.* to flower; to come to light. ~**खिलाना** *v.t.* to cause disturbance. ~**गपाड़ा** *m.* uproar. ~**गुल** *adj.* soft. ~**गुला** *m.* sweet cake. ~**गुलाना** *v.t.* to soften. ~**छर्रा** *m.* revelry. ~**ज़ार** *adj.* gay. ~**दस्ता** *m.* a bouquet.

गुलाब *m.* • rose. ~**जल** *m.* rose-water. ~**जामुन** *m.* a sweet made from khoa and cheese.

गुलाबी *(P) adj.* • pink. ~**जाड़ा** *m.* a mild winter.

ग़ुलाम *(A) m.* • a slave.

ग़ुलामी *(P) f.* • slavery.

गुलाल *m.* • the coloured powder thrown at the time of Holi.

गुलिस्तान *(P) m.* • a rose garden; a flower garden.

गुस्ताख़ी *(P) f.* • arrogance.

ग़ुस्सा *(A) m.* • anger. ~**उतारना** *v.i.* to take out (one's) anger (on someone).

ग़ुस्सैल *adj.* • quick-tempered.

गुहा *f.* • a den; layer. ~**वासी** *adj.* & *m.* cave-dweller.

गूँगा *adj.* • dumb. ~**बहरा** *adj.* & *m.* deaf and dumb.

गूँज *f.* • echo; resonance. ~**ना** *v.i.* to hum; to buzz.

गूँथना, गूँधना *v.t.* • to knead (dough); to plait.

गूढ़ *(S) adj.* • hidden; mysterious.

गूदड़ *(S) adj.* • rags.

गूदा *m.* • pulp; flesh (of a fruit).

गूलर *f.* • the wild fig. ~**का फूल** *m.* something impossible to obtain.

गृह *(S) m.* • house; home. ~**उद्योग** *m.* cottage industry. ~**कार्य** *m.* household works; home-work. ~**कलह** *m.* domestic dispute. ~ **त्याग** leaving or running away from home. ~**मंत्री** *m.* Home Minister. ~**मंत्रालय** *m.* Home Ministry. ~**लक्ष्मी** *f.* the lady of the house. ~**युद्ध** *m.* civil war.

गृहिणी *(S) f.* • mistress of a house.

गृही *(S) m.* • a householder.

गेड़ुरी, गेंडुली *f.* • a coil. ~**मारना** *v.i.* to coil itself up (as a snake).

गेंद *f.* • a ball.

गेरुआ *adj.* • ochre-coloured.

गेरू *m.* • red-ochre.

गेहुंअन *m.* • a kind of snake.

गेहुँआ *adj.* • wheat-coloured.

गेहूँ, गोहूँ *m.* • wheat.

गैंड़ा *m.* • a rhinoceros.

गैंता *m.* • pickaxe.

ग़ैब *(A) m.* • the invisible; the hidden world.

ग़ैबी *(P) adj.* • hidden.

गैया *f.* • a cow.

ग़ैर *adj.* • other; non-related; alien;

foreigner. ~-आबाद *adj.* unpopulated. ~क़ानूनी *adj.* illegal. ~ज़िम्मेदार *adj.* irresponsible. ~मामूली *adj.* extraordinary. ~मुमकिन *adj.* impossible. ~सरकारी *adj.* unofficial. ~हाज़िर *adj.* absent.

ग़ैरत *(P) f.* • shame; sense of honour. ~मंद *adj.* having a proper sense of self-respect.

गोंद *f.* • glue; gum. ~दानी *f.* a gum-bottle.

गो *(S) f.* • cow.

गो *(P) conj.* • although.

गोइंठा *m.* • a cow-dung cake.

गोइंदा *m.* • spy; emissary.

गोटी *f.* • a small round stone; a piece (in a game). ~बिठाना *v.t.* to carry through one's scheme.

गोटेदार *adj.* • brocaded.

गोजी *f.* • a big stick.

गोड़ *m.* • the foot. ~पड़ना to fall at the feet. ~पसारना to stretch-out.

गोड़ना *v.t.* • to hole.

गोड़ैत *m.* • a village watchman.

ग़ोता *(A) m.* • diving. ~मारना or ~लगाना to plunge (into). ~ख़ोर *m.* a diver.

गोद *f.* • embrace; lap. ~का बच्चा *m.* a child in arms. ~लेना to adopt.

गोदना *v.t.* • to pierce; to tattoo.

गोदान *m.* • gift of a cow.

गोदाम *m.* • godown.

गोदी *f.* • the lap; a dockyard. ~कर्मचारी *m.* a dock-worker.

गोधूलि *(S) f.* • dusk; twilight.

गोपनीय *adj.* • confidential. ~ता की शपथ *f.* oath of secrecy.

गोपी *f.* • milkmaid.

गोबर *m.* • cowdung.

गोभी *f.* • cauliflower; cabbage.

गोयंदा *(P) m.* • informer; spy.

गोया *(P) adv.* • as if; as though.

गोरखधंधा *m.* • complicated problem.

गोरखा *m.* • a Gurkha.

गोरा *adj.* • fair complexioned (man). ~पन *m.* whiteness (of a skin).

गोरी *f.* • a fair-complxioned woman.

गोरू *m.* • an ox. *f.* a cow.

गोल *m.* • round; a sphere. ~क *m.* eye-socket. ~गप्पा *m.* a flour cake; ~माल *m.* confusion. ~मिर्च *f.* black pepper. ~मेज़ *adj.* round table (conference).

गोल *m.* • a goal (as in football). ~उतारना *v.t.* to score a goal. ~करना *v.t.* to score a goal.

गोला *m.* • a cannon-ball. ~कार *adj.* round. ~बारी *f.* bombardment. ~बारूद *m.* ammunition.

गोलाई *f.* • roundness.

गोलार्द्ध *(S) m.* • hemisphere.

गोली *f.* • a marble; a bullet. ~ **चलाना;** *v.t.* to fire a shot. ~ **रोक** *adj.* bullet proof.

गोवृन्द *(S) m.* • herd.

गोशाला *(S) f.* • cow-shed.

गोश्त *(P) m.* • meat. **गाय का** ~ *m.* beef. **बकरे का** ~ *m.* mutton. **मुर्गे का** ~ *m.* chicken. **सूअर का** ~ *m.* pork. **हरिण का** ~ *m.* venison.

गोष्ठी *(S) f.* • meeting; assembly; discussion.

गोसाईं, गोस्वामी *m.* • lord of cows; a holy man; a caste.

गोहत्या *(S) f.* • cow-slaughter.

गोहार *m.* • a cry; a call for help. ~ **मचाना** *v.i.* to shout for help. ~ **ना** *v.i.* to call for help.

गौ *f.* • a cow.

गौण *(S) adj.* • secondary. ~ **उत्तरवादी** *m.* proforma respondent. ~ **प्रतिवादी** proforma defendent.

गौदुमा *adj.* • tapering.

गौना *m.* • ceremony of bride's going to her husband's home after marriage; second marriage.

ग़ौर *(A) m.* • deep-thought; close attention. ~ **करना** *v.i.* to reflect; ~ **तलब** *(A) adj.* requiring attention.

गौर *(S) adj.* • white.

गौरव *(S) m.* • dignity; honour. ~ **शाली** *adj.* glorious.

गौरेया *f.* • a sparrow.

गौहर *(P) m.* • hidden virtue.

ग्यारह *adj.* • eleven. ~ **वां** *adj.* eleventh.

ग्रंथ *(S) m.* • a literary work; a religious book; a book. ~ **कार** *m.* a writer. ~ **माला** *f.* book series.

ग्रंथालय *m.* • library.

ग्रंथावली *(S) f.* • collected works.

ग्रंथी *(S) f.* • a knot; a gland; complex.

ग्रसित, ग्रस्त *(S) adj.* • possessed by; devoured.

ग्रह *(S) m.* • a planet. ~ **देखना** *v.t.* to consult (one's horoscope). ~ **बिगड़ना** *v.i.* one's fortune to decline. ~ **दशा** *f.* one's fortune.

ग्रहण *(S) m.* • eclipse; grasping; taking.

ग्राम *(S) m.* • a village. ~ **गीत** *m.* a folk song. ~ **देवता** *m.* a village deity. ~ **पंचायत** *f.* a village panchayat. ~ **सुधार** *m.* village reform. ~ **सेवक** *m.* a village servant.

ग्रामाधिकारी *(S) m.* • headman of a village.

ग्रामोद्योग *(S) m.* • village-industry.

ग्रामीण, ग्राम्य *(S) adj.* • rustic rural.

ग्रास *(S) m.* • a morsel.

ग्राह *(S) m.* • a crocodile.

ग्राहक *(S) m.* • a customer.
ग्राह्य *(S) adj.* • worthy of acceptance; perceptible.
ग्रीवा *(S) f.* • the neck.
ग्रीष्म *(S) adj.* • summer.
ग्लानि *(S) f.* • remorse.
ग्वाल, ग्वाला *m.* • a cowherd.
ग्वालिन *f.* • milkmaid; a cow-girl; wife of a milkman.

घ

घंघरा, घघरा, घाघरा *m.* • an ample ankle-length skirt.
घंघोलना *v.i.* • to stir up.
घंटा *m.* • a bell; an hour. ~**घर** *m.* a clock-tower.
घंटिका *(S) f.* • a small bell.
घंटी *f.* • a small bell; the sound of a bell. ~**बजाना** to ring a bell.
घट *(S) m.* • a large water-jar; the mind; heart. ~**में बसना** to dwell in the heart. ~**घट व्यापक** *adj:* all pervading.
घटक *m.* • a component; constituent; marriage broker.
घटकार *m.* • a potter.
घटती *f.* • decrease.
घटना *(S) f.* • incident; happening. ~**स्थल** *m.* place of occurence. *v.t.* to happen; to lessen.
घटबढ़ *f.* • fluctuation.
घटवाना *v.t.* • to cause to be decreased.
घटवार *m.* • a collector of ferry charges.
घटा *(S) f.* • lowering clouds; dark clouds.
घटाना *v.t.* • to lessen; to decrease; to reduce; to deduct.
घटाना *m.* • tp cause to happen.
घटाव *m.* • a decrease; reduction; subtraction.
घटित *(S) adj.* • happened; accomplished.
घटिया *adj.* • inferior; of poor quality.
घट्टा *m.* • foot-corn.
घटौती *f.* • rebate.
घड़घड़ाना *v.i.* • to thunder.
घड़घड़ाहट *f.* • thundering.
घड़ा *m.* • an earthen water-pot.
घड़ियाल *m.* • crocodile.
घड़ियाल *m.* • a gong.
घड़ी *f.* • a watch; **कलाई**~ *f.* wrist watch. ~**भर में** *adv.* in a moment. **जगाने वाली**~*f.* alarm clock. ~**साज़** *m.* a watch-maker. **धूप**~*f.* sun dial.
घन *adj.* • solid; hard; thick;

viscous. ~ क्षेत्र *m.* cubic measurement. ~ घटा *f.* a heavy cloud.

घनघनाना *v.i.* • to jingle, to clink.

घनघनाहट *f.* • jingling; rumbling.

घनता *(S) f.* • thickness.

घनत्व *(S) m.* • density.

घना *adj.* • dense.

घनिष्ठ *(S) adj.* • intimate. ~ ता *f.* intimacy.

घपला *m.* • confusion; fraud.

घबड़ाना, घबराना *v.i.* • to be confused.

घबराया हुआ *adj.* • confused; in a fix.

घबराहट *f.* • confusion; perplexity.

घमंड *m.* • pride; vanity; conceit.

घमंडी *adj.* • proud; conceited; vain.

घमघमाना *v.t.* • to strike (one).

घमाघम *(P) f.* • round of repeated blows.

घमासान *m.* • fierce battle. *adj.* fierce.

घमौरी *f.* • prickly heat.

घर *m.* • a house; home. डाक ~ *m.* post-office. रसोई ~ *m.* kitchen. ~ आबाद करना to set up house (on marriage). ~ करना to find a home (as in a person's heart). ~ का भेदी *m.* one who knows the affairs of a household. ~ चलाना to run a household. ~ फोड़ना to sow dissension in a household. ~ फूँक तमाशा देखना to waste one's recourses foolishly. ~ बसाना to marry. ~ में डालना to keep a woman as a mistress. ~ बार *m.* family. ~ वाला householder. ~ वाली *f.* wife.

घराना *m.* • a family; school (of music or dance).

घरेलू *adj.* • domestic. ~ लड़ाई *f.* civil war.

घरौंदा *m.* • a playhouse.

घर्षण *(S) m.* • friction; rubbing.

घसकना *v.i.* • to slip.

घसकाना *v.t.* • to take away stealthily.

घसना *v.i.* • to rub.

घसियारा *m.* • seller of grass.

घसीट *f.* • dragging; a scrawl.

घसीटना *v.t.* • to drag; to scrawl.

घहराना *v.i.* • to thunder; to rumble.

घाट *m.* • a landing place. ~-घाट का पानी पीना to have much experience. न घर का न ~ का worthless.

घाटा *m.* • loss.

घाटी *f.* • a valley.

घात *(S) m.* • murder; ambush. ~ में रहना to lie in ambush. ~ करना to kill.

घातक *adj.* • murderous; hostile. ~**नीति** *f.* suicidal policy.

घानी *f.* • a pressing or grinding machine (as for oilseeds, etc.); quanitity of oilseeds or wheat thrown in a mill at one time for grinding.

घाम *m.* • heat of the sun; sunshine.

घामड़ *adj.* • stupid.

घायल *adj.* • wounded; injured. ~**करना** to wound.

घाव *m.* • a wound. ~**करना** to wound. ~**खाना** to be wounded. ~**भरना** healing of a wound.

घास *f.* • grass. ~**छीलना या खोदना** to do something pointless. ~**चरना** to graze.

घिघियाना *v.i.* • to whine.

घिन *f.* • aversion; disgust.

घिनौना *adj.* • loathsome; disgusting. ~**पन** *m.* loathsomeness.

घिरनी *f.* • a pulley.

घिराई *f.*, **घिराव** *m.* • causing to be surrounded.

घिसटना *v.i.* • to drag.

घिसना *v.i.* • to be worn.

घिसापिटा *adj.* • hackneyed.

घी *n.* • ghee; clarified butter. ~**के दिये जलाना** to prosper.

घीया *m.* • the bottle-gourd.

घुंघराला *adj.* • curly (hair).

घुघनी *f.* • fried gram or pea.

घुटन *f.* • suffocation.

घुटना *m.* • the knee.

घुटना *v.i.* • to be choked.

घुटन्ना *m.* • shorts reaching to the knees.

घुटाना *v.i.* • to be shaved (the head).

घुड़कना *v.i.* • to frighten.

घुड़की *f.* • rebuke; reprimand.

घुड़चढ़ा *m.* • a horseman.

घुड़दौड़ *f.* • horse-race.

घुड़सवार *m.* • horse-rider. ~**पुलिस** mounted police.

घुड़साल *f.* • stable.

घुनना *v.i.* • to be eaten by worms.

घुमक्कड़ *adj.* • wandering. *n.* a wanderer.

घुमटा *m.* • giddiness.

घुमड़ना *v.i.* • to grow thick (as of clouds).

घुमड़ी, घुमरी *f.* • giddiness.

घुमाना *v.i.* • to turn round; to roll.

घुमावदार *(P) adj.* • complicated; spiral.

घुलना *v.i.* • to melt; to suffer.

घुलवाना, घुलाना *v.t.* • to cause to be melted.

घुलावट *f.* • melting.

घुला हुआ *adj.* • melted.

घुसना *v.i.* • to enter; to penetrate.

घुसपैठ *f.* • entrance.

घुसाना, घुसेड़ना *v.t.* • to thrust in; to penetrate.

घूँघट *f.* • a veil. ~**काढ़ना** or **निकालना** to draw veil. ~**हटाना** *v.t.* to unveil.

घूँट *m.* • a gulp; a sip. **लहू का** ~**पीना** to suffer a bitter experience.

घूँसा *m.* • a blow with the fist. ~**जमाना** *or* **मारना** to strike with the fist.

घूँसेबाज़ *(P) m.* • a boxer.

घूँसेबाज़ी *f.* • boxing.

घूमना *v.i.* • to move in a circle; to wander; to turn.

घूरना *v.t.* • to glare at; to ogle.

घूस *f.* • a bribe. ~**खोर** *adj.* bribe-taker. ~**देना** *v.t.* to bribe.

घृणा *(S) f.* • hatred; contempt.

घृत *(S) m.* • clarified butter; ghee.

घेघा *m.* • goitre; swelling of the neck.

घेरना *m.* • to surround; to encircle.

घेरा *m.* • boundary. ~**उठाना** to raise the siege. ~**डालना** to lay siege.

घेराव *m.* • besieging (especially of the house or office of an official to gain political or other demands).

घोंघा *m.* • a snail.

घोंटना *v.t.* • to grind; to cram; to drink in a draught.

घोटाला *m.* • scandal.

घोड़दौड़, घुड़दौड़ *f.* • horse-race.

घोड़सवार, घुड़सवार *m.* • a horse-rider.

घोड़ा *m.* • a horse; a chess-piece; trigger (of a gun, etc.). ~**कसना** *v.t.* to saddle a horse. ~**खोलना** to unseddle a horse. ~**बेच कर सोना** to sleep without any worry.

घोड़ी *f.* • a mare.

घोर *(S) adj.* • terrible; awesome.

घोल *v.t.* • a solution.

घोलना *m.* • to mix; to dissolve.

घोषणा *(S) f.* • announcement; proclamation. ~**करना** *v.t.* to announce. ~**पत्र** *m.* manifesto.

घोषित *(S) adj.* • announced; proclaimed.

घ्राण *(S) m.* • smelling. ~**संबंधी** *adj.* olfactory.

घ्राणेन्द्रिय *(S) m.* • the organ of smell; nose.

च

चंग *f.* • a tambourine; a paper-kite.

चंगा *adj.* • well; healthy; cured. ~**करना** *v.t.* to cure. ~**होना** *v.i.*

to recover.

चंगुल *(P) m.* • claws; talons; clutch. ~ **में पड़ना,** ~ **में फंसना** to fall into the clutches.

चंचल *(S) adj.* • active; playful; volatile.

चंचलता *(S) f.* • playfulness.

चंट *adj.* • cunning.

चंड *(S) adj.* • fierce; violent. ~**ता** *f.* fierceness.

चंडाल *m.* • an outcast. ~ **-चौकड़ी** *f.* a bunch of idlers.

चंडूल *m.* • an old fool.

चंद *(P) adj.* • a few; some.

चंदन *(S) m.* • the sandal tree; sandal wood.

चंदवा *m.* • a small canopy.

चंदा *m.* • the moon.

चंदा *(P) m.* • donation; subscription. ~**दाता** *m.* a subscriber; a donor.

चंद्र *(S) m.* • the moon. ~**कक्षा** *f.* lunar orbit. ~**कला** *f.* one sixteenth of the moon's disc. ~ **ग्रहण** *m.* an eclipse.

चंद्रमा *(S) m.* • the moon.

चंद्रोदय *(S) m.* • moon-rise.

चंपई *adj.* • golden; orange; having the colour of the champa flower.

चंपत *adj.* • vanished. ~**होना** *v.i.* to run away.

चंपा *m.* • the champa tree; the champa flower. ~**कली** *f.* a necklace.

चंवर *m.* • yak's tail used as a whisk.

चक *m.* • landed property; a landplot. ~ **बंदी** *f.* division of holdings.

चकई *f.* • a toy like yo-yo; the female chakwa-bird.

चकचका *adj.* • bright.

चकती *f.* • a patch.

चकत्ता *m.* • a round blotch on the skin.

चकनाचूर *adj.* • broken to pieces. ~**करना** *v.t.* to shatter.

चक़मक़ *(T) m.* • a flint. ~**करना** *v.t.* to strike fire.

चकमा *m.* • deception. ~**खाना** *v.i.* to be cheated. ~**देना** *v.t.* to cheat.

चकराना *v.i.* • to be perplexed; to be irritated.

चकरानी, चाकरानी *f.* • a maid-servant.

चकरी *f.* • a wheel.

चकला *m.* • round flat board on which dough is rolled; a brothel.

चकाचक *adj.* • brilliant; abundant.

चकाचौंध *f.* • a dazzling light. ~ **करना** to dazzle; to confuse.

चकित *(S) adj.* • astonished; surprised.

चकोर *(S) m.* • a type of partridge.

चकोरी *f.* • a female partridge.

चक्क *m.* • plot of land.

चक्कर *m.* • a curve; perplexity. inconvenience. ~**आना** to grow dizzy. ~**में आना** to be involved in difficulty; to be confused. ~**में डालना** *v.t.* to involve in difficulty. ~**दार** *adj.* circuitous; complicated. ~**दार सीढ़ी** *f.* a spiral staircase.

चक्का *m.* • a wheel.

चक्की *f.* • a millstone; a grindstone. ~**चलाने वाला** a miller. **जल** ~ *f.* water mill. **वायु** ~ *f.* wind mill.

चक्कू, चाकू *m.* • a pocket knife.

चक्र *(S) m.* • a wheel; circumference; whirlwind. ~**यान** *m.* a wheeled vehicle. ~**वर्ती** *m.* an emperor. ~**वात** *m.* a whirlwind; a cyclone. ~**वृद्धि ब्याज** *m.* compound interest. ~**व्यूह** *m.* a circular army formation.

चक्राकार, चक्रीय *adj.* • circular.

चखना *v.i.* • to taste.

चखाना *v.t.* • to cause to taste.

चचा, चाचा *m.* • uncle.

चची, चाची *f.* • aunt.

चचेरा *adj.* • descended from a parental uncle. ~**भाई** *m.* a male cousin.

चचेरी बहन *f.* • a female cousin on the father's side.

चट *adv.* • quickly; instantly. ~**करना** *v.t.* to devour. ~**मंगनी पट बयाह** no sooner thought than done.

चटकदार *adj.* • bright.

चटकना *v.i.* • to crack.

चटकनी, चिटकनी *f.* • the bolt of a door.

चटक-मटक *m.* • ornamentation.

चटकाना *v.t.* • to snap the fingers; to crack a whip.

चटकार *adj.* • tasty.

चटकीला *adj.* • bright; brilliant. ~**पन** *m.* brightness.

चटचटाना *v.i.* • to snap; *v.t.* to cause to crackle.

चटचटाहट *f.* • cracking sound.

चटनी *f.* • pickle; sauce. ~**बनाना** to reduce to a pulp.

चटपट *adj.* • quickly.

चटपटा *adj.* • spicy.

चटवाना *v.t.* • to cause to be tasted.

चटसाल, चटशाला *f.* • a school.

चटाई *f.* • a mat.

चटोरा *adj.* • gourmand; greedy. *m.* a glutton.

चट्टान *f.* • a rock. **बर्फ़ की** ~ *f.* iceberg.

चट्टा-बट्टा *m.* • a child's toy.

चट्टे-बट्टे *m.pl.* • people of the same kind.

चट्टी *f.* • an open-heeled sandal;

a halting place; a small market.

चड्डी *f.* • underwear.

चढ़ती *f.* • increase; superiority.

चढ़ना *v.i.* • to rise; to mount.

चढ़ाई *f.* • ascent; attack; invasion. ~**करना** to attack.

चढ़ा-उतरी *f.* • going up and down.

चढ़ाना *v.t.* • to cause to rise up; to raise; to enter (as in a ledger); to offer something to a god.

चढ़ाव *m.* • rise; ascent.

चढ़ावा *m.* • offering.

चतुर *adj.* • clever; skilful. ~**ता** *f.* cleverness (=**चतुराई**).

चतुर्थ *(S) adj.* • fourth.

चतुर्थांश *(S) m.* • fourth part.

चतुर्दिक् *(S) adj.* • all around.

चतुर्भुज *m.* • quadrilateral.

चतुष्कोण *(S) m.* • quadrangular.

चद्दर *f.* • bedsheet.

चना *m.* • gram.

चपकना *v.t.* • to stick.

चपकाना *v.t.* • to hug.

चपटा *adj.* • flat.

चपड़ा *m.* • shellac.

चपत *f.* • a slap. ~**जमाना** to slap.

चपरास *(P) f.* • a metal badge worn by orderlies.

चपरासी *m.* • an orderly; peon.

चपल *(S) adj.* • active; agile; swift. ~**ता** *f.* quickness; restlessness.

चपला *(S) f.* • lightning.

चपाती *f.* • bread.

चपेट *m.* • a blow; a slap. ~**में आना** to fall victim (to).

चप्पल *f.* • a sandal; an open-heeled slipper.

चप्पा *m.* • a span of land. ~**चप्पा** *m.* every inch of ground.

चप्पू *m.* • an oar.

चबाना *v.t.* • to chew; to crunch.

चबूतरा *m.* • a platform.

चबेना *m.* • parched gram.

चमक *f.* • sparkle; brilliance. ~-**दमक** *f.* glitter. ~**दार** *adj.* glittering.

चमकना *v.i.* • to shine; to sparkle; to prosper.

चमकवाना *v.t.* • to cause to shine.

चमकाना *v.t.* • to polish; to cause to glow.

चमकीला *adj.* • sparkling; brilliant. ~**पन** *m.* sparkle.

चमचमाना *v.i.* • to shine. *v.t.* to polish.

चमचमाहट *f.* • glitter.

चमचा *m.* • a ladle; a large spoon.

चमची *f.* • a small spoon.

चमड़ा *m.* • skin; leather; hide. ~**उधेड़ना** *v.i.* to flay.

चमड़ी *f.* • skin.

चमत्कार *(S) m.* • miracle; marvel.

चमत्कारी *adj.* • wonderful.

चमत्कृत *adj.* • astonished.

चमन *(P) m.* • a flower-garden.

चमाचम *adv.* • brightly.

चमार *m.* • a tanner; shoe-maker.

चमेली *f.* • the jasmine and its flower.

चमोटा, चमोटी *m. & f.* • a leather strap.

चम्मच *m.* • a spoon.

चयन *(S) m.* • selection.

चरकटा *m.* • one who cuts fodder.

चरका *m.* • trickery.

चरख़ा *(P) m.* • a spinning wheel. ~**कातना** *v.t.* to spin.

चरख़ी *f.* • a potter's wheel; fire-work; pulley.

चरचराना *v.i.* • to make a cracking sound; to crack.

चरचराहट *f.* • crackling sound.

चरण *(S) m.* • foot; feet; a single line of a verse. ~**छूना** *v.t.* to touch one's feet (in respect). ~**कमल** *m.* lotus feet. ~**चिह्न** *m.* foot prints. ~**सेवा** *f.* service. ~**सेवक** *m.* devoted servant.

चरना *v.i.* • to graze.

चरनी *f.* • forage.

चरपरा *adj.* • pungent (food).

चरफरा *v.i.* • to be restless.

चरबी, चर्बी *(P) f.* • fat; tallow. ~**चढ़ना** *v.i.* to grow fat; to be proud. ~**दार** *adj.* fat. **भेड़ की**~*f.* lano-lin; **सूअर की**~*f.* lard. ~**व्हेल के सिर की**~*f.* spermaceti.

चरम *(S) adj.* • final; ultimate. ~**सीमा** *f.* climax.

चरमराना *v.i.* • to creak.

चरवाहा, चरवैया *m.* • shepherd. ~**संबंधी** *adj.* pastoral.

चराई *f.* • pasturage; price paid for grazing.

चरागाह, चारागाह *m.* • pasture; meadow.

चराना *v.t.* • to graze; to make a fool of.

चरिंदा *(P) m.* • grazing; an animal (herbivorous).

चरित *(S) m.* • behaviour; deeds; narrative of a person's life.

चरितार्थ *(S) adj.* • successful.

चरित्र *(S) m.* • character; behav-iour. ~-**चित्रण** *m.* character portrayal. ~ **नायक** *m.* hero. ~**वान** *m.* virtuous.

चरित्रहीन *adj.* • of base character.

चरी *f.* • green stalks for fodder.

चर्चा *(S) f.* • discussion; talk; mention.

चर्चित *(S) adj.* • discussed.

चर्म *(S) m.* • skin; leather. ~**कार** *m.* cobbler; shoe-maker. ~**शोधक** *m.* a tanner.

चर्राना *v.i.* • to smart; to throb.

चर्वण *(S) m.* • chewing.

चल *adj.* • moving; movable. ~**चलाव** *m.* death; departure. ~**चित्त** *adj.* fickle-minded. ~**चित्र** *adj.* a movie-film. ~**वृत्तांत** *m.*

running commentary; ~ संपत्ति *f.* movable property.

चलता *adj.* • current. ~ **फिरता** *adj.* mobile. ~ **रुग्णागार** *m.* ambulance.

चलती *f.* • influence.

चलन *(S) m.* • conduct; behaviour; manner; custom.

चलना *v.i.* • to move; to go; to flourish.

चलवाना *v.t.* • to cause to go.

चलवैया *m.* • one who moves; one who causes to move.

चलाऊ *adj.* • makeshift.

चलाना *v.t.* • to cause to move or to go; to drive (as a motor car); to wind (as a watch); to put in circulation (as a coin or currency note). **किसी की बात** ~ to talk about someone; to fire (as a gun).

चलायमान *adj.* • in motion; inconstant.

चवन्नी *f.* • 25 paisa coin.

चवालीस *adj.* • forty-four.

चश्म *(P) f.* • the eye. ~ **दीद** *adj.* seen with (one's own) eyes. ~ **दीद गवाह** *m.* eye witness.

चश्मा *(P) m.* • a spring; spectacles.

चषक *(S) m.* • wine cup.

चस्का *m.* • taste; addiction.

चस्पां *(P) f.* • adhering; ~ **करना** to paste.

चहक *f.* • singing (as birds).

चहकना *v.i.* • to sing (as birds); to chirp.

चहचहाना *v.i.* • to chirp.

चहबच्चा *m.* • drainage pit.

चहलकदमी *f.* • a stroll.

चहल-पहल *m.* • gaiety.

चहला *m.* • mud.

चहारदीवारी, चारदीवारी *f.* • an enclosing wall.

चहेता, चहेती *m. & f.* • darling; a dear one.

चाईं *m.* • cunning; thief.

चांगला *adj.* • smart; active; healthy.

चांटा *m.* • a slap; a blow.

चांड़ *adj.* • arrogant; strong.

चांडाल *(S) m.* • a wretch.

चाँद *m.* • the moon. ~ **का टुकड़ा** *m.* a handsome person. **चार ~ लगना** to be raised to a high position. ~ **मारी** *f.* target practice.

चाँदना, चाँदनी *m. & f.* • moonlight.

चाँदी *f.* • silver. ~ **का जूता** *m.* a bribe. ~ **काटना** *v.t.* to be coining money. **आजकल उनकी ~ है** he is flourishing these days.

चाँपना *v.t.* • to press.

चांय-चांय *f.* • chatter.

चा, चाय *f.* • tea.

चाऊर *m.* • rice.

चाक *m.* • potter's wheel; a tear; cut.

चाक़ *(P) adj.* • smart. ~**चौबंद** *adj.* in good condition.

चाकर *(P) m.* • servant.

चाकरानी *f.* • maid servant.

चाकरी *f.* • service.

चाकू *(T) m.* • a pocket knife.

चाचा *m.* • uncle (paternal).

चाची *f.* • aunt (paternal).

चाट *f.* • tasting; a taste; an appetiser.

चाटना *v.t.* • to lick; to taste; to lap.

चाटुकार *(S) m.* • a flatterer.

चातुरी, चातुर्य *(S) f.&m.* • cleverness.

चादर *f.* • a sheet; shawl. ~**डालना** to marry a widow.

चापना *v.t.* • to press.

चापलूस *(P) m.* • a flatterer; sycophant.

चापलूसी *(P) f.* • flattery; sycophancy. ~**करना** to flatter.

चाबी-चाभी *f.* • a key.

चाम *m.* • skin; leather.

चाय *f.* • tea. ~**ख़ाना** *m.* a tea-shop. ~**पानी** *m.* refreshments.

चार *adj.* • four; a few. ~**आदमियों के सामने** *adv.* in public. ~**आँखें होना** to fall in love. ~**दिन की चाँदनी** *f.* temporary pleasure. ~**पैर का जानवर** a quadruped. ~**जामा** *m.* a saddle.

चारख़ाना *adj.* • chequered. *m.* chequered cloth.

चारपाई *f.* • a bed. ~**पकड़ना,** ~**पर पड़ना** to be confined to bed.

चारा *m.* • fodder; bait; recourse; remedy.

चारु *(S) adj.* • lovely.

चाल *f.* • gait; movement. ~**चलना** to practise deception. ~**चलन** *m.* behaviour. ~**ढाल** *f.* demeanour. ~**बाज़** *adj.* fraudulent. ~**सुधारना** *v.t.* to mend one's ways.

चालक *m.* • a driver.

चालबाज़ी *f.* • craftiness.

चालाक *(P) adj.* • cunning.

चालाकी *(P) f.* • cunningness.

चालान *m.* • consignment; an invoice; committal (of a case).

चालीस *adj.* • forty.

चालीसा *m.* • the fortieth year of an era; eulogy of a god. *adj.* numbering forty years.

चालू *adj.* • current; in working order; cunning. ~**अधिवेशन** *m.* current session. ~**करना** *v.t.* to start.

चाव *m.* • longing; eagerness.

चावल *m.* • rice.

चास *f.* • ploughing.

चासा *m.* • cultivator.

चाह *f.* • wish; need.

चाहत *f.* • desire; love.

चाहना *v.t.* • to wish; to love.

चाहिए *v.i.* • is wanted; should; ought.

चाहे *conj.* • even if; though.

चिउंटा *m.* • black ant.

चिउंटी *f.* • ant. ~ **की चाल** *f.* very slow motion.

चिंघाड़ *f.* • screech; trampeting (of an elephant). ~ **ना** *v.i.* to scream.

चिंतक *(S) m.* • a thinker. **शुभ** ~ *m.* a well-wisher.

चिंतन *(S) m.* • thought; meditating. ~ **शील** *adj.* meditative.

चिंता *(S) f.* • apprehension; anxiety. ~ **करना** to worry. ~ **कुल**, ~ **ग्रस्त** *adj.* perturbed by care. ~ **जनक** *adj.* causing concern.

चिंतातुर *(S) adj.* • distressed by care.

चिंतित *(S) adj.* • anxious; worried.

चिकन *(P) f.* • muslin.

चिकना *adj.* • smooth. ~ **ई** *f.* smoothness; oiliness (= **चिकनाहट**).

चिकित्सक *(S) m.* • a doctor; a medial prectitioner.

चिकित्सकीय *(S) adj.* • medical.

चिकित्सा *(S) f.* • medical treatment; therapy. ~ **धिकारी** *m.* medical officer. ~ **अवकाश** *m.* medical leave. ~ **विज्ञान** *m.* therapeutics. ~ **लय** *m.* hospital.

चिकोटी *f.* • a pinch.

चिचियाना *v.i.* • to scream.

चिटकना *v.i.* • to crack.

चिट्ठा *m.* • an account (as of revenue; expenditure; conduct etc.).

चिट्ठी *f.* • a letter. ~ **छोड़ना** *or* **डालना** *v.t.* to post a letter. **गश्ती** ~ *f.* a circular letter. **गुमनाम** ~ *f.* an anonymous letter. **रजिस्ट्री** ~ *f.* a registered letter. ~ **-पत्री** *f.* correspondence.

चिड़चिड़ा *adj.* • touchy; irritable.

चिड़चिड़ाना *v.i.* • to fret; to be irritable.

चिड़चिड़ापन, चिड़चिड़ाहट *f.* • touchiness; irritability.

चिड़िया *f.* • bird; sparrow. **सोने की** ~ *f.* a treasure. ~ **खाना, घर** *m.* zoo; aviary.

चिड़ीमार *m.* • a fowler; a bird-hunter.

चिढ़ *f.* • vexation; irritation; dislike.

चिढ़ना *v.i.* • to be irritated.

चिढ़ाना *v.t.* • to irritate; to offend.

चित, चित्त *m.* • attention; understanding thought; mind.

चितकबरा *adj.* • spotted.

चितचोर *m.* • sweetheart; beloved.

चितवन *f.* • glance; look.

चिता *(S) f.* • a funeral pyre.

चिताना, चेताना *v.t.* • to warn.

चित्त *m.* • understanding; the heart. ~ **उचटना** *v.i.* to be bored.

~चुराना *v.t.* to steal (one's heart). ~वृत्ति *f.* state of mind. ~लगाना to set heart; ~से उतरना to be forgotten.

चित्ती *f.* • stain; spot. ~दार *adj.* spotted. *f.* conch-shell.

चित्र *(S) m.* • a painting; picture. ~उतारना to paint a picture. ~कला *f.* art of painting. ~कार *m.* a painter; an artist. ~पट *m.* cine-film. ~लिपि *f.* picture writing. ~वत *adj.* stock-still. ~शाला *f.* picture gallery.

चित्रित *(S) adj.* • illustrated.

चिथड़ा *m.* • a rag; tatter.

चिनगारी *f.* • a spark.

चिनाई *f.* • brick-laying.

चिनिया *adj.* • sugary; sweet; ~बादाम *m.* ground-nut.

चिह्न *(S) m.* • mark; spot; stain.

चिह्नाना *v.t.* • to mark-out; to cause to be recognised.

चिह्नानी *f.* • sign; token.

चिह्नारी *f.* • recognition.

चिपकना *v.i.* • to stick.

चिपकाना *v.t.* • to embrace; to cause to stick.

चिपकू *m.* • a hanger-on.

चिपचिपा *adj.* • sticky. ~हट *f.* stickiness.

चिपटना *v.i.* • to embrace.

चिपटा, चपटा *adj.* • flattened.

चिपटाना *v.t.* • to embrace.

चिप्पड़ *m.*, **चिप्पी** *f.* • a patch.

चिबुक *(S) f.* • the chin.

चिमटना *v.i.* • to cling.

चिमटा *m.*, **चिमटी** *f.* • tongs; forceps.

चिरंजीव, चिरंजीवी *adj.* • long-living.

चिर *(S) adj.* • long-lasting. ~काल *m. & adj.* for a long time; a long period. ~स्थायी *adj.* of long-standing existence; ever lasting. ~स्मरणीय *adj.* memorable.

चिरई *f.* • a bird.

चिरकुट *m.* • rag.

चिरवाई, चिराई *f.* • causing to be split; price paid for having wood split.

चिराग़ *(P) m.* • a lamp. ~गुल होना a lamp to go out. ~ठंडा करना to put out a lamp.

चिराना *v.t.* • to cause to split.

चिलचिलाना *v.i.* • to burn.

चिलबिला, चिलबिल्ला *adj.* • childish.

चिलम *f.* • a clay bowl or an earthern pipe to smoke tobacco.

चिलमची *f.* • a metal basin.

चिलमन *f.* • a curtain made of split bamboo.

चिल्लपों *f.* • hubbub; clamour.

चिल्ला *m.* • pastry; a bow-string.

चिल्लाना *v.t.* • to shout; to scream.

चिल्लाहट • scream; a cry.

चीं-चीं *f.* • warbling of birds.
चीख़ *f.* • shriek; scream. ~ना *v.i.* to scream.
चीज़ *(P) f.* • a thing; an article.
चीड़ *f.* • a pine or fir tree.
चीता *m.* • a leopard.
चीत्कार *(S) m.* • scream.
चीथड़ा *m.* • a rag.
चीथना *v.t.* • to tear to pieces.
चीनी *adj.* • Chinese. *f.* sugar.
चीन्हना *v.t.* • to recognise.
चीमड़ *adj.* • tough.
चीर *m.* • clothing; a strip of material; a rag.
चीरना *v.t.* • to tear; to split; to saw.
चीरा *m.* • a cut; incision.
चीलर *m.* • louse.
चील *f.* • kite (bird); eagle.
चुंगी *f.* • duty; octroi. ~घर *m.* custom house. ~लगाना *v.t.* to impose a levy.
चुंबक *m.* • a magnet.
चुंबकीय *adj.* • magnetic.
चुबंन *(S) m.* • a kiss; kissing. ~लेना to kiss.
चुंबित *(S) adj.* • kissed.
चुआना *v.t.* • to distil.
चुकंदर *(P) m.* • beet root.
चुकता *adj.* • paid (a debt).
चुकती *f.* • settlement (of a debt).
चुकना *v.i.* • to be finished.
चुकाना *v.t.* • to settle; to discharge (a debt).
चुगना *v.t.* • to peck; to feed on (of birds).
चुग़लख़ोर *(P) m.* • one who deals in slander; back-biter.
चुग़ली *(P) m.* • slander, back-biting. ~खाना to slander; to back-bite.
चुगाई *f.* • pecking; feeding (of birds).
चुगाना *v.t.* • to feed (grain, etc. to birds).
चुचकारना *v.t.* • to fondle; to coax.
चुचकारी *f.* • coaxing; fondling.
चुचुकना *v.i.* • to wither.
चुटकी *f.* • a pinch; a snap of the fingers.
चुटकुला *m.* • a joke.
चुटीला *adj.* • wounding; sharp.
चुड़िहारा *m.* • glass bangle-seller.
चुड़ैल *f.* • a witch.
चुनचुनाना *v.i.* • to itch.
चुनचुनाहट *f.* • itching; burning pain.
चुनन *f.* • pleat.
चुनना *v.t.* • to choose; to select; to pluck (as flowers).
चुना हुआ *adj.* • selected.
चुनने-योग्य *adj.* • eligible.
चुनाव *m.* • choice; election. ~में जीतना *v.t.* to win an election. ~लड़ना to fight an election. ~अभियान *m.* election campaign. ~निरीक्षक *m.* return-

ing officer. ~याचिका *f.* an election petition.

चुनावी *adj.* • electoral.

चुनिंदा *adj.* • selected; chosen.

चुनौती *f.* • a challenge.

चुप *adj.* • silent. *f.* silence. ~**करना** *v.t.* to keep silent. ~**रहना** *or* **लगाना** to remain quiet.

चुपके से *adv.* • silently; stealthily.

चुपचाप *adj.* • quiet.

चुप्पा *adj.* • silent.

चुप्पी *f.* • quiet; silence.

चुबलाना *v.t.* • to chew.

चुभन *f.* • a piercing pain.

चुभना *v.i.* • to pierce; to sting; to be stabbed.

चुभलाना *v.t.* • to chew.

चुभाना, चुभोना *v.t.* • to pierce; to sting.

चुमकार *f.* • a kissing sound; ~**ना** *v.t.* to make a kissing sound; to murmur lovingly.

चुरमुर *m.* • a crunching sound. *adj.* crushed.

चुरमुरा *adj* • making a crunching sound; fragile.

चुराना *v.t.* • to steal; to captivate (as the heart).

चुलबुला *adj.* • lively. ~**पन** liveliness.

चुल्लू *m.* • the palm of the hand hollowed (to hold water) ~**भर पानी में डूब मरना** to be greatly embarrassed.

चुसकी *f.* • a sip.

चुसना *v.i.* • to be sucked.

चुसाना *v.t.* • to get sucked.

चुस्त *adj.* • brisk; quick.

चुस्ती *f.* • quickness.

चुहल *f.* • naughtiness. ~**बाज़** *adj.* amusing.

चूंकि *(P) conj.* • since; because.

चूक *f.* • blunder; mistake.

चूकना *v.i.* • to make a mistake.

चूज़ा *(P) m.* • a chicken.

चूड़ा *f.* • crest. ~**करण** *m.* tonsure or the first shaving of head of a child.

चूड़ा *m.* • a bracelet; bangle.

चूड़ी *f.* • a glass-bangle.

चूना *m.* • lime. ~**पोतना** *v.t.* to whitewash.

चूनी *f.* • fragments of coarsely ground grain. ~-**भूसी** *f.* a coarse flour with its bran.

चूर *m.* • powder; *adj.* crushed. ~**करना** *v.t.* to smash. ~**चूर** *adj.* crushed.

चूरा *m.* • powder; filings.

चूर्ण *(S) m.* • powder.

चूल *f.* • pivot; hinge.

चूल्हा *m.* • hearth; a stove.

चूसन *f.* • suction.

चूसना *v.t.* • to suck; to absorb.

चूहा *m.* • rat. ~**दानी** *f.* a rat trap.

चें-चें *m.* • bird's chirping.

चेचक *f.* • smallpox. **छोटी** ~ *f.* measles. ~**का टीका** *m.* vaccination. ~**का टीका लगाने वाला** *m.* vaccinator.

चेतन *(S) adj.* • conscious. *m.* consciousness.

चेतना *f.* • consciousness.

चेतना *v.i.* • to be conscious.

चेताना *v.t.* • to caution; to warn.

चेतावनी *f.* • a warning.

चेरा, चेला *m.* • a disciple.

चेष्टा *(S) f.* • attempt; endeavour. ~**करना** to attempt.

चेहरा *m.* • face; features. ~**उतरना** to look sad. ~**मोहरा** *m.* facial expressions.

चैतन्य *(S) m.* • consciousness. *adj.* conscious.

चैन *m.* • contentment; peace. ~**आना** to be at ease. ~**पाना** to get peace.

चोइयां *f.* • scale (as of fish).

चोंच *f.* • beak.

चोकर *m.* • bran. chaff.

चोखा *adj.* • pure; genuine; *m.* a spiced dish of fried vegetables (=**भुर्ता**).

चोग़ा *(T) m.* • a long, loose knee-length cloak.

चोट *f.* • injury; blow; wound. ~**खाना** to suffer a blow. ~**पहुँचाना** *v.t.* to give a blow; to injure.

चोटी *f.* • a pigtail; summit. ~**गूँथना,** ~**करना** *v.t.* to pleat. ~**दार** *adj.* having a top knot; crested.

चोट्टा *m.* • a thief; a pilferer.

चोबदार *m.* • mace-bearer.

चोर *m.* • a thief. ~ **गढ़ा** *m.* a pitfall. ~**ज़मीन** *f.* quagmire. ~**दंत** *m.* a tooth additional to the normal number. ~**दरवाज़ा** *m.* back-door. ~**बत्ती** *f.* a torch. ~**बाजार** *m.* black-market.

चोरी *f.* • theft. ~**करना** *v.t.* to steal. ~**चोरी** *adv.* by stealth (=**चोरी-छिपे**).

चोला *m.* • a long gown; the body.

चोली *f.* • a brassiere.

चौंक *f.* • a sudden start.

चौंकना *v.i.* • to be startled.

चौंकाना *v.t.* • to startle.

चौंतीस *adj.* • thirty-four.

चौंधियाना *v.i.* • to be dazzled. *v.t.* to dazzle.

चौंसठ *adj.* • sixty-four.

चौक *m.* • courtyard; market place; crossing; forum.

चौकड़ी *f.* • a group of four. ~**भरना** to bounce.

चौकन्ना *adj.* • alert; wary.

चौकस *adj.* • watchful; careful.

चौकसी *f.* • care; watchfulness.

चौकी *f.* • a low, rectangular, four-legged seat. stool; a kneading board.

चौकीदार *m.* • a watchman.

चौकोन *adj.* • four-cornerd.
चौखट *f.* • a door-frame.
चौड़ा *adj.* • wide; broad.
चौड़ाई *f.* • breadth.
चौथा *adj.* • fourth.
चौथाई *f.* • a quarter.
चौदह *adj.* • fourteen.
चौदहवाँ *adj.* • fourteenth.
चौदहवीं का चाँद *m.* • a full moon.
चौधराई *f.* • status of a chowdhary.
चौधरी *m.* • headman of a clan.
चौपट *adj.* • depraved; ruined.
चौपड़ *m.* • a dice-game.
चौपहल *adj.* • four-sided.
चौपहिया *adj.* • four-wheeled.
चौबीस *adj.* • twentyfour.
चौमंज़िला *adj.* • four-storeyed.
चौरस्ता *m.* • cross-roads.
चौरस *adj.* • level; even.
चौरानवे *adj.* • ninety-four.
चौरासी *adj.* • eighty-four.
चौराहा *m.* • cross-roads.
चौवन *adj.* • fifty-four.
चौसठ *adj.* • sixty-four.
चौहत्तर • seventy-four.
चौहद्दी *f.* • boundary.
च्युत *(S) adj.* • fallen.
च्युति *(S) f.* • a falling; want.

छ

छंगुली *f.* • sixth finger.
छँटना *v.i.* • to be trimmed; to be selected.
छँटनी *f.* • retrenchment.
छँटवाई *f.* • causing to be cut; causing to be picked out.
छँटवाना *v.t.* • to cause to be trimmed.
छँटा *adj.* • picked. ~**हुआ** scoundrel.
छँटाई *f.* • trimming; the cost of cutting.
छंद *m.* • metre. ~**मुक्त** *adj.* non-metric (verse); verse.
छ *adj.* • six. ~ **माही** *adj.* six-monthly.
छकड़ा *m.* • a two-wheeled cart. ~**बनाने वाला** *m.* a cartwright.
छकना • to be satiated; to be gratified.
छकाना *v.t.* • to astonish; to cheat.
छक्का *m.* • a group of six; a six (as in cards).
छक्के छुड़ाना, छक्के छूटना *v.t.* • to disconcert.
छछूंदर *f.* • the muskrat.
छज्जा *m.* • a balcony.
छटकना *v.i.* • to slip (from the grasp).

छटकाना *v.t.* • to be satiated; to gratified.

छटनी *f.* • retrenchment.

छटपट *f.* • tossing about.

छटपटाना *v.i.* • to toss about; to be agitated.

छटपटाहट, छटपटी *f.* • a state of agitation.

छटांक *f.* • a sixteenth of a ser (सेर).

छटा *(S) f.* • splendour; lustre.

छठवाँ, छठा *adj.* • sixth.

छठी *f.* • the sixth day after the birth of a child (and its ceremony). ~ का दूध याद आना *v.i.* to be in a very helpless situation.

छड़ *f./m.* • rod; bar.

छड़ा *m.* • a single unmarried man.

छड़ी *f.* • a cane; a stick.

छत *f.* • roof; a ceiling.

छतरी *f.* • an umbrella. ~ सैनिक *m.* paratrooper.

छाता *m.* • umbrella.

छत्तीस *adj.* • thirty-six.

छत्तीसा *adj.* • cunning; licentious; lewd.

छत्र *m.* • umbrella.

छत्रक *m.* • a mushroom.

छद्म *(S) m.* • a disguise. ~ नाम *m.* a pseudonym. ~ वेश *m.* a disguise.

छनछनाना *v.i.* • to clink; to jingle; to hiss.*v.t.* to cause to make a jingling sound.

छनछनाहट *f.* • jingling.

छनना *v.i.* • to be strained; to be winnowed.

छनना *m.*, छननी *f.* • a sieve; a strainer.

छनवाना *v.t.* • to be strained.

छपका *m.* • a splash (of water, etc.).

छपकाना *v.t.* • to dash or throw (water).

छपना *v.i.* • to be printed (book, cloth, etc.), to be stamped.

छपवाना *v.t.* • to cause to be printed.

छपाई *f.* • printing; cost of printing.

छपाना *v.t.* • to cause to be printed.

छप्पन *adj.* • fifty-six.

छप्पर *m.* • a thatched roof. ~ फाड़ के देना to give in an unexpected way.

छबीला *adj.* • handsome; graceful; foppish.

छब्बीस *adj.* • twenty-six.

छमाही *adj.* • six-monthly; half yearly.

छरहरा *adj.* • slender, slim ~ पन *m.* slenderness.

छर्रा *m.* • piece of shot.

छल *m.* • fraud; deceit. ~ कपट *m.* cunning. ~ बल *m.* fraud and force. ~ कपट *m.* fraud.

छलकना *v.i.* • to splash; to overflow.

छलकाना *v.t.* • to spill.

छलना *v.t.* • to defraud; to deceive.

छलनी *f.* • a sieve; a strainer. ~**करना** *v.t.* to batter.

छलांग *f.* • a leap; a jump. ~**मारना** *v.t.* to jump; to leap.

छलिया, छली *m.* • a deceiver; adj. faithless.

छल्ला *m.* • a plain metal ring.

छवाई *f.* • thatching work or its wages.

छवाना *v.t.* • to cause to be thatched.

छवि *f.* • portrait; image.

छवैया *m.* • a thatcher.

छाँट *f.* • cutting; trimming; cut; refuse.

छाँटना *v.t.* • to trim; to prune; to retrench.

छाँह *f.* • shade; shadow.

छागल *m.* • a goat; a water bag.

छाछ *f.* • butter-milk.

छाजन *f./m.* • thatching.

छाता *m.* • an umbrella. ~**धारी सैनिक** *m.* paratrooper.

छाती *f.* • chest; breast. ~**पर साँप लोटना** *m.* to burn with envy.

छात्र *(S) m.* • a pupil; a student. ~**वृत्ति** *f.* a scholarship.

छात्रा *(S) f.* • a female student.

छात्रालय, छात्रावास *(S) m.* • hostel (of students); boarding house.

छानना *v.t.* • to sift; to strain.

छाना *v.t.* • to thatch; to overcast.

छाप *f.* • imprint; impression.

छापना *v.t.* • to print; to stamp; to exercise an influence.

छापा *m.* • imprint; impression. ~**मारना** to raid. ~**ख़ाना** *m.* a printing press.

छाबड़ी *f.* • a hawker's tray.

छाया *(S) f.* • shade; shadow. ~**कार** *m.* photographer. ~ **चित्र** *m.* photograph. ~**नाट्य** *m.* a shadow theatre. ~**दार** *adj.* shady.

छाल *f.* • skin; bark.

छाला *m.* • a blister.

छाली *f.* • betel-nut.

छावनी *f.* • cantonment (for troops); thatching.

छिंकवाना, छिंकाना *v.t.* • to cause to sneeze; to cause (somebody) to be detained.

छिछला *adj.* • shallow. ~**पन** *m.* shallowness.

छिछोरपन, छिछोरापन *m.* • pettiness; frivolity.

छिछोरा *adj.* • shallow; worthless.

छिटकना *v.t.* • to be scattered; to be defused (light).

छिटकाना *v.t.* • to scatter; to spray.

छिड़कना *v.i.* • to sprinkle.

छिड़कवाना *v.t.* • to cause to be sprinkled.

छिड़काव *m.* • sprinkling; watering.

छिड़ना *v.i.* • to begin; to break out (as a war).

छितरना *v.i.* • to be scattered.

छितराना *v.t.* • to scatter.

छितराव *m.* • dispersal.

छिदना *v.i.* • to be pierced.

छिदवाना, छिदाना *v.t.* • to cause to be pierced.

छिद्र *(S) m.* • a hole.

छिनकना *v.i.* • to blow the nose.

छिनना *v.i.* • to be snatched.

छिनवाना *v.t.* • to cause to be snatched.

छिनाल *f.* • a loose woman.

छिन्न *(S) adj.* • cut; damaged. ~ भिन्न *adj.* destroyed.

छिपकली *f.* • a lizard.

छिपना *v.i.* • to hide.

छिपाना *v.i.* • to hide; to cause to be hidden; to conceal.

छिपाव *m.* • concealment.

छियानवे *adj.* • ninety-six.

छियालीस *adj.* • forty-six.

छियासठ *adj.* • sixty-six.

छियासी *adj.* • eighty-six.

छिलका *m.* • skin; shell. ~ उतारना to peel.

छिलना *v.i.* • to be peeled.

छिहत्तर *adj.* • seventy-six.

छींक *f.* • sneezing; a sneeze.

छींकना *v.i.* • to sneeze.

छींट *f.* • chintz; printed calico.

छींटना *v.t.* • to sprinkle.

छींटा *m.* • a splash.

छीछालेदर *f.* • predicament; a bad situation.

छीज *f.* • wasting; damage.

छीजना *v.i.* • to waste; to dwindle.

छीनना *v.t.* • to snatch.

छीपी *m.* • a cloth-printer.

छीमी, छींबी *f.* • a pod (of green pea).

छीलन *f.* • shavings.

छीलना *v.t.* • to peel; to sharpen (a pencil).

छुआ-छूत *f.* • restrictions on touching; untouchability.

छुआना, छुलाना *v.t.* • to cause to be touched.

छुटकारा *m.* • release; aquittal.

छुटपन *m.* • infancy; childhood.

छुटपना *m.* • childishness.

छुटपुट *adj.* • miscellaneous.

छुट्टा *adj.* • unrestrained; small change.

छुट्टी *f.* • leave; holiday; vacation. ~ मनाना to be on holiday.

छुड़वाना, छुड़ाना *v.t.* • to cause to be released; to get aquitted.

छुरा *m.* • dagger.

छुरी *f.* • a knife.

छूछा *adj.* • empty; hallow.

छूट *f.* • deliverance; exemption; discount.

छूटना *v.i.* • to be released.

छूत *f.* • ritual contamination; contagious infection.

छूना *v.t.* • to touch.

छेंकना *v.t.* • to check; to stop.

छेड़खानी, छेड़छाड़ *f.* • provocating acts.

छेड़ना *v.t.* • to touch; to vex; to stir up; to irritate.

छेद *m.* • a hole.

छेना *m.* • cheese.

छेनी *f.* • a chisel.

छैला *adj.* • handsome; *m.* a dandy. ~**पन** *m.* modishness.

छोकरा, छोकड़ा *m.* • lad; a boy.

छोकरी, छोकड़ी *f.* • lass; a girl.

छोड़ाना, छुड़ाना *v.t.* • to get released.

छोर *m.* • border edge; end; shore.

छोलदारी *f.* • a small tent.

छोलना *v.t.* • to skin.

छोलनी *f.* • a scraper.

छोला *m.* • gram.

छोह *m.* • affection; love.

छौंक *f.* • spices for seasoning food.

छौना *m.* • the young of an animal.

ज

ज़ंग *(P) f.* • rust. ~**लगना** to rust.

जंग *(P) f.* • war. ~**करना** to wage war. ~**जू** *adj.* aggressive.

जंगम *(S) adj.* • living; movable.

जंगल *m.* • forest. ~**अधिकारी** *m.* forest-officer. ~**विज्ञान** *m.* forestry.

जंगला *m.* • lattice window.

जंगली *adj.* • wild. ~**पन** *m.* wildness.

जंगी *adj.* • military; related to war. ~**जहाज़** *m.* warship.

जंघा, जांघ *(S) f.* • thigh.

जंचना *v.i.* • to be tested; to be liked.

जंचवैया *m.* • examiner.

जंचा *adj.* • proved.

जंजाल *m.* • trouble; bother. ~**में फंसना** to get into trouble. **जी का** ~*m.* a troublesome person or matter.

ज़ंजीर *(P) f.* • a chain; fetters. ~**दार** *adj.* chained. ~**लगाना,** ~**डालना** to fix the door-bolt.

ज़ंजीरी *(P) f.* • chained.

जंतर *m.* • amulet; charm. ~**मंतर** *m.* casting a spell.

जंतसार *f.* • a place where grinding is done.

जंतसारी *f.* • a kind of song sung by women while grinding grain.

जंतु *m.* • an animal. ~**शाला** *f.* a

zoo. ~ शास्त्र *m.* zoology.

जंभाना *v.i.* • to yawn.

जंम्हाई *f.* • a yawn.

जई *f.* • oats.

ज़ईफ़ी *(P)* • old ege.

जकड़ना *v.t.* • to tie tightly; to bind.

ज़कात *(A) f.* • a portion of earning given as alms.

ज़ख़म, ज़ख़्म *(P) m.* • a wound. ~ **खाना** to suffer a wound. ~ **पर नमक छिड़कना** to aggravate one's troubles.

ज़ख़मी, ज़ख़्मी *(P) m.* • injured; wounded. ~ **करना** to wound.

ज़ख़ीरा *(A) m.* • stock; a treasure.

जग *m.* • the world. ~ **जननी** *f.* mother of the world (Goddess Durga). ~ **जाहिर** *adj.* self-evident. ~ **बीता** *adj.* experienced in the world. ~ **हंसाई** a laughing stock.

जगत् *(S) f.* • the universe. ~ **सेठ** *m.* a very wealthy man.

जगना *v.i.* • to wake up.

जगमग *f.* • dazzling light. ~ **करना** *v.t.* to make bright.

जगमगाना, जगजगाना *v.i.* • to glitter; to give a dazzling light; to flash.

जगमगाहट *f.* • glitter; brilliance.

जगर-मगर *adj.* • dazzling.

जगवाना *v.t.* • to cause to wake.

जगह *(P) f.* • place; locality. ~ **छोड़ना** to leave space. ~ **देना** to make room. ~ **-जगह** *adj.* here and there.

जगाना *v.t.* • to awaken; to rouse; to stimulate.

जघन्य *(S) adj.* • vile; low.

जच्चा, ज़च्चा *(P) f.* • a woman who has recently given birth.

जज *m.* • judge.

जज़बात, जज़्बात *(A) m.pl.* • feelings; emotions.

जज़ीरा *(P) m.* • an island.

जज़्ब *(A) f.* • absorption.

जज़्बाती *adj.* • emotional.

जटना *v.t.* • to cheat; to pilfer.

जटा *(S) f.* • motted hair.

जटिल *(S) adj.* • complicated. ~ **ता** *f.* complication.

जठर *(S) m.* • the stomach.

जठराग्नि *(S) f.* • digestive power.

जड़ *f.* • root; lifeless; stupid. ~ **जमाना** to consolidate. ~ **पकड़ना** to take root. ~ **से उखाड़ना** to uproot. ~ **हो जाना** to be numbed. ~ **बुद्धि** *f. & m.* stupidity; a stupid person. ~ **वाद** *m.* materialism.

जड़ता *(S) f.* • stupidity.

जड़ना *v.t.* • to attach; to set; to inlay.

जड़ाई *v.t.* • the act of setting jewels.

जड़ाऊ *adj.* • studded with jewels.

जड़ावर *m.* • winter clothes.

जड़ी *f.* • root used for medical purposes. ~**बूटी** *f.* roots and herbs used medicinally.

जड़ैया *f.* • the ague.

जतन, यत्न *m.* • attempt.

जतलाना, जताना *v.i.* • to cause to be known; to inform.

जत्था *m.* • a group; gang.

जत्थेदार *(P) m.* • leader of a group.

जदीद *(A) adj.* • modern.

जन *m.* • a man; people. ~**गणना** *f.* a census. ~**जागरण** *m.* general awareness. ~**जाति** *f.* a tribe. ~**तंत्र** *m.* a democracy; a republic. ~**तांत्रिक** *adj.* democratic. ~**पद** *m.* a community; a district. ~**शक्ति** *f.* manpower. ~**शून्य** *adj.* deserted. ~**साधारण,** ~**सामान्य** *m.* the public; the average man. ~**मत ग्रहण** *m.* referendum. ~**मनोवृत्ति** *f.* mass psychology. ~**शिक्षा** *f.* mass education. ~ **संचार** *m.* mass communication. ~**संख्या** *f.* population. ~**संपर्क** *m.* public relations. ~**समर्थन** *m.* public support. ~**समूह** *m.* mob. ~**सुरक्षा** *f.* public safety. ~**हीन** *adj.* depopulated.

जनक *(S) m.* • father.

जनख़ा *(P) adj.* • effeminate.

जनता *(S) f.* • people.

जनन *(S) m.* • reproduction; birth.

जनना *v.t.* • to beget; to give birth (a child).

जननी *(S) f.* • mother.

जनप्रिय *(S) adj.* • popular.

जनवाद *(S) m.* • rumour.

जनवासा *m.* • living quarter of the birdegroom's party.

जनश्रुति *(S) f.* • hearsay.

जनहित *(S) m.* • public welfare.

जनाज़ा *(A) m.* • coffin. ~**उठना** the bier to be raised.

ज़नानखाना *(P) m.* • women's apartments.

ज़नाना *(P) adj.* • women's (rooms, etc.); womanly; feminine.

जनाना *v.t.* • to deliver (a child); to cause to be known.

ज़नानी *(P) adj.* • feminine.

जनाब *(A) m.* • your honour.

जनून *(A) m.* • madness; insanity.

जनेऊ *m.* • a sacred thread.

जन्तु *(S) m.* • creature; animal.

जन्नत *(A) f.* • paradise.

जन्म *(S) m.* • birth; origin; incarnation. ~**कुंडली** *f.* a horoscope. ~**गत** *adj.* hereditary; ~**तिथि** *f.* date of birth; ~**दर** *f.* birth-rate; ~**दाता** *m.* father; ~**दात्री** *f.* mother; ~**पत्रिका,** ~**पत्री** *f.* horoscope. ~**भूमि** *f.* motherland. ~**सिद्ध अधिकार** *m.* birthright.

जन्मांध *(S) adj.* • born-blind.

जन्माना *v.t.* • to assist at a birth.

जप *m.* • repetition of the name of a deity.

जफ़ा *(A)* • faithlessness; injustice; oppression.

जब *adv.* • when; while; whereas. ~**कभी** *adv.* whenever; ~**तक** *adv.* until; ~**तब** *adv.* now and then.

जबड़ा *m.* • the Jaw.

ज़बर *(P) adj.* • upper; larger; ~**दस्त** *adj.* overbearing; ~**दस्ती** *adv.* forcibly.

ज़बह *(A) m.* • slaughtering (an animal for food); ~**करना** *v.t.* to slaughter (according to Muslim law).

ज़बान *(P)* • tongue; language. ~**चलाना** to talk too much; ~**पर लाना** to utter; ~**बंद होना** to be speechless.

ज़बानी *(P) adj.* • oral. ~**जमाखर्च** *m.* mere words.

ज़ब्त *(A) adj.* • confiscated. *m.* control.

ज़ब्ती *(P) f.* • confiscation.

जमघट *m.* • a crowd.

जमना *v.i.* • to become firm; to congeal; to curdle.

जमहूरियत *(A) f.* • a democracy; a republic.

जमा *(P) f.* • a collection; a total. ~**खर्च** *m.* income and expenditure. ~**ख़ोर** *m.* a hoarder.

जमात *(P)* • group; class (in a school).

ज़मानत *(P) f.* • bail.

जमाना *v.t.* • to freeze (water, etc.); to clot.

ज़माना *(P) m.* • an age; the world. ~**बदलना** times to change.

जमाल *(A) m.* • charm; beauty.

जमाव, जमावड़ा *m.* • a gathering.

ज़मीन *(P) f.* • land; the earth. ~**-आसमान एक करना** to make untold efforts. ~**में गड़ना** to be greatly ashamed.

ज़मीर *(A) m.* • conscience; heart; mind.

जम्हाई, जंभाई *f.* • a yawn.

जयंती *(S) m.* • a birthday celebration; jubilee.

जय *f.* • victory. ~**घोष** *m.* shout of victory. ~**माल** *f.* garland of victory; garlands exchanged between bride and bridegroom. ~**स्तंभ** *m.* a victory column.

जयी *(S) adj.* • victorious. **काल**~ *adj.* timeless.

ज़र *(P) m.* • wealth. ~**ख़रीद** *adj.* bought with one's own money. ~**दोज़** *m.* an embroiderer.

ज़रद *(P)* • yellow.

ज़रदा *(P) m.* • tobacco for chewing; a sweet pulao.

ज़रदी (P) f. • yellowness; yolk of an egg.

जरना v.i. • suffer from fever; to burn.

ज़रा adj. • a little.

जराना, जलाना v.i. • to cause to burn.

जरायम (A) m. • crimes. ~पेशा m. a criminal.

ज़रिया (A) m. • means; source.

ज़री (P) f. • gold thread.

जरीब (A) f. • a surveyor's measuring chain.

ज़रूर (A) adv. • of course; certainly.

ज़रूरत (A) f. • necessity; need.

ज़रूरी (A) adj. • necessary.

जर्जर (S) adj. • decrepit. ~ता f. decrepitude.

ज़र्रा (A) m. • particle; atom.

जर्राह (A) m. • a surgeon.

जर्राही (P) adj. • surgical; surgery.

जल (S) m. • water. ~आपूर्ति f. water-supply; ~कर m. water-tax. ~ कुंड m. a pool of water. ~केलि, ~क्रीड़ा f. frolicking in water. ~चर adj. water-animal. ~जीवशाला f. aquarium. ~डमरू मध्य m. a strait. ~पान m. refreshment. ~पोत m. boat. ~प्रपात m. a waterfall. ~प्रणाली f. waterways. ~यान m. a boat; a ship. ~वायु m. climate. ~ वायु विज्ञान m. climatology. ~ सेनानायक m. admiral. ~स्रोत m. spring.

ज़लज़ला (A) m. • earthquake.

जलन f. • burning; envy; jealousy.

जलना v.i. • to burn; to be burnt; to be jealous.

जलाना v.t. • to burn; to cause envy.

जलाभाव (S) m. • drought.

जलाल (A) m. • glory.

ज़लालत (P) f. • humiliation; fault.

जलावतन (P) m. • banishment.

जलावन m. • fuel.

जलाशय (S) m. • reservoir.

ज़लील (A) adj. • insulted.

जलूस, जुलूस (A) m. • procession.

जल्द (A) adj. • quick. adv. soon. ~बाज़ (P) m. hasty. ~बाज़ी f. haste.

जल्दी (A) f.& adv. • swiftness; hurry. ~करना to hurry.

जल्लाद (A) m. • an executioner.

जव m. • barley.

जवां adj. • young. ~मर्द adj. manly ~मर्दी f. courage.

जवा m. • a grain of barley; the china-rose; hibiscus.

जवान (P) adj. • youthful; young. m. a youngman; a soldier.

जवानी (P) • youth. ~ढलना youth to pass.

जवाब *(A) m.* • reply; answer; dismissal. ~**तलब करना** to demand an explanation. ~**देही** *f.* responsibility.

जवाबी *adj.* • answerable; reply-paid.

ज़वाल *(A)* • wretchedness.

जवाहर, जवाहिर *(A) m.* • jewel.

जवाहरात *(A) m. pl.* • jewels; precious stones.

जशन, जश्न *(P) m.* • festival. ~**मनाना** to rejoice.

जस्त *(P) f.* • a leap.

जस्ता *m.* • zinc.

जहन्नुम *(A) m.* • hell.

ज़हमत *(A) f.* • trouble.

ज़हर *(P) m.* • poison; ~**उगलना** to say venomous things (about someone). ~**का घूँट पीना** to endure a bitter reverse.

ज़हरीला *adj.* • poisonous.

जहाँ *adv.* • where; whereas. ~**कहीं** *adv.* wherever; ~**का तहाँ** *adv.* in the same place.

जहाँ, जहान *(P) m.* • the world. ~**पनाह** *m.* protector of the world, emperor.

जहाज़ *(A) m.* • a ship; ~**रानी** *f.* shipping.

जहालत *(A) f.* • ignorance.

ज़हीन *(A) adj.* • intelligent.

जांघ *f.* • the thigh.

जांघिया *m.* • shorts.

जांच *f.* • investigation. ~**आयोग** *m.* commission of enquiry.

जाँचना *v.i.* • to examine; to investigate.

जांत, जांता *m.* • a handmill.

जाकड़ *m.* • a trial purchase; goods taken on approval.

जाकिट *f.* • a jacket.

जागता *adj.* • waking; watchful.

जागना *v.i.* • to wake up.

जागरण *(S) m.* • wakefulness; vigil.

जागरूक *(S) adj.* • alert. ~**ता** *f.* awareness.

जागीर *(P) f.* • an estate. ~**दार** *m.* a landlord.

जागृति *(P) f.* • wakefulness; awareness.

जाजिम *(S) f.* • a white linen cloth spread over a carpet.

जाठ *f.* • vertical axis (of a roller in an oil mill).

जाड़ा *m.* • cold; the winter season.

जात *f.* • birth.

जाति *(S) f.* • caste; species; lineage. ~**बहिष्कार** *m.* outcasting. ~**विद्वेष** *m.* communal hatred.

जातीय *(S) adj.* • having to do with community. ~**ता** *f.* communalism.

जादू *(P) m.* • magic. ~**गर** *m.* a magician. ~**टोना** *m.* magical arts.

जान *(P) f.* • life; vitality; sweetheart.

~का गाहक *m.* a mortal enemy. ~के लाले पड़ना to come into mortal peril. ~खाना to vex. ~छुड़ाना to get rid of. ~निकलना to die. ~दार *adj.* animate. ~-पहचान *f.* acquaintance. ~बूझकर deliberately. ~मारना to work hard. ~से मारना to kill. ~में ~आना to get relief. ~से जाना to die. ~कारी knowledge.

जानना *v.t.* • to know.

जानवर *(P) m.* • an animal.

जाना *v.i.* • to go; to travel.

जानिब *(A) f.* • side; direction.

जानी *(P) adj.* • intimate (a friend); mortal (enemy).

जानु *(S) m.* • the knee.

जाने *adv.* • as if; who knows.

जाप *m.* • repeating and incantation of the name of some god.

ज़ाफ़रान *(A) m. & f.* • saffron.

ज़ाब्ता *(A) m.* • practice; procedure. ~दीवानी *f.* civil procedure code; ~ फौजदारी Criminal Procedure Code.

जाबिर *adj.* • strong; cruel.

जाम *(P) m.* • a goblet.

जाम *adj.* • blocked.

जामा *(P) m.* • a garment; dress.

जामाता *m.* • son-in-law.

ज़ामिन *(A) m.* • guarantor.

जामुन *m.* • the rose-apple; black plum.

ज़ायक़ा *(A) m.* • taste; savour.

ज़ायकेदार *(P) adj.* • tasty.

जायज़ *(A) adj.* • proper; lawful.

जायज़ा *m.* • scrutiny. ~लेना to examine.

जायदाद *(P) f.* • property.

जाया *(S) f.* • wife.

जाया *(A) adj.* • perishing; ~करना to waste.

जार *m.* • an adulterous lover. ~कर्म *m.* adultery. ~ज *adj.* illegitimate. *m.* illegitimate child.

जारज-संतान • bastard.

जारन *m.* • firewood.

जारना *v.t.* • to burn.

जारी *(A) adj.* • current; in use. ~करना to issue, to circulate. ~रखना to continue.

जाल *m.* • a net; mesh. ~डालना to cast a net. ~में फंसना to be ensnared.

जाल *(A) m.* • forgery. ~साज़ *(P) m.* a forger. ~साज़ी *f.* forgery.

ज़ालिम *(A) m.* • a tyrant; a cruel person. *f.* an unrelenting sweetheart.

जालिया *m.* • a forger.

जाली *f.* • netting; network. *adj.* counterfeit.

जासूस *(A)* • a spy; detective.

जासूसी *(A) f.* • espionage; detective work.

ज़ाहिर *(A) adj.* • evident.
जाहिल *(A) adj.* • uncivil; illiterate.
ज़िंदगी *(P) f.* • life; lifetime.
ज़िंदा *(P) adj.* • alive. ~दिल *adj.* lively.
जिन्स *(A) f.* • wares; goods.
जिगर *(P) m.* • the liver; the heart; darling. ~का टुकड़ा *m.* a dear one.
जिगरी *adj.* • intimate.
जिच *m.* • deadlock.
जिजीविषा *(S) f.* • desire for life.
जिज्ञासा *(S) f.* • inquisitiveness; curiosity.
जिज्ञासु *(S) adj.* • inquisitive.
जितना *adv.* • as much as.
जिताना *v.t.* • to cause to win.
ज़िद *(A) f.* • obstinacy. ~करना to be stubborn, to insist.
ज़िद्दी *(P) adj.* • obstinate.
जिधर *adv.* • in which direction; where.
ज़िम्मा *(A) m.* • charge. ~लेना to take charge.
जिरह *(A) m.* • cross-examination.
ज़िला *(A) m.* • district. ~धीश *m.* district magistrate. ~न्यायाधीश district judge. ~परिषद् district board.
जिलाना *v.t.* • to revive; to animate.
जिल्द *(A) f.* • the skin; binding of a book. ~बंद, ~साज़ *m.* a book binder. ~बंदी *f.* book-binding.
स~ *adj.* bound.
ज़िल्लत *(A) f.* • insult; dishonour.
जिस *adv.* • whereupon. ~तिस someone or other.
जिस्ता *m.* • quire.
जिस्म *(A) m.* • the body.
जिस्मानी, जिस्मी *(A) adj.* • physical; bodily.
जिहाद *(A) m.* • a religious war; a war fought by Muslims against unbelievers.
जिह्वा *(S) f.* • the tongue.
जी *m.* • life; spirit; heart; mind. ~करना to want. ~खट्टा होना to be disgusted. ~उचटना to be weary (of). ~ऊबना to grow bored. ~चुराना to avoid work. ~छोटा करना to be hopeless. ~टंगना to be anxious. ~दुखना to feel unhappy. ~पर खेलना to risk life. ~बहलाना to amuse. ~बिगड़ना to be sick. ~भरना to be satisfied. ~ मितलाना to feel nausea. ~से जाना to die.
जी • an expression of respect; an expression of assent; very good.
जीजा *m.* • elder sister's husband.
जीजी *f.* • elder sister.
जीत *f.* • victory.
जीतना *v.t.* • to defeat; to win.
ज़ीन *(P) m.* • saddle.
जीना *v.i.* • to live.

ज़ीना *(P) m.* • staircase.

जीभ *f.* • the tongue.

जीभी *f.* • tongue-cleaner.

जीमना *v.i.* • to eat; to partake of food.

जीरा *(P) m.* • the cumin plant and its seed. **ऊँट के मुँह में ~** something utterly insufficient.

जीर्ण *(S) adj.* • worn-out; lingering. **~ज्वर** *m.* a fever which continues for a long time. **~शीर्ण** *adj.* decrepit. **~ता** *f.* decay.

जीर्णोद्धार *(S) m.* • restoration (of a building).

जीव *(S) m.* • the soul; life; a living creature. **~कोश** *m.* a cell. **~जगत** *m.* the world of living creatures. **~दया** *f.* tenderness for animal life. **~हत्या** *f.* taking of life.

जीवंत *(S) adj.* • alive.

जीवट *m.* • courage.

जीवन्मुक्त *(S) adj.* • released; while living; from future birth.

जीवन *(S) m.* • life; existence; lifetime. **~चरित, ~ चरित्र** *m.* a biography. **~दर्शन** *m.* view of life. **~स्तर** *m.* standard of living.

जीवनी-लेखक *(S) m.* • biographer.

जीवाणु *(S) m.* • germ; microbe. **~विज्ञान** *m.* bacteriology.

जीविका *(S) f.* • livelihood.

जीवित *(S) adj.* • alive; living.

जुआ *m.* • a yoke; gambling. **~खेलना** to gamble. **~ख़ाना** *m.* gambling house. **~चोर** *m.* cheat. **~ख़ोरी** *f.* cheating.

जुआरी *m.* • a gambler.

ज़ुकाम *(A) m.* • a cold.

जुगनू *m.* • glow-worm; fire-fly.

जुगाड़ *f.* • provision.

जुगाली *f.* • chewing the cud.

जुगुप्सा *(S) f.* • disgust.

जुझारू, जुझाऊ *adj.* • militant.

जुटना *v.i.* • to be collected.

जुटाना *v.t.* • to collect; to amass.

जुटाव *m.* • collecting.

जुड़ना *v.i.* • to be joined.

जुड़वां *adj.* • twin. *m.* a twin; twins.

जुड़ाना *v.t.* • to cause to adhere; to be pacified.

जुतना *v.i.* • to be yoked.

जुतवाना *v.t.* • to cause to be yoked; to cause to be ploughed.

जुताई *f.* • ploughing; cost of ploughing.

जुदा *(P) adj.* • separate. **~करना** to separate.

जुदाई *(P) f.* • separation.

जुमला *(A) m.* • a sentence.

जुमा *(P) m.* • Friday.

जुमेरात *(A) f.* • Thursday.

जुर्म *(A) m.* • crime.

जुर्माना *(P) m.* • fine; penalty

जुर्रत *(A) f.* • courage; daring.

जुर्राब *(T) m.* • stocking.

जुलाब *(A) m.* • a purgative.

जुलाहा *(P) m.* • a weaver.

जुलाहिन *f.* • a weaver's wife.

जुलूस *(A) m.* • a procession.

ज़ुल्फ़ *(P) f.* • lock of hair.

ज़ुल्म *(A) m.* • injustice; cruelty.

ज़ुल्मी *(A) adj.* • wicked; cruel; tyrant.

जुस्तजू *(P) f.* • search.

जूँ *f.* • a louse.

जूझना *v.i.* • to fight.

जूठन *f.* • remains of food.

जूठा *adj.* • used.

जूड़ा *m.* • the hair coiled behind.

जूड़ी *f.* • a shivering fit; fever.

जूता *m.* • a pair of shoes. ~ मारना to treat contemptuously. ~ ख़ोर *m.* beaten with shoes.

जूती *f.* • slipper.

जेठ *adj.* • senior; *m.* husband's elder brother; month of Jeth (May-June).

जेठानी *f.* • the wife of a husband's elder brother.

जेब *(P) f.* • a pocket. ~ कतरा *m.* a pick-pocket. ~ घड़ी *f.* a pocket-watch.

जेबी *adj.* • little; small.

जेय *(S) adj.* • conquerable.

जेल *m.* • a prison; jail.

जेलर *m.* • a jailer.

जेवनार • see ज्योनार

ज़ेवर *(P) m.* • ornament.

जेवरात *(P) pl.* • ornaments.

ज़ेहन *(A) m.* • intelligence; mind.

ज़ैतून *m.* • an olive.

जैन *(S) m.* • a Jain; the Jain community.

जैनी *m.* • a Jain.

जैव *(S) adj.* • organic. ~ रसायन *m.* biochemistry. ~ रासायनिक *adj.* biochemical.

जैविकी *(S) f.* • biology.

जैसा *adj. & pron.* • of such a sort as; like.

जैसे *adj.* • just as; as if. ~ तैसे *adv.* somehow or other.

जोंक *f.* • a leech.

जो *pron & adj.* • the one who; the one which.

जोखना *v.t.* • to weigh.

जोखिम *f.* • risk; danger.

जोगिन *f.* • female ascetic.

जोगी *m.* • ascetic.

जोड़ *m.* • a joint; addition; total. ~ -तोड़ करना to exercise cunning. ~ करना to add.

जोड़ना *v.t.* • to join; to add; to amass.

जोड़ा *m.* • a pair; a couple.

जोड़ाई *f.* • joining; brick-laying.

जोड़ी *f.* • a couple.

जोत *f.* • tillage.

जोतना *v.t.* • to harness; to plough.

जोताई *f.* • ploughing; payment for

ploughing.

जोधा *m.* • warrior.

जोबन *m.* • youth; a young woman's breasts.

ज़ोम *(A) m.* • arrogance.

ज़ोर *(P) m.* • strength. ~**आज़माई** *f.* trial of strength. ~**दार** *adj.* powerful.

जोरू *f.* • a wife. ~**का ग़ुलाम** *m.* henpecked husband.

जोश *(P) m.* • passion; ardour.

जोशीला *adj.* • passionate; zealous. ~**पन** *m.* passion.

जोहड़ *m.* • a small pool of water.

जोहना *v.t.* • to look at; to watch for; to long for the coming of.

जौ *m.* • barley; millet.

जौहर *(P) f.* • excellence; virtue.

जौहरी *(A) m.* • a jeweller; connoisseur.

ज्ञात *(S) adj.* • known; understood.

ज्ञातव्य *(S) adj.* • deserving study or to be known.

ज्ञाता *(S) adj.* • learned.

ज्ञान *(S) m.* • knowledge. ~**पीठ** *f.* educational establishment. ~**विज्ञान** *m.* knowledge of different sorts.

ज्ञानी *(S) adj.* • learned; wise.

ज्ञानेन्द्रिय *(S) f.* • sense-organ.

ज्ञापन *(S) m.* • memorandum.

ज़्यादा *(A) adj.* • more.

ज्येष्ठ *(S) adj.* • eldest; senior; the month Jeth (May-June).

ज्यों *adv.* • just as; like.

ज्योति *(S) f.* • light; radiance.

ज्योतिष *(S) m.* • astrology; astronomy.

ज्योतिषी *(S) m.* • astrologer; astronomer.

ज्योत्स्ना *(S) f.* • moonlight.

ज्योनार *f.* • feast; banquet.

ज्वर *(S) m.* • fever.

ज्वलंत *(S) adj.* • burning; blazing; ~**विषय** urgent matter.

ज्वार *m.* • flood-tide. ~**भाटा** *m.* flood and ebb tides.

ज्वाला *(S) f.* • flame. ~**मुखी** *m.* a volcano.

झ

झंकार *(S) f.* • a ringing sound; resonance; chirping.

झंकारना *v.i.* • to ring; to clink; to chirp.

झखना *v.i.* • to lament.

झंखाड़ *m.* • a dense thicket.

झंझट *f./m.* • worry; trouble. ~**उठाना** to suffer difficulties.

झंझटिया, झंझटी *adj.* • quarrelsome. *m.* a quarrelsome person.

झंझावात *(S) f.* • a storm; hurricane.

झंडा *m.* • a flag; banner. ~**गाड़ना** to establish one's authority.

झंडाभिवादन *m.* • saluting the flag.

झंडोत्तोलन *m.* • the hoisting of a flag.

झंपोला *m.* • basket.

झक *f.* • craze; caprice; whim.

झकझक *adj.* • glittering.

झकझोर, झकझोरा *m.* • shaking; jolting; a jolt.

झकझोरना *v.t.* • to shake violently.

झकोर, झकोरा *m.* • a gust; blast (of wind).

झक्कड़ *adj.* • stubborn; a blast.

झक्की *m.* • crazy; obsessed. ~**पन** craziness.

झख *f.* • nonsense. ~**मारना** to babble; to do nothing.

झगड़ना *v.i.* • to quarrel; to argue.

झगड़ा *m.* • a querrel; dispute. ~**करना** to quarrel. ~**लु** *adj.* quarrelsome person.

झज्झर *m.* • a porous water-jug.

झट *adj.* • quick; adv. at once; quickly. ~**पट** *adv.* this very moment.

झटकना *v.t.* • to jolt; to snatch.

झटका *m.* • a jerk; shake; beheading an animal with one stroke.

झटकारना *v.t.* • to shake; to snub.

झटास *f.* • squall; driving rein.

झड़प *f.* • a fight; brawl; a squable.

झड़ी *f.* • a shower; a continuous rain.

झनक *f.* • a ringing sound; jingling. ~-**झनक** *f.* jingling of ornaments or small bells.

झनकना *v.i.* • to ring.

झनकार • see **झंकार**

झनझनाना *v.i.* • to ring; to jingle.

झनझनाहट *f.* • resounding; ringing.

झपकना *v.i.* • to doze; to close (the eyes); to blink.

झपकाना *v.t.* • to blink (eyes).

झपकी *f.* • doze.

झपट *f.*, **झपट्टा** *m.* • a spring; swoop (on a beast or bird of prey); dash.

झपटना *v.i.* • to pounce; to spring.

झबरा *adj.* • hairy (animal).

झब्बा *m.* • pendant; tassel; keyring.

झमेला *m.* • mess; trouble.

झरना *v.i.* • to cascade; to trickle.

झरना *m.* • water-fall; a spring.

झरी *f.* • toll; tax.

झरोखा *m.* • lattice-window; skylight.

झलक, झलकी *f.* • glimpse; a gleam.

झलकना *v.i.* • to glitter; to shine.

झलका *m.* • a blister.

झलकाना *v.t.* • to cause to shine; to polish.

झलना *v.i.* • to be soldered.

झलवाना *v.t.* • to cause to be soldered.

झलाई *f.* • soldering; price paid for soldering.

झल्लाना *v.i.* • to become enraged; to be annoyed.

झांई *f.* • dark colour; a freckle.

झांकना *v.t.* • to peep.

झांकी *f.* • a glimpse; a display.

झांझ *f.* • a cymbal.

झांवर *adj.* • dark-coloured.

झांवां *m.* • pumice-stone.

झांसना *v.t.* • to deceive; to trick.

झांसा *m.* • trickery; hoax. ~**पट्टी** *f.* bluff.

झाग *f./m.* • foam; froth.

झाड़ *m.* • a bush; under-growth; a chandelier. ~**झंखाड़** *m.* a tangled thicket of brambles.

झाड़न *f./m.* • a duster.

झाड़ना *v.t.* • to dust; to beat (carpet, etc.); to scold; to reprimand.

झाड़ी *f.* • a shrub.

झाड़ू *m.* • a broom. ~**देना** to sweep. ~**फेरना** to sweep clear; ~**बरदार** *m.* a sweeper.

झापड़ *m.* • a slap.

झाबा *m.* • a basket.

झारना *v.t.* • to sift; to winnow.

झारी *f.* • a pitcher.

झालना *v.t.* • to solder.

झालर *f.* • border; frill.

झाला *m.* • resonance.

झिझक *f.* • hesitation; shyness.

झिझकना *v.i.* • to hesitate; to be shy.

झिड़क *f.* • a rebuke.

झिड़कना *v.t.* • to rebuke. to reprimand.

झिड़की *f.* • rebuke.

झिपना *v.i.* • to be closed (the eyes).

झिलमिल *f.* • sparkling.

झिलमिलाना *v.i.* • to sparkle.

झिलमिलाहट *f.* • sparkle.

झिलमिली *f.* • a screen.

झिल्लड़ *adj.* • thin; open of weave.

झिल्ली *f.* • a membrane; a cricket.

झींगा *m.* • prawn.

झींगुर *m.* • a cricket.

झींसी *f.* • drizzle.

झीना *adj.* • fine; delicate.

झील *f.* • lake.

झुझलाना *v.i.* • to be irritable.

झुंझलाहट *f.* • irritation.

झुंड *m.* • crowd; group.

झुकना *v.i.* • to bend; to droop; to incline.

झुकाना *v.t.* • to cause to be bent.

झुकाव *m.* • inclination.

झुटपुटा *m.* • dawn, dusk; twilight.
झुठलाना *v.t.* • to belie; to falsify.
झुनझुना *m.* • a child's rattle.
झुनझुनाना *v.i.* • to rattle; to tingle.
झुमका *m.* • a bell-shaped pendant (worn in the ears).
झुरझुरी *f.* • tremor; a shivering fit.
झुरमुट *m.* • a thicket.
झुर्री *f.* • a wrinkle.
झुलसना *v.i.* • to be scorched.
झुलसाना *v.t.* • to scorch.
झुलाना *v.t.* • to cause to swing.
झूठ *m.* • a lie; falsehood. *adj.* false. ~बोलना *v.i.* to tell a lie. ~-सच लगाना *v.t.* to misrepresent.
झूठा *m.* • a liar; adj. false. ~पन *m.* falsehood. ~समाचार *m.* misinformation. ~सिद्ध करना *v.t.* to disprove.
झूठी *f.* • false; bogus. ~कहानी *f.* fable; ~गवाही दिलवाना *v.t.* to suborn. ~गवाही देना *v.t.* to perjure. ~गवाही देने वाला *m.* a perjurer. ~प्रशंसा करना *v.t.* to flatter. ~प्रशंसा करने वाला *m.* a flatterer.
झूमना *v.i.* • to sway; to rock.
झूमर *m.* • ring-dance (by a group of women).
झूरा *m.* • famine; drought.
झूलना *v.i.* • to swing; to sway.
झूला *m.* • a swing.
झेंप *f.* • shame; shyness.
झेंपना *v.i.* • to feel embarrassed.
झेंपू *adj.* • feeling shy.
झेलना *v.t.* • to endure; to tolerate.
झोंक *f.* • impulse.
झोंकना *v.t.* • to toss; to throw.
झोंका *m.* • a gust; blast (of wind).
झोंटा *m.* • coil (of a woman's hair); bun (of a woman's hair).
झोंटा-झोंटी *f.* • a scuffle.
झोंपड़ा *m.* • a hut.
झोंपड़ी *f.* • see झोंपड़ा.
झोर *m.* • soup; broth.
झोरना *m.* • to shake.
झोल *m.* • bagginess; soup; broth.
झोला *m.* • a bag.
झोली *f.* • a bag; a pouch.
झौंसना *v.t.* • to scorch.
झौना, झौआ *m.* • a large open basket.

ट

टंकी *f.* • a tank; reservoir.
टंकण *(S)* .*f.* • typing.
टंकना *v.i.* • to be stitched.
टंगड़ी, टंगरी *f.* • the leg; the lower leg.
टंगना *v.i.* • to be suspended.

m. a line (for hanging clothes).

टंगवाना *v.t.* • to cause to be suspended.

टंगारी *f.* • a carpenter's axe.

टंटा *m.* • squabble.

टकटकी *f.* • a fixed stare.

टकराना *v.i.* • to collide.

टकसाल *f.* • a mint.

टकसाली *adj.* • genuine.

टका *m.* • a rupee. ~**सा जवाब देना** to refuse bluntly.

टकोरना *v.t.* • to foment.

टक्कर *f.* • a collision; clash.

टखना *m.* • the ankle.

टघरना *v.i.* • to melt; to flow.

टटका *adj.* • recent; fresh.

टटोलना *v.t.* • to grope; to feel.

टट्टर *m.* • a bamboo frame.

टट्टी *f.* • a bamboo frame work; stool; latrine.

टट्टू *m.* • pony.

टनकना *v.i.* • to clash; to ring.

टनटनाना *v.i.* • to ring.

टपक *f.* • dropping; dripping.

टपकना *v.i.* • to drip; to dribble.

टपका *m.* • dripping.

टपकाना *v.t.* • to drop.

टपकाव *m.* • dripping.

टपाना *v.t.* • to cause to leap.

टब्बर *m.* • a family.

टमटम *f.* • a one-horse-carriage.

टमाटर *m.* • tomato.

टरकना, टलना *v.i.* • to be moved; to move away; to withdraw.

टरकाना-टालना *v.t.* • to send away; to avoid; to defer.

टलना *v.i.* • to move away; to withdraw.

टसक *f.* • a shooting pain.

टसकना *v.i.* • to move; to stir.

टसकाना *v.t.* • to stir; to disconcert.

टसर *m.* • tussore.

टसुआ *m.* • a tear.

टहक *v.i.* • to throb.

टहकना *v.i.* • to throb.

टहल *f.* • household work; service.

टहलना *v.i.* • to walk.

टहलाना *v.t.* • to take for a walk; to send away.

टहलुआ *m.* • a servant; attendant.

टहोका *m.* • nudge.

टांकना *v.t.* • to stitch; to solder.

टांका *m.* • a stich. ~ **लगाना** to stitch.

टांकी *f.* • a cold chisel.

टाँग *f.* • the leg; the lower leg. ~**अड़ाना** to interfere.

टाँगना *v.t.* • to hang up.

टाँगी *f.* • an axe.

टाँड़ *m.* • platform; a shelf.

टांय-टांय *f.* • chatter. ~**फिस्स** a flop.

टाट *m.* • sacking. ~**उलटना** to be bankrupt.

टाप *f.* • sound of hooves.

टापू *m.* • an island.

टाल *f.* • heap or pile (of coal, wood, etc.); deferring.

टालना *v.t.* • to avoid; to defer; to postpone.

टिकट *m.* • a ticket; a stamp. ~घर *m.* ticket office.

टिकठी *f.* • bier; stretcher.

टिकना *v.i.* • to stop; to stay.

टिकली *f.* • a spangle of foil worn by women as an ornament.

टिकाऊ *adj.* • durable; ~पन *m.* durability.

टिकान *f.* • halting place.

टिकाना *v.t.* • to lodge.

टिकिया *f.* • a small cake; a pill.

टिकैत *m.* • a prince.

टिकोरा *m.* • a small unripe mango.

टिक्की *f.* • a small bread cake.

टिटकारना *v.t.* • to urge on (an animal).

टिटकारी *f.* • clacking of the tongue.

टिड्डा *m.* • a grass-hopper.

टिड्डी *f.* • locust. ~दल *m.* swarm of locusts.

टिपकारी *f.* • pointing (of bricks).

टिप्पणी *(S) f.* • a commentary; note.

टिमटिमाना *v.i.* • to flicker; to flare up (a light).

टिमटिमाहट *f.* • flickering.

टीका *m.* • a round ornamental mark; a commentary; vaccine. ~कार *m.* a commentator. रोग निवारक ~ inoculation.

टीन *m.* • tin; can.

टीप *f.* • pressing.

टीपना *v.t.* • to press.

टीमटाम *m.* • pomp and show.

टीला-टील्हा *m.* • a hillock.

टीस *f.* • a shooting pain. ~ना to throb.

टुकड़तोड़ *m.* • a hanger-on.

टुकड़ा *m.* • a piece; bit.

टुकड़ी *f.* • a small piece; fragment; unit (in the army).

टुकड़े-टुकड़े करना *v.t.* • to break; to cut to pieces.

टुकड़ों पर पलना *v.i.* • to live as a dependant.

टुकुर-टुकुर *adv.* • intently. ~ताकना *v.i.* to look intently at.

टुच्चा *adj.* • worthless. *m.* a dissolute person.

टुटपूंजिया *adj.* • of small means. *m.* a small trader.

टूँगना *v.t.* • to nibble.

टूँडी *f.* • navel.

टूक *m.* • fragment. दो ~ जवाब *m.* a flat refusal.

टूटना *v.i.* • to be broken; to break off.

टूट-फूट *f.* • breakage; wear and tear.

टूटा-फूटा *adj.* • broken into pieces.

टूसा *m.* • sprout; shoot.

टेक *f.* • a support; resolve; refrain (of a song). ~**निभाना** to carry out (one's firm intention).

टेकना *v.t.* • to support; to prop up.

टेकुआ *m.* • an awl.

टेकान *m.* • burden resting platform.

टेकी *adj.* • trustworthy.

टेटुआ, टेंटुआ *m.* • the throat; the windpipe.

टेढ़ा *adj.* • crooked; bent. ~**पन** *m.* crookedness; ~**-मेढ़ा** *adj.* zigzag.

टेढ़ी-खीर *f.* • hard job.

टेना *v.t.* • to sharpen.

टेम *f.* • flame; light (of a candle or lamp).

टेर *f.* • a call. ~**लगाना** to call. ~**ना** *v.t.* to call out.

टेव *m.* • a habit. **कु**~ *m.* bad habit.

टेसू *m.* • the palash tree and its flower; tears.

टोंटी *f.* • a spout. ~**दार** *adj.* having a spout.

टोकना *v.t.* • to interrupt.

टोकरा *m.* • a large basket.

टोकरी *f.* • a basket.

टोटका *m.* • a magical practice.

टोटा *m.* • a hollow tube; a cartridge; loss. ~**सहना** to suffer a loss.

टोनहा *m.* • a sorcerer.

टोना *m.* • sorcery; black art.

टोप *m.* • a large hat.

टोपी *f.* • cap.

टोला *m.* • quarter (of a town or villge).

टोली, टोल *f.* • a group.

टोह *f.* • searching out. ~**लेना** to search-out.

टोहना *v.t.* • to feel for; to grope.

ठ

ठंड, ठंढ *f.* • cold; coolness.

ठंडक *f.* • coldness; coolness.

ठंडा *adj.* • cold; cool.

ठंडाई *f.* • a cooling drink.

ठकठकाना *v.i.* • to knock.

ठकुरसुहाती *f.* • flattery.

ठकुराइन, ठकुरानी *f.* • the wife of a thakur; a barber's wife.

ठग *m.* • cheat; swindler.

ठगना *v.t.* • to cheat; to dupe.

ठगनी, ठगिनी *f.* • a woman who deceives.

ठगाना *v.i.* • to be deceived; to be duped.

ठगी *f.* • cheating.

ठट्ठा *m.* • a joke; bantering. ~ करना to make fun.

ठठरी *f.* • skeleton.

ठठेरा *m.* • a coppersmith.

ठठेरी *f.* • having to do with braziers. ~बाज़ार brazier's lane.

ठठोलिया *adj.* • a joker.

ठठोली *f.* • joking; a joke.

ठनक *f.* • a ringing sound.

ठनकना *v.i.* • to ring; to clink.

ठनठनाना *v.i.* • to clash repeatedly.

ठनठनाहट *f.* • metallic sound.

ठनना *v.i.* • to have quarrel; to be launched; to break out.

ठप्पा *m.* • a die; a stamp.

ठमकना *v.i.* • to hesitate ; to stop.

ठर्रा *m.* • country wine.

ठसक *f.* • vanity; pride.

ठसाठस *adj.* • packed; crowded (as a bus).

ठहरना *v.i.* • to stop; to pause; to stand firm.

ठहराऊ *adj.* • lasting; durable.

ठहराना *v.t.* • to cause to stay; to accommodate.

ठहराव *m.* • stability; stopping place.

ठहाका *m.* • a loud laugh.

ठांई *m.*, ठांव *f.* • halting place; station.

ठाकुर *m.* • an idol; a deity. ~द्वारा *m.* a temple; ~बाड़ी *f.* a temple.

ठाकुर *m.* • a Rajput; a barber.

ठाकुराइन *f.* • wife of a thakur.

ठाठ *m.* • fashion; a thatching. ~ बाट *f.* pomp.

ठानना *v.t.* • to determine; to resolve.

ठांव *m.* • residence.

ठाला *m.* • unemployment.

ठिंगना *adj.* • short of stature.

ठिकाना *m.* • residence; abode.

ठिठकना *v.i.* • to stop suddenly.

ठिठुरन *f.* • shivering.

ठिठोली *f.* • joking.

ठिनकना *v.i.* • to whine; to whimper.

ठिया *m.* • a boundary-mark; destination.

ठीक *adj.* • right; fit; exactly. ~समय पर at the exact time.

ठीकेदार *m.* • a contracter.

ठुकराना *v.t.* • to reject.

ठुकवाना *v.t.* • to cause to be hammered, beaten, etc.

ठुड्डी *f.* • the chin. ~की हड्डी *f.* maxilla.

ठुनकना *v.i.* • to whimper.

ठुमक *f.* • stately gait.

ठुसना *v.i.* • to be crammed.

ठुसवाना, ठुसाना *v.t.* • to cause to be crammed full.

ठूँठ *m.* • stump; trunk; a stunted tree.

ठूँठा *adj.* • reduced to a stump.

ठूँसना, ठूसना *v.t.* • to force down; to eat greedily.

ठेंगा *m.* • the thumb. ~**दिखाना** to make a contemptuous gesture.

ठेंपी *f.* • cork; plug.

ठेका, ठीका *m.* • a contract, a contract work.

ठेकेदार *m.* • a contractor.

ठेठ *adj.* • genuine; pure.

ठेलना *v.t.* • to shove; to push.

ठेलमठेल *f.* • rush. adv. with much shoving.

ठेला *m.* • a cart. ~**गाड़ी** *f.* a trolley.

ठेस *f.* • a knock; shock; hurt. ~**लगना** to receive a blow. ~**ना** to knock.

ठेहुना *f.* • the knee.

ठोंकना, ठोकना *v.t.* • to drive in; to hammer home; to slap; to beat.

ठोकर *f.* • a kick; a knock; a stumbling block. ~ **खाना** to stumble; to be treated roughly.

ठोडी, ठोढ़ी *f.* • see ठुड्डी.

ठोस *adj.* • solid; dense; sound.

ठौर *m.* • a particular place; a place of residence. ~ **ठिकाना** whereabouts.

ड

डंक *m.* • a sting.

डंका *m.* • a drum. ~**पीटना** to proclaim.

डंठल *m.* • stalk; stem.

डंड *m.* • a rod; a press-up.

डंडा *m.* • a rod; a staff; rung (of a ladder).

डंडी *f.* • beam (of a pair of scales) ~**मारना** to give short weight.

डंसना, डसना *v.t.* • to bite; to sting.

डकार *f.* • a belch. ~**लेना** to belch.

डकारना *v.i.* • to belch. *v.t.* to embezzle.

डकैत *m.* • a robber.

डकैती *f.* • robbery.

डग *f.* • a step; ~**भरना** to step out.

डगमग *adj.* • rocking; swinging.

डगमगाना *v.i.* • to sway; to totter.

डगमगाहट *f.* • wavering.

डगर *f.* • a road; a path.

डटना *v.i.* • to become fixed or firm.

डपट *f.* • a rebuke; shouting.

डपटना *v.t.* • to shout at.

डफ *m.* • tambourine.

डफली *f.* • tambourine.

डफालची, डफाली *m.* • a drum-player.

डब *f.* • a pouch; pocket.

डबडबाना *v.i.* • to be filled with tears (the eyes).

डमरू *m.* • a small drum. ~**मध्य** *m.* an isthmus.

डर *m.* • awe; fear. ~**दिखाना** to frighten; ~**लगना** to be afraid; ~**पोक** *adj.* coward; timid.

डरना *v.i.* • to be afraid; to be frightened.

डराना *v.t.* • to frighten; to intimidate.

डरावना *adj.* • fearsome; formidable.

डरा हुआ *adj.* • afraid.

डलना *v.i.* • to be poured; to be laid down (arms).

डलवाना *v.t.* • to cause to be thrown down.

डलिया *f.* • a small basket.

डली *f.* • a small piece; a betel nut.

डसना *v.t.* • to sting; to bite.

डहकना *v.i.* • to blossom.

डहडहाना *v.i.* • to flourish; to blossom; to glow.

डहर *m.* • path; road.

डांक *v.t.* • to leap across.

डांगर *m.* • an animal; cattle.

डाँट *f.* • scolding; rebuking. ~**पड़ना** to be threatened. ~**डपट,** ~**फटकार** *f.* reprimand.

डाँठ *m.* • a cut crop; straw.

डाँड़ *m.* • stick; punishment; a fine.

डाँड़ा *m.* • an oar.

डाँड़ी *f.* • the beam of a pair of scales.

डांवांडोल *adj.* • unsteady; shaken; vacillating.

डाइन *f.* • witch; hag.

डाक *f.* • post; mail. ~**टिकट** *f/m.* a postage-stamp. ~**खाना** *m.* post-office; ~**गाड़ी** *f.* mail train; ~**विभाग** *m.* post and telegraph department. ~**प्रमाणपत्र** *m.* postal-certificate. ~**बंगला** *m.* inspection bungalow. ~**महसूल** *m.* postage. ~**व्यय** *m.* postal expenses.

डाक *f.* • bidding (at auction).

डाका *m.* • robbery. ~**डालना** *or* **मारना** to commit robbery. ~**ज़नी** *f.* dacoity; robbery.

डाकिया *m.* • a postman.

डाकू *m.* • a robber.

डाट *f.* • a stopper; plug.

डाढ़ *f.* • a molar tooth; jaw.

डाढ़ी *f.* • beard.

डाभ *m.* • a green coconut.

डामर *m.* • pitch.

डामुल *m.* • transportation for life.

डायन *f.* • a witch.

डाल *f.* • a branch (of a tree, etc.).

डालना *v.t.* • to put; to throw down; to pour.

डाली *f.* • a small branch; a wide, flat basket. ~**भेजना** *or* ~**लगाना** to send a complimentary gift.

डाह *f.* • envy; jealousy. ~**करना** to be jealous.

डिगना *v.i.* • to stumble; to slip; to move; to shift.

डिगाना *v.t.* • to cause to shake; to cause to stumble.

डिग्री *f.* • a decree. ~**इजराय करना** to execute a decree.

डिबिया *f.* • a casket; a small box.

डिब्बा, डब्बा *m.* • a container; a box; a compartment, a railway coach.

डींग *f.* • boasting. ~**मारना** to boast; to brag.

डीठ *f.* • glance; look; the evil eye.

डील *m.* • stature; bulk. ~**डौल** *m.* physical build.

डीह *m.* • village; site of a village.

डुगडुगी *f.* • a small kettle-drum. ~**पीटना** to proclaim by beat of a drum.

डुबकी, डुपकी *f.* • a dive; plunge. ~**लगाना** to dip; to plunge.

डुबाना *v.t.* • to cause to sink; to sink.

डुलाना *v.t.* • to shake; to swing.

डूबना *v.i.* • to sink; to drown.

डूबती रक़म *f.* • a bad debt.

डेग, डेगची *m./f.* • a cooking pan.

डेंगी *f.* • a small boat; canoe.

डेढ़ *adj.* • one and a half.

डेरा *m.* • abode; a halting place. ~**डालना** *v.t.* to encamp. ~**उखाड़ना** to decamp. ~**डंडा** *m.* tent and poles.

डेवढ़ा *adj.* • one and a half.

डेवढ़ी-ड्योढ़ी *f.* • porch; threshold.

डिहरी *f.* • household grain-store.

डैना *m.* • a wing.

डेंगा *m.* • a boat.

डोंगी *f.* • a small boat; a canoe.

डोंड़ी *f.* • a seed-capsule; a small pod.

डोर *f.* • thread.

डोरा *m.* • thread.

डोरिया *m.* • striped cloth.

डोरी *f.* • string.

डोल *m.* • a bucket.

डोलची *f.* • a small bucket.

डोलना *v.i.* • to swing; to move about.

डोला *m.* • a litter carried by porters (as used to convey a bride to her father-in-law's house).

डोली *f.* • a small litter.

डोसा *m.* • a South Indian dish.

डौल *m.* • scheme; form; build.

ढ

ढंकना *v.t.* • to cover.

ढंग *m.* • way; manner; method; अपने ~ का *adj.* individual.

ढंढोरची *m.* • a public crier.

ढंढोरा *m.* • drum.

ढकना *v.t.* • to cover. *m.* a lid.

ढकेलना *v.t.* • to shove; to push.

ढकोसना *v.t.* • to guzzle (food).

ढकोसला *m.* • pretence.

ढचर *adj.* • fragile.

ढपना *v.i.* • to be covered. *v.t.* to cover. *m.* a covering; lid.

ढपा हुआ *adj.* • covered.

ढब *m.* • manner; way.

ढरकना *v.i.* • to flow down.

ढरकाना *v.t.* • to pour.

ढरकी *f.* • shuttle (of a loom).

ढर्रा *m.* • style; manner.

ढलकना *v.i.* • to flow down.

ढलकाना *v.t.* • to cause to overflow.

ढलना *v.i.* • to run down; to be poured out.

ढलमल *adj.* • tottering.

ढलमलाना *v.i.* • to sway; to totter.

ढलवाना *v.t.* • to cause to be poured out; to cause to be cast.

ढलाई *f.* • casting.

ढलान *f.* • a slope.

ढलाना *v.t.* • to cause to be cast.

ढलुवां-ढलवां *adj.* • sloping.

ढलैत *m.* • a watchman.

ढहना *v.t.* • to collapse.

ढहाना-ढाहना *v.t.* • to knock-down.

ढांकना *v.t.* • to cover.

ढांचा *m.* • framework; skeleton.

ढाई *adj.* • two and a half.

ढाढ़स *m.* • fortitude; comfort; encouragement.

ढाना *v.t.* • to destory; to knock down.

ढापना *v.t.* • to cover.

ढाबा *m.* • verandah; roadside restaurant.

ढाल *f./m.* • cast; mould; slope; incline; a shield.

ढालना *v.t.* • to cast.

ढालवां *adj.* • sloping.

ढाहना *v.t.* • to knock down.

ढिंढोरा, ढंढोरा • *n.* drum.

ढिठाई *f.* • insolence.

ढिबरी *f.* • a small lamp; nut (of a bolt).

ढिलाई *f.* • slackness; negligence.

ढीठ *adj.* • rude; insolent.

ढील *f.* • laxity; laziness; louse.

ढीला *adj.* • loose; slack. ~पन *m.* looseness.

ढुँढवाना *v.t.* • to cause to be

searched for.
ढुलकना *v.i.* • to slip; to roll down.
ढुलकाना *v.t.* • to cause to fall or slip.
ढुलवाई, ढुलाई *f.* • transportation; cost of transporting.
ढुलाना *v.t.* • to cause to be carried.
ढूँढना, ढूँढ़ना *v.t.* • to look for; to search-out.
ढूह *m.* • a mount.
ढेंकली *f.* • an apparatus for drawing water.
ढेंकी *f.* • a machine for husking grain.
ढेर *m.* • a heap.
ढेरी *f.* • a small heap.
ढेलवां *m.* • a sling.
ढेला *m.* • a lump; clod.
ढोंग *m.* • pretence; imposture.
ढोंगिया, ढोंगी *adj & m.* • deceitful. *m.* a deceitful person.
ढोना *v.t.* • to carry; to convey.
ढोर *m.* • cattle. ~ **डांगर** *m.* cattle.
ढोल *m.* • large drum.
ढोलकिया *m.* • a drummer.
ढोला *m.* • bridegroom; a lover; name of a Rajasthani prince.
ढोली *f.* • a bundle of about two hundred pan (betel) leaves; a drummer.
ढौंचा *adj.* • four and a half.

त

तंग *adj.* • tight; narrow; troubled; vexed. ~ **आना** to be fed up. ~ **करना** to vex. ~ **दस्त** *adj.* poor. ~ **दिल** *adj.* miserly. ~ **हाल** in difficult circumstances.
तंगी *f.* • scarcity.
तंज़ेब *f.* • fine muslin.
तंतु *(S) m.* • thread; ~ **वाय** *m.* a weaver.
तंत्र *(S) m.* • system; charm; a thread; ~ **मंत्र** *m.* charms.
तंत्रिका *(S) f.* • a nerve.
तंत्री *(S) f.* • string (of a musical instrument); *adj.* having to do with tantra.
तंदुरुस्त, तन्दुरुस्त *(P) adj.* • healthy.
तंदुरुस्ती, तन्दुरुस्ती *(P) f.* • health.
तंदूर *(P) m.* • a large earthen oven.
तंदूरी *(P) adj.* • cooked in an oven.
तंदेही *f.* • warning; care.
तंद्रा *(S) f.* • drowsiness. ~ **लु** *adj.* drowsy; sleepy.
तंबाकू, तमाकू *(P) m.* • tobacco; ~ **पीना** to smoke.

तंबीह *(A) f.* • admonition.

तंबू *(P) m.* • a tent. ~**डालना** *or* ~**तानना** to pitch a tent.

तंबूरा *(P) m.* • a string instrument.

तंबोली *m.* • a seller of betel leaves.

तक, तई *ppn.* • upto; to; as far as.

तक़दीर *(A) f.* • fate; destiny. ~**खुलना** fortune to change for better. ~**फूटना** fortune to change for the worse. ~**वर** *adj.* having a lucky fate.

तकना, ताकना *v.i.* • to look; to stare.

तकनीक *f.* • technique.

तकनीकी *adj.* • technical. ~**प्रशिक्षण** *m.* technical training.

तकरार *(A) f.* • dispute.

तकरारी *(A) adj.* • quarrelsome. *m.* a quarrelsome person.

तक़रीबन *(A) adj.* • approximately; nearly.

तक़रीर *(A) f.* • speech.

तकली *f.* • spindle.

तकलीफ़ *(A) f.* • trouble. ~**उठाना** to suffer difficulty; to take trouble. ~**देना** *or* **पहुँचाना** to cause trouble. ~**देह** *adj.* troublesome.

तकल्लुफ़ *(A) f.* • formality; ~**करना** to behave with formality.

तक़सीम *(A) f.* • division; ~**करना** to divide.

तक़ाज़ा *(A) m.* • demand.

तकिया *(P) m.* • a pillow; cushion. ~**कलाम** a needless word or phrase used repeatedly.

तख़्त *(P) m.* • throne; seat. ~**पर बैठना** to ascend a throne. ~**से उतारना** to dethrone. ~**ताऊस** *m.* the Peacock Throne. ~**नशीन** *adj. & m.* sitting on a throne. ~**पोश** *m.* cloth placed on a throne.

तख़्ता *(P) m.* • a plank.

तख़्ती *(P) f.* • a small board.

तगड़ा *adj.* • sturdy; strong.

तगड़ी *f.* • a chain worn around the waist.

तग़मा, तमग़ा *(T) m.* • medal.

तगाई *f.* • stitching; cost of stitching.

तगाड़ *m.* • mortar pit.

तगादा • see **तकाज़ा**

तग़ाफ़ुल *(A) m.* • neglect.

तजरबा, तजुर्बा *(A) m.* • experience. ~**कार** *adj.* experienced.

तरवीज़ *(A) f.* • deliberation; judgment; plan; scheme. proposal.

तट *(S) m.* • bank (of a river); shore. ~**वर्ती** *adj.* lying near a bank; coastal; ~**स्थ** *adj.* neutral; standing on a shore.

तटिनी *(S) f.* • a river.

तटीय *(S) adj.* • coastal.

तड़कना *v.i.* • to split; to crack.

तड़का *m.* • daybreak.

तड़काना *v.t,* • to cause to crack.

तड़तड़ाना *v.i.* • to crackle.

तड़तड़ाहट *f.* • a cracking sound.

तड़प *f.* • restlessness; anxiety.

तड़पना *v.i.* • to toss about.

तड़पाना, तड़फाना *v.t:* • to make restless.

तड़फड़ाना • see **तड़पना**

तड़फड़ाहट *f.* • tossing about.

तड़ाका *m.* • banging; intensity.

तड़ाग *m.* • a pond.

तड़ातड़ *adv.* • quickly.

तड़ित *(S) f.* • lightning; ~**रक्षक** *m.* lightning arrester.

तत्काल *(S) adv.* • at once. ~**अदायगी** *f.* down payment.

तत्कालीन *(S) adj.* • contemporary.

ततैया *m.* • a wasp.

तत्त्व *(S) m.* • real nature; an element; ~**ज्ञ** *m.* a philosopher.

तत्त्वावधान *(S) m.* • supervision; collaboration.

तत्क्षणिक *(S) adj.* • instantaneous.

तत्पर *(S) adj.* • in readiness. ~**ता** *f.* readiness.

तथा *(S) adv.* • and; in the same way as. ~**कथित** *adj.* so-called. ~**गत** *m.* title of the Buddha.

तथ्य *(S) m.* • a fact; a reality.

तदनुकूल *(S) adj.* • corresponding.

तदनुरूप *(S) adj.* • similar.

तदनुसार *(S) adj.* • accordingly.

तदर्थ *(S) adj.* • having a particular purpose; *ad-hoc.*

तदबीर *(A) f.* • device; arrangement.

तन *m.* • the body.

तनना *v.i.* • to be stretched; to be tightened.

तन्मय *(S) adj.* • absorbed.

तनय *(S) m.* • a son.

तनया *(S) f.* • a daughter.

तनहा *(P) adj.* • solitary; lonely; alone. ~**ई** *f.* privacy; loneliness. ~**ई क़ैद** *f.* solitary confinement.

तना *(P) m.* • trunk (of a tree); stalk.

तनाज़ा *(A) m.* • a dispute.

तनातनी *f.* • tension; strained relationship.

तनाव *m.* • tension; tension (emtional or nervous, etc.).

तनिक *adj.* • little, slight.

तन्तु *(S) m.* • fibre.

तन्वी *(S) f.* • a delicate woman.

तप *m.* • penance; religious austerity.

तपन *f.* • heat; pangs.

तपना *v.i.* • to be heated; to blaze.

तपस्या *(S) f.* • ascetic practice.

तपस्वी *(S) m.* • an ascetic.

तपाक *(P) m.* • warmth; affection. ~**से** *adv.* cordially.

तपाना *v.t.* • to heat.

तपिश *(P) f.* • heat; distress.

तपेदिक़ *(P) f.* • tuberculosis (TB).

तप्त *(S) adj.* • heated; hot.

तफ़तीश *(A) f.* • investigation.

तफ़रीह *(A) f.* • entertainment.

तफ़सील *(A) f.* • details.

तब *adv.* • then; ~का *adj.* of that time. ~तो *adv.* for that reason.

तबक *m.* • gold or silver foil.

तबदील *(A) f.* • changed; transferred.

तबदीली *(A) f.* • transfer.

तबलची *(A) m.* • tabla player.

तबला *(A) m.* • small drum.

तबस्सुम *(A) m.* • a smile.

तबादला *(A) m.* • a transfer.

तबाह *adj.* • ruined; ~करना to ruin.

तबाही *(P) f.* • ruin; destruction.

तबीयत *(P) f.* • temperament; mind; state of health. ~आना to fall in love; to like some one. ~खराब होना to feel unwell. ~दार *adj.* sociable.

तबेला *m.* • stable.

तभी *adv.* • at the same time.

तम *(S) m.* • darkness.

तमंचा *(T) m.* • a pistol.

तमकना *v.i.* • to flush with anger.

तमग़ा *(T) m.* • medal.

तमतमाना *v.i.* • to flush.

तमतमाहट *f.* • flush.

तमन्ना *(A) f.* • longing; desire.

तमस *(S) m.* • darkness.

तमस्सुक *(A) m.* • promissory note.

तमाचा *(P) m.* • a slap. ~जड़ना *or* ~जमाना to slap.

तमाम *(A) adj.* • entire; completed. ~करना to complete, to finish.

तमाशा *(A) m.* • show; amusement. ~करना to put on a show. ~ई *(P) m.* a spectator.

तमीज़ *(A) f.* • manners; courtesy.

तमोली *m.* • betel-leaf seller.

तय *(A) m.* • deciding (a matter). ~होना to be decided. ~शुदा *adj.* settled.

तरंग *(S) f.* • a wave.

तर *(P) adj.* • moist; wet. ~करना to wet. ~ब~ *adj.* soaked.

तरई *f.* • a star.

तरकश *(P) m.* • a quiver.

तरकारी *(P) f.* • green vegetables; a vegetable curry.

तरकीब *(A) f.* • means; contrivance; device.

तरक़्क़ी *(A) f.* • progress; promotion.

तरजुमा *(A) m.* • translation.

तरणशीलता *(S) f.* • buoyancy.

तरतीब *(A) f.* • arrangement.

तरद्दुद *(A) f.* • perplexity.

तरना *v.i.* • to cross-over; to be saved (from rebirth).

तरन्नुम *(A) m.* • singing; in tune.

तरफ़ *(A) f.* • side; direction. ~दार *m.* supporter.

तरल *(S) adj.* • liquid; volatile. ~**ता** *f.* fluidity; liquidity.

तरस *m.* • pity; compassion; mercy. ~**ना** *v.i.* to long.

तरसाना *v.t.* • to tease; to tantalise.

तरह *(A) f.* • kind; type; adj. manner; mode. ~**तरह का** of various kind. ~**देना** to overlook.

तराई *f.* • low-lying land; valley.

तराज़ू *(P) m.* • a balance; a pair of scales. ~**का पलड़ा** *m.* pan of a scale.

तराना *(P) m.* • a melody; song.

तरावट *f.* • moisture; dampness.

तराश *f/m.* • cutting; carving. ~**ना** *v.t.* to carve; to cut.

तरी *(P) f.* • wetness; humidity.

तरीक़ा *(A) m.* • method; manner.

तरु *(S) m.* • a tree.

तरुण *(S) adj.* • youthful; young.

तरुणाई *f.* • youthfulness; youth.

तरुणी *(S) f.* • a young woman.

तर्क *(S) m.* • reasoning; argument. ~**युक्त** adj. logical. ~-**वितर्क** m. deliberation. ~**शास्त्र** *m.* logic. ~**संगत** adj. rational; logical.

तर्ज़ *(A) f.* • style; melody (of a song).

तर्जनी *(S) f.* • the forefinger.

तर्जुमा *m.* • translation.

तर्पण *(S) m.* • the offering of water to the gods, or spirits of forefathers.

तल *m.* • surface; bottom. ~**छट** *f.* sediment. ~**पट** *m.* trial balance.

तलक *prep.* • upto; till.

तलख़ *(P) adj.* • bitter.

तलख़ी *(P) f.* • bitterness.

तलना *v.t.* • to fry.

तलब *(A) f.* • desire; craving. ~**गार** *adj. & m.* desirous.

तलवार *f.* • a sword. ~**के घाट उतारना** to kill. ~**खींचना** *v.t.* draw a sword; ready to fight. ~ **चलाने वाला** *m.* swordsman.

तलहटी *f.* • lowland beneath mountains.

तला *m.* • bottom; base; sole (of a shoe); storey.

तलाक़ *(A) f.* • divorce. ~**देना** to divorce. ~**शुदा** adj. divorcee.

तलाव *m.* • tank; frying.

तलाश *(P) f.* • search. ~**करना** to search. ~**ना** to search.

तलाशी *f.* • search (of a person or a house).

तल्ला *m.* • storey.

तवज्जह *(A) f.* • attention.

तवा *m.* • a flat iron plate.

तवायफ़ *(A) f.* • a dancing girl; prostitute.

तवारीख *(A) f.* • history.

तशखीस *(A) f.* • diagnosis; valuation.

तशरीफ़ *(A f.* • your honour. ~**रखिए**

please sit down.
तश्तरी *(P) f.* • saucer.
तसमा *(P) f.* • a shoe-lace.
तसला *m.* • a brass or iron pan.
तसल्ली *(A) f.* • consolation.
तसवीर, तस्वीर *(A) f.* • picture. ~ **बनाना** *v.t.* to picture.
तस्कर *(S) m.* • a smuggler. ~ **व्यापार** *m.* trafficing in contraband goods.
तस्करी *(S) f.* • smuggling.
तह *(P) f.* • a layer; a fold; bottom. ~ **करना** *v.t.* to fold. ~ **ख़ाना** *m.* a basement.
तहज़ीब *(A) f.* • culture.
तहमत *f/m.* • loin-cloth.
तहरी *f.* • a kind of pulao.
तहरीर *(A) f.* • writing.
तहरीरी *(A) adj.* • written.
तहलका *(A) m.* • alarm; panic.
तहस-नहस *adj.* • ruined.
तहसील *(A) f.* • a revenue district. ~ **दार** *m.* a sub-collector of revenue.
तहाँ *adv.* • there.
तहाना *v.t.* • to fold; to wrap.
तांगा *m.* • tonga.
तांडव *(S) m.* • the dance of Shiva (at the time of dissolution of world).
तांत *f.* • catgut; a loom.
तांता *m.* • a row; a line; successive flow. ~ **बंधना** to continue in succession.
तांबा *m.* • copper.
तांबूल *(S) m.* • betel-leaf.
ताई *f.* • wife of a father's elder brother; aunt.
ताईद *(A) f.* • confirmation.
ताऊ, ताया *m.* • father's elder brother; uncle.
ताऊन *(A) m.* • plague.
ताऊस *(A) m.* • a peacock. **तख्ते** ~ *m.* the peacock throne.
ताक *f.* • look; glance.
ताक़ *(A) m.* • shelf; niche.
ताक़त *(A) f.* • strength; power; ability.
ताकना *v.t.* • to look at.
ताकि *conj.* • so that.
ताकीद *(A) f.* • strict instruction.
ताख, ताखा *m.* • a niche.
तागना *v.t.* • to thread.
तागा *m.* • thread.
ताज *(P) m.* • crown. ~ **पोशी** *f.* coronation.
ताज़गी *(P) f.* • freshness.
ताज़ा *(P) adj.* • fresh.
ताज्जुब *(A) m.* • surprise; astonishment.
ताड़ *m.* • the palm-tree.
ताड़ना *v.t.* • to punish; to perceive.
ताड़ी *f.* • toddy.
तात्पर्य *(S) m.* • intent; meaning.
तादाद *(A) f.* • quantity; number.
तान *f.* • tension; stretching. ~ **ना**

v.t. to stretch.

ताना *(A) m.* • taunt. ~**शाह** *m.* dictator. ~**शाही** *f.* dictatorship.

ताना *m.* • warp. ~ =**बाना** *m.* warp and woof.

ताप *(S) m.* • heat; temperature. ~**चालक** *m.* conductor of heat. ~**मान** *m.* temperature. ~**मापक** *m.* thermometer.

तापना *v.i.* • to warm oneself.

ताब *(P) f.* • passion; strength.

ताबड़तोड़ *adv.* • in quick succession.

ताबीर *(A) f.* • interpretation (of dreams).

ताबे *(A) adj.* • dependent. ~**दार** *adj. & m.* servant; dependent. ~**दारी** service; dependence.

तामचीनी *f.* • enamelware.

तामजान *m.* • an open litter (**पालकी**)

तामझाम *m.* • pomp; show.

तामड़ा *adj.* • copper-coloured.

तामीर *(A) f.* • building.

तामील *(A) f.* • carrying out. ~**करना** to put into effect.

ताम्र *(S) m.* • copper; adj. coppery-red. ~**पत्र** *m.* a red leaf. ~**युग** *m.* the bronze age.

तायदाद *f.* • number.

तार *(P) f.* • thread; wire; string. the telegraph (system); a telegram. ~**घर** *m.* telegraph office.

तारकोल *m.* • tar; asphalt.

तारतम्य *(S) m.* • comparability.

तारना *v.t.* • to take across.

तारपीन *m.* • turpentine.

तारा *m.* • a star; a planet; pupil (of the eye). **आँख का**~*m.* dear one. **पुच्छल**~*m.* comet. ~**मय** *adj.* starry. ~**मंडल** *m.* nebula. ~**समूह** *m.* constellation. ~**संबंधी** *adj.* astral.

तारीख़ *(A) f.* • date. ~**डालना** to set a date.

तारीफ़ *(A) f.* • praise; merit. ~**करना** *v.i.* to praise.

तारुण्य *(S) m.* • youth.

ताल *m.* • clapping the hands; musical time; rhythm. ~**ठोंकना** to slap the arms. ~**बद्ध** *adj.* rhythmical. ~ **मेल** *m.* harmony.

ताल *m.* • tank; pond; the palm tree.

ताला *m.* • a lock.

तालाब *(P) m.* • a pond.

तालाबंदी *f.* • lock-out.

तालिका *(S) f.* • a list; schedule.

ताली *f.* • a key; clapping the hands. ~ **बजाना** to clap the hands.

तालीम *(A) f.* • education; instruction. ~**याफ़्ता** *adj.* educated.

तालीमी *(A) adj.* • educational.

तालू *m.* • the palate.

ताल्लुक़ (A) m. • relationship.

ताल्लुक़ा (A) m. • an administrative district.

ताल्लुक़ात (A) m. • connections.

ताव (P) m. • heat; anger. ~ आना to be heated. ~ में आना to be enraged. ~ खाना to be angry.

तावान (P) m. • compensation.

तावीज़ (A) m. • an amulet.

ताश (P) m. • playing cards.

तासीर (A) m. • effect; action.

तिकड़म f/m. • manoeuvring.

तिकड़ी f. • consisting of three things.

तिकोन adj. • triangular; m. triangle.

तिकोना adj. • triangular.

तिगुना adj. • threefold. ~ करना to triplicate; to treble.

तिजारत (P) f. • trade.

तिजारती (A) adj. • commercial.

तिजोरी f. • iron-safe.

तितर-बितर adj. • scattered. ~ करना v.t. to disperse.

तितली f. • a butterfly.

तितिक्षा (S) f. • endurance.

तिथि (S) f. • a lunar day.

तिनकना v.i. • to flare-up.

तिनका m. • grass; a blade of grass.

तिपाई f. • a three-legged stool; teapoy.

तिबारा m. • a room having three doors.

तिब्बी (A) adj. • medical.

तिमंज़िला adj. • three-storeyed.

तिमाही adj. • quarterly; three-monthly.

तिमुहानी f. • a confluence of three rivers.

तिरंगा m. • tricolour; the national flag of India.

तिरछा adj. • slanting; crosswise.

तिरपन adj. • fifty-three.

तिरपाल m. • a tarpauline.

तिरपौलिया m. • a building of three doors.

तिरमिराना v.i. • to be dazzled.

तिरमिराहट f. • a sensation of being dazzled.

तिरसठ adj. • sixty-three.

तिरस्कार (S) m. • reproach; disrespect.

तिरस्कृत (S) adj. • reproached.

तिरानवे adj. • ninety-three.

तिराना v.t. • to cause to swim; to cause to float.

तिरासी adj. • eighty-three.

तिराहा m. • an intersection of three roads.

तिरिया, त्रिया f. • a woman; ~ चरित्र m. wiles of a woman. ~ राज्य m. petticoat government.

तिल m. • sesame plant; sesame seed; ~ का ताड़ करना to make

a mountain of a mole hill; ~भर *adv.* a tiny amount; *m.* a beauty spot.

तिलक *(S) m.* • ornamental mark on the forehead; marrige settlement ceremony.

तिल्ली *f.* • spleen.

तिलमिलाना, तलमलाना *v.i.* • to be dazzled; to be restless.

तिलस्म *(a) m.* • magic spell.

तिलस्मी *(P) adj.* • magical.

तिलहन *m.* • oilseeds.

तिहत्तर *adj.* • seventy-three.

तिहरा *adj.* • threefold.

तिहराना *v.t.* • to triplicate.

तिहाई *f.* • third portion of harvest; *adj.* one-third.

तीक्ष्ण *(S) adj.* • sharp. ~बुद्धि adj. sharp-witted.

तीखा *adj.* • sharp. ~पन *m.* sharpness.

तीतर *m.* • a partridge.

तीता *adj.* • pungent; hot.

तीन *adj.* • three.

तीमारदारी *f.* • nursing.

तीर *m.* • shore; bank (of a river).

तीर *(P) m.* • an arrow.

तीरंदाज़ *m.* • archer.

तीर्थ *(S) m.* • a place of pilgrimage. ~यात्रा *f.* a pilgrimage.

तीर्थाटन *(S) m.* • a pilgrimage.

तीली *f.* • a match-stick.

तीव्र *(S) adj.* • intense; ardent; excessive. ~ता *f.* speed.~ भर्त्सना *f.* reprimand.

तीस *adj.* • thirty.

तीसरा *adj.* • third.

तीसी *f.* • linseed.

तुक *f.* • rhyme. ~बंदी *f.* versifying.

तुच्छ *(S) adj.* • worthless; insignificant. ~ता *f.* worthlessness.

तुझे *pron.* • thee.

तुड़वाना, तुड़ाना *v.t.* • to cause to be broken.

तुड़ाई *f.* • causing to be broken; price of picking fruit or changing money.

तुतला, तोतला *adj.* • stammerer.

तुतलाना, तोतालाना *v.i.* • to stammer; to stutter.

तुतलापन, तुतलाहट *m./f.* • stammering speech.

तुनुक *adj.* • delicate. ~मिज़ाज *adj.* irritable of temperament.

तुम *pron.* • you. ~लोग you (people).

तुमड़ी *f.* • a hollow gourd.

तुमुल *m.* • tumult. *adj.* tumultuous.

तुमुलोत्सव *m.* • carnival.

तुम्हारा *adj.* • your; yours.

तुरंग *(S) m.* • horse.

तुरंत, तुरत *adj.* • at once; quickly.

तुरपना *v.t.* • to hem-stitch.

तुरपाना *v.t.* • to cause to be hemmed.

तुरबत *(A) f.* • grave; tomb.
तुरही *f.* • a trumpet.
तुर्क *(P) m.* • a Turk.
तुर्की *(P) adj.* • Turkish; *f.* the Turkish language.
तुर्श *(P) adj.* • sour; acid.
तुर्शी *(P) f.* • sourness; acidity.
तुलना *v.i.* • to be weighed; *f.* comparison. ~करना *v.t.* to compare.
तुलनात्मक *(S) adj.* • comparative.
तुलवाना *v.t.* • to cause to be weighed.
तुलसी *f.* • the sacred basil plant. ~दल, ~पत्र *m.* a basil leaf.
तुला *(S) f.* • a pair of scales.
तुलाई *f.* • getting weighed; price paid for weighing; a light quilt.
तुल्य *(S) adj.* • equal.
तुषार *(S) m.* • frost; snow.
तुष्ट *(S) adj.* • satisfied.
तुष्टि *(S) f.* • satisfaction.
तुष्टीकरण *(S) m.* • placating.
तू *pron.* • you; thou.
तूत *m.* • the mulberry.
तूतिया *m.* • copper sulphate.
तूती *f.* • a small bugle; a parrot. ~बोलना to gain influence.
तूफ़ान *m.* • a storm; hurricane; tempest.
तूल *m.* • cotton. ~पकड़ना to extend far.
तूलिका *(S) f.* • a painter's brush.
तृण *(S) m.* • grass; straw.
तृतीय *(S) adj.* • third.
तृतीया *(S) f.* • the third day of a lunar-month.
तृतीयांश *(S) m.* • third part.
तृप्त *(S) adj.* • satisfied.
तृप्ति *(S) f.* • satisfaction.
तृष्णा *(S) f.* • thirst; desire.
तेंतालीस *adj.* • forty-three.
तेंतीस *adj.* • thirtythree.
तेंदुआ *m.* • a leopard.
तेईस *adj.* • twenty-three.
तेग़ *(P).* • a dagger; a sword.
तेज *m.* • energy; ardour; lustre. ~स्वी *adj.* glorious.
तेज़ *(P) adj.* • sharp.
तेज़ाब *m.* • an acid.
तेज़ी *(P) f.* • sharpness; boom. ~मंदी *f.* fluctuation. (as of price, rate; etc.).
तेरह *adj.* • thirteen. ~वाँ *adj.* thirteenth.
तेरा *adj.* • your; thine.
तेल *m.* • vegetable oil; mineral oil. ~पेरना *v.t.* to extract oil. ~मालिश *f.* massaging with oil. ~वाहन adj. transporting oil. ~वाहक जहाज़ m. an oil tanker. ~शोधन m. refining of oil.
तेलहन *m.* • oilseeds.
तेलहा *adj.* • oily.
तेली *m.* • an oil-miller.
तेवर *m.* • peculiar expression of

the eyes; anger.

तेहरा *adj.* • treble; threefold.

तेहराना *v.t.* • to make threefold.

तैनात *(A) adj.* • appointed; posted.

तैनाती *(P) f.* • posting; posted on duty.

तैयार *(A) adj.* • prepared; ready.

तैयारी *(A) f.* • readiness. ~**माल** *m.* readymade goods.

तैरना *v.i.* • to swim; to float.

तैराक *m.* • a swimmer.

तैराकी *f.* • swimming.

तैराना *v.t.* • to cause to swim or float.

तैल *(S) m.* • seasame oil. ~**चित्र** *m.* oil painting.

तैश *(A) m.* • rage; passion.

तैसा *adj.* • such; of that sort.

तैसे *adv.* • in that way; so.

तोंद *f.* • pot-belly.

तोंदल, तोंदीला *adj.* • pot-bellied.

तो *conj.* • then; in that case. ~**भी** *adv.* even then.

तोई *f.* • lace; edging.

तोड़ *m.* • counter-blow. counter-effect. **जोड़**~contriving. ~**मरोड़** *m.* misinterpreting.

तोड़ना *v.t.* • to break; to pluck; to fracture.

तोड़वाना, तुड़ाना *v.t.* • to get broken.

तोड़ा *m.* • a purse; moneybag; scarcity; wrist ornament.

तोतला *adj.* • lisping.

तोता *(P) m.* • a parrot. ~**चश्म** *adj.* faithless.

तोप *(T) f.* • cannon. ~**ख़ाना** *m.* artillery. ~**ची** *m.* artilleryman.

तोपना *v.t.* • to cover over.

तोबड़ा *(P) m.* • nose-bag.

तो भी *adv.* • even then; still.

तोरण *(S) m.* • an arched gateway. ~**शीर्ष** *m.* crown of an arch.

तोरणाधार *(S) m.* • abutment.

तोला *m.* • a measurement (Indian) of twelve mashas.

तोशक *(P) f.* • mattress.

तोशाखाना *m.* • a store-room.

तोहफ़ा *(A)* • a present; a gift.

तोहमत *(P) f.* • slander.

तौर *(A) m.* • manner; way. ~**तरीक़ा** *m.* practice; method.

तौल *f.* • weight.

तौलना *v.t.* • to weigh.

तौलाई *f.* • weighing; cost of weighing.

तौलाना *v.t.* • to cause to be weighed.

तौलिया *m.* • a towel.

तौहीन *(A) f.* • dishonour; disgrace.

त्यक्त *(S) adj.* • abondoned.

त्याग *(S) m.* • relinquishing; renouncing. ~**करना,** ~**ना** *v.t.* to renounce; to sacrifice. ~**पत्र** *m.* letter of resignation.

त्यागी *(S) adj.* • renouncer. *m.* an

ascetic; a caste.

त्याज्य *(S) adj.* • abondonable.

त्यों *adv.* • in the same way; so; thus.

त्योरी *f.* • frown; scowl.

त्योहार *m.* • a festival.

त्रस्त, त्रसित *(S) adj.* • distressed; perturbed.

त्राण *(S) m.* • protection; shelter.

त्रास *(S) m.* • dread; fear. ~**क** *adj.* causing fear. *m.* one causing fear.

त्रासदी *(S) f.* • a tragedy.

त्राहि *(S)* • exclamation-help !

त्रिकाल *m.* • the three tenses—past, present and future. ~**ज्ञ** *adj.* omniscient (~**दर्शी**).

त्रिकोण *(S) m.* • a triangle. *adj.* triangular.

त्रिज्या *f.* • radius of a circle.

त्रिदोष *(S) m.* • the three humours—wind, bile and phlegm.

त्रिभुज *(S) m.* • triangle.

त्रिवर्षीय *(S) adj.* • lasting for three years.

त्रुटि *(S) f.* • a defect; mistake; error.

त्रैमासिक *(S) adj.* • quarterly.

त्रैवार्षिक *(S) adj.* • triennial.

त्वचा *(S) f.* • skin; ~**के अंदर का** hypodermic. ~**संबंधी** *adj.* cutaneous.

त्वरा *(S) f.* • haste.

त्वरित *(S) adj.* • speedy.

थ

थंब, थंभ *m.* • a pillar.

थकना *v.i.* • to tire; to be fatigued.

थकान *f.* • fatigue.

थक्का *adj.* • clotted; thick. *m.* a mass; lump.

थन *m.* • teat; udder.

थनेला *m.* • inflamed udder or breast.

थपक, थपकी *f.* • a pat.

थपड़ी *f.* • clapping of hands.

थपेड़ा *m.* • blow; slap; beating of wind.

थप्पड़ *m.* • a slap.

थमना *v.i.* • to stop.

थमाना *v.t.* • to cause to be stopped.

थर-थर *adj.* • trembling.

थरथराना *v.i.* • to tremble; to shake; to quiver.

थरथराहट, थरथरी *f.* • trembling.

थरिया *f.* • plate.

थर्राना *v.i.* • to tremble.

थल *m.* • land; dry ground. ~**चर** *adj. & m.* moving on land; a land animal. ~**बेड़ा** *m.* a mooring place; wharf. ~**सेना** *f.* an army. ~**सेनाध्यक्ष** *m.* Chief of Army Staff.

थवई *m.* • a mason.

थाती *f.* • a pledge.

थान *m.* • locality; place; a bundle of cloth.

थाना *m.* • a police station.

थानेदार *m.* • police inspector.

थाप *f.* • a pat; slap.

थापना *v.t.* • to set up; to imprint.

थापा *m.* • mark made by the palm.

थापी *f.* • a mason's wooden instrument for patting.

थाम *m.* • a pillar.

थामना *v.t.* • to clutch; to prop.

थाल *m.* • a large flat metal plate.

थाली *f.* • platter; dish; tray.

थाह *f.* • bottom; depth.

थिगली *f.* • a patch.

थिर *adj.* • firm; calm.

थिरकना *v.i.* • to dance.

थिरना, थिराना *v.i.* • to grow calm or still.

थुथनी *f.* • snout.

थुलथुल *adj.* • flabby.

थू *f.* • the sound of spitting.

थूक *m.* • spittle.

थूकना *v.i.* • to spit.

थूथन *m.* • muzzle; snout.

थूरना *v.t.* • to pound; to strike.

थैला *m.* • a large bag.

थैली *f.* • a small bag.

थोक *m.* • wholesale goods. ~**उत्पादन** *m.* mass production. ~**दर या भाव** *m.* wholesale rate. ~**विक्रेता** *adj.* wholesaler.

थोड़ा *adj.* • little; a little; few. ~-**थोड़ा करके** little by little. ~**बहुत** *adj.* a certain amount. ~-**सा** *adj.* a small amount.

थोथा *adj.* • blunt.

थोपना *v.t.* • to place (over); to impose.

थोबड़ा *m.* • snout; muzzle.

द

दंग *(P) adj.* • taken aback; dumbfounded.

दंगई *adj.* • a rioter.

दंगल *(P) m.* • wrestling contest.

दंगा *m.* • riot. ~**ई** *m.* a rioter.

दंड *(S) m.* • stick; rod; fine; penalty. ~**देना** *v.t.* to penalise. ~**न्यायालय** *(S) m.* criminal court. ~देना to punish. ~भरना to pay fine. ~विधान; ~संहिता f. penal code.

दंडाज्ञा *(S) f.* • sentence.

दंडात्मक कर *m.* • punitive tax.

दंडायमान *(S) adj.* • standing upright.

दंडित *(S) adj.* • punished.

दंत *(S) m.* • tooth; tusk. ~कथा *f.* legend. ~खोदनी *f.* tooth-pick. ~ चिकित्सक *m.* dentist. ~ चिकित्सा *f.* dentistry. ~शूल *m.* toothache.

दंपति *m.* • a married couple.

दंवरी, दंवाई *f.* • threshing grain with bullocks.

दंश, दंशन *(S) m.* • biting; stinging; a sting.

दक़ियानूस *(P) adj. & m.* • conservative (person).

दक़ियानूसी *(P) adj.* • conservative; old-fashioned.

दक्खिन *m.* • the south. *adj.* southern.

दक्खिनी *adj.* • southern; south.

दक्ष *(S) adj.* • skilled. ~ता *f.* skill.

दक्षिण *(S) adj.* • right (side or hand); south; southern. ~पंथ *m.* right wing.

दक्षिणा *(S) f.* • donation; gift paid to a Brahmin or Guru.

दक्षिणी *adj.* • southern; south.

दखल *(A) m.* • possession; interference. ~करना *v.t.* to occupy; to take possession; ~देना to allow entry; to interfere. ~ अंदाज़ी *m.* interference. ~दार *m.* accomplice.

दगवाना *v.t.* • to get branded.

दग़ा *(P) f.* • deceit; treachery. ~बाज़ *adj.* a cheat; traitor.

दग्ध *(S) adj.* • burnt; tormented.

दग्धांकन प्रमाणपत्र *(S) m.* • branded certificate.

दढ़ियल, डढ़ियल *adj.* • bearded.

दत्त *(S) adj.* • given. ~चित्त *adj.* devoted. ~क *m.* an adopted child; ~क पुत्र an adopted son.

ददिहाल *m.* • paternal grandfather's house.

ददोड़ा, ददोरा *m.* • a swelling (caused by an insect-bite).

दनादन *adj.* • continuously.

दपटना *v.i.* • to rebuke.

दपदपाना *v.i.* • to shine.

दपदपाहट *f.* • brilliance.

दफ़नाना *v.t.* • to bury.

दफ़ा *(A) f.* • time; article; clause (of a law).

दफ़्तर *(A) m.* • an office.

दफ़्तरी *(P) m.* • book-binder.

दफ़्ती *f.* • cardboard.

दबंग *m.* • a bully.

दबकना *v.i.* • to lie hidden.

दबकाना *v.t.* • to intimidate.

दबदबा *(A) m.* • awesomeness; influence.

दबना *v.i.* • to be pressed down; to yield.

दबाना *v.t.* • to crush; to repress; to suppress; to hush-up.

दबाव *m.* • pressure; compulsion; domination.

दबीज़ *(P) adj.* • thick; strong.

दबैल *adj.* • oppressed; submissive.

दब्बू *adj.* • submissive.

दम *m.* • breath; vitality; stamina. ~**अटकना** breathing to stop (as at death). ~ **के** ~ **में** in a moment. ~**खींचना** to remain silent. ~**घुटना** to be choked. ~**घोंटना** to strangle. ~**तोड़ना** to die. ~**दिलासा** *m.* consolation. ~**मारना,** ~**लेना** to repose.

दमक *f.* • glitter; glow.

दमकल *m.* • a fire-engine.

दमन *(S) m.* • suppression; oppression; repression.

दमनीय *(S) adj.* • restrainable.

दमा *(P) m.* • asthma.

दामाद, दमाद *(P) m.* • son-in-law.

दमामा *(P) m.* • a large drum.

दया *(S) f.* • compassion; pity. ~**करना** to feel compassion. ~**दृष्टि** *f.* favour. ~**वान** *adj.* kind. ~**हीन** *adj.* merciless.

दयानत *(A) f.* • honesty.

दयाल, दयालु *(S) adj.* • compassionate.

दयालुता *(S) f.* • kindness.

दर *(P) m.* • a door; rate. ~**दर मारे फिरना** to loiter aimlessly.

दरकना *v.i.* • to crack.

दरकार *(P) adj.* • needed. *f.* need.

दरख़्वास्त *(P) f.* • application; petition.

दरज़ी, दर्ज़ी *m.* • a tailor.

दरदरा *adj.* • coarsely ground.

दरबा *m.* • fowl-house.

दरबान *m.* • doorkeeper; gatekeeper.

दरबार *(P) m.* • royal court.

दरबारी *(P) m.* • a courtier.

दरमियान *(P) m.* • middle.

दरमियानी *(P) adj.* • intermediate. *m.* arbitrator.

दरवाज़ा *(P) m.* • a door.

दरवेश *(P) m.* • dervish.

दरस *m.* • a glimpse.

दराज़ *f.* • drawer.

दरार *f.* • a crack; gap.

दरिंदा *(P) adj.* • ferocious; *m.* a beast.

दरिद्र *(S) adj.* • poor. *m.* a poor man. ~**ता** *f.* poverty.

दरिया *(P) m.* • the sea; river.

दरी *f.* • a carpet.

दरीबा *m.* • a stall (where pan is sold).

दरोग़ (P) m. • falsehood. ~ हल्फ़ी f. perjury.

दर्ज (A) m. • entry; insertion.

दर्जन f. • a dozen.

दर्जा (A) m. • degree; class.

दर्ज़ी (P) m. • a tailor.

दर्द (P) m. • pain.

दर्दर adj. • coarse.

दर्दीला adj. • painful.

दर्प (S) m. • pride.

दर्पण (S) m. • a mirror.

दर्रा (P) m. • a mountain pass.

दर्शक (S) m. • spectator. ~ दीर्घा f. spectators' gallery.

दर्शन (S) m. • sight; audience.

दर्शनी हुंडी f. • a bill of exchange payable at sight.

दर्शनीय (S) adj. • picturesque.

दर्शित (S) adj. • shown; exhibited.

दल m. • group; party; leaf; petal. गर्म ~ m. extremist party. नर्म ~ m. moderate party. ~ त्यागी adj. deserter. ~ निष्ठा f. team spirit. ~ पति headman. ~ बदलू m. one who changes party. ~ भावना f. esprit de corps.

दलदल f./m. • marshy land.

दलदली adj. • marshy.

दलना v.t. • to grind.

दलबंदी f. • party faction.

दलवाना v.t. • to get ground coarsely.

दलहन m. • pulse; pulse crop.

दलाल (A) m. • a broker.

दलाली f. • brokerage.

दलित (S) adj. • trampled; oppressed. ~ जाति f. depressed class.

दलिया m. • porridge.

दलील (A) f. • argument.

दवा (A) f. • medicine. ~ करना to treat. ~ खाना to take medicine. ~ ख़ाना m. dispensary. ~ दारू f. medical treatment. ~ फ़रोश m. chemist.

दवात (P) f. • inkwell.

दश (S) adj. • ten.

दशमांश (S) m. • tenth part.

दशक (S) m. • a decade.

दशहरा (S) m. • the Dussehra festival; Durga Puja.

दशा (S) f. • circumstances; condition; plight.

दस adj. • ten. ~ गुना adj. ten times; ~ लाख adj. one million. ~ वाँ adj. tenth.

दस्तंदाज़ी (P) f. • meddling; interference.

दस्त (P) m. • diarrhoea; the hand. ~ कार m. a craftsman. ~ ख़त m. signature.

दस्तक (P) f. • knock.

दस्तरख़ान (P) m. • table-cloth.

दस्ता (P) m. • quire (paper); a handle; squadron.

दस्ताना (P) m. • a glove.

दस्तावेज़ *(P) m.* • document; deed.

दस्ती *(P) adj.* • manual. *f.* a small bundle. ~ **गोला** *m.* hand-grenade.

दस्तूरी *adj.* • customary. *f.* a customary payment.

दहकना *v.i.* • to burn; to blaze.

दहकाना *v.t.* • to kindle; to light.

दहलना *v.i.* • to be terrified.

दहलीज़ *(P) f.* • threshold.

दहशत *(P) f.* • terror; fear.

दहाई *f.* • the figure ten.

दहाड़ *f.* • roaring.

दहाड़ना *v.i.* • to roar.

दहाना *(P) m.* • mouth of a river.

दही *m.* • yoghurt; curds.

दहेज *(P) m.* • dowry.

दाँत *m.* • tooth.

दांता *m.* • tooth (of wheel; comb, etc.). ~ **किटकिट,** ~ **किलकिल** quarrelling.

दांतेदार *adj.* • notched.

दांव *m.* • stake; wager; ~ **लगाना** to bet; to stake.

दाईं, दाएँ *adv./adj.* • right; rightward.

दाई *(P) f.* • a wet-nurse; a mid-wife.

दाऊ *m.* • elder brother.

दाखिल *(A) adj.* • entered. ~ **ख़ारिज** *m.* mutation.

दाख़िला *m.* • entry; admission.

दाग़ *(P) m.* • a mark; stigma; blemish. ~ **दार** *adj.* blemished.

दागना *v.t.* • to brand; to cauterize.

दाढ़ *f.* • a molar tooth.

दाढ़ी, डाढ़ी *f.* • beard; chin.

दातव्य *(S) adj.* • to be given; charitable. ~ **औषधालय** *m.* charitable hospital. ~ **निधि** *f.* benevolent fund.

दाता *(S) adj.* • generous. *m.* donor.

दातुन, दातौन *f.* • twig to brush the teeth.

दाद *(P) f.* • due praise. ~ **देना** *v.t.* to praise.

दाद *m.* • ringworm.

दादा *m.* • (paternal) grandfather; elder brother.

दादी *f.* • (paternal) grandmother.

दान *m.* • donation; alms. ~ **देना** *v.t.* to donate. ~ **दाता** *m.* donor. ~ **पत्र** *m.* deed of gift. ~ **शील** *adj.* charitable.

दाम *m.* • price; value; ~ **अधिक लगाना** to overbid; ~ **आंकना** to value; ~ **कम लगाना** to undervalue; ~ **चुकाना** to pay the cost.

दामन *(P) m.* • skirt; petticoat.

दामाद *(P) m.* • son-in-law.

दामिनी *f.* • lightning.

दामी *adj.* • costly.

दाय *(S) m.* • inheritance.

दायर *(A) adj.* • instituted; filed.

दायरा *(A) m.* • circle; sphere.

दायाँ *adj.* • right.

दायित्व *(S) m.* • liability; responsibility.

दारिद्रय *(S) m.* • poverty.

दारुण *(S) adj.* • terrible.

दारू *(P) f.* • wine; medicine.

दारोग़ा *(P) m.* • a police-inspector.

दार्शनिक *(S) adj.* • philosiphical; *m.* philosopher.

दाल *f.* • pulse; lentils. ~गलना to succeed; ~में काला होना to be something suspicious.

दालान *(P) m.* • corridor; a verandah.

दावत *(P) f.* • invitation; a verandah.

दावा *(A) m.* • claim; legal action. ~करना fo file a suit.

दावात *f.* • inkpot.

दावेदार *m.* • claimant.

दास *(S) m.* • slave; servant. ~ता *f.* servitude; slavery.

दासी *(S) f.* • female slave; maid-servant.

दास्तां, दास्तान *(P) f.* • tale.

दाह *f.* • burning; pangs (of envy or jealousy); ~कर्म, ~क्रिया cremation. ~गृह *m.* crematorium.

दाहिना *adj.* • right (hand).

दाहिने *adv.* • rightwards.

दिक्क़त *(A) f.* • inconvenience; difficulty.

दिखना *v.i.* • to appear; to seem.

दिखाऊ *adj.* • showy.

दिखाना *v.t.* • to show; to display.

दिखावटी *adj.* • pretentious, showy.

दिखावा *m.* • show; pretence.

दिन *m.* • day; daytime. ~काटना to pass time with difficulty. ~चढ़ना the sun to rise. ~छिपना *v.i.* the sun to set. ~फिरना one's fortune to take a turn for the better. ~दहाड़े adv. in broad daylight. ~दूना रात चौगुना improving by leaps and bounds.

दिनांक *(S) m.* • date.

दिनाई *m.* • ringworm.

दिमाग़ *(A) m.* • brain; mind. ~चाटना to bore. ~दार *(P) adj.* conceited.

दिमाग़ी *(P) adj.* • mental; intellectual.

दिया *v.t.* • gave.

दिया *m.* • a lamp.

दियासलाई *f.* • matchstick.

दिल *(P) m.* • heart; soul. ~चस्प *adj.* loving. ~देना to fall in love. ~बहलाना to amuse. ~वर *m/f.* beloved.

दिलाना *v.t.* • to cause to be given.

दिलासा *m.* • solace; consolation. ~देना to console.

दिली *(P) adj.* • sincere; intimate.

दिलेर *(P) adj.* • bold.

दिलेराना *(P) adv.* • boldly.

दिलेरी *(P) f.* • boldness.
दिल्लगी *f.* • joking; fun. ~बाज *m.* a joker.
दिवस *(S) m.* • a day.
दिवाला *m.* • bankruptcy.
दिवालिया *m.* • bankrupt; insolvent. ~पन bankruptcy.
दिवैया *m.* • a giver.
दिव्य *(S) adj.* • divine. ~दृष्टि *f.* supernatural vision.
दिशा *(S) f.* • direction.
दीआ *m.* • a clay-lamp.
दीक्षा *(S) f.* • consecration; initiation.
दीक्षांत *(S) m.* • a graduation ceremony. ~भाषण *m.* convocation address.
दीक्षित *(S) adj.* • initiated.
दीखना *v.i.* • to appear.
दीठ, डीठ *f.* • sight; vision.
दीदा *(P) m.* • the eye; the sight.
दीदार *(P) m.* • sight.
दीदी *f.* • elder sister.
दीन *(S) adj.* • poor; wretched.
दीन *(A) m.* • religion; faith.
दीनार *(P) m.* • a gold coin.
दीप *m.* • lamp.
दीपक *(S) m.* • lamp.
दीपावली *(S) f.* • a festival (Diwali).
दीबाचा *(P) m.* • preface.
दीमक *(P) f.* • white-ant.
दीया *m.* • a lamp.
दीर्घ *(S) adj.* • prolonged. ~काय *adj.* tall; gigantic. ~कालिक *adj.* long-standing. ~जीवी *m.* long-lived. ~सूत्री *adj.* dilatory.
दीर्घा *(S) f.* • a gallery.
दीवान *(P) m.* • a royal court; a minister of state; the collected works of a poet. ~आम *m.* public hall of audience. ~खास *m.* privy council chamber. ~ ख़ाना *m.* public room. ~गी *m.* madness.
दीवाना *(P) adj.* • insane; mad.
दीवानी *(P) adj.* • civil. ~अदालत *f.* a civil court.
दीवार *(P) f.* • a wall.
दीवाली *f.* • the festival of lamps.
दुंदुभी *(S) f.* • a large drum.
दुआ *(A) f.* • invocation; prayer.
दुकान *(P) f.* • a shop. ~करना to open a shop. ~चलना a shop to flourish. ~दार *m.* a shopkeeper. ~दारी *f.* shopkeeping. ~बढ़ाना to close shop.
दुकेला *adj.* • two together.
दुकेले *adv.* • with another person.
दुख, दुःख *m.* • sorrow; grief; distress. ~दायी *adj.* painful.
दुखड़ा *m.* • suffering.
दुखना *v.i.* • to ache.
दुखांत नाटक *(S) m.* • a tragedy.
दुखाना *v.t.* • to cause pain.
दुखियारा, दुखी *adj.* • distressed; troubled.

दुगुना *adj.* • double; twofold.

दुग्ध *(S) m.* • milk. ~ **शाला** *m.* dairy.

दुधार, दुधारू *adj.* • milch (cow).

दुचित्ता *adj.* • puzzeled.

दुत्कार *f.* • rebuke. ~ **ना** *v.t.* to rebuke.

दुधिया *adj.* • milky; white.

दुनिया *(A) f.* • the world. ~ **दार** *adj.&m.* practical; worldly.

दुपट्टा, डुपट्टा *m.* • wrapper; scarf.

दुपहर, दुपहरिया *f.* • noon.

दुबकना *v.i.* • to skulk.

दुबला *adj.* • thin; lean.

दुबलाना *v.i.* • to become thin.

दुबलापन *m.* • thinness.

दुबारा *adv.* • once again.

दुबिधा *f.* • uncertainty; hesitation.

दुभाषिया *m/f.* • interpreter.

दुमंज़िला *adj.* • two-storeyed.

दुम *(P) f.* • tail. ~ **दबा कर भागना** to flee abjectly. ~ **दार** *adj.* having a tail. ~ **हिलाना** to wage the tail; to flatter.

दुमुंहा *adj.* • two-mouthed.

दुरंगा, दुरंगी *adj.* • equivocal; treacherous.

दुरबीन, दुर्बीन *f.* • telescope; opera-glass.

दुरभिसंधि *(S) f.* • collusion.

दुरवस्था *(S) f.* • misforfune.

दुराग्रह *(S) m.* • excessive stubbornness.

दुराचार *(S) m.* • wickedness.

दुराचारी *(S) adj.* • wicked; depraved.

दुराव *m.* • concealment.

दुरियाना *v.t.* • to turn out.

दुरुपयोग *(S) m.* • misuse.

दुरुस्त *(P) adj.* • correct; right.

दुर्ग *(S) m.* • a fort.

दुर्गति *(S) f.* • misery; distress.

दुर्गंध *(S) f.* • stench; foul smell.

दुर्गम *(S) adj.* • inaccessible.

दुर्गुण *(S) m.* • defect.

दुर्घटना *(S) f.* • an accident; mishap.

दुर्जन *(S) m.* • scoundrel.

दुर्दशा *(S) f.* • evil plight; misery.

दुर्बल *(S) adj.* • weak; frail. ~ **ता** *f.* weakness.

दुर्बुद्धि *(S) adj&m.* • ignorant.

दुर्भाग्य *(S) m.* • misfortune.

दुर्भिक्ष *(S) m.* • famine.

दुर्लभ *(S) adj.* • rare; scarce.

दुर्वचन *(S) m.* • abuse.

दुर्वासना *(S) f.* • evil desire.

दुर्विनीत *(S) adj.* • uncultured.

दुर्व्यवस्था *(S) f.* • mismanagement.

दुर्व्यसन *(S) m.* • bad habit.

दुर्व्यवहार *(S) m.* • misconduct.

दुराव *m.* • concealment.

दुरुस्त *(P) adj.* • correct; right.

दुर्ग *(S) m.* • a fort.

दुलकी *f.* • trotting; trot.

दुलहन, दुलहिन *f.* • bride.

दुलार *m.* • fondness; love. ~ **करना** to caress; to love.

दुलारा *adj.* • dear; darling.

दुशाला *m.* • shawl.

दुश्चरित्र *(S) adj.* • immoral. *m.* immorality.

दुश्मन *(P) m.* • enemy.

दुश्मनी *(P) f.* • enmity.

दुश्वार *(P) adj.* • difficult.

दुश्वारी *(P) f.* • diffculty.

दुष्कर्म *(S) m.* • crime.

दुष्ट *(S) adj.* • wicked. ~**ता** *f.* wickedness.

दुष्प्राप्य *(S) adj.* • difficult to get.

दुहना *v.t.* • to milk.

दुहरा *adj.* • double. ~**ना** to repeat. ~**शासन** *n.* dual government.

दुहाई *f.* • cry for help.

दुहाना *v.t.* • to cause to be milked; to be exploited.

दूत *(S) m.* • an envoy; messenger.

दूतावास *(S) m.* • an embassy; high-commission.

दूध *m.* • milk.

दूना *adj & adv.* • twice as much.

दूब *f.* • lawn-grass.

दूभर *adj.* • hard to obtain.

दूर *adj.* • remote; distant.

दूरदर्शन *m.* • television.

दूरध्वनि प्रेषक *m.* • radio-transmitter.

दूरसंचार *m.* • telecommunication.

दूरदर्शी *adj.* • farsighted.

दूरबीन *f.* • telescope.

दूरभाष *m.* • telephone.

दूरमुद्रक *m.* • teleprinter.

दूरी *(P) f.* • remoteness. ~**पर** *adv.* at a distance.

दूल्हा *m.* • a bridegroom.

दूषण *(S) m.* • corrupting.

दूषित *(S) adj.* • contaminated; corrupted; corrupt.

दूसरा *adj.* • second; next.

दूहना *v.t.* • to milk.

दृग *(S) m.* • the eye; sight.

दृढ़ *(S) adj.* • hard; firm; tough. ~**प्रतिज्ञ** *adj.* determined. ~**ता** *f.* firmness.

दृश्य *(S) m.* • view; scene. ~**श्रव्य** *adj.* audio-visual.

दृष्टांत *(S) m.* • example; illustration.

दृष्टि *(S) f.* • eyesight; vision; view; viewpoint. ~**कोण** *m.* point of view. ~**पटल** *m.* retina. ~**हीन** *adj.* sightless.

देखना *v.t.* • to see; to look at; to observe.

देखभाल *f.* • care; supervision.

देखरेख *f.* • care.

देखादेखी *adv.* • in imitation.

देखाना *v.t.* • to show.

देखौआ *adj.* • showy.

देग *(P) m.* • a large metal pot.

देगचा *(P) m.* • a metal pot.

देगची *f.* • a small metal pot.

देदीप्यमान *(S) adj.* • radiant.

देन *f.* • debt; contribution. ~**दार** *m.* a debtor.

देना *v.t.* • to give.

देने-योग्य *adj.* • payable.

देय *(S) adj.* • due; payable. ~पत्र *m.* bill.

देर, देरी *f.* • delay. *adv.* late.

देव *(S) m.* • a god. ~वाणी *f.* the language of gods *i.e.* Sanskrit.

देवता *(S) m.* • a god.

देवदूत *(S) m.* • an angel.

देवनागरी *(S) f.* • a script used mostly in the Sanskrit, Hindi languages.

देवर *f.* • husband's younger brother.

देवरानी *f.* • husband's younger brother's wife.

देवी *(S) f.* • a goddess.

देवैया *m.* • a giver.

देश *(S) m.* • country. ~ ज *adj.* indigenous. ~द्रोही *m.* traitor. ~भक्त *m.* a patriot. ~भक्ति *f.* patriotism. ~निकाला *m.* exile. ~ निर्वासन *m.* transportation. ~ प्रत्यावर्तन *m.* repatriation. ~वासी *adj.* native.

देशाटन *(S) m.* • a long journey through a country.

देशी *adj.* • regional; indigenous. ~करण m. naturalization.

देह *f.* • the body. ~छोड़ना to die. ~ धरना to be born. ~त्याग *m.* death.

देहली *f.* • threshold; doorstep.

देहात, दिहात *m.* • village; countryside.

देहाती, दिहाती *adj.* • villager.

देहांत *(S) m.* • death.

देही *(S) m.* • human being.

दैत्य *(S) m.* • demon.

दैनंदिन *(S) adj.* • daily. *adv.* day-by-day.

दैनंदिनी *(S) f.* • a diary.

दैनिक *(S) f.* • daily.

दैनिकी *(S) f.* • a diary.

दैन्य *(S) adj.* • poverty.

दैव *(S) adj.* • divine. ~योग से adv. by chance.

दैवात् *adv.* • by chance.

दैवी *(S) adj.* • divine.

दैहिक *(S) adj.* • physical; bodily.

दो *adj.* • two. ~कौड़ी का *adj.* worthless. ~ टूक जवाब *m.* a terse answer.

दोआब, दोआबा *(P)* • a region lying between two rivers.

दोगला *adj.* • cross-bred; illegitimate; *m.* a hybrid.

दोज़ख़ *(P) m.* • hell.

दोतरफ़ा माँग *m.* • reciprocal demand.

दोतल्ला *adj.* • double-storeyed.

दोधारी *adj.* • double-edged.

दोना *m.* • a leaf-cup.

दोनों *adj.* • both; ~ओर *adv.* on both sides.

दोपहर *f.* • midday; noon.

दोबारा *adj.* • twice.

दोमंज़िला *adj.* • double storeyed. ~**मकान** double storeyed building.

दोयम *(P) adj.* • second; second-rate.

दोरुख़ा *(A) adj.* • double-faced.

दोलायमान *(S) adj.* • rocking.

दोशीज़ा *(P) adj. & f.* • virgin; an adolescent girl.

दोष *(S) m.* • fault; defect; flaw. ~**पूर्ण** *adj.* faulty; ~**मुक्त** *adj.* innocent.

दोषारोपण *(S) m.* • accusation.

दोषी *(S) adj. & m.* • guilty.

दोस्त *(P) m.* • a friend.

दोस्ताना *(P) adj.* • friendly.

दोस्ती *(P) f.* • friendship.

दोहरा *adj.* • double. ~**कराधान** m. double taxation. ~**ना** to repeat.

दोहराई *f.* • revision. ~**करना** to revise.

दोहा *m.* • a rhyming couplet.

दौड़ *f.* • a run; running; race. ~**का मैदान** *m.* a race course. ~-**धूप** *f.* toil and bustle; strenuous effort.

दौड़ना *v.i.* • to run.

दौड़ाना *v.t.* • to cause to run. to chase.

दौर *(A) m.* • passing round (as of wine).

दौरा *(A) m.* • tour; session (of circuit court). ~**सुपुर्द करना** to commit to sessions.

दौरी *f.* • a small basket.

दौलत *(P) f.* • wealth; ~**ख़ाना** *m.* prosperous house. ~**मन्द** *adj.* wealthy; rich.

द्युति *(S) f.* • radiance.

द्यूत *(S) m.* • gambling.

द्योतक *(S) adj.* • indicating. *m.* an indicator.

द्रव *(S) adj.* • liquid; fluid.

द्रवित *(S) adj.* • moved (the emotions).

द्रवीभूत *(S) adj.* • melted; moved.

द्रव्य *(S) m.* • matter; wealth.

द्रष्टव्य *(S) adj.* • noteworthy.

द्रष्टा *(S) m.* • one who sees.

द्रुत *(S) adj.* • swift. ~**गामी** *adj.* fast-moving; rapid; quick. ~**गामी दल** *m.* flying squad.

द्रुम *(S) m.* • a tree.

द्रोह *(S) m.* • hostility; malice.

द्रोही *(S) adj.* • hostile; malicious.

द्वंद्व *(S) m.* • conflict.

द्वार *(S) m.* • door; gate.

द्वारा *(S) ppn.* • by means (of).

द्वि *(S) n.* • two.

द्विगुणित *(S) adj.* • doubled.

द्वितीय *(S) adj.* • second.

द्विपक्षीय *adj.* • bilateral. ~**संवाद** bilateral negotiation.

द्विरागमन *(S) m.* • second marriage.

द्विवार्षिक *(S) adj.* • biennial.

द्विशासन *(S) m.* • diarchy.

द्वीप *(S) m.* • an island. ~ **समूह** *m.* archipelago.

द्वेष *(S) m.* • spite; hatred.

द्वेषी *(S) adj.* • hostile.

द्वैत *(S) m.* • duality.

द्वैध *(S) m.* • double-nature.

द्वैभाषिक *(S) adj.* • bilingual.

ध

धंधा *m.* • profession; occupation.

धंसना *v.i.* • to sink; to penetrate.

धंसान *f.* • sinking.

धंसाना *v.t.* • to cause to sink; to thrust.

धकधकाना *v.i.* • to palpitate.

धकियाना, धकेलना *v.t.* • to shove; to push.

धक्कमधक्का *m.* • pushing.

धक्का *m.* • shove; push; setback. ~ **लगना** to receive a blow; to experience misfortune.

धचका *m.* • jolt; damage.

धज्जी *f.* • shred; strip.

धड़ *m.* • the body; the trunk; trunk of a tree.

धड़क, धड़कन *f.* • throbbing (as of the heart).

धड़कना *v.i.* • to beat; to throb; to palpitate.

धड़धड़ाना *v.i.* • to make a rattling noise.

धड़ा *m.* • a counterpoise; group; party.

धड़ाका *m.* • rumble; loud crashing sound.

धड़ाधड़ *adv.* • incessantly.

धधकना *v.i.* • to flare.

धधकाना *v.t.* • to kindle.

धन *(S) m.* • property; wealth. ~-**दौलत** *f.* wealth and riches. ~ **धान्य** *m.* money and food; affluence; ~ **वान** *adj.* rich. ~ **वापसी** *f.* refund. ~ **विधेयक** *m.* Money Bill. ~ **विनियोग** *m.* investment. ~ **संबंधी** *adj.* pecuniary. ~ **हीन** *adj.* poor; penniless.

धनागार *(S) m.* • bank.

धनाढ्य *(S) adj.* • wealthy; ~ **शासन** *m.* plutocracy.

धनात्मक *(S) adj.* • positive.

धनादेश *(S) m.* • cheque; money order.

धनाधिकार *(S) m.* • right to property.

धनिक *(S) adj.* • wealthy. *m.* a rich man.

धनिया *m/f.* • coriander.

धनी *adj.* • rich.

धनुर्धर, धनुर्धारी *(S) m.* • an archer.

धनुष *(S) m.* • a bow; **इन्द्र** ~ *m.* rainbow.

धन्ना सेठ *m.* • a wealthy man.

धन्य *(S) adj.* • blessed. ~**वाद** *m.* thanks. ~**वाद देना** to thank.

धब्बा *m.* • a stain; blot; blemish.

धब्बेदार *(P) adj.* • stained; spotted.

धमकाना *v.t.* • to threaten.

धमकी *f.* • threat.

धमधमाना *v.i.* • to make a thumping sound.

धमधमाहट *f.* • banging.

धमनी *(S) f.* • vein.

धमाका *m.* • crash; a loud noise.

धमाचौकड़ी *f.* • turmoil.

धरणी, धरती *(S) f.* • the earth; the world.

धरन *f.* • beam; rafter.

धरना *m.* • picketing; to place.

धरहरा *m.* • minaret.

धरातल *(S) m.* • surface.

धराना *v.t.* • to cause to be held.

धरित्री *(S) f.* • the earth.

धरोहर *f.* • a pledge; deposit; trust.

धर्म *(S) m.* • moral law; religion; duty; ~**गुरू** *m.* religious teacher; ~**ग्रंथ** *m.* scripture. ~**निष्ठ** *adj.* religious. ~**पत्नी** *f.* wife. ~**परिवर्तन** *m.* conversion. ~**प्रचारक** *m.* missionary. ~**शाला** *f.* pilgrims' house. ~**शास्त्र** *m.* theology.

धर्मात्मा *(S) adj.* • pious.

धर्मांधता *(S) f.* • fanaticism.

धर्मार्थ *(S) adj.* • charitable.

धर्मी *(S) adj.* • devout.

धवल *(S) adj.* • white.

धसकना *v.i.* • to subside; to sink.

धांधली *f.* • chaotic condition; cheating.

धाक *f.* • renown; prestige; influence.

धाकड़ *adj.* • notorious; daring.

धागा *m.* • thread.

धातु *(S) m.* • an element; an ore. ~ **उद्योग** *m.* metallurgical industry. ~**कर्मी** *m.* metallurgist. ~**विज्ञान** *m.* metallurgy.

धात्री *(S) f.* • a midwife; wet-nurse.

धान *m.* • paddy.

धान्यागार *(S) m.* • granary.

धाम *(S) m.* • abode; dwelling.

धाय *f.* • wet-nurse; midwife.

धार *f.* • flow; current; edge. ~**दार** *adj.* sharp; ~**हीन** *adj.* blunt.

धारक *(S) adj.* • holding; *m.* debtor.

धारण *(S) m.* • maintaining; holding.

धारणा *(S) f.* • notion; view.

धारा *(S) f.* • article; section; current. ~**प्रवाह** *adv.* successively; ~**वाहिक** *adj.* continuous; *m.* serial. ~**सभा** *f.* Legislative Assembly.

धारित (S) adj. • maintained.

धारी f. • a stripe. ~दार adj. striped.

धार्मिक (S) adj. • religious; ~ता f. righteousness.

धावक (S) m. • a runner.

धावन (S) m. • running. ~पथ m. runway.

धावा m. • an attack. ~बोलना to attack.

धिक्कार m. • reproach; ~ना to curse; to reproach.

धींगामुश्ती f. • brawl.

धीमा adj. • sluggish; slow.

धीर (S) adj. • patient.

धीरज (S) m. • consolation; solace. ~देना, ~बंधाना to solace; to console. ~ धरना to have patience.

धीरे adv. • slowly. ~- धीरे adv. gradually.

धीवर (S) m. • a fisherman.

धुंध f. • mist; haze.

धुंधलका m. • dimlight.

धुंधला adj. • hazy; foggy.

धुंधलाना v.i. • to become hazy.

धुंधलापन m. • haziness.

धुआँ m. • smoke. ~धार adj. vigorous.

धुकधुकी f. • palpitation; suspense.

धुन f. • ardent desire; obsession; perseverance. ~सवार होना to be driven by a passion.

धुनकना v.i. • to card cotton.

धुनकी f. • bow for carding cotton.

धुनना v.t. • to card (cotton).

धुनाई f. • a beating.

धुनिया m. • a cotton carder.

धुरंधर (S) adj. • mighty; great.

धुरा m. • an axle.

धुरी f. • pole; axle; axis.

धुलना v.i. • to be washed.

धुलवाना, धुलाना v.t. • to cause to be washed.

धुलाई f. • washing; sum paid for washing.

धूनी f. • smoke; the burning of incense.

धूप f. • sunshine. ~खाना to bask in the sun. ~घड़ी f. sun-dial.

धूम m. • turmoil; fame; ~मचना to be famous. ~धाम m. pomp and show.

धूमक (S) m. • a fumigator.

धूमकेतु (S) m. • a comet.

धूमिल adj. • smoke-coloured; grey.

धूर्त (S) adj. • deceitful. ~ता f. cunningness.

धूल f. • dust. ~ रोधक adj. dust-proof. ~फांकना to wander aimlessly.

धूसर adj. • grey; dust-coloured.

धृत (S) adj. • held.

धृष्ट (S) adj. • insolent. ~ता f. insolence.

धेनु (S) f. • a milch cow.

धेला *m.* • half a paisa.
धैर्य *(S) m.* • patience; perseverance.
धोखा *m.* • deceit. ~**उठाना,** ~**खाना** *v.t.* to be deceived. ~**देना** *v.t.* to deceive.
धोखेबाज़ *adj. & m.* • swindler; cheat.
धोखेबाज़ी *f.* • deception; fraud.
धोती *f.* • a loin-cloth.
धोना *v.t.* • to wash.
धोबिन *f.* • a washer-woman.
धोबी *m.* • a washerman.
धौंकना *v.t.* • to blow (with bellows).
धौंकनी *f.* • bellows.
धौंस *f.* • arrogance.
ध्यान *(S) m.* • meditaton; ~**आना** to remember; ~**करना,** ~**लगाना** to meditate; ~**दिलाना** to remind; ~**देना** to attend; ~**न देना** to ignore; ~**रखना** to take care of. ~**से उतरना** to forget.
ध्रुव *(S) adj.* • permanent; fixed; ~**तारा** *m.* the pole-star. ~**दर्शक** *m.* a compass.
ध्रुवीकरण *(S) m.* • polarisation.
ध्वंस *(S) m.* • destruction; ~**क** *adj.* destructive. *m.* destroyer.
ध्वज-ध्वजा *m./f.* • flag; banner.
ध्वजारोहण *(S) m.* • flying of a flag.
ध्वनि *(S) f.* • sound. ~**ग्रहण** *m.* reception of sound. ~**विस्तारक** *m.* a loud-speaker.
ध्वस्त *(S) adj.* • ruined.

न

नंग-धड़ंग *adj.* • stark-naked.
नंगा *adj.* • naked. ~**करना** to bare; to strip. ~**झोरी** *f.* thorough search of the person. ~-**लुच्चा** *adj.* shameless. ~**ई** *adj.* nakedness. ~**पन** nakedness.
नंदोई *m.* • husband of a husband's sister; brother-in-law.
नई *adj./f.* • new; ~ **बस्ती** *f.* a new colony. ~ **व्यवस्था** *f.* reorganisation.
नकचढ़ा *adj.* • haughty; irritable.
नकटा *adj.* • shameless.
नकद *(A) adj.* • cash. ~**भुगतान** *m.* cash payment.
नक़ब *(A) f.* • burglary.
नकबेसर *m.* • a nose-ring.
नक़ल *(A) f.* • copying; copy; imitation. ~**करना** to imitate; to copy. ~ **ची** *m.* imitater.
नक़ली *(A) adj.* • imitated; artifical; imitation.

नकसीर *f.* • bleeding of the nose.

नक़ाब *(A) m./f.* • a veil; hood. ~पोश *adj.* masked; veiled.

नकार *m.* • refusal; denial. ~ना *v.t.* to deny.

नकारा *(P) adj.* • worthless.

नकारात्मक *adj.* • negative.

नकेल *f.* • halter.

नक़्क़ारख़ाना *(P) m.* • place where drums are beaten.

नक़्क़ाश *(A) m.* • painter; designer; carver.

नक़्क़ाशी *(P) f.* • carving; sculpture; embroidery. ~दार *adj.* decorated with carving.

नक्कू *adj.* • having a big nose; notorious.

नक़्शा *(A) m.* • map; plan; picture. ~नवीस *m.* a draughtsman.

नक्षत्र *(S) m.* • a star; planet.

नख *(S) m.* • nail (of the finger or toe).

नखरा *(P) m.* • flirtatious airs.

नख़रेबाज़ *(P) adj.* • flirtatious.

नख़ास *(A) m.* • a market (for livestock).

नग *(S) m.* • a mountain; a precious stone.

नगदी लगान *m.* • cash rent.

नग़मा *(A) m.* • song.

नगर *(S) m.* • a town; city. ~का *adj.* urban. ~ निगम *m.* municipal corporation. ~ निर्माण योजना town planning scheme. ~ परिषद *f.* municipal board or council. ~ सदन *m.* town hall. ~पालिका *f.* municipality. ~ प्रमुख *m.* mayor. ~महापालिका *f.* corpora-tion. ~भत्ता *m.* city allowance.

नगरी *f.* • a small town.

नगाड़ा *m.* • kettledrum.

नगीना *(P) m.* • a precious stone. ~जड़ना to set a stone.

नग्न *(S) adj.* • naked. ~ता *f.* nakedness; nudity.

नचनिया *m.* • a dancer.

नचवाना, नचाना *v.t.* • to cause to dance.

नज़दीक *(P) adv.* • close; near.

नज़दीकी *(P) adj.* • near; close.

नज़र *(A) f.* • glance; look; sight; favour. ~आना to appear. ~ उतारना to remove the effect of the evil eye. ~चुराना to avoid. ~पड़ना to come in sight. ~ मिलाना to look straight at. ~ लगाना to cast an evil eye. ~बंद *adj.* under house-arrest. ~बंदी *f.* detention.

नज़र *(A) f.* • an offering; gift.

नज़राना *(P) m.* • a bribe.

नज़रिया *(A) m.* • point of view; viewpoint.

नज़ला *(A) m.* • catarrh; cold.

नज़ाकत *(P) f.* • delicacy; elegance.

नजात *(A) f.* • escape; salvation.

नज़ारा *(A) m.* • scene; sight.

नज़ीर *(A) f.* • example; instance.

नजूमी *(A) m.* • an astrologer.

नट *m.* • an actor; acrobat. ~**खट** *adj.* naughty; playful.

नटना *v.i.* • to deny.

नतिनी *f.* • a daughter's daughter.

नतीजा *(A) m.* • result.

नत्थी *f.* • threaded together (file). ~ **करना** to file; to string together.

नथ *f.* • a nose-ring.

नथना, नथुना *m.* • septurn of the nose; nostril.

नदारद *(P) adj.* • absent.

नदी *(S) f.* • a river; ~**तल** *m.* riverbed; **छोटी**~ *f.* rivulet. ~**मुख** estuary.

ननद *f.* • husband's sister; sister-in-law.

ननिहाल *m.* • house and family of a maternal grandfather.

नन्हां, नन्हा *adj.* • small; young; *m.* a dear child.

नपुंसक *(S) adj.* • impotent. *m.* an impotent man. ~**ता** *f.* impotence.

नफ़रत *(A) f.* • hatred.

नफ़ा *(A) m.* • profit; gain.

नफ़ासत *(P) f.* • elegance.

नफ़ीस *(A) adj.* • exquisite.

नब्ज़ *(A) f.* • the pulse.

नब्बे *adj.* • ninety.

नभ *(S) m.* • the sky. ~**चर** *adj. & m.* aerial; bird.

नम *(P) adj.* • moist; humid.

नमक *(P) m.* • salt. ~**अदा करना** to be faithful. ~-**मिर्च लगाना** to exaggerate. ~ **हराम** *adj.* ungrateful. ~**हरामी** *f.* ingratitude; ~**हलाल** *adj.* faithful; ~**हलाली** *f.* faithfulness.

नमकीन *adj.* • salty; saline; handsome.

नमदा *(P) m.* • felt.

नमस्कार *(S) m.* • honour (salutation).

नमाज़ *(P) m.* • prayer (of Muslims).

नमी *(P) f.* • humidity; moisture.

नमूना *(P) m.* • specimen; sample.

नम्र *(S) adj.* • humble; courteous. ~**ता** *f.* humility.

नयन *(S) m.* • the eye.

नया *adj.* • new; novel; young; modern. ~ **पन** *m.* novelty; newness.

नर *m.* • a male; man. ~**भक्षी** *m.* a cannibal. ~**वध** *f.* homicide.

नरक *(S) m.* • hell.

नरकट, नरकुल *m.* • a kind of large reed.

नरगिस *(P) f.* • the narcissus.

नरगिसी *(P) adj.* • lovely; having to do with narcissus.

नरम *(P) adj.* • soft; mild; delicate.

~दल *m.* moderate party.
नरमी *(P)* • softness.
नल, नलका *m.* • pipe; tube.
नलिन *(S) m.* • a lotus.
नली *f.* • pipe; spout.
नव *(S) adj.* • new; nine. ~जागरण *m.* renaissance; ~जात *adj.* newborn; ~युवक *m.* young man; ~युवती *f.* young woman. ~यौवन *m.* youth.
नवनीत *(S) m.* • butter.
नवल *(S) adj.* • novel; new.
नवाँ *adj.* • ninth.
नवाज़िश *(P) f.* • courtesy; favour.
नवाब *(A) m.* • nawab; lord.
नवाबी *(P) f.* • status of a nawab.
नवासा *(P) m.* • daughter's son.
नवासा *f.* • daughter's daughter.
नवासी *adj.* • eighty-nine.
नवीन *(S) adj.* • new; novel. ~ता *f.* newness; modernity.
नवीनीकरण *(S) m.* • renewal.
नवेला *adj.* • new; young.
नशा *(P) m.* • intoxication. ~ख़ोर *m.* drunkard. ~बंदी *f.* prohibition on alcohol.
नशीला *adj.* • intoxicating.
नश्तर *(P) m.* • a lancet.
नश्वर *(S) adj.* • perishable. ~ता *f.* perishability.
नष्ट *(S) adj.* • ruined; destroyed; ~भ्रष्ट *adj.* utterly destroyed.
नस *f.* • a vein. ~बंदी *f.* vasectomy.
नसल, नस्ल *(A) f.* • breed; stock.
नसीब *(A) m.* • fate; destiny.
नसीहत *(P) f.* • council; advice.
नहर *(A) f.* • a canal.
नहरनी *f.* • a nail-parer.
नहलाना *v.t.* • to bathe (a person or animal, etc.).
नहाना *v.i.* • to take a bath.
नहीं *adv.* • no; not. ~तो *adv.* otherwise.
नहूसत *(P) f.* • a bad omen.
नांद *f.* • a trough.
ना *adv.* • no.
नाइन, नाउन *f.* • barbers's wife; female-barber.
नाई, नाऊ *m.* • barber.
नाउम्मीद, नाउम्मेद *adj.* • hopeless.
नाक *f.* • nose. ~कटना to be dishonoured. ~काटना *v.t.* to dishonour. ~चढ़ाना to be displeased. ~रगड़ना to entreat.
नाका *m.* • entrance; boundary. ~बंदी *f.* blockade.
नाक़ाबिल *adj.* • unfit.
नाकाम, नाकामयाब *(P) adj.* • unsuccessful.
नाखुश *adj.* • displeased.
नाखून *m.* • nail.
नाग *(S) m.* • cobra.
नागरिक *(S) m.* • citizen. ~अधिकार *m.* civic right; ~कर्तव्य *m.* civic duty. ~ता *f.* citizenship.
नागरी *(S) f.* • the Devanagri script;

a female citizen.

नाग़ा *adj.* • absent.

नागिन *f.* • a female snake.

नाच *m.* • a dance.

नाचना *v.i.* • to dance.

नाज़ *(P) m.* • coquetry; flirtatious behaviour.

नाज़ुक *adj.* • delicate; slender.

नाटक *(S) m.* • drama; ~**कार** *m.* a dramatist.

नाटकीय *(S) adj.* • dramatic.

नाटा *adj.* • short statured.

नाटिका *(S) f.* • a small drama.

नाट्य *(S) m.* • dramatic arts; acting. ~**कार** *m.* playwright. ~**मंच** *m.* the stage. ~**रूपांतरण** *m.* dramatisation. ~**शाला** *f.* a theatre. ~**शास्त्र** *m.* dramatic theory; dramatursy.

नाड़ी *f.* • a blood-vessel; the pulse. ~**चलना** the pulse to beat. ~**छूटना** the pulse to stop.

नाता *m.* • relationship.

नातिन *f.* • daughter's daughter; grand daughter.

नाती *m.* • daughter's son; grand son.

नाथ *(S) m.* • master; lord.

नाथ *f.* • nose-rope (of an ox).

नाथना *v.t.* • to bore the nose (as of a bullock).

नाद *(S) m.* • sounding; noise.

नादान *(P) adj.* • ignorant.

नादानी *f.* • foolishness; stupidity.

नाधना *v.t.* • to harness.

नाना *m.* • (maternal) grandfather.

नाना *(S) adj.* • various; different.

नानी *f.* • (maternal) grandmother.

नाप *m/f.* • measurement. ~**ना** to measure.

नापसन्द *adj.* • disagreeable.

नापित *(S) m.* • barber.

नाबदान *m.* • drain.

नाबालिग़ *(A) adj.* • minor.

नाभि, नाभी *(S) f.* • navel.

नाभिकीय *(S) adj.* • nuclear.

नामंज़ूर *adj.* • rejected.

नाम *m.* • name; fame; renown. ~**करण** *m.* giving of name; ~**धाम** *m.* name and address; ~**निदर्शन** *m.* nomination; ~**लेवा** *m.* heir. ~ **वरी** *f.* fame. ~**निवेश** *m.* enrolment.

नामक *(S) f.* • named.

नामज़द *(A) adj.* • nominated. ~**गी पत्र** *m.* nomination paper. ~**निशान** *m.* trace.

नामर्द *(P) adj.* • impotent.

नामांकन *(S) m.* • nomination; enrolment. ~**पत्र** *m.* nomination paper.

नामांतरकरण *(S) m.* • mutation.

नामालूम *adj.* • unknown.

नामावली *f.* • list of names.

नामिका *(S) m.* • panel.

नामी *adj.* • famous; ~**गिरामी** *adj.*

well-known; renowned.

नामुनासिब *adj.* • improper.

नामुमकिन *(P) adj.* • impossible.

नायक *(S) m.* • leader; hero (as of a drama or film, etc.).

नायिका *(S) f.* • heroine (of a novel; film, etc.); wife of a nayak.

नारा *(A) m.* • slogan.

नाराज़ *(A) adj.* • displeased; angry.

नारियल *m.* • the coconut tree; a coconut.

नारी *(S) f.* • a woman. ~**त्व** *m.* femininity.

नाल *f./m.* • stalk (of the lotus); umbilical cord; horse shoe.

नालकी *f.* • palanquin.

नाला *m.* • gutter; drain; trouser's tape.

नालायक *adj.* • worthless.

नाव *f.* • a boat.

नाविक *(S) m.* • boatman; sailor. ~**शक्ति** *f.* naval power.

नाश *(S) m.* • ruin; annihilation.

नाशक *(S) adj.* • destructive.

नाशपाती *(P) f.* • a pear.

नाश्ता *(P) m.* • breakfast; light snack.

नासमझ *adj.* • unwise.

नासमझी *f.* • ignorance.

नासूर *(A) m.* • an ulcer.

नास्तिक *(S) adj.* • atheistic; *m.* an atheist. ~**ता** *f.* atheism.

निंदक *(S) m.* • slanderer.

निंदनीय *(S) adj.* • blameworthy.

निंदा *(S) f.* • blame; slander; defamation.

निःशंक *(S) adj.* • fearless.

निःशक्त *(S) adj.* • powerless; weak.

निःशब्द *(S) adj.* • noiseless; quiet.

निःशस्त्र *(S) adj.* • unarmed.

निःशुल्क *(S) adj.* • free (of cost).

निःसंकोच *(S) adj.* • without any hesitation.

निःसंदेह *(S) adj.* • undoubted; *adv.* undoubtedly.

निःसंशय *(S) adj.* • certain; undoubted.

निःस्वार्थ *(S) adj.* • selfless.

निकट *(S) adj.* • near; close. ~**वर्ती** *adj.* adjacent. ~**ता** *f.* nearness; proximity.

निकम्मा *adj.* • worthless; unemployed.

निकलना *v.i.* • to come out; to emerge.

निकालना *v.t.* • to turn out; to bring out; to expel; to extract; to dismiss; to publish.

निकास *m.* • exit; place of exit. ~**अभिकर्ता** *m.* clearing agent.

निकासी *f.* • clearance.

निकाह *(A) m.* • marriage; ~**नामा** *m.* marriage contract.

निकृष्ट *(S) adj.* • vile; wretched.

निपेक्ष *(S) m.* • abandoning; a deposit.
निखट्टू *adj.* • idle; unemployed.
निखरना *v.i.* • to become clear (the complexion).
निखार *m.* • refinement; beautifying.
निगम *(S) m.* • a corporation.
निगमन *(S) m.* • incorporation.
निगरानी *(P) f.* • watch; supervision.
निगलना *v.t.* • to swallow.
निगाह *(P) f.* • look; glance.
निगूढ़ *(S) adj.* • profound.
निगोड़ा *adj.* • wretched.
निग्रह *(S) m.* • control; restraint.
निघंटु *(S) m.* • a glossary.
निचला *adj.* • lower.
निचुड़ना *v.i.* • to be squeezed.
निचोड़ *m.* • gist. ~ना *v.t.* to wring out.
निछावर *f/m.* • an offering; a sacrifice.
निज *(S) adj.* • personal.
निज़ाम *(A) m.* • arrangement; governor.
निजी *(S) adj.* • own.
निठल्ला *adj.* • idle; without any job. ~पन *m.* idleness.
निडर *adj.* • fearless.
नित *adj.* • daily; always.
नितंब *(S) m.* • buttocks.
नित्य *adj.* • perpetual; eternal; daily.
निथरना *v.i.* • to be purified.
निथारना *v.t.* • to filter.
निदान *(S) m.* • diagnosis.
निदेश *(S) m.* • direction; order.
निदेशक *(S) m.* • director.
निदेशन *(S) m.* • direction.
निदेशालय *(S) m.* • directorate.
निदेशिका *(S) f.* • directory.
निद्रा *(S) f.* • sleep. ~कर *adj.* soporific; hypnotic.
निद्रालु *(S) adj.* • sleepy.
निधड़क *adv.* • fearlessly.
निधन *(S) f.* • death.
निधि *(S) f.* • treasury; treasure.
निन्यानवे *adj.* • ninetynine.
निपट *adv.* • completely.
निपटना, निबटना *v.i.* • to be settled.
निपटान *m.* • disposal.
निपटाना, निबटाना *m.* • settlement.
निपटारा, निबटारा *m.* • to settlement.
निपुण *(S) adj.* • skilled. ~ता *f.* skill.
निपोड़ना *v.t.* • to grin.
निबंध *(S) m.* • an essay; thesis. ~कार *m.* essayist.
निबद्ध *(S) adj.* • bound.
निबाह *m.* • accomplishing; maintaining. ~ना to maintain.
निभना *v.i.* • to endure; to be carried on.
निभाना *v.t.* • to fulfil.
निमंत्रण *(S) m.* • invitaion.
निमंत्रित *(S) adj.* • invited.
निमित्त *(S) m.* • motive.

निमिष *(S) m.* • moment.

निम्न *(S) adj.* • low; petty. ~तम *adj.* lowest. ~ता *f.* lowness.

नियंता *(S) m.* • ruler; master.

नियंत्रक *(S) m.* • controller.

नियंत्रण *(S) m.* • control.

नियत *(S) adj.* • prescribed; fixed.

नियति *(S) f.* • destiny; fate.

नियम *(S) m.* • rule; normal practice. ~पूर्वक *adv.* formally. ~बद्ध *adj.* bound by rule. ~भंग *m.* breach of law. ~विरुद्ध *adj.* irregular.

नियमन *(S) m.* • restraining.

नियमित *(S) adj.* • regular.

नियामक *(S) adj.* • restrictive; controlling.

नियुक्त *(S) adj.* • appointed.

नियुक्ति *(S) f.* • appointment.

नियोक्ता, नियोजक *(S) m.* • employer.

नियोजन *(S) m.* • employment.

नियोजित *(S) adj.* • appointed; planned.

निरंकुश *(S) adj.* • autocratic; absolute. ~शासन *m.* despotism.

निरंतर *(S) adj.* • continuous.

निरक्षर *(S) adj.* • illiterate. ~ता *f.* illiteracy.

निरखना *v.t.* • to observe.

निरपराध *(S) adj.* • innocent.

निरपवाद *(S) adj.* • blameless; not admitting exceptions.

निरपेक्ष *(S) adj.* • impartial; indifferent. ~ता *f.* indifference; impartiality.

निरर्थक *(S) adj.* • meaningless.

निरसन *(S) m.* • repeal; cancellation.

निरस्त *(S) adj.* • repealed; cancelled.

निरस्त्र *(S) adj.* • unarmed.

निरस्त्रीकरण *(S) m.* • disarmament.

निरा *adj.* • unadulterated; pure; only.

निराई *f.* • weeding.

निराकरण *(S) m.* • annulment.

निराकार *(S) adj.* • formless.

निरादर *(S) m.* • disrespect. ~करना to insult.

निराधार *(S) adj.* • baseless.

निरापद *(S) adj.* • safe; harmless.

निरामय *(S) adj.* • free from disease.

निरामिष *(S) adj.* • vegetarian.

निराला *adj.* • distinct; uncommon.

निरावरण *(S) m.* • uncovered; revealing.

निराश *(S) adj.* • disappointed.

निराशा *(S) f.* • disappointment. ~वाद *m.* pessimism.

निराश्रय *(S) adj.* • destitute.

निराश्रित *(S) adj.* • destitute.

निराहार *(S) adj.* • without food.

निरीक्षक *(S) m.* • inspector.

निरीक्षण *(S) m.* • inspection; supervision.

निरीह *(S) adj.* • meek; submissive.

निरुत्तर *(S) adj.* • nonplussed.

निरुत्साह *(S) adj.* • without ardour.

निरुद्देश्य *(S) adj.* • aimless.

निरुद्यम *(S) adj.* • inactive.

निरुपम *(S) adj.* • incomparable.

निरुपाय *(S) adj.* • helpless.

निरूपक *(S) m.* • investigator.

निरूपण *(S) adj.* • investigated.

निरूपित *(S) adj.* • investigated.

निरोग *adj.* • in good health; healthy.

निरोध *(S) m.* • preventing.

निरोधक *(S) adj.* • preventive.

निर्गंध *(S) adj.* • without smell.

निर्गत *(S) adj.* • gone out.

निर्गमन *(S) m.* • going out.

निर्गुट *(S) adj.* • non-aligned.

निर्गुण *(S) adj.* • without good. qualities.

निर्गुणी *(S) adj.* • worthless.

निर्जन *(S) adj.* • deserted; uninhabited.

निर्जीव *(S) adj.* • lifeless; inanimate.

निर्झर *(S) m.* • waterfall.

निर्णय *(S) m.* • decision. ~**करना** *v.t.* to decide.

निर्णयात्मक *(S) adj.* • decisive.

निर्णायक *(S) adj.* • deciding; casting (vote).

निर्दय *(S) adj.* • merciless; ~**ता** *f.* cruelty.

निर्दिष्ट *(S) adj.* • determined; settled.

निर्देश *(S) m.* • direction; guidance.

निर्देशक *(S) m.* • director (of an institute or film, etc.).

निर्देशन *(S) m.* • direction.

निर्देशिका *(S) f.* • directory, female director.

निर्देशित *(S) adj.* • directed.

निर्दोष *(S) adj.* • innocent.

निर्द्वंद्व *(S) adj.* • calm.

निर्धन *(S) adj.* • poor. *m.* a poor man. ~**ता** *f.* poverty.

निर्धारण *(S) m.* • determining.

निर्धारित *(S) adj.* • prescribed. ~ **वेतन क्रम** *m.* prescribed scale of pay.

निर्निमेष *(S) adj.* • unblinking.

निर्बंध *(S) m.* • restraint.

निर्बंधन *(S) m.* • restriction.

निर्बंधित *(S) adj.* • restricted.

निर्बल *(S) adj.* • weak. ~**ता** *f.* weakness.

निर्बाध *(S) adj.* • unrestricted; unobstructed.

निर्बोध, निर्बुद्धि *(S) adj.* • ignorant.

निर्भय *(S) adj.* • fearless. ~**ता** *f.* fearlessness; security.

निर्भर *(S) adj.* • dependent. ~**ता** *f.* dependence.

निर्भ्रम, निभ्रांत *(S) adj.* • assured; not erring.

निर्मम (S) *adj.* • cruel. ~ता *f.* cruelty.

निर्मल (S) *adj.* • pure; clear.

निर्माण (S) *m.* • construction; building works.

निर्माता (S) *m.* • creator; producer (of a film); builder.

निर्मित (S) *adj.* • constructed; built.

निर्मूलन (S) *m.* • uprooting; eradication.

निर्मोही *m.* • one lacking in affection.

निर्यात (S) *m.* • export. ~शुल्क *m.* export duty.

निर्यातक (S) *m.* • an exporter.

निर्लज्ज (S) *adj.* • shameless. ~ता *f.* shamelessness.

निर्लिप्त (S) *adj.* • detatched (from the world).

निर्लोभ (S) *adj.* • contented; greedless.

निर्वनीकरण (S) *m.* • deforestation.

निर्वस्त्र (S) *adj.* • unclothed; naked.

निर्वाक् (S) *adj.* • speechless.

निर्वाचक (S) *m.* • elector; voter. ~समूह *m.* electorate. ~सूची *f.* electoral roll.

निर्वाचन (S) *m.* • election. ~अधिकारी *m.* returning officer. ~क्षेत्र *m.* constituency.

निर्वाचित (S) *adj.* • elected.

निर्वाण (S) *m.* • salvation.

निर्वासन (S) *m.* • banishment; exile; deportation.

निर्वासित (S) *adj.* • banished; deported.

निर्वाह (S) *m.* • subsistence. ~करना to manage; ~भत्ता *m.* subsistence allowance. ~व्यय *m.* cost of living.

निर्विकार (S) *adj.* • changeless; without defect.

निर्विघ्न (S) *adj.* • untroubled; secure.

निर्विवाद (S) *adj.* • indisputable.

निलंबन (S) *m.* • suspension.

निलंबित (S) *adj.* • suspended.

निवर्तमान (S) *adj.* • provisional.

निवारण (S) *m.* • prevention.

निवास (S) *m.* • residence.

निवासी (S) *m.* • resident.

निविड़ *adj.* • dense.

निविदा (S) *f.* • tender (for work).

निवृत्त (S) *adj.* • detatched; retired.

निवृत्ति (S) *f.* • retirement. ~लाभ *m.* retirement benefit. ~वेतन *m.* pension.

निवेदक (S) *m.* • applicant.

निवेदन (S) *m.* • application; petition.

निवेश (S) *m.* • an investment.

निशा (S) *f.* • night.

निशान (P) *m.* • signal; sign.

निशाना (P) *m.* • mark; target.

निशानी (P) *f.* • a distinctive mark; a memorial.

निशि *(S) f.* • night.

निश्चय *(S) m.* • decision; adv. certainly.

निश्‍िंचत *(S) adj.* • carefree.

निश्चित *(S) adj.* • definite.

निश्चेतन *(S) adj.* • unconscious.

निश्चेष्ट *(S) adj.* • motionless.

निश्छल *(S) adj.* • guileless; innocent; not deceitful.

निश्वास *(S) m.* • breathing.

निषिद्ध *(S) adj.* • forbidden.

निषेध *(S) m.* • prohibition.

निषेधाज्ञा *(S) f.* • injunction.

निष्कंटक *(S) adj.* • free of thorns; free of trouble.

निष्कपट *(S) adj.* • guileless; honest; ~**ता** *f.* honesty.

निष्कर्ष *(S) m.* • conclusion.

निष्कलंक *(S) adj.* • pure; flawless.

निष्काम *(S) adj.* • disinterested.

निष्कास *(S) m.* • egress; exit. ~**न** *m.* expulsion.

निष्कासित *(S) adj.* • expelled.

निष्क्रांत *(S) adj.* • released.

निष्क्रिय *(S) adj.* • inactive. ~**ता** *f.* passivity.

निष्ठा *(S) f.* • reverence; allegiance.

निष्ठुर *(S) adj.* • merciless; cruel. ~**ता** *f.* mercilessness; cruelty.

निष्णात *(S) adj.* • learned.

निष्पक्ष *(S) adj.* • impartial; neutral; ~**ता** *f.* impartiality.

निष्पन्न *(S) adj.* • accomplished.

निष्पादक *(S) m.* • performer.

निष्पादन *(S) m.* • execution; performance.

निष्प्रभाव और निरर्थक *(S) adj.* • null and void.

निष्प्रयोजन *(S) adj.* • pointless.

निष्प्राण *(S) adj.* • lifeless.

निष्फल *(S) adj.* • fruitless; abortine; un-successful. ~**ता** *f.* fruitlessness.

निसर्ग *(S) m.* • creation; nature.

निःशुल्क *(S) adj.* • free.

निःसंकोच *(S) adv.* • unhesitatingly.

निस्संतान *(S) adj.* • childless; issueless.

निस्संदेह *(S) adv.* • certainly.

निस्स्वार्थ *(S) adj.* • unselfish.

निहत्था *adj.* • unarmed.

निहाई *f.* • anvil.

निहायत *(A) adj & adv.* • very much; extremely.

निहारना *v.t.* • to gaze at.

निहाल *adj.* • prosperous; happy.

निहोरा *m.* • entreaty.

नींद *f.* • sleep.

नींव *f.* • foundation.

नीक *adj.* • good.

नीच *adj.* • low. *m.* a base person. ~**ता** *f.* meanness.

नीचा *adj.* • low; inferior.

नीचे *ad .* • below; underneath.

नीड़ *m.* nest.

नीति *(S) f.* • ethics; policy. ~ **शास्त्र** *m.* ethics.

नीमहकीम *(P) m.* • a quack.

नीयत *(P) f.* • intention; motive.

नीर *(S) m.* • water.

नीरव *(S) adj.* • silent. ~ **ता** *f.* silence.

नीरस *(S) adj.* • tasteless; dry.

नील *adj.* • blue. *m.* blue colour; indigo.

नीलम *m.* • sapphire.

नीला *adj.* • blue.

नीलाम *m.* • an auction.

नीहारिका *(S) f.* • nebula.

नुक़्ता *(A) m.* • a point; a dot. ~ **चीनी** *f.* fault-finding.

नुक़सान *(A) m.* • damage; harm; loss. ~ **उठाना** to suffer a loss; ~ **पहुँचाना** to harm; ~ **देह** *adj.* harmful.

नुकीला *adj.* • pointed.

नुक्कड़ *f.* • corner (of a street).

नुक़्स *(A) m.* • fault; flaw.

नुमाइंदा *(P) m.* • representative.

नुमाइश *(P) m.* • exhibition; show.

नुस्ख़ा *(P) m.* • a prescription.

नूतन *(S) adj.* • new; modern.

नूपुर *(S) m.* • a hollow anklet containing tiny bells.

नूर *(A) m.* • radiance.

नृत्य *(S) m.* • dancing; dance. ~ **शाला** *f.* a dance hall.

नृप, नृपति *(S) m.* • a king. ~ **हत्या** *f.* regicide.

नृशंस *(S) adj.* • cruel; ~ **अपराध** *m.* heinous crime; ~ **ता** *f.* atrocity.

नेक *(P) adj.* • good; excellent. ~ **चलन** *m.* good conduct; *adj.* virtuous; ~ **दिल** *adj.* cordial; ~ **नाम** *adj.* celebrated; ~ **नीयत** *adj.* well-intentioned.

नेकी *(P) f.* • goodness; virtue.

नेज़ा *(P) m.* • lance.

नेता *(S) m.* • a leader. ~ **गीरी** *f.* leadership.

नेतृत्व *(S) m.* • leadership.

नेत्र *(S) m.* • the eye. ~ **विज्ञान** *m.* ophthalmology; ~ **हीन** *adj.* blind.

नेफ़ा *(P) m.* • a doubled seam carrying the draw-string of trousers.

नेमत *(P)* • affluence.

न्योता, नेवता *m.* • invitation.

नेस्तनाबूद *(P) adj.* • annihilated.

नैतिक *(S) adj.* • moral. ~ **ता** *f.* morality. ~ **पतन** *m.* demoralisation.

नैमित्तिक *(S) adj.* • periodical; ~ **व्यय** *m.* contingent charges.

नैया *f.* • a boat.

नैसर्गिक *(S) adj.* • natural. ~ **प्रवृत्ति** *f.* natural instinct. ~ **मृत्यु** *f.* natural death. ~ **साधन** *m.* natural resources.

नैहर *m.* • wife's paternal home.

नोक (P) f. • point; end; ~**झोंक** f. sarcasm; repartee.

नोकीला adj. • pointed.

नोचखसोट f. • snatching.

नोचना v.t. • to scratch; to snatch away.

नोट m. • a note; currency note.

नोन, नून m. • salt.

नोना adj. • salty.

नोनिया m. • a salt-maker.

नौ adj. • nine.

नौकर (P) m. • a servant. ~**शाह** m. a bureaucrat; ~**शाही** f. bureaucracy.

नौकरानी f. • maid-servant.

नौकरी (P) f. • service; employment; a post.

नौका (S) f. • a boat.

नौजवान m. • youth.

नौनिहाल m. • baby.

नौपरिवहन संचालन m. • navigation.

नौभार m. • cargo.

नौरतन m. • nine gems.

नौसिखुआ m. • novice.

नौसेना (S) f. • navy.

नौसैनिक (S) m. • naval force.

नौसेनाध्यक्ष (S) m. • Chief of Naval Staff.

नौबत (P) f. • plight.

न्याय (S) m. • justice; fairness. ~**कर्त्ता** m. judge; ~**तः** adv. justly. ~**पालिका** f. judiciary. ~**पीठ** f. Bench (of law). ~**वादी** m. attorney. ~**विरुद्ध** adj. unlawful. ~**व्यवहार** m. fairplay. ~**शुल्क** m. court fee. ~**समिति** f. jury.

न्यायाधीश (S) m. • judge.

न्यायालय (S) m. • law court.

न्यायानुकूल (S) adj. • equitable.

न्यायिक (S) adj. • judicial. ~**कार्यवाही** f. judicial proceeding.

न्यायी (S) adj. • just.

न्यारा adj. • distinct; unusual.

न्यास (S) m. • a trust.

न्यासी (S) m. • a trustee.

न्यून (S) adj. • less. ~**तम** adj. minimal; minimum; ~**ता** f. shortage.

प

पंक (S) m. • mud.

पंकिल (S) m. • muddy.

पंकीला m. • muddy.

पंक्ति (S) f. • line; row. ~**बद्ध** adj. arranged in a line.

पंख m. • wing.

पंखड़ी, पंखुड़ी *f.* • petal.

पंखा *m.* • a fan (hand or electric).

पंगु *(S) m.* • lame.

पंच *(S) m.* • an arbitrator. ~**मंडल** *m.* tribunal. ~**नामा** *m.* arbitration writ. ~**वर्षीय** *adj.* five-yearly.

पंचगुना *adj.* • fivefold.

पंचम *(S) adj.* • fifth.

पंचमी *(S) m.* • the fifth day of a lunar half-month.

पंचांग, पंजिका *(S) f.* • almanac.

पंचानवे *adj.* • ninety-five.

पंचायत *f.* • a village council.

पंचायती *adj.* • having to do with a panchayat. ~**राज** *m.* system of local self government.

पंछी *m.* • a bird.

पंजर *(S) m.* • skeleton.

पंजा *(P) m.* • claw; paw.

पंजी *f.* • register. ~**करण** *m.* registration. ~**कृत** *m.* registered. ~**कार** *m.* registrar. ~**यन** *m.* registration.

पंडा *m.* • a temple priest.

पंडाल *m.* • pavilion.

पंडित *(S) adj.* • learned; *m.* a scholar.

पंडिताई *f.* • scholarship.

पंडिताऊ *adj.* • pedantic.

पंडुक *m.* • dove.

पंथ *m.* • path; way. ~**निहारना** to wait.

पंथी *m.* • a wayfarer.

पंद्रह *adj.* • fifteen. ~**वाँ** *adj.* fifteenth.

पंसारी *m.* • a grocer.

पकड़ *f.* • hold; capture.

पकड़ना *v.t.* • to catch; to capture; to arrest.

पकड़वाना, पकड़ाना *v.t.* • to cause to be caught; to hand over.

पकना *v.i.* • to be cooked; to ripen.

पकवान *m.* • sweetmeat; sweets.

पकवाना *v.t.* • to cause to be cooked or to ripen.

पका *adj.* • cooked; ripe.

पकाना *v.t.* • to cook; to ripen.

पकौड़ा, पकौड़ी *m./f.* • a savoury vegetable coated in gram flour and deep fried.

पक्का *adj.* • complete; finished; well-made; solid; strong. ~**रोकड़** *m.* account book.

पक्ष *(S) m.* • side; flank; aspect. ~**पात** *m.* partiality.

पक्षी *(S) m.* • a bird. ~**विज्ञान** *m.* ornithology.

पखवाड़ा, पखवारा *m.* • a fortnight.

पखावज *m.* • a side-drum.

पखेरू *m.* • a bird.

पग *m.* • a step; the foot. ~**डंडी** *f.* footpath. ~-**पग पर** *adv.* at every step.

पगड़ी, पगिया *f.* • a turban.

पगुराना *v.i.* • to chew the cud.

पचना *v.i.* • to be digested.

पचपन *adj.* • fifty-five.

पचवई *f.* • an intoxicating drink made from fermented rice.

पचहत्तर *adj.* • seventy-five.

पचानवे *adj.* • ninety-five.

पचाना *v.t.* • to digest.

पचास *adj.* • fifty.

पचासी *adj.* • eighty-five.

पचीस, पच्चीस *adj.* • twenty-five.

पच्चर *m.* • a wedge.

पच्चीकारी *f.* • inlay work; mosaic.

पच्छिम *adj.* • western; m. west.

पछड़ना, पिछड़ना *v.i.* • to fall; to lag behind.

पछताना *v.t.* • to regret; *to* repent.

पछतावा *m.* • repentance; regret.

पछाह *adj.* • western.

पछाड़ना *v.t.* • to overpower; to throw down.

पछुआ *f.* • westerly.

पजावा *m.* • brick-kiln.

पट *adj.* • lying flat; prone. ~**पड़ना** *v.i.* to fall flat. *m.* cloth. ~**कथा** *f.* screen-play.

पटकना *v.t.* • to knock down.

पटकनी *f.* • a knock-down.

पटकाना *v.t.* • to be dashed down.

पटरा *m.* • a board; plank.

पटरी *f.* • a strip of wood. ~**बैठना** to have one's aim achieved.

पटल *(S) m.* • screen; veil.

पटवारी *m.* • registrar of a village's land accounts.

पटसन *m.* • jute.

पटाका, पटाखा *m.* • a cracker.

पटाना *v.t.* • to irrigate; to settle (an account, etc.).

पटाव *m.* • levelling.

पटिया *f.* • writing board; stone slab.

पटुआ, पटुवा *m.* • jute.

पटेल *m.* • a village headman.

पट्टा *m.* • a deed; a title deed; dog's collar. ~**कर्ता** *m.* lessor. ~**दार** *m.* lease-holder. ~**समर्पण** *m.* surrender of lease.

पट्टी *f.* • bandage; wooden strip. ~**दार** *m.* cosharer. ~**दारी** *f.* cosharing tenure.

पट्टू *m.* • coarse woollen cloth.

पट्ठा *m.* • a vigorous young man.

पठन *(S) m.* • reading. ~-**पाठन** *m.* reading and teaching.

पठनीय *(S) adj.* • readable.

पठार *m.* • a plateau.

पठित *(S) adj.* • read.

पठिया *f.* • a young female animal.

पड़ताल *f.* • examining; review.

पड़ती, परती *f.* • fallow land.

पड़ना *v.i.* • to fall. **बीमार**~ *v.i.* to fall ill.

पड़ाव *m.* • halting place. ~**डालना** to encamp.

पड़ोस *m.* • neighbourhood.

पड़ोसिन *f.* • female neighbour.

पड़ोसी *m.* • neighbour.

पढ़ना *v.t.* • to read. ~**-लिखना** *m.* to be literate.

पढ़वाना *v.t.* • to cause to read; to cause to be taught.

पढ़ाई *f.* • study. ~**-लिखाई** *m.* education; schooling.

पढ़ाना *v.t.* • to teach.

पण *(S) m.* • gambling; price.

पण्य *(S) adj.* • saleable.

पतंग *m.* • a paper-kite; a moth. ~**बाज़ी** *f.* kite-flying.

पतंगा *m.* • moth.

पतझड़ *m.* • autumn

पतन *(S) m.* • fall; decline. ~**शील** *adj.* in decline.

पतला *adj.* • thin; lean; weak. ~**पन** *m.*thinness.

पतवार *f.* • a rudder; helm.

पता *(P) m.* • trace; address. ~**पाना** *v.t.* to trace. ~**लगाना** *v.t.* to obtain a clue.

पताका *f.* • banner; flag.

पति *(S) m.* • husband; lord.

पतित *(S) adj.* • fallen. ~**पावन** *adj.* purifying the sinful.

पतिव्रता *(S) f.* • a chaste wife.

पतीला *m.* • a wide-mouthed pan.

पतीली *f.* • a small pan.

पतुरिया *f.* • a prostitute.

पतोहू *f.* • daughter-in-law.

पत्तन *(S) m.* • port.

पत्तल *m.* • a leaf-plate.

पत्ता, पत्ती *m.f.* • leaf.

पत्थर *m.* • stone; hailstone. ~**की खान** *f.* quarry. ~**कोयला** *m.* coal.

पत्नी *(S) f.* • wife.

पत्र *m.* • letter; feather; leaf. ~**कार** *m.* journalist. ~**कारिता** *f.* journalism. ~**-व्यवहार** *m.* correspondence.

पत्राचार *(S) m.* • correspondence.

पत्रालय *m.* • post-office.

पत्रिका *(S) f.* • magazine.

पथ *(S) m.* • path; way. ~**कर** *m.* toll; road tax. ~**प्रदर्शक** *m.* guide. ~**भ्रष्ट** *adj.* strayed from the path.

पथराना *v.i.* • to petrify; to grow hard or stony.

पथराव *m.* • stoning.

पथरी *f.* • stone in the bladder.

पथरीला *adj.* • stony; rocky.

पथरौटा *m.* • a stone bowl.

पथरौटी *f.* • a small stone bowl.

पथिक *(S) m.* • a traveller.

पथेरा *m.* • a brickmaker.

पथ्य *(S) m.* • wholesome food or diet.

पद *(S) m.* • step; position; rank. ~**क्रम** *m.* status; grade. ~**चिह्न** *m.* foot-print; ~ **च्युति** *f.* dismissal; ~ **त्याग** *m.* resignation. ~**त्यागना** *v.t.* to resign. ~**भार** *m.* charge of office. ~**स्थापना** *m.* posting.

पदक *(S) m.* • medal.

पददलित *(S) adj.* • trampled.

पदवी *(S) f.* • position; title.

पदाधिकारी *(S) m.* • office-bearer.

पदेन *m.* • ex-officio.

पदार्थ *(S) m.* • material; a substance. ~**वाद** *m.* materialism. ~**वादी** *adj.* materialist.

पदाभिलाषी *(S) m.* • candidate.

पदावनति *(S) f.* • demotion.

पदोन्नति *(S) f.* • promotion.

पद्धति *(S) f.* • manner; system.

पद्म *(S) m.* • a lotus.

पद्य *(S) m.* • verse; poetry. ~**बद्ध** *adj.* versified.

पधारना *v.i.* • to arrive.

पनघट *m.* • a well; water-drawing place.

पनचक्की *f.* • a water-mill.

पनडुब्बा *m.* • a diver.

पनडुब्बी *f.* • submarine.

पनपना *v.i.* • to recover; to flourish.

पनसारी *m.* • a grocer.

पनहा *(P) adj.* • width; breadth.

पनाला *m.* • drain; gutter.

पनाह *(P) f.* • refuge; shelter.

पनीर *(P) m.* • cheese.

पन्ना *m.* • leaf; page; emerald.

पन्नी *f.* • metal foil.

पपड़ा, पपड़ी *m./f.* • crust; scurf.

पपीता *m.* • the papaya tree and its fruit.

पपोटा *m.* • eyelid.

परंतु *(S) conj.* • but; however; nevertheless.

परंपरा *(S) f.* • tradition. ~**गत** *adj.* traditional.

पर *ppn.* • on; over; but; *m.* wing.

परकार, परकाल *m.* • callipers; compass.

परकीया *(S) f.* • the wife of another person.

परख *f.* • test. ~**ना** *v.t.* to test.

परगना *m.* • sub-division.

परचा *m.* • question paper.

परचून *m.* • grocery.

परछाई *f.* • reflection; shadow.

परत *f.* • layer.

परतंत्र *adj.* • dependent.

परदादा *m.* • (paternal) great grand father.

परदादी *f.* • (paternal) great grand mother.

परदेश *m.* • foreign country.

परदेशी *m.* • foreigner.

परनाना *m.* • (maternal) great grand father.

परनानी *f.* • (maternal) great grand mother.

परनाला *m.* • drain.

परपोता *m.* • great grand son.

परपोती *f.* • great grand daughter.

परम *(S) adj.* • supreme; greatest; highest. ~**तत्त्व** *m.* the highest reality. ~**पूज्य** *adj.* revered.

परमाण्विक *(S) adj.* • atomic.

परमाणु *(S) m.* • an atom. ~**बम** *m.* atom bomb. ~**युद्ध** *m.* nuclear-war.

परवरिश *(P) f.* • rearing (a family); support.

परवश *(S) adj.* • dependent.

परवाना *(P) m.* • a moth; warrant; order.

परवाह *(P) f.* • concern. ~**करना** to care (about).

परसाल *adv.* • last year.

परसों *adv.* • the day before yesterday; the day after tomorrow.

परस्पर *(S) adj.* • mutual; reciprocal.

परहित *(S) m.* • benevolence. ~**कारी प्रन्यास** *m.* benevolent fund.

परहेज़ *(P) m.* • abstention.

पराकाष्ठा *(S) f.* • climax.

पराक्रम *(S) m.* • valour.

पराक्रमी *(S) m.* • valiant.

पराक्रांत *(S) adj.* • attacked.

पराग *(S) m.* • pollen.

पराङ्मुख *(S) adj.* • averse; indifferent. ~**ता** *f.* aversion.

पराजय *(S) m.* • defeat. ~**वाद** *m.* defeatism.

पराजित *(S) adj.* • conquered; defeated. ~**करना** *v.t.* to defeat. ~**होना** *v.i.* to be defeated.

परात *f.* • a large circular metal dish.

पराभव *(S) m.* • defeat; disgrace.

पराभूत *(S) adj.* • defeated; disgraced.

परामर्श *(S) m.* • consultation; advice. ~**देना** *v.t.* to advise.

परायण *(S) adj.* • engrossed in.

पराया *adj.* • another's; other's.

परावर्तन *(S) m.* • reflection (of light).

परावर्तित *(S) adj.* • reflected.

पराश्रित *(S) adj.* • dependent.

परास्त *(S) adj.* • defeated.

परिंदा *(P) m.* • a bird.

परिकलन *(S) m.* • calculation.

परिक्रमा, प्रदक्षिणा *(S) f.* • circumambulation.

परिगणित *(S) adj.* • enumerated.

परिचय *(S) m.* • aquaintance; ~**कराना** *v.t.* to introduce. ~**पत्र** *m.* introduction letter.

परिचर *(S) m.* • attendant.

परिचर्या *(S) f.* • nursing.

परिचायिका *(S) f.* • prospectus.

परिचित *(S) adj.* • aquainted.

परिच्छेद *(S) adj.* • chapter; section (of a book).

परिजन *(S) m.* • family.

परिणय *(S) m.* • marriage.

परिणाम *(S) m.* • conclusion; result.

परित्यक्त *(S) adj.* • abandoned; deserted.

परित्याग *(S) m.* • abandonment; renunciation.

परित्राण *(S) m.* • deliverance.

परिदर्शक *(S) m.* • guide.

परिधि *(S) f.* • circumference.

परिपक्व *(S) adj.* • quite ripe; fully-cooked. ~**ता** maturity; ripeness.

परिपत्र *(S) m.* • (circular) letter.

परिपाटी *(S) f.* • tradition.

परिपूर्ण *(S) adj.* • complete; abundant.

परिभाषा *(S) f.* • definition; technical language.

परिभाषित *(S) adj.* • defined.

परिभ्रमण *(S) m.* • travelling; tour.

परिमल *(S) m.* • fragrance.

परिमाण *(S) m.* • quantity; extent.

परिमार्जित *(S) adj.* • refined; purified.

परिमित *(S) adj.* • measured; limited.

परिमिति *(S) f.* • limitation.

परियोजना *(S) f.* • a project.

परिरक्षण *(S) m.* • preservation.

परिवर्तन *(S) m.* • change; transformation.

परिवर्तित *adj.* • changed.

परिवर्धन *(S) m.* • modification.

परिवार *(S) m.* • family. ~**नियोजन** *m.* family planning.

परिवीक्षा *(S) f.* • probation.

परिवेदन *(S) m.* • dispute; complaint.

परिवेश *(S) m.* • surroundings; environment.

परिव्राजक *(S) m.* • a wandering ascetic.

परिशिष्ट *(S) m.* • an appendix.

परिश्रम *(S) m.* • hard work; effort; labour.

परिश्रमी *(S) adj.* • industrious; hard-working.

परिश्रांत *(S) adj.* • exhausted.

परिषद् *(S) m.* • council; board.

परिष्कार *(S) m.* • cleansing; purification.

परिसर *(S) m.* • neighbourhood.

परिसंपत्ति *(S) f.* • assets.

परिस्थिति *(S) f.* • circumstances.

परिहार्य *(S) m.* • avoidable.

परिहास *(S) m.* • ridicule.

परी *(P) f.* • a fairy.

परीक्षक *(S) m.* • examiner.

परीक्षण *adj.* • experiment.

परीक्षा *(S) f.* • examination.

परीक्षित *(S) adj.* • examined; experimented.

परे *adv.* • beyond; away; further off.

परेशान *(P) adj.* • troubled; perplexed.

परेशानी *(P) f.* • trouble; perplexity.

परोक्ष *(S) adj.* • hidden; implied.

परोपकार *(S) m.* • benevolence.

परोपकारी *(S) adj.* • benevolent.

परोपजीवी *(S) adj.* • parasitic.

परोसना *v.t.* • to serve food.

पर्चा *m.* • question paper.

पर्ची *f.* • slip of paper.

पर्णकुटी *(S) f.* • hermitage; leaf-hut.

पर्त *f.* • layer.

पर्दा *m.* • curtain; screen.

पर्यटक *(S) m.* • a tourist.

पर्यटन *(S) m.* • tourism.

पर्यवेक्षक *(S) m.* • supervisor.

पर्याप्त *(S) adj.* • enough; sufficient.

पर्याय *(S) m.* • a synonym. ~**वाची** *adj.* synonymous.

पर्यावरण *(S) m.* • the environment.

पर्व *(S) m.* • festival.

पर्वत *(S) m.* • mountain. ~**माला** *f.* mountain-range.

पर्वतारोहण *(S) m.* • mountaineering.

पर्वतारोही *(S) m.* • mountaineer.

पलंग *m.* • a bed. ~**पोश** *m.* coverlet; bedcover.

पल *m.* • a moment.

पलक *(P) m.* • the eyelid. ~**झपकते** *adv.* in a moment.

पलटन *f.* • a regiment; battalion.

पलटना *v.t.* • to overturn; to turn back.

पलटा *m.* • turning over; change.

पलटाना *v.t.* • to turn over.

पलड़ा *m.* • weighing pan (of a scales).

पलना *v.i.* • to be brought up.

पलस्तर *m.* • plaster.

पलायन *(S) m.* • escape; desertion. ~**वाद** *m.* escapism. ~**वादी** *adj.* escapist.

पलायित *(S) adj.* • fugitive; fled.

पलीता *(P) m.* • fuse; ignitor.

पल्लव *(S) m.* • new foliage.

पल्ला *m.* • edge (of a garment); single leaf (of a door). ~**छुड़ाना** *v.t.* to shake off.

पवन *(S) m.* • air; wind. ~**चक्की** *f.* windmill.

पवित्र *(S) adj.* • pure; sacred. ~**ता** *f.* purity.

पशम *(P) m.* • wool.

पशमी *(P) adj.* • woollen.

पशमीना *(P) m.* • woollen shawl.

पशु *(S) m.* • cattle; animal. ~**चिकित्सक** *m.* veterinary surgeon. ~ **चिकित्सा** *f.* veterinary science. ~ **धन** *m.* livestock. ~**पालन विभाग** *m.* animal husbandry department. ~**विज्ञान महाविद्यालय** *m.* veterinary college.

पश्चात् *(S) adv.* • afterwards; behind.

पश्चाताप *(S) m.* • remorse; repentance.

पश्चिम *(S) m.* • the west.

पश्चिमी *adj.* • western.

पसंद *(P) f.* • choice; approval; preference. ~ **करना** *v.t.* to choose; to like.

पसंदीदा *(P) adj.* • liked; chosen.

पसरना *v.i.* • to be stretched out.

पसली *f.* • rib.

पसारना *v.t.* • to spread out.

पसीजना *v.i.* • to melt; to feel sorrow (for).

पसीना *m.* • sweat. ~ **आना,** ~ **निकलना** to sweat; to perspire.

पस्त *(P) adj.* • defeated. ~ **हिम्मत** *adj.* discouraged; demoralised.

पहचान, पहिचान *f.* • recognition; acquain-tance; identification. ~ **ना** *v.t.* to identify; to recognise.

पहनना *v.t.* • to wear; to put on (clothes).

पहनाना *v.t.* • to clothe.

पहनावा *m.* • dress; clothing.

पहर *m.* • a three hours' period.

पहरा *(P) m.* • a watch; guard. ~ **देना** to keep watch.

पहरेदार *(P) m.* • a watchman; guard.

पहराना *v.t.* • to clothe.

पहनावा *m.* • dress.

पहलवान *(P) m.* • a wrestler.

पहला *adj.* • first; primary.

पहलेपहल *adv.* • for the first time.

पहलू *(P) m.* • aspect; side (of the body or of an object); flank.

पहलौटा, पहलौठा *adj.* • first born.

पहाड़ *m.* • mountain; hill.

पहाड़ा *m.* • a multiplication table.

पहाड़ी *adj.* • of the hills; hill-dwelling; *f.* hillock.

पहिया *m.* • wheel.

पहुँच *v.i.* • arrival; access.

पहुँचना *v.i.* • to reach.

पहुँचवाना *v.t.* • to cause to be delivered.

पहुँचा *m.* • reached; forearm; ~ **हुआ** *adj.* experienced; expert.

पहुँचाना *v.t.* • to convey (to a place).

पहुना *m.* • guest.

पहेली *f.* • puzzle; riddle.

पाँच *adj.* • five; ~ **वाँ** *adj.* fifth.

पांत, पांति *f.* • row; line.

पांव *m.* • foot. ~ **अड़ाना** to interfere. ~ **उखड़ना** *v.i.* to take to flight. ~ **जमाना** to stand firmly. ~ **फैलाना** to encroach. ~ **बढ़ाना** to go ahead.

पांवड़ा *m.* • cloth (as spread to welcome a guest).

पाक *(S) m.* • cooking; preparing food. ~ **शास्त्र** *m.* the science of cookery.

पाक *(P) adj.* • pure.

पाकीज़ा *(P) adj.* • chaste.

पाक्षिक *(S) adj.* • fortnightly.

पाखंड *m.* • hypocrisy.

पाखंडी *adj.* • hypocritical; *m.* hypocrite.

पाखाना *m.* • latrine; stool.

पाग *m.* • syrup; fruit cooked in syrup; turban.

पागना *v.t.* • to boil in syrup.

पागल *adj.* • mad; insane. *m.* a mad man. ~ **ख़ाना** *m.* insane

asylum. ~पन *m.* insanity.
पागुर *m.* • chewing the cud.
पाचक *(S) adj.* • digestive.
पाचन *(S) m.* • digestion.
पाच्य *(S) adj.* • digestible.
पाजामा *m.* • loose cotton trousers.
पाजी *adj.* • worthless. *m.* a scoundrel. ~पन *m.* villainy.
पाटना *v.t.* • to fill in or up; to plank over.
पाठ *(S) m.* • lesson.
पाठक *(S) m.* • a reader.
पाठन *(S) m.* • reading; teaching.
पाठशाला *(S) f.* • a school.
पाठ्य *(S) adj.* • readable; ~क्रम *m.* syllabus; curriculum. ~पुस्तक *f.* text-book. ~समिति *f.* Board of Studies.
पाठ्येतर *(S) adj.* • extra-curricular.
पाड़ *m.* • edging; border (of a sari or dhoti).
पाणि *(S) m.* • the hand. ~ग्रहण *m.* marriage.
पांडुलिपि *(S) f.* • manuscript.
पात *m.* • a leaf.
पात *(S) m.* • falling; downfall.
पातक *(S) m.* • sin.
पातकी *(S) m.* • a sinner.
पाताल *(S) m.* • the nether region of the world.
पातिव्रत, पातिव्रत्य *(S) m.* • marital fidelity; faithfulness.
पाती *f.* • letter.
पात्र *(S) m.* • vessel; character (in a literary work); actor (in a drama or film).
पात्रता *(S) f.* • eligibility.
पात्री *(S) f.* • actress (in a drama); a female character (in a literary work).
पाथना *v.t.* • to mould bricks; to make cowdung-cakes.
पाथेय *(S) m.* • provisions for a journey.
पादप *(S) m.* • a plant.
पादरी *m.* • Christian priest.
पादुका *(S) f.* • a wooden shoe; shoe.
पान *m.* • betel leaf.
पान *(S) m.* • drinking. दुग्ध~ drinking of milk.
पाना *v.t.* • to get.
पानी *m.* • water. मुंह में~आना to feel greedy. ~उतारना to dishonour. पैसा~की तरह बहाना *v.t.* to squander money. ~के मोल very cheap. ~चढ़ाना *v.t.* to temper. ~ पटाना *v.t.* to irrigate. ~पानी होना *v.i.* to be ashamed.
पाप *(S) m.* • sin. ~मोचन *m.* liberation from sin.
पापी *(S) adj.* • sinful; *m.* a sinner.
पाबंद *(P) adj. & m.* • restrained.
पाबंदी *f.* • restriction; ban.
पायंचा *(P) m.* • leg of trousers.

पायदान *(P) m.* • footrest; foot board; doormat.

पायल *m.* • anklet with bells.

पायस *(S) m.* • rice boiled in milk.

पाया *v.t.* • (p.t.) got.

पाया *m.* • leg of a chair or table or bed.

पार *m.* • the far bank (of a river); adv. beyond; across. ~**करने योग्य** *adj.* fordable. ~**जाना** *v.i.* to cross; ~**पत्र** *m.* passport.

पारंपरिक *(S) adj.* • traditional.

पारखी *adj.* • discerning; *m.* connoisseur.

पारदर्शक, पारदर्शी *adj.* • transparent; farsighted.

पारदेशिक सेवा *(S) f.* • foreign service.

पारमाण्विक *(S) adj.* • atomic.

पारमार्थिक *(S) adj.* • spiritual.

पारलौकिक *(S) adj.* • having to do with the next world.

पारस *m.* • philosopher's stone.

पारस्परिक *(S) adj.* • mutual; reciprocal.

पारा *m.* • mercury.

पारित *(S) adj.* • passed (as a bill or proposal).

पारितोषिक *(S) m.* • prize; award.

पारिभाषिक *(S) adj.* • technical (a term or word).

पारिवारिक *(S) adj.* • familial; having to do with family.

पारिश्रमिक *(S) m.* • remuneration.

पारी *f.* • turn; innings. ~**पारी** *adv.* by turns.

पार्थक्य *(S) m.* • separateness.

पार्थिव *(S) adj.* • earthly; mortal.

पार्श्व *(S) m.* • side; flank. ~**गायन** *m.* playback singing.

पार्षद *(S) adj.* • having to do with a council. *m.* member of the council.

पाल *m.* • sail; tent.

पालक *m.* • spinach; protector.

पालकी *f.* • litter.

पालतू *adj.* • domestic; pet.

पालथी *f.* • cross-legged posture.

पालन *(S) m.* • rearing.

पालना *v.t.* • to rear; *m.* a cradle.

पाला *m.* • frost.

पालित *(S) adj.* • reared.

पावक *(S) m.* • fire.

पावती *f.* • receipt (of a letter or for payment).

पावन *(S) adj.* • pure; holy.

पावना *m.* • a sum due; credit.

पावस *m.* • the rainy season.

पाश *(S) m.* • net.

पाशविक *(S) adj.* • bestial.

पांश्चात्य *(S) adj.* • western.

पाषाण *(S) m.* • a stone.

पासंग *(S) m.* • counter-weight.

पास *adv.* • nearby; near; beside.

पासा *m.* • dice; die.

पाहुन *m.* • a guest.

पिंजड़ा, पिंजरा *m.* • a cage.
पिंड *(S) m.* • a lump; a ball; the human body. ~ **छुड़ाना** to get free. ~**छूटना** to escape.
पिंडली *f.* • calf of the leg.
पिअरी *f.* • cloth dyed in yellow colour.
पिघलना *v.i.* • to dissolve; to melt.
पिघलाना *v.t.* • to melt.
पिचकना *v.i.* • to shrivel.
पिचकाना *v.t.* • to press flat.
पिचकारी *f.* • squirt (of water); syringe; spray.
पिछड़ना *v.i.* • to fall behind; to lag.
पिछड़ापन *m.* • backward state.
पिछलगा-पिछलग्गू *m.* • a hanger-on.
पिछला *adj.* • last; previous.
पिछवाड़ा *m.* • backyard; rear part.
पिछाड़ी *f.* • rear part.
पिटना *v.i.* • to be beaten.
पिटवाना *v.t.* • to cause to be beaten.
पिटाई *f.* • beating.
पिटारा *m.* • a box
पिटारी *f.* • small basket.
पिट्ठू *m.* • a lackey; toady.
पितर *(S) m.* • paternal ancestors.
पिता *(S) m.* • father. ~**मह** *m.* (paternal) grandfather. ~**मही** *f.* (paternal) grandmother.
पितृगृह *(S) m.* • paternal home.
पितृघात *(S) m.* • patricide.
पितृसत्तात्मक *(S) adj.* • patriarchal.
पित्त *m.* • bile. ~**ज्वर** *m.* jaundice.
पित्ताशय *(S) m.* • the gall-bladder.
पिद्दी *f.* • a hen robin.
पिनपिनाना *v.i.* • to whine.
पिनपिनाहट *f.* • whining.
पिन्हाना *v.t.* • to clothe.
पिपासा *(S) f.* • thirst; desire.
पिपासु *(S) adj.* • thirsty; desirous.
पिया, पिय *adj.* • darling; beloved.
पियक्कड़ *m.* • drunkard.
पिरोना *v.t.* • to string (as pearl, etc.).
पिलपिला *adj.* • soft; flabby.
पिलपिलाना *v.i.* • to become soft.
पिलपिलाहट *f.* • softness.
पिलवाना-पिलाना *v.t.* • to cause to drink.
पिल्ला *m.* • a puppy.
पिल्लू *m.* • a worm.
पिशाच *(S) m.* • demon; fiend.
पिशाचिनी *(S) f.* • demoness.
पिसना *v.i.* • to be ground; to suffer.
पिसवाना *v.t.* • to cause to be ground.
पिसाई *f.* • grinding; price paid for grinding; hard work.
पिस्सू *m.* • a flea.
पिहकना *v.i.* • to chirp.
पींजना *v.t.* • to card cotton.
पीक *f.* • spittle of chewed betel. ~**दान** *m.* spittoon.
पीछा *m.* • back part; pursuit. ~**करना** *v.t.* to chase. ~**छुड़ाना** *v.t.*

to shake off (as pursuit).
पीछे *adv.* • behind; after.
पीटना *v.t.* • to beat.
पीठ *m.* • the back.
पीठासीन *(S) adj.* • presiding. ~ **अधिकारी** *m.* presiding officer.
पीड़ा *(S) f.* • suffering; pain.
पीड़ित *(S) adj.* • sufering (from); oppressed; *m.* sufferer.
पीढ़ा *m.* • a stool.
पीढ़ी *m.* • a generation.
पीत *(S) adj.* • yellow.
पीतल *m.* • brass.
पीना *v.t.* • to drink.
पीप, पीब *m.* • pus.
पीयूष *(S) m.* • nectar.
पीर *(P) m.* • a Muslim saint.
पील *(P) m.* • an elephant. ~ **पांव** *m.* elephantiasis. ~ **वान** *(P)* elephant- driver.
पीला *adj.* • yellow. ~ **पन** *m.* yellowness.
पीलिया *m.* • jaundice.
पीसना *v.t.* • to grind.
पीहर *m.* • wife's father's house.
पुंज *(S) m.* • mass.
पुंजीभूत *(S) adj.* • accumulated.
पुल्लिंग *(S) n.* • masculine gender (gram.).
पुंसत्व *(S) m.* • masculinity.
पुआ *m.* • pancake.
पुआल *m.* • straw.
पुकार *f.* • call. ~ **ना** to call.
पुखराज *m.* • topaz.
पुख़्ता *(P) adj.* • strong; firm.
पुचकारना *v.t.* • to coax; to fondle.
पुचाड़ा, पुचारा *m.* • whitewash.
पुच्छल *adj.* • having a tail. ~ **तारा** *m.* a comet.
पुच्छला *m.* • a hanger-on.
पुछवाना *v.t.* • to cause to be asked.
पुजवाना, पुजाना *v.t.* • to cause to be worshiped.
पुजापा *m.* • offering (in worship).
पुजारी *m.* • the priest of a temple; a worshiper.
पुट्ठा *m.* • the rump; haunch; hip.
पुड़िया *f.* • a small packet.
पुण्य *(S) m.* • virtuous act; *adj.* virtuous. ~ **कर्म** *m.* auspicious act; ~ **तिथि** *f.* death anniversary. ~ **भूमि** *f.*, ~ **लोक** *m.* paradise.
पुण्यात्मा *(S) adj.* • righteous; pious.
पुतला *m.* • a puppet.
पुतली *f.* • a puppet. ~ **का नाच** *m.* a puppet show.
पुतवाई, पुताई *f.* • white washing; price paid for whitewashing.
पुत्र *(S) m.* • a son. ~ **वत्** *adj.* like a son. ~ **वती** *f.* a woman who has a son. ~ **वधू** *f.* daughter-in-law.
पुत्री *(S) f.* • daughter.
पुदीना *(S) m.* • mint.
पुनः *(S) adj.* • again; moreover.

पुनर्गठन *(S) m.* • reorganisation; reconstitution; restructuring.
पुनर्जन्म *(S) m.* • transmigration; rebirth.
पुनर्जागरण *(S) m.* • renaissance.
पुनर्दर्शन *(S) m.* • review.
पुनर्नवीकरण *(S) m.* • renovation; reorientation.
पुनर्निर्माण *(S) m.* • reconstruction.
पुनर्नियुक्त *(S) adj.* • re-employment.
पुनर्नियुक्ति *(S) f.* • re-employment.
पुनर्नियोग *(S) m.* • rehabilitation.
पुनर्निर्वाचन *(S) m.* • re-election.
पुनर्विचार *(S) m.* • reconsideration.
पुर्विवाह *(S) m.* • remarriage.
पुनरीक्षक *(S) m.* • vettor; reviewer.
पुनरीक्षण *(S) m.* • revision; vetting.
पुनरुद्धार *(S) m.* • reclamation; redemption.
पुनरावृत्ति *(S) f.* • recapitulation.
पुनश्च *(S) m.* • postscript (P.S.).
पुनीत *(S) adj.* • pure.
पुर *(S) m.* • town. ~वासी *m.* citizen.
पुरअमन *(P) adj.* • peaceful.
पुरखा *m.* • ancestor.
पुरज़ा *(P) m.* • part (of a mechanism).
पुरवा *m.* • a village.
पुरवा, पुरवैया *m.* • the eastern wind.
पुरस्कार *(S) m.* • a prize; reward.
पुरस्कृत *(S) adj.* • rewarded.
पुरसा *adj.* • of a man's height.
पुरातत्त्व *(S) m.* • archaeology. ~ज्ञ *m.* archaeologist.
पुरातन *(S) adj.* • ancient; old. ~पंथी *adj&m.* conservative.
पुराना *adj.* • old.
पुरालेख *(S) m.* • an archive.
पुरावशेष *(S) m.* • antiquities.
पुरी *(S) f.* • city; town.
पुरुष *(S) m.* • a man; a male.
पुरुषार्थ *(S) m.* • strength; manliness.
पुरुषार्थी *(S) adj.* • vigorous.
पुरोहित *(S) m.* • family priest.
पुल *(P) m.* • a bridge.
पुलक *(S) m.* • thrill of rapture; ecstasy.
पुलकित *(S) adj.* • enraptured.
पुलिंदा *m.* • a bundle.
पुलिया *f.* • a small bridge; culvert.
पुश्त *(P) f.* • the back; generation.
पुश्तैनी *adj.* • ancestral.
पुष्ट *(S) adj.* • nourished; confirmed.
पुष्टि *(S) f.* • confirmation.
पुष्टीकरण *(S) m.* • confirmation; ratification.
पुष्प *(S) m.* • a flower.
पुस्तक *(S) f.* • a book.
पुस्तकालय *(S) m.* • library.
पुस्तिका *(S) f.* • booklet; brochure.
पूँछ *f.* • tail.
पूंजी *f.* • capital. ~पति *adj. & m.* capitalist. ~वाद *m.* capitalism.

पूछ *f.* • enquiry. ~**ताछ** *f.* enquiry.

पूछना *v.t.* • to enquire; to ask.

पूजना *v.t.* • to worship.

पूजनीय, पूज्य *(S) adj.* • venerable; honoured; revered; respected.

पूजा *(S) f.* • worship.

पूजित *(S) adj.* • worshipped.

पूनम, पूनो *m.* • full moon.

पूनी *f.* • a roll of cotton prepared for spinning.

पूरक *(S) adj.* • supplementary.

पूरब *adj. & m.* • east.

पूरबी *adj.* • eastern.

पूरा *adj.* • full; complete.

पूरित *(S) adj.* • complete.

पूर्ण *(S) adj.* • full; *m.* a whole. ~**अधिवेशन** *m.* plenary session. ~**कालिक** *adj.* full-time. ~**तः** *adv.* completely. ~**मासी** *f.* the day of full moon. ~ **वयस्क** *adj. & m.* major. ~ **स्वामित्व** *m.* absolute ownership. ~**हड़ताल** *f.* total strike.

पूर्णिमा *(S) f.* • full moon.

पूर्ति *(S) f.* • filling; supply (of a commodity). ~**विभाग** *m.* Supply Department.

पूर्व *(S) adj.* • former; initial; *m.* the east. ~**अधिपत्र** *m.* warrant of preference. ~ **कथित** *adj.* aforesaid. ~**कल्पना** *f.* conjecture. ~**कालिक** *adj.* ancient. ~**क्रम** *m.* previous order. ~**क्रयाधिकार** *m.* pre-emption right. ~**ज** *adj. & m.* ancestor. ~**दृष्टांत** *m.* antecedent. ~**धारणा** *f.* preconception. ~**निर्णय** *m.* pre-determination. ~ **प्रभाव सहित** with retrospective effect. ~**वत्** *adv.* as formerly. ~**वर्ती** *adj.* antecedent. ~**विचार** *m.* forethought. ~**विधान** *m.* previous law. ~ **व्यवस्था** *f.* pre-arrangement. ~ **सम्मति** previous consent. ~ **सेवावृत्ति** *f.* pension. ~**स्वीकृति** *f.* previous sanction.

पूर्वाधिकारी *(S) m.* • predecessor.

पूर्वानुमान *(S) m.* • forecast.

पूर्वाभ्यास *(S) m.* • rehearsal.

पूर्वाह्न *(S) m.* • forenoon.

पूर्वोक्त *(S) adj.* • aforesaid.

पूर्वोपाय *(S) m.* • precaution.

पूस *m.* • tenth lunar month (December-January).

पृच्छा *(S) f.* • enquiry; questioning.

पृथक *(S) adj.* • separate; distinct; ~**ता** *f.* diversity. ~**ता वाद** *m.* separatism.

पृथ्वी, पृथिवी *(S) f.* • earth; world.

पृष्ठ *(S) m.* • the back; page. ~**पोषक** *m.* supporter; ~**भूमि** *f.* background.

पृष्ठांकन *(S) m.* • endorsement.

पृष्ठांकित *(S) adj.* • endorsed.

पेंग *f.* • swinging.

पेंच, पेच *(P)* • turn; twist; screw. ~ **कस** *m.* screwdriver. ~ **खोलना** *v.t.* to unscrew.

पेंचदार, पेचीदा *adj.* • intricate; complicated.

पेचिश *(P) f.* • diarrhoea.

पेचीदगी *(P) f.* • complexity.

पेट *m.* • the belly; stomach. ~ **काटना** *v.i.* to starve. ~ **गिरना** *v.i.* to have an abortion. ~ **गिराना** *v.t.* to get aborted. ~ **पालना** *v.t.* to manage to live. ~ **से होना** *v.i.* to be pregnant.

पेटी *f.* • belt; box.

पेटू *adj.* • gluttonous; *m.* a glutton.

पेठा *m.* • gourd.

पेड़ *m.* • a tree.

पेड़ू *m.* • the lower belly.

पेय *(S) m.* • a drink.

पेरना *v.t.* • to crush (cane, etc.); to afflict.

पेश आना *v.i.* • to behave.

पेश करना *v.t.* • to offer; to present.

पेशकार *m.* • court-clerk.

पेशवाज़ *(P) m.* • skirt (worn by dancing girls).

पेशगी *(P) f.* • an advance.

पेशतर *(P) adv.* • before.

पेशा *(P) m.* • profession; occupation.

पेशानी *(P) f.* • the brow.

पेशाब *(P) m.* • urine.

पेशी *(P) f.* • hearing (of a case); muscle.

पेशेवर *m.* • professional workman.

पैंजनी *f.* • an anklet with small bells.

पैंतरा *m.* • dodge (in a wrestle).

पैंताना *m.* • footside of a bedstead.

पैंतालीस *adj.* • forty-five.

पैंतीस *adj.* • thirty-five.

पैंसठ *adj.* • sixty-five.

पैग़ंबर *(P) m.* • prophet.

पैग़ाम *(P) m.* • message.

पैठ *f.* • entry.

पैठा *v.i.* • to enter.

पैठाना *v.t.* • to cause to enter.

पैतृक *(S) adj.* • ancestral; paternal; hereditary. ~ **धन** *m.* patrimony. ~ **संपत्ति** *f.* ancestral property.

पैदल *adj./adv.* • walking; on foot. ~ **सेना** *f.* infantry.

पैदा *(P) adj.* • born; produced. ~ **इश** *f.* birth. ~ **इशी** *adj.* inborn. ~ **वार** *f.* produce.

पैना *adj.* • sharp. ~ **पन** *m.* sharpness.

पैमाइश *(P) f.* • survey; measuring.

पैमाना *(P) f.* • measure (of length or volume); wine-glass.

पैर *m.* • the foot.

पैरना *v.i.* • to swing.

पैरवी *(P) f.* • advocacy. ~ **करना** *v.t.*

to pursue. ~कार *m.* prosecutor.

पैरोकार *m.* • advocate or supporter of a law-suit.

पैवंद, पैबंद *(P) m.* • a patch.

पैसा *m.* • money. ~उड़ाना *v.t.* to squander money. ~डुबोना *v.t.* to incur loss. ~लगाना to invest money.

पोंगा *adj.* • stupid.

पोंछना *v.t.* • to wipe.

पोखर, पोखरा *m.* • pond; tank.

पोटली *f.* • packet; small bundle.

पोत *m.* • ship. ~निर्माण *m.* ship building.

पोतना *v.t.* • whitewash.

पोता *m.* • son's son; grandson.

पोती *f.* • son's daughter; granddaughter.

पोथा *m.* • a large book.

पोथी *f.* • a book.

पोपला *adj.* • toothless. *m.* a toothless man.

पोर *f.* • a joint (of the body, etc.); a space between two joints.

पोल *f.* • hollowness. ~खुलना *v.i.* pretensions to be revealed.

पोला *adj.* • hollow. ~पन *m.* hollowness.

पोशाक *(P) f.* • dress.

पोशीदा *(P) adj.* • secret.

पोषक *(S) adj.* • nourishing.

पोषण *(S) m.* • nurturing.

पोसना *v.t.* • to bring up (children).

पौ *f.* • dawn.

पौढ़ना *v.i.* • to lie down.

पौत्र *(S) m.* • son's son; grandson.

पौत्री *(S) f.* • son's daughter; granddaughter.

पौधा *m.* • seedling; sapling.

पौर *adj.* • municipal; *m.* citizen. महा ~*m.* mayor. ~सदन *m.* town hall.

पौरुष *(S) adj.* • manly; *m.* virility; manly strength.

पौष्टिक *(S) adj.* • nourishing.

प्याज़ *(P) f./m.* • an onion.

प्यादा *(P) m.* • messenger; footman; a pawn (in chess).

प्यार *m.* • love; affection.

प्यारा *adj.* • beloved; dear.

प्याला *(P) m.* • cup; glass.

प्याली *f.* • a small cup or glass.

प्यास *f.* • thirst; desire.

प्यासा *adj.* • thirsty; desirous.

प्रकट *(S) adj.* • evident; obvious. ~होना to appear.

प्रकरण *(S) m.* • treatise; section (of a book).

प्रकांड *(S) adj.* • great.

प्रकार *(S) m.* • kind; type.

प्रकाश *(S) m.* • brightness; light. ~मान, ~वान *adj.* bright; lighted.

प्रकाशक *(S) adj.* • illuminating; *m.* publisher.

प्रकाशन *(S) m.* • publication.

प्रकाशित *(S) adj.* • published.
प्रकीर्ण *(S) adj.* • miscellaneous.
प्रकृति *(S) f.* • nature; temperament. ~**वाद** *m.* naturalism. ~**विज्ञान**, ~**शास्त्र** *m.* natural science.
प्रकोप *(S) m.* • wrath; violent outbreak.
प्रक्रिया *(S) f.* • manner; technique; process.
प्रक्षालन *(S) m.* • cleansing.
प्रक्षिप्त *(S) adj.* • interpolated (in a text).
प्रक्षेपण *(S) m.* • launching.
प्रक्षेपणास्त्र *(S) m.* • rocket-borne missile; ballistic missile.
प्रखर *(S) adj.* • very sharp. ~**बुद्धि** *adj.* sharp-brained.
प्रख्यात *(S) adj.* • celebrated; famous.
प्रगति *(S) f.* • progress. ~**शील** *adj.* progressive.
प्रगल्भ *(S) adj.* • arrogant.
प्रगाढ़ *(S) adj.* • excessive; firm.
प्रचंड *(S) adj.* • terrible.
प्रचलन *(S) m.* • vogue; currency.
प्रचलित *(S) adj.* • current; in vogue.
प्रचार *(S) m.* • propaganda; publicity; circulation. ~**अधिकारी** *m.* publicity officer. ~**करना** *v.t.* to publicise; to advertise.
प्रचारक *(S) adj.* • publicising; *m.* propagandist.
प्रचारण *(S) m.* • proclaiming.
प्रचारित *(S) adj.* • proclaimed.
प्रचुर *(S) adj.* • abundant; ample. ~**ता** *f.* abundance.
प्रच्छन्न *(S) adj.* • hidden.
प्रजनन *(S) m.* • breeding; procreation.
प्रजा *(S) f.* • people; subjects. ~**तंत्र** *m.* republic; democracy. ~**तंत्रात्मक** *adj.* democratic; republican.
प्रज्ञा *(S) f.* • wisdom.
प्रज्वलन *(S) m.* • blazing up; burning.
प्रज्वलित *(S) adj.* • blazing.
प्रण *(S) m.* • promise; a vow.
प्रणति *(S) f.* • bowing.
प्रणय *(S) m.* • love.
प्रणयिनी *(S) f.* • beloved.
प्रणयी *(S) m.* • lover.
प्रणव *(S) m.* • the sacred syllable—Om.
प्रणाम *(S) m.* • respectful greeting.
प्रणाली *(S) f.* • system.
प्रणीत *(S) adj.* • composed.
प्रणेता *(S) m.* • author; initiator.
प्रताड़ना *(S) f.* • scolding.
प्रताप *(S) m.* • ardour; glory.
प्रतापी *(S) adj.* • glorious.
प्रतारणा *(S) f.* • cheating.
प्रति *f.* • copy.
प्रतिकार *(S) m.* • revenge.
प्रतिकूल *adj.* • unfavourable.
प्रतिक्रिया *(S) f.* • reaction. ~**वादी** *adj.*

& m. reactionary.

प्रतिक्षण *(S) adj.* • at every moment.

प्रतिगामी *(S) adj.* • regressive.

प्रतिग्राही *(S) m.* • receiver.

प्रतिग्राह्य *(S) adj.* • admissible.

प्रतिज्ञा *(S) f.* • vow. ~**करना** to promise.

प्रतिदान *(S) m.* • returning; restitution; compensation.

प्रतिदिन *(S) adv.* • everyday; daily.

प्रतिद्वंद्विता *(S) f.* • rivalry.

प्रतिद्वंद्वी *(S) m.* • rival; competitor.

प्रतिध्वनि *(S) f.* • echo.

प्रतिनिधि *(S) m.* • representative; delegate. ~**मंडल** *m.* delegation.

प्रतिनिधित्व *(S) m.* • representation.

प्रतिनियुक्त *(S) adj.* • delegated; deputed.

प्रतिपक्ष *(S) m.* • opposite side.

प्रतिपक्षी *(S) m.* • opponent.

प्रतिपादित *(S) adj.* • established; proved.

प्रतिपाद्य *(S) adj.* • to be expounded.

प्रतिपालक *(S) m.* • guardian; patron.

प्रतिफल *(S) m.* • return; compensation.

प्रतिबंध *(S) m.* • restriction; ban.

प्रतिबंधित *(S) adj.* • restricted.

प्रतिबिंब *(S) m.* • reflection; image.

प्रतिबिंबित *(S) adj.* • reflected.

प्रतिभा *(S) f.* • talent; genius. ~**शाली** *adj.* talented.

प्रतिभू, प्रतिभूति *m./f.* • security.

प्रतिमा *(S) f.* • idol; image.

प्रतिमान *(S) m.* • standard.

प्रतिमास *adv.* • monthly.

प्रतियोगिता *(S) f.* • contest; competition.

प्रतियोगी *(S) m.* • competitor; rival.

प्रतिरक्षा *(S) f.* • defence. ~**विभाग** *m.* Defence Department.

प्रतिरूप *(S) m.* • counterpart; image.

प्रतिरोध *(S) m.* • opposition.

प्रतिरोधक *(S) adj.* • resistant.

प्रतिलिपि *(S) f.* • duplicate; a copy.

प्रतिलिप्याधिकार *(S) m.* • copyright.

प्रतिवाद *(S) m.* • contradiction; rejoinder.

प्रतिवादी *(S) m.* • defendant.

प्रतिवेदन *(S) m.* • report; complaint.

प्रति-व्यक्ति *m.* • per capita.

प्रतिशत *(S) adv.* • per cent.

प्रतिशोध *(S) m.* • revenge; retaliation.

प्रतिश्रुति *(S) f.* • promise.

प्रतिषिद्ध *(S) adj.* • forbidden.

प्रतिषेध *(S) m.* • prohibition.

प्रतिषेधाधिकार *(S) m.* • veto.

प्रतिष्ठा *(S) f.* • prestige; honour; installation.

प्रतिष्ठान *(S) m.* • an establishment; institute.

प्रतिष्ठित *(S) adj.* • established; famous; inaugurated.

प्रतिशपथ पत्र *(S) m.* • counter affidavit.

प्रतिस्थापन *(S) m.* • replacement.

प्रतिस्पर्धा *(S) f.* • rivalry; competition.

प्रतिस्पर्धी *(S) m.* • a rival.

प्रतिहिंसक *(S) adj.* • retaliation; revenge.

प्रतीक *(S) m.* • a symbol. ~**वाद** *m.* symbolism.

प्रतीकात्मक *(S) adj.* • symbolic.

प्रतीक्षा *(S) f.* • waitng for. ~**करना** to wait for. ~**लय** *m.* waiting room.

प्रतीति *(S) f.* • conviction; faith.

प्रत्यक्ष *(S) adj.* • evident; visible. ~**तः** *adv. prima facie.* ~**निर्वाचन** *m.* direct election; ~**व्यय** *m.* direct charges.

प्रत्याक्रमण *(S) m.* • counter-attack.

प्रत्यागमन *(S) m.* • return.

प्रत्यायुक्ति *(S) f.* • delegation (of power).

प्रत्यावर्तन *(S) m.* • return.

प्रत्यावर्तित *(S) adj.* • reverted; m. repatriate.

प्रत्याशा *(S) f.* • anticipation.

प्रत्याशित *(S) adj.* • anticipated; awaited.

प्रत्याशी *(S) m.* • candidate.

प्रत्यासन्न *(S) adj.* • imminent.

प्रत्युत्तर *(S) adj.* • rejoinder.

प्रत्युत्पन्न *(S) adj.* • prompt; ready.

प्रत्युपकार *(S) adj.* • favour returned.

प्रत्येक *(S) adj.* • each; every.

प्रथम *(S) adj.* • first; primary. ~**आक्रमणकर्ता** *m.* aggressor. ~**दृष्टया** *adv. prima facie.* ~**पुरुष** *m.* first person (gram.).

प्रथमोपचार *(S) m.* • first aid.

प्रथा *(S) f.* • custom. ~**गत** *adj.* cutomery.

प्रदर्शक *(S) m.* • exhibitor.

प्रदर्शन *(S) m.* • exhibition. ~**कारी** *m.* demonstrator.

प्रदर्शनी *(S) f.* • an exhibition.

प्रदर्शित *(S) adj.* • exhibited; displayed. ~**वस्तु** *f.* exhibit.

प्रदान *(S) m.* • bestowing; giving; ~**पत्र** *m.* deed of gift.

प्रदीप *(S) m.* • a lamp.

प्रदीप्त *(S) adj.* • kindled.

प्रदूषण *(S) m.* • pollution (of environment).

प्रदेश *(S) m.* • province; state.

प्रधान *adj./m.* • head; principal; chief. ~**कार्यालय** *m.* head office. ~**प्रेरक** *m.* prime mover. ~**मंत्री** *m.* Prime Minister. ~**संपादक** *m.* General editor.

प्रधानाचार्य *(S) m.* • principal.

प्रधानाध्यापक *(S) m.* • head master.

प्रन्यास कोष *(S) m.* • trust fund.

प्रन्यास संपत्ति *(S) f.* • trust property.

प्रपंच *(S) m.* • worldly affairs; illusion.

प्रपत्र *(S) m.* • form; format.

प्रपितामह *(S) m.* • great-grandfather (on father's side).

प्रपितामही *(S) f.* • great-grandmother (on father's side).

प्रफुल्ल, प्रफुल्लित *(S) adj.* • blossoming; radiant.

प्रबंध *(S) m.* • management; arrangement; a dissertation. ~**क** *m.* manager; ~**समिति** *f.* managing committee.

प्रबंधन *(S) m.* • management.

प्रबल *(S) adj.* • mighty; dominant.

प्रबुद्ध *(S) adj.* • learned.

प्रबोध *(S) m.* • enlightenment.

प्रभा *(S) f.* • light; splendour; ~**मंडल** *m.* halo.

प्रभात *(S) m.* • dawn.

प्रभाव *(S) m.* • influence; impression. ~**शाली** *adj.* effective; influential.

प्रभु *(S) m.* • master; lord; God.

प्रभुता, प्रभुत्व *f./m.* • supremacy; lordship.

प्रमत्त *(S) adj.* • intoxicated; lustful.

प्रमाण *(S) m.* • proof; evidence. ~**पत्र** *m.* testimonial; certificate.

प्रमाणित *(S) adj.* • proved; certified.

प्रमातामह *(S) m.* • maternal great-grandfather.

प्रमातामही *(S) f.* • maternal great-grandmother.

प्रमाद *(S) m.* • lust; intoxication; error.

प्रमुख *(S) adj.* • chief; principal. *m.* leader; chief person. ~**ता** *f.* predominance.

प्रमुदित *(S) adj.* • delighted.

प्रमेह *(S) m.* • diabetes.

प्रमोद *(S) m.* • joy; happiness.

प्रयत्न *(S) m.* • attempt; effort.

प्रयाण *(S) m.* • departure; death.

प्रयास *(S) m.* • attempt; effort.

प्रयुक्त *(S) adj.* • used.

प्रयोक्ता *(S) m.* • user; experimenter.

प्रयोग *(S) m.* • an experiment; use. ~**शाला** *f.* laboratory.

प्रयोगात्मक *(S) adj.* • experimental.

प्रयोजक *(S) m.* • promoter.

प्रयोजन *(S) m.* • need; purpose; intention; motive.

प्रयोजनीय *(S) adj.* • requisite.

प्रलंबन *(S) m.* • suspension.

प्रलय *(S) m.* • catastrophe; end of the world.

प्रलयंकर *(S) adj.* • catastrophic.

प्रलाप *(S) m.* • delirium.

प्रलेख *(S) m.* • a document.

प्रलोभन *(S) m.* • a temptation; allurement.

प्रवंचक *(S) adj.* • fraudulent.

प्रवंचना *(S) f.* • deceit.

प्रवक्ता *(S) m.* • a spokesperson.

प्रवचन *(S) m.* • sermon.

प्रवणता *(S) f.* • inclination. **भाव ~** *f.* sensibility.

प्रवर *(S) adj.* • chief; senior. **~ समिति** *f.* select committee.

प्रवर्तक *(S) m.* • founder.

प्रवर्तन *(S) m.* • founding.

प्रवर्तित *(S) adj.* • founded; promoted.

प्रवर्धन *(S) m.* • prolongation.

प्रवाल *(S) m.* • coral.

प्रवास *(S) m.* • migration; exile.

प्रवासी *(S) m.* • emigrant; immigrant; an exile.

प्रवाह *(S) m.* • flow; current.

प्रवाहित *(S) adj.* • in flow.

प्रवाही *(S) m.* • flowing; liquid.

प्रविधि *(S) f.* • a technique.

प्रविष्टि *(S) f.* • entry.

प्रवीण *(S) adj.* • skilfull; expert. **~ ता** *f.* proficiency.

प्रवृत्त *(S) adj.* • engaged.

प्रवृत्ति *(S) f.* • instinct; disposition; tendency.

प्रवेश *(S) m.* • entry; admission. **~ करना** *v.t.* to enter. **~ द्वार** *m.* entrance. **~ पत्र** *m.* admission card.

प्रवेशिका *(S) f.* • entrance. **~ परीक्षा** *f.* entrance examination.

प्रशंसक *(S) m.* • admirer.

प्रशंसनीय *(S) adj.* • praiseworthy; admirable.

प्रशंसा *(S) f.* • praise; admiration.

प्रशंसित *(S) adj.* • praised; admired.

प्रशमन *(S) m.* • calming (anger, etc.).

प्रशमित *(S) adj.* • tranquil.

प्रशस्त *(S) adj.* • praised; broad.

प्रशस्ति *(S) f.* • praise.

प्रशांत *(S) adj.* • peaceful; calm. **~ महासागर** *m.* the Pacific Ocean.

प्रशाखा *(S) f.* • small branch.

प्रशासक *(S) m.* • administrator.

प्रशासकीय *(S) adj.* • administrative.

प्रशासन *(S) m.* • administration. **भारतीय ~ सेवा** *f.* Indian Administrative Service. (I.A.S.).

प्रशासनिक *(S) adj.* • administrative.

प्रशिक्षण *(S) m.* • training.

प्रशिक्षणार्थी *(S) m.* • trainee.

प्रशिक्षित *(S) adj.* • trained.

प्रशिक्षु *(S) m.* • apprentice.

प्रश्न *(S) m.* • question; enquiry. **~ कर्ता** *m.* a questioner. **~ पत्र** *m.* question paper.

प्रश्नावली *(S) f.* • questionnaire.

प्रश्रय *(S) m.* • support.

प्रसंग *(S) m.* • topic; context.

प्रसन्न *(S) adj.* • pleased;delighted. **~ करना** *v.t.* to please. **~ होना** *v.i.* to be pleased. **~ चित्त** *adj.* contented.

प्रसन्नता *(S) f.* • pleasure; contentment.

प्रसव *(S) m.* • childbirth; labour;

~वेदना *f.* labour pains.

प्रसाद *(S) m.* • boon; blessing.

प्रसाधन *(S) m.* • attire. ~**सामग्री** *f.* cosmetics.

प्रसार *(S) m.* • expansion; extension.

प्रसारण *(S) m.* • broadcasting.

प्रसिद्ध *(S) adj.* • famous.

प्रसिद्धि *(S) f.* • fame.

प्रसूति *(S) f.* • childbirth. ~**गृह** *m.* maternity home; labour room.

प्रस्तर *(S) m.* • stone.

प्रस्ताव *(S) m.* • proposal; motion; resolution. **निंदा**~*m.* vote of censure.

प्रस्तावक *(S) m.* • proposer.

प्रस्तावना *(S) f.* • introduction; prologue; preface.

प्रस्तावित *(S) adj.* • proposed; moved.

प्रस्तुत *(S) adj.* • submitted; present; ready.

प्रस्तुति *(S) f.* • inauguration.

प्रस्तुतीकरण *(S) m.* • production.

प्रस्तोता *(S) m.* • organiser; presenter.

प्रस्थान *(S) m.* • departure. ~**करना** *v.i.* to depart.

प्रस्फुटित *(S) adj.* • exploded; blossomed.

प्रहरी *(S) m.* • a guard; watchman.

प्रहसन *(S) m.* • a farce; a skit.

प्रहार *(S) m.* • a blow; ~**क** *m.* assailant.

प्रांगण *(S) m.* • a courtyard.

प्रांजल *(S) adj.* • simple (as language).

प्रांत *(S) m.* • province; State.

प्रांतीयता *(S) f.* • provincialism.

प्राक्कथन *(S) m.* • foreword; introduction.

प्राक्कलन *(S) m.* • preliminary estimate.

प्राकृतिक *(S) adj.* • natural.

प्राचार्य *(S) m.* • principal.

प्राचीन *(S) adj.* • ancient.

प्राचीर *(S) m.* • enclosure; rampart.

प्राच्य *(S) adj.* • oriental; eastern.

प्राण *(S) m.* • breath; life. ~**छूटना** *v.i.* to die. ~**दंड** *m.* capital punishment; death sentence. ~**लेना** *v.t.* to kill.

प्राणि विज्ञान *(S) m.* • biology.

प्राणी *(S) m.* • a creature.

प्रातः *(S) m.* • early morning. ~**काल** *m.* day break.

प्राथमिक *(S) adj.* • initial; elementary. ~**उपचार** *m.* first-aid. ~**ता** *(S) f.* priority.

प्रादेशिक *(S) adj.* • regional; provincial. ~**आयुक्त** *m.* Regional Commissioner. ~**परिषद्** *f.* Regional Council. ~**सेना** *f.* territorial army. ~**भाषा** *f.* regional language.

प्राधिकरण *(S) m.* • an authority.

प्राधिकृत *(S) adj.* • authorised.

प्राध्यापक *(S) m.* • a lecturer.

प्राप्त *(S) adj.* • obtained; acquired.

प्राप्ति *(S) f.* • acquisition; obtaining; proceeds. ~**पंजी** *f.* receipt register. ~**स्वीकृति** *f.* acknowledgement receipt.

प्राप्य *(S) adj.* • due; obtainable.

प्राबल्य *(S) m.* • power; predominance.

प्रामाणिक *(S) adj.* • reliable; authoritative; bonafide; standard.

प्रायः *(S) adj.* • often; generally.

प्रायद्वीप *(S) m.* • peninsula.

प्रायश्चित *(S) m.* • penance; repentance.

प्रायोजित *(S) adj.* • sponsored.

प्रारंभ *(S) m.* • beginning.

प्रारंभिक *(S) adj.* • initial; preliminary. ~**वेतन** *m.* initial pay. ~**सूचना रिपोर्ट** *m.* first information report. (F.I.R.).

प्रारब्ध *(S) m.* • fate; destiny.

प्रारूप *(S) m.* • prototype; draft; proforma.

प्रार्थना *(S) f.* • prayer. ~**पत्र** *m.* application; petition.

प्रार्थी *(S) m.* • applicant; petitioner.

प्राविधिक *(S) adj.* • technical.

प्रासंगिक *(S) adj.* • relevant; contingent; incidental.

प्रासाद *(S) m.* • a palatial builing.

प्रिय *(S) adj.* • dear; darling. ~**वर** *adj.* dearest. ~**तम** *adj.* dearest.

प्रिया *(S) f.* • sweetheart.

प्रीतम *m.* • beloved; lover; husband.

प्रीति *(S) f.* • love; affection. ~**कर** *adj.* love-inspiring. ~**पूर्वक** *adv.* lovingly. ~**भोज** *m.* banquet.

प्रेक्षक *(S) m.* • spectator.

प्रेक्षण *(S) m.* • viewing.

प्रेक्षा *(S) f.* • public show. ~**गृह** *m.* a show-hall.

प्रेत *(S) m.* • a ghost.

प्रेम *(S) m.* • love. ~**करना** *v.t.* to love. ~**कहानी** *f.* love story. ~**पत्र** *m.* love letter. ~**पात्र** *m.* beloved.

प्रेमिका *(S) f.* • sweetheart.

प्रेमी *(S) m.* • lover.

प्रेरक *(S) m.* • initiator.

प्रेरणा *(S) f.* • inspiration.

प्रेरित *(S) adj.* • inspired.

प्रेषक *(S) m.* • sender.

प्रेषण *(S) m.* • dispatch; remittance.

प्रेषित *(S) adj.* • dispatched; transmitted; consigned. ~**धन** *m.* remittance.

प्रोत्साह *(S) m.* • ardour.

प्रोत्साहक *(S) m.* • stimulator.

प्रोत्साहन *(S) m.* • stimulus; encouragement.

प्रौढ़ *(S) adj.* • adult; mature. ~**शिक्षा**

f. adult education. ~**ता** *f.* maturity.

प्रौद्योगिकी *(S) f.* • technology.

प्लावन *(S) m.* • inundation; flood.

प्लावित *(S) adj.* • immersed; innundated.

प्लीहा *(S) f.* • the spleen.

फ

फंकी *f.* • a mouthful; dose (of a medicinal powder).

फंदा *m.* • noose; trap. ~**डालना** *or* **लगाना** *v.t.* to set a snare.

फंसना *v.i.* • to be snared; to be entangled or implicated.

फंसवाना *v.t.* • to cause to be snared.

फंसाना *v.t.* • to entangle; to involve.

फंसाव *m.* • entanglement.

फ़क़त *(A) adv.* • merely; only.

फ़क़ीर *(A) m.* • a beggar; an ascetic (especially Muslim). adj. penniless.

फ़क़ीरी *(P) f.* • beggary; the life of a fakir.

फक्कड़ *adj.* • happy-go-lucky.

फ़ज़ीहत *(P) f.* • disgrace.

फ़ज़ूल, फ़िज़ूल *(A) adj.* • needless; pointless. ~ **ख़र्च** *m. & adj.* extravagant. ~**ख़र्ची** *f.* extragance.

फटकना *v.t.* • to winnow. **पास नहीं** ~*v.i.* to keep away.

फटकार *f.* • severe scolding. ~**ना** to scold severely; to crack (a whip).

फटना *v.i.* • to be torn; to split.

फटा *adj.* • torn. ~**पुराना** *adj.* ragged.

फटिक *m.* • crystal.

फटेहाल *adj.* • poor.

फड़कना *v.i.* • to twitch; to pulsate.

फड़क उठना *v.i.* • to be overjoyed.

फड़फड़ाना *v.i.* • to flap; to flutter.

फड़फड़ाहट *f.* • fluttering; flapping.

फड़वाना *v.t.* • to cause to be torn.

फण *(S) m.* • snake's expanded hood.

फ़तवा *(A) m.* • decree; verdict.

फ़तह *(A) f.* • victory.

फतिंगा *m.* • moth.

फ़न *(A) m.* • an art. ~**कार** *m.* artist.

फ़ना *(A) f.* • death. ~ **करना** to destroy. ~**होना** to pass away.

फन्नी *f.* • a wedge.

फफूंदी *f.* • fungus.
फफोला *m.* • a blister.
फबती *f.* • a remark; joke.
फबना *v.i.* • to suit; to adorn.
फ़रक़, फ़र्क़ *(A) m.* • difference; distinction.
फरफराना *v.i.* • to flap (as a flag).
फ़रमा *m.* • a mould.
फ़रमाइश *(P) f.* • demand; request.
फ़रमाइशी *(P) adj.* • ordered; made to order.
फ़रमान *(P) m.* • a decree; an edict.
फ़रमाना *(P) v.t.* • to order.
फरसा *m.* • an axe.
फरहरा *m.* • banner; flag.
फ़रार *(P) m.* • fleeing; flight. ~**होना** *v.i.* to flee. ~**असामी** *m.* absconder.
फ़रियाद *(P) f.* • complaint.
फ़रियादी *(P) m.* • a complainant.
फ़रेब *(P) m.* • deceit.
फ़रेबी *(P) adj.* • deceitful; dishonest.
फ़र्ज़ *(A) m.* • a moral obligation; duty.
फ़र्द, फ़रद *(A) m.* • single piece of cloth; *adj.* single, unequalled.
फर्राटा *m.* • swiftness.
फ़र्राश *(A) m.* • servant; frash.
फ़र्श *(A) m.* • floor; floor-cloth.
फल *m.* • fruit; result; ~**दायक** *adj.* fruitful; profitable. ~**वाटिका** *f.* orchard.
फलक *(S) m.* • a board; flat surface.
फ़लक *(A) m.* • the sky; heaven.
फलना *v.i.* • to bear fruit. ~**-फूलना** to flourish; to prosper.
फ़लां *(A) adj.* • such and such; a certain.
फलांग *f.* • a leap; bound; spring. ~**ना** *v.i.* to leap; to bound; to spring.
फलाहार *m.* • fruit diet.
फलाहारी *adj & m.* • fruit-eater.
फलित *(S) adj.* • fruitful; successful; ~**ज्योतिष** *m.* astrology.
फली *f.* • a pod.
फलीभूत *adj.* • successful.
फ़व्वारा *(A) m.* • a fountain.
फ़सल *(A) f.* • harvest; crop.
फ़सली *(P) adj.* • seasonal.
फ़साद *(A) m.* • riot.
फ़सादी *(P) adj.* • riotous.
फ़साना *(P) m.* • a tale; story; novel.
फहरना *v.i.* • to flap; to fly (a flag).
फहराना *v.t.* • to cause to flap; to fly (a flag).
फांक *f.* • slice; crack.
फांकना *v.t.* • to toss powder or grain into the mouth.
फांदना *v.i.* • to leap; v.t. to jump over.
फांस *m.* • a splinter.

फांसना *v.t.* • to entrap.

फांसी *f.* • death by hanging. ~ **चढ़ाना** *v.t.* to hang; ~ **का तख़्ता** *m.* scaffold. ~ **देने वाला** *m.* hangman; executioner.

फ़ाक़ा *(A) m.* • starvation; fast.

फ़ाख़्ता *(P) m.* • dove.

फाग *m.* • celebration of Holi.

फागुन *m.* • the twelfth lunar month.

फाटक *m.* • gate.

फाटका *m.* • speculation.

फाड़ना *v.t.* • to tear; to split.

फ़ातिहा *(A) m.* • Muslim prayers for the death.

फ़ानी *(A) adj.* • transitory; perishing.

फ़ानूस *(A) f.* • chandelier.

फ़ायदा *(A) m.* • benefit; profit; gain.

फ़ायदेमंद *adj.* • profitable.

फ़ालतू *adj.* • spare; surplus; useless.

फ़ालिज *(A) m.* • paralysis.

फावड़ा *m.* • a spade.

फ़ासला *(A) m.* • distance.

फाहा *m.* • a wad of cotton.

फ़िकर, फ़िक्र *(A) f.* • care; concern; anxiety. ~ **मंद** *adj.* anxious.

फ़िक़रा *(A) m.* • a sentence.

फिटकिरी *f.* • alum.

फ़ितरत *(P) f.* • nature; temperament.

फ़ितरती *(P) adj.* • natural; constitutional; crafty.

फ़िदा *(A) f.* • devotion. ~ **होना** to be devoted; to fall in love.

फ़िरंगी *(P) m.* • a European.

फ़िरंट *(A) adj.* • adverse; hostile; displeased.

फिर *adv.* • again; then. ~ **आना** *v.i.* come back. ~ **-फिर** *adv.* again and again. ~ **क्या है** ? then what ? ~ **भी** *adv.* even then; nonetheless.

फ़िरक़ा *(A) m.* • sect; tribe. ~ **परस्त** *adj.* sectarian.

फिरकी *f.* • a reel; a spinning top.

फिरना *v.i.* • to move about; to wander; to turn.

फ़िराक़ *(A) m.* • separation; anxiety.

फिराना *v.t.* • to turn; to whirl; to return.

फिरौती *f.* • a ransom.

फ़िलहाल *(A) adv.* • for the time being.

फिसड्डी *adj.* • lagging.

फिसलन *f.* • slipperiness.

फिसलना *v.i.* • to slip; to slide.

फ़ी *(A) prep..* • per. ~ **सदी** *adv.* per cent.

फ़ीस *f.* • a fee.

फुँकना *v.i.* • to be blown-up or inflated.

फुँकनी *f.* • blow-pipe.

फुंकार *f.* • hissing; hiss (of a snake).

फुँकारना *v.t.* • to hiss.
फुंदना *m.* • tassel.
फुंसी *f.* • a pimple; a small boil.
फुआ, बुआ *f.* • father's sister.
फुटकर *adj.* • miscellaneous; retail (price). ~व्यापारी *m.* retailer.
फुदकना *v.i.* • to skip; to hop.
फुनगी *f.* • sprout; tip.
फुफकार *(S) f.* • hissing. ~ना *v.i.* to hiss.
फुफिया *adj.* • having to do with a paternal aunt.
फुफेरा, फुफेरी *adj.* • related to father's sister.
फुरती, फुर्ती *f.* • briskness; promptness. ~ला *adj.* brisk; prompt.
फुरसत, फुर्सत *(P) f.* • leisure; spare time. ~देना to give time. ~मिलना to get time. ~लेना to take rest.
फुलका *m.* • puffed-up bread (roti).
फुलकारी *adj.* • flowered (cloth); *f.* embroidery of (flowers).
फुलझड़ी *f.* • fireworks.
फुलवाड़ी, फुलवारी *f.* • flower-garden.
फुलाना *v.t.* • to inflate.
फुलेल *m.* • scented oil.
फुसफुसाना *v.i.* • to whisper.
फुसलाना *v.i.* • to entice.
फुसफुसाहट *f.* • whispering.
फुहार *f.* • drizzle.
फुहारा, फव्वारा *m.* • a fountain.
फूँक *f.* • puff of air; whiff.
फूँकना *v.t.* • to blow; to squander (money, etc.).
फूट *f.* • feud; dissension; musk-melon.
फूटना *v.i.* • to break; to burst open; to burst-out; to erupt;
फूफा *m.* • husband of father's sister.
फूफी *f.* • father's sister.
फूल *m.* • a flower; bell-metal. ~दान *m.* flower-vase.
फूलना *v.i.* • to flower; to swell. ~-फलना to prosper.
फूस *m.* • old, dry straw.
फूहड़ *adj.* • uncouth; shameless; *f.* shameless woman.
फेंकना *v.t.* • to throw; to discard.
फेंकाऊ *adj.* • to be thrown away.
फेंटना *v.t.* • to mix; to beat (as eggs); to shuffle (as cards).
फेंटा *m.* • a small turban.
फेन *m.* • lather; froth; foam.
फेनिल *adj.* • frothy.
फेफड़ा *m.* • the lungs.
फेर *m.* • turn; turning; revolution. ~देना *v.t.* to return. ~ फार *m.* change. ~लेना *v.t.* to take back.
फेरा *m.* • turn; ciruit.
फेरी *f.* • going round; hawking. ~वाला *m.* pedlar.
फ़ेहरिस्त *(P) f.* • catalogue; list.
फैलना *v.i.* • to spread; to expand.

फैलाना *v.t.* • to extend; to stretch out; to spread (as wings).

फैलाव *m.* • expansion; strech; diffusion.

फ़ैसला *(A) m.* • judgement; decision.

फोंफी *f.* • a hollow-reed.

फोकट *adj.* • costing nothing.

फोड़ना *v.t.* • to break; to split; to crack.

फोड़ा *m.* • a boil; ulcer; tumour.

फ़ौज *(A) f.* • an army. ~**दार** *m.* a military commander. ~**दारी** *adj.* criminal.

फ़ौजी *(P) adj.* • military. ~**कसरत** *f.* military drill. ~**कानून** *m.* martial law.

फ़ौरन *adv.* • at once.

फ़ौलाद *f.* • steel.

फ़ौलादी *(P) adj.* • made of steel; strong.

फ़ौवारा *m.* • a fountain.

ब

बंकिम *(S) adj.* • curved; bent.

बंगला *m.* • a bungalow; the Bengali language.

बंगाली *f.* • the Bengali language. *m.* Bengali.

बंजर *adj.* • Barren; waste (land). *m.* fallow land.

बंजारा *m.* • gypsy; nomad.

बंझा *adj.* • sterile, barren.

बंटना *v.t.* • to be divided.

बंटवाना *v.t.* • to cause to be divided; to cause to be distributed.

बंटवारा *m.* • partition; distribution. ~**करना** *v.t.* to divide.

बंटाना *v.t.* • to cause to be divided or shared.

बंडी *f.* • light waistcoat; vest.

बंड़ेरी *f.* • a thatch-support.

बंद *(P) adj.* • closed; shut; stopped. ~**करना** *v.t.* to close or to lock. ~**गोभी** *f.* cabbage.

बंदगी *(P) f.* • salutation.

बंदनवार *f.* • festoon of leaves and flowers (at a gateway).

बंदर *m.* • monkey.

बंदर *(P) m.* • port; harbour. ~**गाह** *m.* port or harbour.

बंदा *(P) m.* • servant; slave.

बंदिश *(P) f.* • limitation; restriction.

बंदी *m.* • a prisoner. ~**बनाना** *v.t.* to arrest; ~**गृह** *m.* prison; jail; ~**प्रत्यक्षीकरण** *m. habeas corpus.*

बंदूक़ *(P) f.* • gun; rifle; musket. ~**ची**

m. rifleman.

बंदोबस्त *m.* • management.

बंध *(S) m.* • tie; fastening; strike.

बंधक *(S) m.* • mortgage; pawn; pledge. **~कर्ता** *m.* mortgagor. **~ ग्राही (जिसके पास बंधक रखा ज़ाए)** *m.* mortgagee. **~रखना** *v.t.* to mortgage.

बंधन *(S) m.* • a tie; fastening; fetter; bond.

बंधना *v.i.* • to be tied; to be bound.

बंधवाना *v.t.* • to cause to be bound.

बंधु *(S) m.* • friend; relative; brother. **~जन** *m.* relatives.

बंधुआ *m.* • captive; a slave.

बंधुत्व *(S) m.* • friendship.

बंधेज *m.* • restriction; embargo.

बंध्या *adj.* • sterile. **~करण** *m.* sterilisation.

बंबा *m.* • a pump; a water channel.

बंसी *f.* • flute; a fishing-line.

बक *m.* • heron (बगुला).

बकना *v.i.* • to chatter.

बकबक *f.* • talkativeness.

बकरा *m.* • billygoat.

बकरी *f.* • a nanny goat.

बकवास *f.* • idle talk; chatter.

बकवासी *m.* • chatterer.

बकसुआ *m.* • a buckle; safety-pin.

बक़ाया *(A) m.* • dues; arrears. **~दार** *m.* defaulter.

बक्की *m.* • chatterer.

बखान *m.* • description; praise. **~ना** to relate; to expound.

बख़िया *(P) m.* • back-stitch; stitching. **~ना** *v.t.* to stitch.

बखेड़ा *m.* • quarrel; trouble.

बखेड़िया *adj.* • quarrelsome.

बख़्शना *v.t.* • to forgive.

बख़्शवाना *v.t.* • to obtain forgiveness.

बख़्शीश *(P) f.* • a gift; tip.

बग़ल *(P) f./m.* • side (of the body); flank. **~गीर** *adj.* sitting or standing very close. **~गीर होना** to be embraced.

बगला, बगुला *m.* • heron; crane.

बगलियाना *v.t.* • to shift out of the way.

बग़ली *(P) adj.* • lateral; at the side.

बग़ावत *(P) f.* • rebellion; revolt.

बगिया *f.* • a small garden.

बग़ीचा, बाग़ीचा *(P) m.* • a small garden; orchard.

बग़ैर *ppn.* • without; excluding.

बग्गी, बग्घी *f.* • trap; buggy.

बघारना *v.t.* • to season; to brown onions in heated oil.

बचकाना *(P) adj.* • childish; immature.

बचत *f.* • saving; economy.

बचना *v.i.* • to be saved; to escape; to avoid.

बचपन *m.* • childhood.

बचपना *m.* • childishness.

बचाखुचा *adj.* • leftover.

बचाना *v.t.* • to save; to rescue.

बचाव *m.* • defence; protection.

बच्चा *(P) m.* • a child; infant. **कुत्ते का** ~ pup. **खरहे का** ~ leveret. **गधे या घोड़े का** ~ foal; colt. **गाय का** ~ calf. **पक्षी का** ~ nestling. **बकरी का** ~ kid. **बिल्ली का** ~ kitten. **भेड़ी का** ~ lamb. **मुर्गी का** ~ chick (en). **लोमड़ी या शेर का** ~ cub. **सूअर का** ~ grice; gruntling. **हिरण का** ~ fawn.

बच्ची *f.* • baby girl.

बछड़ा *m.* • calf.

बछिया *f.* • a female calf.

बछेड़ा *m.* • colt.

बछेड़ी *f.* • foal.

बजना *v.t.* • to sound; to ring.

बजरा *m.* • a barge.

बजरी *f.* • gravel.

बजवाना *v.t.* • to cause to be played or sounded.

बजाज़ *(A) m.* • cloth merchant; a caste.

बजाना *v.t.* • to play (an instrument).

बज़्म *(P) f.* • assembly.

बटखरा *m.* • weight used in weighing goods.

बटन *m.* • button; switch.

बटना *v.t.* • to twist.

बटमार *m.* • highway-man; robber.

बटलोई *f.* • brass cooking-pot.

बटवाना *v.t.* • to cause to be twisted.

बटाई *f.* • division; partition; share. ~**दार** a cultivator sharing crop with landlord. ~**प्रथा** *f.* crop-sharing system.

बटी *f.* • a small pill.

बटुवा *m.* • a wallet; a small bag.

बटोरना *v.t.* • to collect; to amass.

बटोही *m.* • traveller; wayfarer.

बट्टा *m.* • rebate; discount; ~**खाता** *m.* bad debts.

बट्टेखाते डालना *v.t.* • to write off as a loss.

बड़बड़ाना *v.i.* • to mutter; to babble.

बड़बड़ाहट *f.* • muttering.

बड़बड़िया *m.* • mutterer.

बड़भागी *adj.* • fortunate.

बड़ा *adj.* • big; great; eminent; elder. ~**आदमी** *m.* a rich man ~**दिन** *m.* Christmas Day.

बड़ाई *f.* • largeness; prestige.

बढ़ई *m.* • carpenter.

बढ़त, बढ़ती *f.* • increase; growth; prosperity.

बढ़ना *v.i.* • increase; to grow larger; to prosper.

बढ़नी *f.* • a broom.

बढ़ाना *v.t.* • to increase; to enlarge; to extend; to develop.

बढ़ावा *m.* • incentive; encouragement.

बढ़िया *adj.* • good; fine; excellent.

बढ़ोतरी *f.* • growth; progress; rise.

बतख़ *(P) f.* • a duck.

बतलाना, बताना *v.t.* • to tell; to inform.

बत्ती *f.* • wick; lamp.

बत्तीस *adj.* • thirty-two.

बद *(P) adj.* • wicked; bad; unlucky. ~**अमनी** *f.* disturbance of peace; ~**इंतज़ामी** *f.* mismanagement; ~**कार** *adj. & m.* wicked. ~ **क़िस्मत** *adj.* unlucky. ~**क़िस्मती** *f.* bad luck. ~**गुमान** *adj.* suspicious. ~**गुमानी** *f.* false suspicion. ~**चलन** *adj.* immoral. ~ **चलनी** *f.* depravity. ~**ज़बान** *adj.* abusive. ~**ज़ात** *adj.* vicious. ~**ज़ायका** *adj.* unsavoury. ~ **तमीज़** *adj.* ill-mannered. ~**तर** *adj.* worse. ~**दुआ** *f.* curse. ~ **नसीब** *adj.* unfortunate. ~**नाम** *adj.* defamed; disgraced. ~ **नामी** *f.* disgrace. ~**नीयत** *adj.* malevolent. ~**बू** *f.* stench. ~**बूदार** *adj.* stinking. ~**मज़ा** *adj.* tasteless. ~**मस्त** *adj.* intoxicated. ~**मस्ती** *f.* intoxication. ~**माश** *adj.* wicked. ~**माशी** *f.* wickedness. ~**मिज़ाज** *adj.* bad tempered. ~ **मिज़ाजी** *f.* bad temper. ~ **लिहाज़** *adj.* rude. ~ **शक्ल** *adj.* ugly. ~ **सलूक** *adj.* misbehaving. ~ **सलूकी** *f.* misbehaviour. ~**सूरत** *adj.* ugly. ~**हज़मी** *f.* indigestion. ~**हाल** *adj.* in bad state.

बदन *(A) m.* • the body.

बदना *v.t.* • to wager.

बदलना *v.i.* • to change; *v.t.* to barter.

बदलवाना *v.t.* • to cause to be changed.

बदला *(A) m.* • exchange; recompense; revenge.

बदलाई *v.t.* • exchange; barter; price of exchange.

बदली *f.* • change; substitution; a small cloud.

बदी *f.* • the dark half of the lunar month.

बदी *(P) f.* • mischief; evil.

बद्ध *(S) adj.* • bound. **क्रम**~*adj.* placed in order.

बधना *f.* • a pot with a spout (used by Muslims).

बधाई *f.* • congratulations. ~**देना** *v.i.* to congratulate.

बधावा *m.* • congrulations (especially on the birth of a child).

बधिक *m.* • executioner.

बधिया *m.* • a castrated animal; ~ **करना** to castrate.

बधिर *(S) adj.* • deaf. ~**ता** *f.* deafness.

बधू *f.* • son's wife; newly married woman.

बन *m.* • jungle; forest. ~चर *m.* wild beast; forester. ~वासी *m.* a forest-dweller. ~मानुस *m.* gorilla; chimpanzee.

बनजारा *m.* • gypsy.

बनजारिन *f.* • a gypsy girl.

बनना *v.i.* • to be made.

बनात *f.* • broad cloth.

बनाना *v.t.* • to make; to create; to built; to befool.

बनाम *ppn.* • *versus.*

बनाव *m.* • embellishment.

बनावट *f.* • make; structure; built.

बनावटी *adj.* • artificial.

बनिया *m.* • merchant; shopkeeper.

बनैला *adj.* • forest-dwelling; wild.

बन्ना *m.* • bridegroom.

बन्नी *f.* • bride.

बपौती *adj.* • ancestral; hereditary.

बप्तिस्मा *m.* • baptism.

बबूल *m./f.* • the acacia tree.

बम *m.* • a bomb. ~बारी *f.* a bombing raid.

बमचक *f.* • brawl.

बया *m.* • the weaver bird.

बयान *(A) m.* • description; assertion; account.

बयाना *(A) m.* • advance (against purchase).

बयार *m.* • breeze.

बयालीस *adj.* • forty-two.

बयासी *adj.* • eighty-two.

बरई *m.* • betel leaf seller.

बरकंदाज़ *m.* • a gun-soldier.

बरकत *(P) f.* • prosperity.

बरख़ास्त *(P) f.* • removal (from office); dismissal.

बरगद *m.* • the banyan tree.

बरछा *m.* • lance; spear.

बरछी *f.* • a small lance or spear.

बरजना *v.t.* • to forbid.

बरजोरी *f.* • coercion.

बरतन, बर्तन *m.* • utensil; vessel.

बरताव, बर्ताव *m.* • treatment; behaviour.

बरफ, बर्फ़ *m./f.* • ice; snow. ~का बहता पहाड़ *m.* iceberg. ~मलाई *f.* icecream. ~की नदी *f.* glacier.

बरबस *m.* • vigour; adv. forcibly; by force.

बरबाद, बर्बाद *m./adj.* • ruined.

बरबादी, बर्बादी *f.* • ruin; destruction; wastage.

बरमा *m.* • auger; gimlet.

बरस *m.* • year. ~गांठ *f.* birthday ceremony.

बरसना *v.i.* • to rain.

बरसात *f.* • the rainy season.

बरसाती *adj.* • belonging to the rainy season; *m.* a raincoat; waterproof covering; porch.

बरसाना *v.t.* • to shower.

बरसी *f.* • death anniversary.

बरही *f.* • twelfth day ceremony after childbirth.

बरात, बारात *f.* • marriage party; marriage procession.

बराती, बाराती *m.* • member of a marriage party.

बराबर *(P) adj.* • equal; even. *adv.* constantly. ~**वाला** *adj. & m.* equal.

बराबरी *(P) f.* • equality.

बरामद *(P) m.* • coming up. ~**होना** to come forth.

बरामदा *m.* • verandah.

बरी *(A) adj.* • free; absolved.

बरेठा *m.* • washerman.

बरौनी *f.* • eyelashes.

बर्ताव, बरताव *m.* • treatment; behaviour.

बर्फ़ *(P)* • see **बरफ़**

बर्फ़ानी, बर्फ़ीला *adj.* • icy; snowy.

बर्बर *adj.* • barbarous; barbarian.

बल *m.* • power; strength; force; twist. ~**प्रयोग** *m.* violence. ~**वर्धक** *adj.* tonic. ~**कारक** *adj.* strength giving.

बलवा *m.* • riot.

बलवाई *m.* • rioter.

बलवान, बलशाली *adj.* • powerful; strong.

बला *(A) f.* • calamity; misfortune.

बलात्कार *(S) m.* • rape. ~**करना** *v.t.* to rape.

बलात् ग्रहण *(S) m.* • extortion.

बलि *(S) m.* • sacrifice. ~**चढ़ना** *vi.* to be sacrificed. ~**चढ़ाना** *v.t.* to sacrifice.

बलिष्ठ *(S) adj.* • very strong.

बली *(S) adj.* • mighty.

बलुआ *adj.* • sandy; *m.* an axe.

बल्कि *adv.* • moreover; but rather.

बल्लम *m.* • lance.

बल्ला *m.* • beam; racket; bat.

बल्ली *f.* • pole; rafter.

बवंडर *m.* • storm; whirlwind.

बवाल *m.* • turmoil; furore.

बवासीर *f.* • piles; haemorrhoids.

बशर्ते *(A) conj.* • on condition that.

बसंत *m.* • spring. ~**पंचमी** *f.* spring festival held on the fifth day of the light half of the Indian month Magh.

बसंती *adj.* • yellow.

बस *adj.* • enough; bus. ~**करना** to stop. *m.* power; control.

बसना *v.i.* • to dwell; to reside.

बसाना *v.t.* • to settle; to colonise.

बसूला *m.* • carpenter's axe; adze.

बसूली *f.* • mason's hatchet.

बसेरा *m.* • night's lodging; a roost.

बस्ता *m.* • school bag; bundle.

बस्ती *f.* • a settlement; suburb.

बहकना *v.i.* • to stray; to be misled.

बहकाना *v.t.* • to mislead; to seduce.

बहकावा *m.* • deception.

बहत्तर *adj.* • seventy-two.

बहन, बहिन *f.* • sister.

बहना *v.i.* • to flow; to drift.

बहनापा *m.* • sisterliness.

बहनोई *m.* • sister's husband.

बहरा *adj.* • deaf. ~**पन** *m.* deafness.

बहलना *v.i.* • to be amused.

बहलाना *v.t.* • to amuse; to entertain.

बहलावा *m.* • diversion.

बहस *(A) f.* • argument; debate; ~**करना** to argue.

बहादुर *adj.* • brave.

बहादुरी *f.* • bravery.

बहाना *v.t.* • to cause to flow; to shed (tears).

बहाना *(P) m.* • excuse; pretext.

बहार *(P) f.* • spring (season); elegance.

बहाव *m.* • flow.

बहिश्त *(P) f.* • paradise.

बही *f.* • account-book; ledger.

बहु *(S) adj.* • much; many. ~**कालिक** *adj.* long standing. ~**चर्चित** *adj.* much discussed. ~**भाषाविद्** *adj.* linguist. ~**मत** *m.* majority. ~ **विवाह** *m.* polygamy.

बहुत *adj.* • much; many; ample; abundant. ~**अच्छा** *adj.* very good. ~**अधिक** *adj.* very much. ~**कुछ** *adj.* very much. ~**खूब** *intj.* well done !

बहुतायत *f.* • plenty; abundance.

बहुतेरा *adj.* • abundant; many.

बहुधा *adv.* • generally; often.

बहुमूल्य *(S) adj.* • very costly; precious.

बहुवचन *(S) m.* • plural number.

बहुसंख्यक *(S) adj.* • numerous.

बहू *f.* • daughter-in-law; bride.

बहेलिया *m.* • hunter; fowler.

बांकपन *m.* • crookedness; elegance.

बांका *adj.* • curved; smart.

बांकुरा *adj.* • bold (in love or war).

बांग *(P) f.* • cry; shout; crowing (of a cock).

बांझ *adj.* • barren (a woman or cow, etc.). ~**पन** *m.* infertility.

बांट *f.* • division.

बांटना *v.t.* • to distribute; to divide; to partition; to twist (a rope).

बांदी *f.* • maid-servant.

बांध *m.* • embankment; dam; barrage.

बांधना *v.t.* • to fasten; to tie; to bind.

बांबी *v.t.* • snake's hole; anthill.

बांस *m.* • bamboo.

बांसुरी *f.* • flute.

बांह *f.* • arm; sleeve (of a shirt). ~**गहना** to protect; to marry.

बाई *f.* • flatulence; rheumatism.

बाई *f.* • lady; madam. ~जी *f.* a prostitute.

बाईस *adj.* • twenty-two.

बाक़ी *(A) adj.* • remaining; left over.

बाग *f.* • rein; bridle. ~डोर *m.* halter.

बाग़ *(P) m.* • garden. ~बान *m.* gardener. ~बानी *f.* gardening.

बागान *m.* • plantation.

बाग़ी *(A) adj.* • rebellious; *m.* a rebel.

बाग़ीचा *(P) m.* • garden.

बाघ *m.* • tiger.

बाघिन *f.* • tigress.

बाछा *m.* • calf.

बाज़ *(A) m.* • hawk; falcon; *adv.* again. ~आना *v.i.* to desist.

बाज़ *(A) adj.* • certain; some.

बाजरा *m.* • millet.

बाजा *m.* • musical instrument. ~गाजा *m.* musical band.

बाज़ार *(P) m.* • market; market place. ~ उतरना *v.i.* to fall in price. ~ करना *v.t.* to go shopping. ~ गर्म होना *v.i.* the market to be brisk. ~तेज़ होना *v.i.* prices to go up. ~नर्म होना *v.i.* prices to come down.

बाज़ारू *adj.* • coarse; vulgar.

बाज़ी *(P) f.* • game; contest; wager; bet. ~मारना *v.t.* to win. ~लगाना *v.t.* to wager.

बाज़ू *(P) m.* • arm; side.

बाट *f.* • path; way; ~जोहना *or* देखना *v.i.* to wait for.

बाड़, बाड़ा *f./m.* • fence.

बाड़ी *f.* • orchard; vegetable garden.

बाढ़ *f.* • growth; increase.

बाढ़ *f.* • flood; ~ग्रस्त *adj.* affected by flood.

बाण *(S) m.* • arrow.

बात *f.* • talk; speech; conversation. ~करना to talk. ~चीत *f.* conversation.

बातूनी *adj.* • talkative.

बाद *(A) adv.* • afterwards; later.

बादल *m.* • cloud.

बादशाह *(P) m.* • monarch; king; emperor. ~त *f.* empire; kingdom.

बादशाही *adj.* • regal; royal.

बादाम *(P) m.* • almond.

बादी *(P) adj.* • causing flatulence; f. flatulence.

बाधक *adj.* • obstructive.

बाधा *(S) f.* • obstacle. ~डालना *v.t.* to disturb.

बाध्य *(S) adj.* • obliged; obstructed.

बान *f.* • habit; *m.* arrow.

बानगी *f.* • sample; specimen.

बानर *m.* • monkey.

बानवे *adj.* • ninety-two.

बाना *m.* • woof; dress.

बानी *f.* • speech.

बानू *(P) f.* • lady.

बाप *m.* • father. ~दादा *m.* fore fathers.

बाबत *(A) adv.* • concerning.

बाबा *(A) m.* • father; grandfather.

बाबुल *m.* • father.

बाबू *m.* • a respectable address; father; clerk.

बायाँ *adj.* • left.

बायें *adv.* • on the left.

बारंबार *adv.* • repeatedly; again and again. ~ता *f.* frequency.

बार *f.* • times; turn. ~बार *adv.* again and again.

बारह *adj.* • twelve; ~वां twelfth. ~दरी *f.* a hall having twelve doors.

बारहाँ *adv.* • often.

बारिश *(P) f.* • rain. ~होना *v.i.* to rain.

बारी *f.* • time; turn.

बारीक *(P) adj.* • thin; fine.

बारीकी *(P) f.* • delicacy; fineness.

बारूद *(P) f.* • gun-powder; ~ख़ाना *m.* magazine.

बारूदी *adj.* • having to do with gun-powder.

बारे में *adv.* • concerning; about.

बाल *adj.* • young; m. child. *m.* a minor. ~ विवाह *m.* child-marriage. ~ कल्याण केन्द्र *m.* child welfare centre. ~चर *m.* boy-scout.

बाल *m.* • hair.

बालक *(S) m.* • a boy. ~पन *m.* childhood.

बालटी, बाल्टी *f.* • a bucket.

बालना *v.t.* • to light.

बालपन *m.* • childhood.

बालम *m.* • lover; husband.

बाला *(S) f.* • a girl.

बाला *m.* • an ear-ring; bracelet.

बालिका *(S) f.* • a girl.

बालिग़ *(A) m.* • adult; *adj.* mature.

बालिश्त *(A) f.* • a span of the extended hand.

बाली *f.* • an ear-ring.

बालू *f.* • sand.

बाल्य *(S) adj.* • childlike.

बाल्यावस्था *(S) f.* • childhood.

बावजूद *(P) ppn.* • inspite of; notwithstanding.

बावन *adj.* • fifty-two.

बावरची, बावर्ची *(P) m.* • a cook. ~खाना *m.* kitchen.

बावला, बावरा *adj.* • crazy. ~पन *m.* craziness.

बावली *f.* • a tank (small).

बाशिंदा *(P) m.* • resident; inhabitant.

बास *m.* • perfume; smell; residence.

बासठ *adj.* • sixty-wto.

बासन *m.* • vessel.

बासी *adj.* • stale.

बाहर *adv.* • outside; out. ~जाना to

go out. ~ निकलना to emerge; to come out. ~ भेजना to send away; to export. ~ निकालना *v.t.* to expel; to turn out.

बाहरी *adj.* • external; outer; foreign.

बाहु *(S) f.* • the arm.

बाहुल्य *(S) m.* • plenty; abundance.

बाह्य *(S) adj.* • external.

बिंदिया, बिंदी *f.* • dot; dot put on forehead.

बिंदु *(S) m.* • a point; dot.

बिंधना *v.i.* • to be pierced.

बिंधवाना *v.t.* • to cause to be pierced.

बिंब *(S) m.* • reflection; image.

बिकना *v.i.* • to be sold.

बिकवाना *v.t.* • to cause to be sold.

बिकाऊ *adj.* • for sale; saleable.

बिकाना *v.i.* • to be sold.

बिक्री *f.* • sale; ~ कर *m.* sales-tax. ~ पत्र *m.* bill of sale.

बिखरना *v.i.* • to be scattered.

बिखराना, बिखेरना *v.t.* • to scatter.

बिगड़ना *v.i.* • to be spoiled or damaged; to go out of order; to lose temper.

बिगड़ैल *adj* • short-tempered; uncontrolled (person).

बिगाड़ *m.* • quarrel; discord.

बिगाड़ना *v.t.* • to corrupt; to spoil.

बिचकाना *v.t.* • to distort. मुँह ~ to grimace.

बिचरना *v.i.* • to slip.

बिचला *adj.* • middle; intermediate.

बिचारा, बेचारा *m.* • helpless; poor.

बिचाली *f.* • straw.

बिचौलिया *m.* • a middleman.

बिछड़ना, बिछुड़ना *v.i.* • to be parted; to be separated.

बिछना *v.t.* • to be laid (as bedding); to be spread.

बिछवाना *v.t.* • to cause to be spread or laid.

बिछाना *v.t.* • to spread out.

बिछुआ *m.* • a ring worn on the big toe by married women.

बिच्छू, बिच्छी *f./m.* • scorpion.

बिछोह *m.* • separation.

बिछौना, बिछावन *m.* • bedding.

बिजली *f.* • lightning; electricity. ~ मिस्त्री electrician. ~ घर power house. ~ संबंधी *adj.* electrical.

बिजूका *m.* • a scarecrow.

बिठलाना, बिठाना, बिठालना *v.t.* • to cause to sit.

बिताना *v.t.* • to spend (time).

बित्ता *m.* • span (of the hand).

बिथरना *v.i.* • to be scattered.

बिदकना *v.i.* • to be scared.

बिदा *(A) f.* • taking leave; departure.

बिदाई *f.* • dismissal; departure.

बिन *prep.* • without.

बिनती *f.* • entreaty.

बिनना *v.t.* • to be picked.

बिनवाना *v.t.* • to cause to be picked.

बिना *prep.* • without. ~**अधिकार प्रवेश** *v.i.* to intrude; trespassing; *m.* trespass. ~ **घूँघट** *adj.* veilless. ~**दाम का** *adj.* gratis. ~**विलंब के** *adj.* without delay. ~**शर्त** *adj.* unconditional.

बिनौला *m.* • cotton-seed

बिपति, बिपत *f.* • misfortune.

बिफरना *v.i.* • to get angry.

बियाबान *(P) m.* • wilderness.

बिरयानी *(P) f.* • a dish of meat and fried rice.

बिरल *adj.* • scarce; rare.

बिरवा *m.* • a sapling.

बिरादर *(P) m.* • brother.

बिरादराना *(P) adj.* • brotherly.

बिरादरी *(P) f.* • community.

बिराना *adj.* • another's (**पराया**).

बिल *m.* • hole of a rat or snake.

बिलकुल, बिल्कुल *(A) adj.* • entirely; quite.

बिलखना *v.i.* • to sob.

बिलगना *v.i.* • to separate.

बिलगाना *v.t.* • to separate.

बिलगाव *m.* • parting; separation.

बिलबिलाना *v.i.* • to feel pain; to complain.

बिला *(A) prep.* • without. ~**वजह** *adj.* without any reason. ~**शक** *adv.* undoubtedly. ~**शर्त** *adv.* unconditionally.

बिलाव, बिलार *m.* • a tomcat.

बिलोकना *v.t.* • to behold.

बिलोना *v.t.* • to churn.

बिल्ला *m.* • a tomcat; a badge.

बिल्ली *f.* • cat; a female cat.

बिल्लौर *(A) m.* • crystal.

बिल्लौरी *(A) adj.* • crystalline.

बिवाई *f.* • chilblaine; crack on heel.

बिसरना *v.i.* • to forget; v.t. to be forgotten.

बिसराना, बिसारना *v.i.* • to forget.

बिसात *(A) f.* • cloth on which goods are displayed; chess-board. capacity; standing.

बिसाती *m.* • pedlar.

बिस्तर, बिस्तरा *(P) m.* • bedding.

बिस्वा *m.* • a twentieth of a bigha (measure of land).

बिहान *m.* • dawn.

बींधना *v.t.* • to bore; to pierce.

बीघा *m.* • a measure of land (about five-eighths of an acre).

बीच *m.* • middle; *ppn.* **के** ~ amidst; among. ~**बचाव** *m.* mediation.

बीचोबीच *adv.* • right in the middle.

बीज *m.* • seed.

बीजक *(S) m.* • invoice.

बीट *f.* • excrement of birds.

बीड़ा *m.* • a folded betel-leaf stuffed with areca nut and lime. ~उठाना *v.i.* to enter into a contract (for a hazardous task).

बीड़ी *f.* • a twist of tobacco rolled in a tobacco leaf; to be smoked.

बीतना *v.i.* • to pass; to elapse.

बीता हुआ *adj.* • past.

बीनना *v.t.* • to pick; to weave.

बीबी *(P) f.* • wife; lady.

बीमा *m.* • insurance. ~**करना** *v.i.* to insure. ~**कराना** *v.t.* to get insured. ~**पत्र** *m.* insurance policy.

बीमार *(P) adj.* • ill; unwell.

बीमारी *(P) f.* • illness.

बीर *m.* • brave.

बीस *adj.* • twenty. ~**वाँ** *adj.* twentieth.

बीहड़ *adj.* • waste (land); wild (forest).

बीहल *m.* • seed.

बुंदा *m.* • an ear-ring.

बुकना *v.t.* • to grind to powder.

बुकनी *f.* • a powder.

बुख़ार *(A) m.* • fever.

बुज़दिल *(P) adj.* • cowardly.

बुज़दिली *f.* • cowardice.

बुज़ुर्ग *(P) m.* • old man; forefather. *adj.* venerable.

बुजुर्गी *(P) f.* • greatness.

बुझना *v.i.* • to be extinguished; to be dampened.

बुझाना *v.t.* • to put out; to quench.

बुझौवल *m.* • a riddle.

बुड़की *f.* • dive.

बुड़बुड़ाना, बड़बड़ाना *v.i.* • to mutter.

बुड़ाना *v.t.* • to cause to sink.

बुड्ढा, बूढ़ा *adj./m.* • old (man).

बुड्ढी, बुढ़िया *adj./f.* • old (woman).

बुढ़ापा *m.* • old age.

बुत *(P) f.* • statue. ~**परस्त** *m.* idol-worshipper.

बुतना *v.i.* • to go out (a lamp, etc.).

बुताना *v.t.* • to extinguish (a fire, etc.).

बुतान *m.* • button.

बुदबुदाना *v.i.* • to mutter.

बुद्धि *(S) f.* • intelligence; wisdom. ~**जीवी** *adj.* living by the intelligence (writer, etc.). ~**मत्ता** *f.* wisdom. ~**मान** *adj.* wise. ~**हीन** *adj.* foolish.

बुद्धू *m.* • stupid fellow.

बुध *(S) m.* • Wednesday; Mercury (planet).

बुनना *v.t.* • to weave.

बुनाई *f.* • knitting; price of weaving.

बुनावट, बिनावट *f.* • texture.

बुनियाद *(P) f.* • foundation; ground work.

बुनियादी *(P) adj.* • basic.

बुभुक्षा *(S) f.* • hunger.

बुरक़ा, बुर्क़ा *(A)* • a long veil reaching to the feet (worn by

Muslim women).

बुरा *adj.* • bad; wicked. ~**ई** *f.* defect. ~-**भला कहना** *v.t.* to abuse. ~ **मानना** *v.i.* to be offended. ~**व्यवहार** *m.* maltreatment.

बुरादा *(P) m.* • sawdust.

बुर्ज *(A) m.* • tower; turret.

बुलंद *(P) adj.* • high.

बुलंदी *(P) f.* • loftiness.

बुलबुल *(A) f.* • the nightingale.

बुलबुला *m.* • bubble.

बुलवाना *v.t.* • to cause to be called.

बुलाना *v.t.* • to call.

बुलावा *m.* • summons; call.

बुलाहट *f.* • call.

बुहारना *v.t.* • to sweep.

बूंद *f.* • drop.

बूंदाबांदी *f.* • drizzling; light rain.

बू *(P) f.* • smell; scent.

बूआ *f.* • father's sister.

बूझना *v.i.* • to understand; to guess.

बूटी *f.* • a medicinal plant; herb.

बूड़ना *v.i.* • to sink.

बूता *m.* • ability; strength.

बृहत्, बृहद् *(S) adj.* • extensive; large.

बृहस्पति *(S) m.* • (planet) Jupiter. ~**वार** *m.* Thursday.

बेंड़ा *m.* • a wooden door-bar.

बेंत *m.* • cane.

बेईमान *(P) adj.* • dishonest.

बेईमानी *(P) f.* • dishonesty.

बेक़दर *(P) adj.* • disregarded.

बेक़दरी *(P) f.* • disrespect.

बेक़रार *(P) adj.* • restless.

बेक़रारी *(P) f.* • restlessness.

बेकल, बेचैन *(P) adj.* • perplexed.

बेकली-बेचैनी *(P) f.* • restlessness; perplexity.

बेकस *adj.* • friendless; destitute.

बेक़सूर *(P) adj.* • innocent.

बेक़ाबू *(P) adj.* • headstrong.

बेकार *adj.* • jobless; useless.

बेकारी *f.* • unemployment.

बेख़बर *(P) adj.* • uninformed.

बेग़म *(P) adj.* • without care; without any worry.

बेगम *(T) f.* • lady of rank; Mrs.; queen (in playing cards).

बेगाना *adj./m.* • alien.

बेगार *m.* • forced labourer or labour.

बेगारी *f.* • forced labour.

बेगुनाह *(P) adj.* • innocent.

बेचना *v.t.* • to sell.

बेचैन *(P) adj.* • anxious; restless.

बेचैनी *f.* • restlessness; anxiety.

बेजान *adj.* • lifeless.

बेजोड़ *adj.* • matchless.

बेटा *m.* • son.

बेटी *f.* • daughter.

बेड़ा *m.* • a raft.

बेड़ी *f.* • fetters.

बेडौल *adj.* • clumsy.
बेढंगा, बेढब *adj.* • awkward.
बेणी *f.* • braided hair.
बेतकल्लुफ़ी *(P) f.* • informality.
बेतार *adj.* • wireless.
बेतुका *adj.* • incongruous.
बेदख़ली *(P) f.* • ejectment.
बेधड़क *adv.* • fearlessly.
बेनज़ीर *(P) adj.* • matchless.
बेपरवाह *(P) adj.* • careless.
बेपेंदी का लोटा *m.* • unprincipled person.
बेफ़ायदा *adj.* • useless; *adv.* uselessly.
बेफ़िक्र *(P) adj.* • unworried.
बेबस *adj.* • helpless.
बेबसी *f.* • helplessness.
बेबाक़ *(P) adj.* • paid in full; not due.
बेबुनियाद *(P) adj.* • groundless; unfounded.
बेमतलब *adj.* • pointless.
बेमन *adj & m.* • listless.
बेमरम्मत *adj.* • unrepaired.
बेमिसाल *adj.* • incomparable.
बेमुरव्वत *(A) adj.* • unkind.
बेमेल *adj.* • incongruous.
बेमौक़ा *(P) adj.* • untimely.
बेरहम *(P) adj.* • merciless.
बेरहमी *(P) f.* • cruelty.
बेरोज़गार *(P) adj.* • unemployed.
बेरोज़गारी *(P) f.* • unemployment.
बेलचा *m.* • a shovel.
बेलदार *m.* • labourer.
बेलन *m.* • rolling-pin.
बेलना *v.t.* • to roll kneaded flour into chapatis.
बेलौस *adj.* • strict.
बेवतन *(P) adj.* • homeless.
बेवफ़ा *(P) adj.* • faithless.
बेवा *(P) f.* • widow.
बेशक *adv.* • undoubtedly.
बेशरम, बेशर्म *(P) adj.* • shameless.
बेशुमार *adj.* • innumerable.
बेसबब *adj.* • causeless.
बेसब्र *adj.* • impatient.
बेसमझ *adj.* • unintelligent; stupid.
बेसुध *adj.* • unconscious.
बेस्वाद *adj.* • tasteless.
बेहतर *(P) adj.* • better.
बेहद *(P) adj.* • boundless; unlimited.
बेहया *(P) adj.* • shameless.
बेहाल *adj.* • restless.
बेहिसाब *adj.* • unlimited.
बेहूदगी *(P) f.* • indecency.
बेहूदा *(P) adj.* • coarse; indecent.
बेहोश *(P) adj.* • unconscious; senseless.
बेहोशी *(P) f.* • unconsciousness.
बैंगन *m.* • brinjal; egg-plant.
बैंगनी *adj.* • purple.
बैठक *f.* • a sitting room; meeting; session.
बैठना *v.i.* • to sit; to withdraw

one's candidature (in an election.).

बैठाना *v.t.* • to cause to sit.

बैर *m.* • enmity.

बैरा *m.* • bearer.

बैरागी *m.* • recluse.

बैल *m.* • ox; bullock; ~**गाड़ी** *f.* a bullock-cart.

बैसाख *m.* • the second of the twelve lunar months (April-May).

बैसाखी *adj.* • connected with the month of Baisakh; a crutch.

बोआई *f.* • sowing; wages for sowing.

बोझ, बोझा *v.t.* • load; burden.

बोझना *v.t.* • to load.

बोझिल *adj.* • burdensome; heavily laden.

बोटा *m.* • a log of wood.

बोटी *f.* • a slice of meat; a piece of meat or flesh.

बोतल *f.* • bottle.

बोदा *adj.* • worthless; dull.

बोध *(S) m.* • intelligence; understanding.

बोना *v.t.* • to sow; to plant.

बोरा *m.* • a sack.

बोरिया *f.* • a small sack. ~**-बिस्तर** *m.* bag and baggage.

बोरी *f.* • a sack.

बोल *m.* • word; speech. ~**चाल** *f.* conversation; talk. ~**बाला** *m.* pre-eminence.

बोलना *v.t.* • to speak; to talk.

बोली *f.* • speech; language; dialect; bid (at an auction). **उल्लू की** ~ *f.* hooting. **कबूतर की** ~ *f.* cooing. **कुत्ते की** ~ *f.* barking. **गधे की** ~ *f.* braying. **शेर की** ~ *f.* roaring. **भेड़िये की** ~ *f.* howling. **मेंढक की** ~ *f.* croaking. **भेड़, बकरी की** ~ *f.* bleating. **घोड़े की** ~ *f.* neighing. **बिल्ली की** ~ *f.* mewing. **पक्षी की** ~ *f.* chirping. **गाय, भैंस की** ~ *f.* mooing.

बोहनी *f.* • first sale of the day.

बौखलाना *v.i.* • to rage with anger.

बौखलाहट *f.* • raging anger.

बौछाड़, बौछार *f.* • heavy shower.

बौड़म *adj.* • stupid.

बौद्ध *(S) adj & m.* • Buddhist.

बौद्धिक *(S) adj.* • intellectual.

बौना *adj.* • dwarfish; *m.* a dwarf.

बौर *m.* • blossom.

बौराना *v.i.* • to go mad.

बौराया *adj.* • gone mad; insane.

ब्याज *m.* • interest (on money).

ब्यालू *m.* • the evening meal.

ब्याह *m.* • marriage. ~**करना** *v.t.* to marry. ~**ना** *v.t.* to marry. ~**रचाना** *v.t.* to celebrate a marriage.

ब्योरा *m.* • account; explanation; details. ~**देना** to describe; to give details.

ब्रह्म *(S) m.* • the impersonal ultimate being; spirit of the universe. ~**चर्य** *m.* asceticism; celebacy. ~**चारी** *m.* celebate.

ब्रह्मा *(S) m.* • the supreme being as creator of the world.

ब्राह्म मुहूर्त *(S) m.* • the time before dawn.

ब्रह्म समाज *m.* • the Brahma Samaj (a reform movement in religion founded in 1828).

ब्राह्मण *(S) m.* • a Brahmin.

ब्राह्मणी *(S) f.* • a Brahmin woman; wife of a Brahmin.

भ

भंग *(S) m.* • breaking; partition; **बंग** ~*m.* the partition of Bengal (1905).

भंगिन *f.* • a woman of the sweeper caste; wife of a sweeper.

भंगी *m.* • a sweeper.

भंगेड़ी *m.* • one addicted to hemp (cannibis sativa).

भंगुर *(S) adj.* • fragile.

भंजक *(S) adj.* • breaker; **मूर्ति** ~ *m.* iconoclast.

भंजन *(S) m.* • destruction.

भंजाना *v.t.* • to change (money); to encash (as a cheque).

भंडा *m.* • earthen pot. ~**फोड़** *m.* disclosure of a secret. ~**फोड़ करना** *v.t.* to uncover (a plot etc.).

भंडार *m.* • a warehouse; storeroom; a reserve.

भंडारण *(S) m.* • storage; preservation.

भंडारी *m.* • treasurer; storekeeper.

भंवर *m.* • whirlpool.

भंवरा, भौंरा *m.* • black-wasp.

भकभकाना *v.i.* • to blaze; to glow.

भकुआ *adj.* • stupid; *m.* a fool.

भकोसना *v.t.* • to eat greedily.

भक्त *(S) adj.* • devoted; *m.* a devotee.

भक्ति *(S) f.* • religeous devotion.

भक्षक, भक्षी *(S) adj.* • devouring; *m.* eater.

भक्षण *(S) m.* • eating.

भक्ष्य, भक्षणीय *(S) adj & m.* • eatable; edible; *m.* food.

भगत *m.* • see **भक्त**.

भगदड़ *f.* • stampede.

भगवा *m.* • red ochre; saffron; *m.* loin cloth dyed in saffron colour. ~**झंडा** *m.* saffron banner.

भगवान *(S) m.* • God.

भगाना *v.t.* • to chase away; to drive out.

भगिनी *(S) f.* • sister.

भगोड़ा *adj.* • fugitive.

भग्न *(S) adj.* • broken.

भग्नावशेष *(S) m.* • ruins (of a building).

भजन *(S) m.* • hymn; devotional song.

भजना *v.t.* • to worship.

भटकना *v.i.* • to wander; to stray.

भटकाना *v.t.* • to mislead.

भट्ठा *m.* • brick-kiln.

भट्ठी *f.* • furnace; distillery.

भठियारा *m.* • inn-keeper.

भठियारिन *m.* • inn-keeper's wife.

भड़क *f.* • pomp; show. ~**दार** *adj.* gaudy.

भड़कना *v.i.* • to flare up; to burst out (in anger).

भड़काना *v.t.* • to provoke; to incite.

भड़कीला *adj.* • showy; flashy. ~**पन** *m.* showiness.

भड़भूंजा *m.* • a grain-parcher.

भड़ास *f.* • anger. ~**निकालना** to vent one's anger.

भड़ैत *m.* • tenant.

भतार or **भरतार** *m.* • husband.

भतीजा *m.* • brother's son. **भाई-**~**वाद** *m.* nepotism.

भतीजी *f.* • brother's daughter.

भत्ता *m.* • allowance.

भदई *f.* • the autumn crop.

भद्दा *adj.* • coarse; clumsy.

भद्र *(S) adj.* • gracious; gentle. ~**ता** *f.* civility. ~**आदमी** *m.* a gentleman.

भनक *f.* • low sound; rumour.

भनभनाना *v.i.* • to buzz; to hum.

भनभनाहट *f.* • buzzing.

भभका *m.* • blast from a furnace.

भभकाना *v.t.* • to cause to flare up; to provoke.

भभकी *f.* • threat.

भभूत *f.* • ascetic's ashes.

भयंकर *(S) adj.* • terrible.

भय *(S) m.* • fear; misgivings.

भयादोहन *(S) m.* • blackmail.

भयभीत *(S) adj.* • frightened; alarmed.

भयानक, भयावह, भयावना *(S) adj.* • terrible; dreadful.

भरण *(S) m.* • nurturing.

भरती, भर्ती *f.* • filling; admission (to an institution); enrolment.

भरना *v.i.* • to fill; to heal up (a wound).

भरपाई *f.* • acknowledgement receipt; full payment; compensation.

भरपूर *adj.* • brimful.

भरमार *f.* • abundance.

भरवाई, भराई *f.* • act of filling; payment for filling.

भराना *v.t.* • to cause to be filled.

भरापूरा *adj.* • prosperous.

भरावट *f.* • filling; stuffing.

भरी *f.* • the weight of one tola (ten gms.).

भरोसा *m.* • confidence; faith; reliance.

भर्त्सना *(S) f.* • abuse; scolding; reprimand.

भर्राना *v.i.* • to become hoarse (the throat or voice).

भलमनसी, भलमनसाहत *f.* • gentlemanliness.

भला *adj.* • good; kind; honest. ~ **करना** *v.t.* to do good; ~ **चंगा** *adj.* healthy. ~ **मानस** *m.* a good and gentleman.

भलाई *f.* • kindness; welfare.

भलीभाँति *adv.* • well; thoroughly; quite.

भवन *(S) m.* • abode; building; house.

भविष्य *(S) adj.* • future; *m.* the future; ~ **काल** *m.* future tense. ~ **निधि** *f.* provident fund. ~ **वक्ता** *m.* foreteller. ~ **वाणी** *f.* prophesy; forecast.

भव्य *(S) adj.* • magnificient. ~ **ता** *f.* magnificence.

भस्म *(S) m.* • ashes.

भहराना *v.i.* • to collapse.

भाँग *m.* • hemp.

भाँज *f.* • a twist; small change.

भाँजना *v.t.* • to brandish (as a sword).

भांजा, भानजा *m.* • sister's son.

भांजी, भानजी *f.* • sister's daughter.

भाँड़ *m.* • earthenware; jesture; joker.

भाँति *f.* • manner. **भली** ~ *adv.* thoroughly; quite.

भाँपना *v.t.* • to guess.

भाई *m.* • brother. ~ **चारा** *m.* brotherhood; ~ **बंद** *m.* kins. relatives.

भाग *(S) m.* • section; part; share; division. ~ **करना,** ~ **देना** *v.t.* to divide. ~ **जगना,** ~ **खुलना** *v.i.* fortune to turn favourable. ~ **देने की क्रिया** *f.* division. ~ **देने योग्य** *adj.* divisible. ~ **फल** *m.* quotient.

भागना *v.i.* • to flee; to run away.

भागी *adj.* • participating; *m.* sharer. ~ **दार** *m.* partner.

भाग्य *(S) m.* • fate; destiny; fortune. ~ **शाली** *adj.* lucky; fortunate. ~ **हीन** *adj.* unfortunate; unlucky.

भाजी *f.* • green vegetables.

भाटा *m.* • ebb-tide.

भाड़ *m.* • oven for parching grain.

भाड़ा *m.* • fare; rent; freight.

भात *m.* • boiled rice, cooked rice.

भाथी *f.* • bellows.

भादों, भाद्रपद *m.* • the sixth month of the (Indian) lunar calendar (mid August to mid September).

भाना *v.i.* • to be liked.

भानु *(S) m.* • the sun.

भाप *m.* • steam; vapour.

भाभी *f.* • elder brother's wife.

भामा, भामिनी *(S) f.* • a woman.

भार *m.* • burden; load. ~**उठाना** *v.t.* to lift a burden; to take up a responsibility. ~**ग्रहण** *m.* assumption of charge. ~**वाहक** *m.* load-carrier. ~**हीन** *adj.* weightless.

भारत *(S) m.* • India. ~**सरकार** *f.* the Indian Government, Govt. of India. ~**वर्ष** *m.* India; ~**वासी** *m./f.* Indian; a citizen of India.

भारती *(S) f.* • a title of the Goddess Saraswati; speech.

भारतीय *(S) adj.* • an Indian. ~**उत्तराधिकार विधान** *m.* Indian Succession Act. ~**दंड संहिता** *f.* Indian Penal Code. ~**प्रशासनिक सेवा** *f.* Indian Administrative Service (I.A.S.). ~**विवाह विधान** *m.* Indian Marriage Act. ~**शस्त्र विधान** *m.* Indian Arms Act. ~**साक्ष्य विधान** *m.* Indian Evidence Act.

भारी *adj.* • heavy; massive. ~**उद्योग** Heavy Industry. ~**लापरवाही** *f.* gross negligence.

भार्या *(S) f.* • wife.

भाल *(S) m.* • the forehead.

भाला *m.* • a spear; lance.

भालू *m.* • bear.

भाव *(S) m.* • disposition; temperament; way; manner; rate. ~**उतरना, गिरना** fall in price. ~**चढ़ना** rise in price. ~**ताव करना** haggling. ~**प्रकट करना** *v.t.* to express one's thoughts. ~**भंगी** *f.* manner. ~**वाचक** *f.* abstract. ~ **वाचक संज्ञा** *a* an abstract noun. ~**हीन** *adj.* dispassionate.

भावज *f.* • see **भाभी.**

भावना *(S) f.* • feeling; emotion.

भावार्थ *(S) m.* • implied meaning.

भावावेश *(S) m.* • frenzy; emotionality.

भावानुवाद *(S) m.* • free translation; sense for sense translation.

भावात्मक *(S) m.* • emotional; sentimental.

भावावेश *(S) m.* • emotion; sentiment.

भावी *(S) adj.* • future.

भावुक *(S) adj.* • sentimental. ~**ता** *f.* sentimentality.

भाषण *(S) m.* • a speech; lecture. ~**देना** to speak or lecture. ~**कला** *f.* oratory. ~**कर्ता** *m.* lecturer; speaker; orator. ~**स्वतंत्रता** *f.* freedom of speech.

भाषा *(S)* • language. ~**विज्ञान** *m.*

linguistics (भाषाशास्त्र). ~ वैज्ञानिक *adj.* linguistic. *m.* linguist. ~ विज्ञानी, ~ विद् *m.* a linguist ~ भाषी *(S) m & adj.* a speaker (of a language).

भाषाई *adj.* • linguistic.

भाष्य *(S) m.* • commentary. ~ कार *m.* commentator.

भास्कर *(S) m.* • the sun.

भिगोना, भिंगाना *v.t.* • to soak; to wet.

भिंडी *f.* • lady's fingers.

भिक्षा *(S) f.* • begging; alms. ~ टन *m.* begging. ~ पात्र *m.* begging bowl.

भिक्षार्थी, भिक्षु, भिक्षुक *(S) m.* • a beggar.

भिखमंगा, भिखारी *m.* • beggar.

भिक्षुणी-भिखारिन *(S) f.* • a female beggar.

भिजवाना *v.t.* • to cause to be sent.

भिड़ंत *f.* • a clash.

भिड़ना *v.i.* • to clash.

भिड़ाना *v.t.* • to bring together.

भिनभिनाना *v.i.* • to swarm; to buzz.

भिनभिनाहट *f.* • buzzing.

भिन्न *(S) adj.* • distinct; different. *m.* a fraction. ~ ता *f.* dissimilarity.

भिश्ती *(P) m.* • a water-carrier.

भींगना, भीगना *v.i.* • to be damp or wet.

भींचना *v.t.* • to hold tightly.

भी *adv.* • too; also.

भीख *f.* • alms; begging. ~ माँगना *v.t.* to beg.

भीड़ *f.* • a crowd. ~ भड़क्का, ~ भाड़ *f.* crowd.

भीत *f.* • a wall.

भीत *(S) adj.* • frightened; afraid.

भीतर *adv.* • inside; within.

भीतरी *adj.* • internal; inner.

भीना *adj.* • light (colour; breeze, etc.).

भीनी *adj* • light (smell, etc.).

भीरु *(S) adj.* • cowardly. ~ ता *f.* timidity.

भीषण *(S) adj.* • terrible.

भुक्त *(S) adj.* • eaten; paid; encashed. ~ भोगी *adj.* having personal experience.

भुखमरी *f.* • starvation.

भुगतना *v.t.* • to suffer; to experience.

भुगतान *m.* • full payment. ~ प्राधिकारी *m.* disbursing authority. ~ संतुलन *m.* balance of payments.

भुज, भुजा *m/f. (S)* • the arm. ~ पाश *m.* embrace.

भुजाली *f.* • a small dagger.

भुट्टा *m.* • an ear of corn; maize.

भुतहा *adj.* • bewitched.

भुनभुनाना *v.i.* • to mutter; to grumble.

भुनवाना, भुनाना *v.t.* • to cause to

be parched; to get changed (money).

भुरभुरा *adj.* • powdery.

भुरभुराना *v.t.* • to sprinkle; to crumble.

भुलक्कड़ *adj.* • absent-minded.

भुलाना *v.t.* • to forget.

भुलावा *(S) m.* • deception; hoax.

भुवन *(S) m.* • the world.

भूँकना *v.i.* • to bark.

भूँजना *v.t.* • to parch.

भू *(S) f.* • the earth; world; ground. ~**अभिलेख** *m.* land records. ~**कंप** *m.* earthquake. ~**खंड** *m.* region. ~**गोल** *m.* geography. ~ **मंडल** *m.* the earth. ~ **मध्य सागर** *m.* the Mediterranean Sea. ~**विज्ञान** *m.* geology. ~**वैज्ञानिक** *adj.* geological. *m.* geologist.

भूख *f.* • hunger; appetite. ~**मरना** loss of appetite. ~**लगना** to feel hungry. ~ **हड़ताल** *f.* hunger-strike.

भूखा *adj.* • hungry.

भूचाल, भूडोल *m.* • earthquake.

भूत *(S) adj.* • past. ~**काल** *m.* past-tense. ~ **पूर्व** *adj.* ex; past; former. *m.* ghost.

भूनना *v.t.* • to roast; to parch.

भू-भौतिकी *(S) m.* • geophysics.

भूमध्य रेखा *f.* • equator. ~**संबंधी** *adj.* equatorial.

भूमापन *(S) m.* • land survey.

भूमि *(S) f.* • earth; land. ~**अधिकार** *m.* tenancy. ~**कर** *m.* land revenue. ~**क्षरण** *m.* erosion. ~**गत** *adj.* underground. ~ **ग्रहण** *m.* land acquisition. ~**सत्व** *m.* land-tenure. ~ **संबंधी** *adj.* agrarian. ~ **सुधार** *m.* land reform.

भूमिका *(S) f.* • preface; introduction; a role (in a drama or film).

भूरा *(S) adj.* • light brown; *m.* brown colour.

भूराजस्व *(S) m.* • land revenue.

भूल *f.* • mistake; error. ~**ना** *v.t.* to forget. ~**करना** *v.t.* to commit an error. ~**जाना** *v.t.* to forget. ~**से** *adv.* by mistake. ~**भुलैया** *f.* labyrinth.

भूला-भटका *adj.* • gone astray.

भूव्यवस्था *(S) f.* • land-settlement.

भूस्वामी *(S) m.* • landlord.

भूषण *(S) m.* • ornament.

भूस्खलन *(S) m.* • landslide.

भूसा, भूसी *m/f.* • straw; husk; chaff.

भृकुटी *(S) f.* • the eyebrow.

भृत्य *(S) m.* • servant.

भेंगा *adj.* • squint-eyed.

भेंट *f.* • meeting; visit; an interview; present. ~**करना** to meet. ~**करने जाना** *v.i.* to visit.

भेजना *v.t.* • to send.

भेजा *m.* • the brain. ~**खाना** to bore

with chatter.

भेड़ *f.* • ewe; sheep. ~**चाल** blind imitation by a group. ~**पालन** *m.* sheep-raising.

भेड़ा *m.* • a ram.

भेड़िया *m.* • a wolf. ~**धसान** *m.* mob-mentality.

भेड़ी *f.* • ewe. **कोमल रोएँ वाली**~*f.* marino.

भेद *(S) m.* • difference; discrimination. ~**खोलना** to reveal a secret. ~**भाव** *m.* discrimination.

भेदिया *m.* • informer.

भेषज *(S) m.* • medicine.

भेस *m.* • dress; appearance.

भैंस *f.* • buffalo-cow or she-buffalo.

भैंसा *m.* • buffalo-bull or he-buffalo.

भैया *m.* • elder brother.

भोंकना *v.t.* • to stab; to pierce.

भोंडा *adj.* • uncouth; ugly. ~**पन** *m.* ugliness.

भोंदू *m.* • stupid.

भोंपू *m.* • a horn.

भोक्ता *(S) m.* • consumer; experiencer.

भोग *(S) m.* • enjoyment; pleasure. ~**विलास** *m.* licentiousness.

भोगाधिकार *m.* • occupancy right.

भोग्य *(S) adj.* • enjoyable.

भोज *m.* • banquet; feast.

भोजन *(S) m.* • a meal; food. ~**करना** *v.i.* to eat. ~**कराना** *v.t.* to feed. ~ **करने योग्य** *adj.* edible; eatable. ~ **सामग्री** *f.* foodstuff. ~**प्रबंध** *m.* catering. ~**विज्ञान** *m.* dietetics. ~**सूची** *f.* menu.

भोजनालय *m.* • restaurant.

भोज्य *(S) adj.* • edible.

भोथरा *adj.* • blunt.

भोर *m.* • daybreak.

भोला *m.* • innocent. ~**भाला** *adj.* very simple. ~ **पन** *m.* innocence.

भौंचक्का, भौचक्का *adj.* • alarmed.

भौजाई, भौजी *f.* • brother's wife.

भौतिक *(S) adj.* • physical; material. ~**वाद** *m.* materialism. ~**विज्ञान** *m.* physics.

भ्रंश *(S) m.* • destruction.

भ्रम *(S) m.* • confusion; illusion; misunderstanding.

भ्रमण *(S) m.* • a tour; journey.

भ्रमर *(S) f.* • bee.

भ्रष्ट *(S) adj.* • polluted; corrupted.

भ्रष्टाचार *(S) m.* • corruption.

भ्रष्टाचारी *(S) adj.* • corrupt.

भ्रांत *(S) adj.* • mistaken.

भ्रांति *(S) f.* • delusion.

भ्राता *(S) m.* • brother.

भ्रातृभाव *(S) m.* • brotherliness.

भ्रातृहत्या *(S) f.* • fratricide.

भ्रामक *(S) adj.* • misleading.

भ्रू *(S) f./m.* • the eyebrow. ~**निक्षेप**

m. sidelong glance.

भ्रूण *(S) m.* • foetus. ~**विज्ञान** *m.* embryology. ~**हत्या** *f.* induced abortion.

म

मंगता *m.* • a beggar.

मंगनी *f.* • engagement; betrothal; borrowed.

मंगरैला *m.* • black cumin (**कलौंजी**)

मंगल *adj.* • auspicious. *m.* good fortune. ~**ग्रह** *m.* Mars (planet). ~**वार** *m.* Tuesday.

मंगवाना, मंगाना *v.t.* • to send for; to order.

मंगेतर *m.* • fiance; f. fiancee.

मंच *(S) m.* • dais; platform; stage.

मंचन *(S) m.* • staging (of a play).

मंचित *(S) adj.* • staged (a drama, etc.).

मंजन *m.* • a toothpaste.

मंज़र *(A) m.* • view; a landscape.

मंजरी *(S) f.* • blossom.

मंज़िल *(A) f.* • destination; storey; floor.

मंज़िला *(P) adj.* • storeyed.

मंजीर *(S) m.* • anklet.

मंजु, मंजुल *(S) adj.* • lovely; charming.

मंज़ूर *(A) adj.* • approved; accepted.

मंज़ूरी *(A) f.* • approval; sanction.

मंजूषा *(S) f.* • box.

मंझला, मंझोला *adj.* • middle.

मंडप *(S) m.* • a pavilion.

मंडराना *v.i.* • to hover around.

मंडल *m.* • orb; sphere.

मंडलाकार *adj.* • round; spherical.

मंडली *f.* • group; party.

मंडी *f.* • a market; a wholesale market.

मंडूक *(S) m.* • a frog.

मंत्र *(S) m.* • a sacred verse.

मंत्रणा *(S) f.* • counsel.

मंत्रित *(S) adj.* • consecrated with a mantra.

मंत्रित्व *(S) m.* • office or activity of a minister. **प्रधान**~ *m./f.* Prime Ministership.

मंथन *(S) m.* • churning.

मंथर *(S) adj.* • slow; idle.

मंद *(S) adj.* • slow. ~**बुद्धि** *adj.* slow-witted; stupid.

मंदा *adj.* • cheap; dull.

मंदाकिनी *(S) f.* • the river Ganges.

मंदिर *m.* • a temple.

मंदी *f.* • depression (in the market).

मंशा *(A) f.* • intention.

मंसूबा, मनसूबा *(A) m.* • intention; resolve.

मकई *f.* • corn; maize.

मकड़ा *m.* • spider.

मकड़ी *f.* • spider.

मक़तब *(A) m.* • a school.

मक़बरा *m.* • a tomb; mausoleum.

मक़बूल *(A) adj.* • pleasing.

मकरंद *(S) m.* • pollen; nectar.

मक़सद *(A) m.* • intention; aim.

मकान *(A) m.* • a house; dwelling. **~किराये पर देना** to let a house. **~किराये पर लेना** to rent a house.

मक्का *m.* • corn; maize.

मक्कार *(A) adj.* • crafty; hypocritical. *m.* a hypocrite.

मक्खन *m.* • butter.

मक्खी *f.* • a fly. **मधु~** *f.* a bee.

मख़मल *(A) m.* • velvet.

मख़मली *(A) adj.* • velvety.

मखौल *m.* • a joke.

मग़ज़ *(P) m.* • brain; **~खाना** to harass.

मगर *(P) conj.* • but; however; crocodile (**मगरमच्छ**).

मग़रिब *(A) m.* • the west.

मग़रूर *(A) adj.* • proud.

मगही *f.* • the dialct of Magadh.

मग्न *(S) adj.* • engrossed.

मचना *v.i.* • to be stirred up (as a strife or noise).

मचलना *v.i.* • to be stubborn.

मचान *m.* • scaffold; raised seat.

मचाना *v.t.* • to stir up (as strife, etc.). **शोर~** to shout.

मच्छर *m.* • mosquito. **~ दानी** *f.* mosquito net.

मछली *f.* • fish.

मछुआ *m.* • fisherman.

मज़दूर *(P) m.* • a labourer. **~संघ** *m.* trade union. **~दल** *m.* labour party. **~संगठन** *m.* labour organisation.

मज़दूरी *(P) f.* • wages.

मज़बूत *(A) adj.* • strong; firm.

मजबूर *(A) adj.* • helpless; compelled.

मजबूरी *(A) f.* • helplessness; compulsion.

मजमा *m.* • crowd; assembly.

मज़मून *(A) m.* • an essay; an article; subject.

मजलिस *(A) f.* • an assembly; a society.

मज़लूम *(A) adj.* • oppressed.

मज़हब *(A) m.* • religion.

मज़हबी *(A) adj.* • religious.

मज़ा *(P) m.* • taste; pleasure. **~आना** relish. **~उड़ाना** to revel. **~चखाना** to punish.

मज़ाक़ *(A) m.* • a joke; humour. **~ उड़ाना** to make fun.

मज़ाकिया *adj.* • humorous.

मज़ार *(A) m.* • grave; tomb.

मजाल *(A) f.* • power; right.

मज़ेदार *adj.* • tasty; enjoyable.

मज्जा *(S) f.* • marrow.

मझला, मझोला *adj.* • middle; middling.

मटकना *v.i.* • to coquet; to show airs.

मटका *m.* • a large earthen pot.

मटकाना *v.t.* • to make flirtatious movements (with the eyes or body).

मटकी *f.* • a small earthen pot.

मटमैला *adj.* • dull; earth-coloured.

मटर *m.* • peas; ~**गश्ती** *f.* strolling.

मटियामेट *adj.* • destroyed; razed.

मटियाना *v.t.* • to take no notice.

मटियाला *adj.* • earth-coloured.

मट्ठा *m.* • butter-milk.

मठ *(S) m.* • monastry.

मड़ुआ *m.* • the millet.

मड़ैया *f.* • a small hut.

मढ़ना *v.t.* • to cover (as a book, etc.).

मढ़वाना *v.t.* • to cause to be covered.

मढ़ाई *f.* • covering; cost of covering.

मढ़ी *f.* • a cottage; a small temple.

मणि *(S) f.* • jewel; precious stone.

मत *adv.* • not; do not.

मत *(S) m.* • opinion; vote. ~**अधिकारी** *m.* polling officer. ~**कोष्ठ** *m.* polling booth. ~**ग्रहण** polling. ~**दाता** *m.* voter. ~**दान** *m.* voting. ~**पत्र** *m.* ballot-paper. ~**पेटी** *f.* ballot-box. ~**भेद** *m.* difference of opinion.

मतलब *(A) m.* • purpose; intention; meaning.

मतलबी *adj.* • self-seeking; selfish.

मतलाना-मितलाना *v.i.* • to feel nausea.

मतवाला *adj.* • intoxicated; drunk.

मताधिकार *(S) m.* • right to vote.

मतानुयायी, मतावलंबी *(S) adj.* • adherent of a doctrine.

मति *(S) f.* • mind; understanding.

मत्सर *(S) m.* • envy; jealousy.

मत्स्य *(S) m.* • a fish. ~**पालन** *m.* fishery.

मतैक्य *(S) m.* • unanimity.

मथना *v.t.* • to churn.

मद *(S) m.* • intoxication; lust.

मदद *(A) f.* • aid; help; ~**करना** *v.t.* to help.

मदरसा *(P) m.* • a school.

मदहोश *(A) adj.* • intoxicated.

मदहोशी *(P) f.* • intoxication.

मदारी *m.* • juggler.

मदिरा *(S) f.* • wine; alcohol.

मद्धिम *adj.* • slow, subdued.

मद्य *(S) m.* • wine; alcohol. ~**निषेध** *m.* prohibition.

मधु *(S) m.* • honey; ~**कोष** *m.* beehive. ~**मक्खी** *f.* honey bee. ~**मक्खी पालक** *m.* apiarist. ~**वाटिका** *f.* apiary. ~ **शाला** *f.* tavern. wine-house.

मधुर (S) *adj.* • sweet; charming; melodious. ~ **बनाना** *v.t.* to sweeten. ~**ता** *f.* sweetness. ~**भाषी** *adj.* soft-spoken.

मध्य (S) *adj.* • middle; central; *m.* middle. ~ **काल** *m.* middle ages.- ~**रात्रि** *f.* midnight. ~**वयस्क** *adj.* middle-aged. ~**वर्ती** *adj.* central. ~**स्थ** *adj.* neutral; *m.* arbitrator.

मध्यम (S) *adj.* • medium; middle; mediocre; ~**वर्ग** *m.* the middle class.

मध्यावकाश *m.* • recess.

मध्याह्न *m.* • midday.

मन *m.* • the mind; the heart; wish; inclination. ~**अटकना** or **उलझना** *v.i.* to fall in love.

मन (A) *m.* • a maund (about forty kilograms).

मनका *m.* • a bead.

मनगढ़ंत *adj.* • fabricated; concocted.

मनचला *adj.* • easily attracted by women.

मनचाहा *adj.* • desired.

मनन (S) *m.* • reflection; careful study. ~**शील** *adj.* reflective; studious.

मनबहलाव *m.* • recreation; amusement.

मनमाना *adj.* • self-willed.

मनमुटाव *n.* • antagonism.

मनमौजी *adj.* • capricious; whimsical.

मनवाना *v.t.* • to cause to be accepted.

मनसा (S) *adv.* • in the mind. ~**वाचा कर्मणा** *adv.* in thought, word and deed.

मनसूख़ (A) *adj.* • revoked; cancelled.

मनसूबा (A) *m.* • intention; plan.

मनस्वी (S) *adj.* • intellectual; wise.

मनहूस (A) *adj.* • unlucky; wretched.

मना (A) *adj.* • prohibited. ~**करना** *v.t.* to forbid.

मनाही (A) *f.* • prohibition.

मनीषा (S) *f.* • intelligence; wisdom.

मनुष्य (S) *m.* • human being; a man; mankind. ~**ता** *f.* humanity.

मनुहार *f.* • entreaty; request.

मनोकामना (S) *f.* • heart's desire.

मनोग्रंथि (S) *f.* • a complex.

मनोनयन (S) *m.* • selection; nomination.

मनोनीत (S) *adj.* • nominated; selected.

मनोबल (S) *m.* • strength of mind; morale.

मनोयोग (S) *m.* • concentration.

मनोरंजक (S) *adj.* • entertaining.

मनोरंजन (S) *m.* • entertainment;

recreation. ~कर m. entertainment tax. ~करना to entertain.

मनोरम *(S) adj.* • charming; delightful.

मनोरोग *(S) m.* • mental illness; mental disorder.

मनोविज्ञान *(S) m.* • psychology.

मनोविश्लेषण *(S) m.* • psychoanalysis.

मनोवृत्ति *(S) f.* • temperament.

मनोवैज्ञानिक *(S) adj.* • psychological; *m.* a psychologist.

मनौती *f.* • persuation; vow to propitiate a god by worship.

मन्नत *f.* • vow.

मंत्रणा *(S) f.* • advice. ~**देना** *v.t.* to advise. ~ **परिषद** *f.* Advisory Board. ~ **समिति** *f.* Advisory Committee.

मंत्रि परिषद *(S) m.* • Council of Ministers.

मंत्रिमंडल *(S) m.* • Cabinet.

मंत्री *(S) m.* • Minister; ~**दल** *m.* Ministry (**मंत्रालय**).

मन्मथ *(S) m.* • the god of love (Kamdeo).

ममता, ममत्व *(S) f./m* • affection.

ममिया, मामा *adj.* • (maternal) uncle.

मयूर *(S) m.* • a peacock.

मरकज़ *(A) m.* • centre.

मरकज़ी *(A) adj.* • central.

मरघट *f.* • cremation ground.

मरज़, मर्ज़ *(A) m.* • a disease.

मरज़ी, मर्ज़ी *(A) f.* • choice; pleasure; wish.

मरण *(S) m.* • death. ~**कथन** *m.* dying-declaration. ~**शुल्क** *m.* death-duty.

मरणोत्तर, मरणोपरांत *(S) adj.* • postmortem; posthumous.

मरतबा, मर्तबा *(A) m.* • time; position; occasion.

मरना *v.i.* • to die.

मरभुक्खा *adj.* • famished.

मरम्मत *(P) f.* • repair; mending. ~**करना** to repair or mend.

मरहम *(P) m.* • ointment. ~**पट्टी** *f.* dressing (wound, etc.).

मरहला *(A) m.* • a day's journey; stage; inn.

मरहूम *(A) adj.* • deceased; dead; the late.

मरियल *adj.* • feeble.

मरीचिका *(S) f.* • mirage.

मरीज़ *(A) adj.* • sick; *m.* patient.

मरुभूमि, मरुस्थल *(S) f./m.* • desert.

मरोड़ *f.* • ache; colic; bending; twisting.

मरोड़ना *v.t.* • to twist; to wring.

मर्त्यलोक *(S) m.* • world of the mortals; this world.

मर्द *(P) m.* • a male; man; husband.

मर्दन *(S) m.* • rubbing.

मर्दाना *(P) adj.* • manly; brave.

मर्दुमशुमारी *(P) f.* • census.

मर्म *(S) m.* • core; heart; ultimate mystery. ~ **ज्ञ** *adj.* of profound knowledge. ~ **स्थल** *m.* the vitals. ~ **स्पर्शी** *adj.* touching the inner heart.

मर्यादा *(S) f.* • decorum; dignity; merit; boundary; convention.

मल *m.* • impurity; excrement.

मलका, मलिका *(A) f.* • a queen.

मलना *v.t.* • to rub.

मलबा *m.* • rubble; debris.

मलमल *f.* • muslin.

मलय *(S) m.* • sandal.

मलवाई *f.* • price paid for rubbing.

मलवाना *v.t.* • to get massaged or rubbed.

मलहम *m.* • ointment.

मलाई *f.* • cream.

मलाल *(A) m.* • grief; vexation.

मलिन, मलीन *(S) adj.* • dirty.

मल्ल *m.* • wrestler. ~ **युद्ध** *m.* wrestling.

मल्लाह *(A) m.* • sailor; boatman.

मल्लाहिन *f.* • a sailor's or boatman's wife; boatwoman.

मल्लिका *(S) f.* • jasmine.

मवाद *(A) m.* • pus.

मवेशी *(P) f.* • cattle. ~ **ख़ाना** *m.* pound; pen for cattle.

मशक *(P) f.&m.* • a leather water bag.

मशक *(S) m.* • mosquito.

मशक़्क़त *(A) f.* • labour.

मशग़ूल *adj.* • busy; engaged.

मशरिक़ *(A) m.* • the east.

मशरिक़ी *(A) adj.* • eastern.

मशविरा *(A) m.* • advice.

मशहूर *(A) adj.* • famous.

मशाल *f.* • a torch. ~ **ची** *m.* torch-bearer.

मश्क़ *(A) m.* • practice.

मसख़रा *(A) m.* • a joker; buffoon.

मसख़रापन, मसख़री *m./f.* • joking; buffoonery.

मसजिद, मस्जिद *(A) f.* • a mosque.

मसनद *(A) f.* • a large cushion; bolster.

मसरफ़ *(A) m.* • purpose; use.

मसरूफ़ *(A) adj.* • busy; occupied.

मसलन *adj.* • for example.

मसलना *v.t.* • to crush between the palms.

मसला *(A) m.* • problem.

मसहरी *f.* • a mosquito-net.

मसा, मस्सा *m.* • mole; wart.

मसान *m.* • a cemetery; cremation ground.

मसाला *(A) m.* • spices.

मसालेदार *(P) adj.* • spicy.

मसीहा *(P) m.* • a great hope (to others).

मसूड़ा *m.* • the gums (of the teeth).

मसूर *f.* • lentil.

मसौदा *(A) m.* • draft; brief; project.

मस्त *(P) adj.* • exhilarated; delighted.

मस्तक *(S) m.* • forehead; head.

मस्तिष्क *(S) m.* • the brain.

मस्ती *(P) f.* • delight; passion.

मस्तूल *m.* • mast.

महंगा *adj.* • expensive; costly; dear.

महंगाई *f.* • dearness; high cost. ~**भत्ता** *m.* dearness allowance.

महंगी *adj.* • costly; expensive.

महक *f.* • scent; fragrance; smell. ~**ना** to smell.

महकमा *(A) m.* • department (of an office).

महकीला *adj.* • aromatic; fragrant.

महज़ *(A) adj & adv.* • only; merely; simply; unmixed.

महताब *(P) m.* • the moon; moonlight.

महत्ता, महत्व *(S) f./m.* • importance, greatness.

महत्वपूर्ण *(S) adj.* • important.

महत्वाकांक्षी *(S) adj.* • ambitious.

महदूद *(A) adj.* • restricted.

महफ़िल *(A) f.* • gathering; assembly.

महफ़ूज़ *(A) adj.* • safe; protected.

महबूब *(A) m. & adj.* • beloved.

महबूबा *(A) f.* • sweetheart.

महरी *f.* • maid-servant.

महरूम *(A) adj.* • deprived (of).

महर्षि *(S) m.* • sage; great rishi.

महल *(A) m.* • palace.

महसूल *(A) m.* • tax; duty; revenue (to Government).

महसूस *(A) m.&adj.* • experienced; perceptible. ~**करना** *v.i.* to experience; to realise (**महसूसना**)

महा *(S) adj.* • great; chief; big. ~**अधिवक्ता** *m.* Advocate General. ~ **कारानिरीक्षक** *m.* Inspector General of Prisons. ~**काव्य** *m.* great poem, epic. ~**जन** *m.* a money-lender (**साहूकार**); merchant; banker. ~**त्मा** *m.* a noble or venerable man. ~**द्वीप** *m.* continent. ~ **धमनी** *f.* aorta. ~**न्** *adj.* eminent; great. ~**नुभाव** *m.* an eminent person. a gentleman. ~ **निदेशक** *m.* Director General. ~**न्यायवादी** *m.* Attorney General. ~ **न्यायाभिकर्ता** *m.* Solicitor General. ~ **डाक पाल** *m.* Postmaster General. ~**पालिका** *m.* municipal committee, city corporation. ~ **पौर** *m.* Mayor. ~**प्रबंधक** *m.* General Manager. ~**प्रशासक** *m.* Administrator General. ~**प्रांत** *m.* Persidency. ~ **महिम** *m.* His Excellency. ~**मारी** *f.* epidemic. ~**राज** *m.* great king; cook. ~ **रानी** *f.* empress. ~ **लेखाधिकारी** *m.*

Accountant General. ~ लेखानिरीक्षक *m.* Auditor General. ~विद्यालय *m.* college. ~शय *adj, & m.* Sir. ~सभा *f.* congress. ~सागर *m.* ocean.

महारत *(A) f.* • skill.

महावत *m.* • elephant driver; mahout.

महिमा *(S) f.* • glory; grandeur.

महिला *(S) f.* • woman; lady.

महिष *(S) m.* • a buffalo.

महिषी *(S) f.* • a cow-buffalo; a high-ranking woman.

मही *(S) f.* • the earth; ~प *m.* king.

महीन *(P) adj.* • fine; thin.

महीना *(P) m.* • month.

महीनेवार *(P) adj.* • monthly.

महुआ *m.* • the tree Bassia latifolia, and its flower (from which wine is distilled).

महोदय *(S) m.* • Sir.

महोदया *(S) f.* • madam.

माँ *f.* • mother.

माँग *f.* • parting (of the hair); demand; requirement.

माँगना *v.t.* • to ask for; to demand; to borrow.

मांगलिक *(S) adj.* • auspicious.

मांजना *v.t.* • to cleanse; to rub.

मांझी *m.* • boatman.

माँड़, माँड़ी *f.* • starch.

मांद *f.* • lair; den; manure.

मांस *m.* • meat; flesh. ~ पेशी *f.* muscle. ~ल *adj.* muscular; fleshy.

मांसाहारी *adj.* • non-vegetarian.

माकूल *(A) adj.* • proper; appropriate; reasonable.

माघ *(S) m.* • the eleventh month of the lunar calendar (January-February).

माजरा *(A) m.* • event; matter.

माटी *f.* • soil; clay.

मात *adj.* • checkmated (in chess, etc.); defeated.

मातबर *(A) adj.* • trustworthy.

मातम *(A) m.* • mourning; grief. ~ पुर्सी *f.* condolence. ~पुर्सी करना *v.i.* to condole.

मातहत *(A) adj.&adv.* • subordinate.

माता *(A) f.* • mother; smallpox.

मातृ *(S)* • mother's; maternal. ~ भाषा *f.* mother tongue. ~भूमि *f.* mother land. ~ सत्ता *f.* matriarchy. ~ त्व *m.* motherhood. ~हत्या *f.* matricide.

मात्र *(S) adj.* • mere; sole; *adv.* merely; only; just; solely.

मात्रा *(S) f.* • dose; measure; an intrasyllable vowel symbol.

माथा *m.* • forehead; head.

मादक *(S) adj.* • intoxicating. ~ता *f.* intoxicating quality.

मादा *(P) adj.* • female (animal, bird, etc.) *f.* a female.

माधुरी *(S) f.* • sweetness; charm.

माधुर्य *(S) m.* • sweetness; charm.

माध्यम *(S) adj.* • middle; *m.*means; language of instruction.

मान *(S) m.* • honour; prestige; measure. ~**चित्र** *m.* a map. ~**चित्रकार** *m.* catographer. ~**चित्रावली** *f.* an atlas. ~**दंड** *m.* standard. ~**देय** *m.* honorarium. ~ **पत्र** *m.* address. ~ **मर्दन** *m.* humiliation. ~ **हानि** *f.* defamation.

मानक *adj.* • standard; *m.* a standard.

मानना *v.t.* • to accept; to agree.

माननीय *adj.* • deserving honour; honourable.

मानव *(S) m.* • a human being; a man; mankind. ~**जाति विज्ञान** *m.* ethnography. ~**ता** *f.* humanity. ~**द्रोही** *adj.* misanthropical; *m.* misanthrop. ~**वाद** *m.* humanism. ~ **विज्ञानी** *m.* anthropologist. ~ **विज्ञान** *m.* anthropology (**मानव शास्त्र**).

मानवी *(S) f.* • a woman.

मानवीय *(S) adj.* • humane. ~**ता** *f.* humanity.

मानस *(S) m.* • mind.

मानसिक *(S) adj.* • mental. ~**ता** *f.* mentality.

मानुषिक *(S) adj.* • human.

माने,*(A) m.* • meaning.

मानों, मानो *conj.* • suppose; as if.

मान्य *(S) adj.* • honoured. ~**ता** *f.* recognition. ~**ता प्राप्त** *adj.* recognised.

माप *f.* • a measure; measurement; ~**क** *m.* measure; measuring appliance; a surveyor.

मापना *v.t.* • to measure.

माफ़ *(P) adj.* • forgiven; excused; exempted. ~**करना** to forgive; to pardon.

माफ़ी *(P) f.* • forgiveness; exemption; rentfree land.

मामला *(A) m.* • a matter; case; suit.

मामा, मामू *m.* • uncle (maternal); mother's brother.

मामी *f.* • wife of a (maternal) uncle.

मामूली *(A) adj.* • ordinary.

माया *(S) f.* • illusion.

मायावी *(S) m.* • magician.

मायूस *(A) adj.* • disappointed; despondent.

मायूसी *(A) f.* • dispondency; disappointment.

मार *f.* • beating. ~**काट** *f.* bloody fight. ~ **खाना** *v.t.* to get a beating. ~**गिराना** *v.t.* to knock down. ~**डालना** *v.t.* to kill. ~**पीट** *f.* assault and battery.

मारना *v.t.* • to beat; to strike; to kill.

मारफ़त *adv.* • through; care of.

मारामार *f.* • scuffle;

मारे *ppn.* • on account of; because of.

मार्ग *(S) m.* • passage; road; course. ~**कर** *m.* toll. ~**दर्शन** *m.* guidance. ~**दर्शक** *m.* guide.

मार्जन *(S) m.* • cleaning.

माल *(A) m.* • wealth; goods; revenue; merchandise. ~**ख़ाना** *m.* treasury; warehouse. ~**गाड़ी** *f.* goods train. ~**गुज़ारी** *f.* land-revenue. ~**दार** *adj.* wealthy. ~**वाहक** *m.&adj.* freight carrying; a freighter.

माला *(S) f.* • garland. ~**फेरना** to tell beads. ~**माल** *adj.* abundant; very wealthy or rich.

मालिक *(A) m.* • master; owner.

मालिन *f.* • gardener's wife; woman gardener.

मालिश *(P) f.* • massage. ~**करने वाला** *m.* masseur.

माली *m.* • gardener; *adj.* financial; economic.

मालूम *(A) adj.* • known; ~**करना** to ascertain.

माशूक़ *(A) adj.* • beloved; *m.* loved person.

माशूक़ा *(A) f.* • sweetheart.

मास *(S) m.* • a month.

मासिक *(S) adj.* • monthly. ~ **धर्म** *m.* menstruation. ~ **पत्र** *m.* monthly magazine. ~**विवरण** *m.* monthly return.

मासी, मौसी *f.* • mother's sister.

मासूम *(A) adj.* • innocent.

मासूमियत, मासूमी *(A) f.* • innocence.

माह *(P) m.* • a month. ~**ताब** *m.* the moon. ~**वार** *adj.* monthly.

माहात्म्य *(S) m.* • greatness.

माहिर *(A) adj.* • expert.

माहुर *f./m.* • poison.

माहौल *(A) m.* • environment.

मिक़दार *(A) m.* • quantity; measure; amount.

मिचकाना *v.t.* • to blink (the eyes).

मिचकी *f.* • a blink; wink.

मिचना *v.i.* • to be closed (the eyes).

मिचलाना *v.i.* • to feel nausea.

मिज़ाज *(A) m.* • mood; temperament.

मिटना *v.i.* • to be erased.

मिटाना *v.t.* • to erase; to obliterate.

मिट्टी *f.* • earth; clay; soil. ~**तेल** *m.* kerosene.

मिठाई *f.* • a sweet.

मिठास *f.* • sweetness.

मितली *f.* • nausea.

मितव्ययी *adj.* • frugal; economical.

मिती *f.* • a date.

मित्र *(S) m.* • friend; ally; comrade. ~**ता** *f.* friendship; friendliness.

मिथक *m.* • a myth.

मिथुन *(S) m.* • a couple; man and

woman; sexual intercourse.

मिथ्या *(S) adj.* • false; untrue. ~**वादी** *m.* a liar.

मिन्नत *(A) f.* • entreaty.

मिमियाना *v.i.* • to bleat.

मियां *m.* • master; gentleman; husband.

मियाद *f./m.* • fixed term; period.

मियादी *(A) adj.* • periodical.

मिर्च *f.* • chilli; pepper.

मिलन *(S) m.* • meeting; union. ~**सार** *adj.* friendly; sociable.

मिलना *v.i.* • to be mixed; to meet.

मिलवाना *v.t.* • to cause to be mixed.

मिलान *m.* • comparison; verification.

मिलाप • to mix; to join; to compare.

मिलाप *(S) m.* • meeting; mixing; union.

मिलावट *f.* • a mixture; adulteration.

मिलावटी *adj.* • adulterated.

मिलीभगत *f.* • collusion.

मिश्र *S) adj.* • mixed; compound.

मिश्रण *(S) m.* • a mixture; a compound; an alloy.

निाश्रत *(S) adj.* • mixed; composite.

मिष्ट *(S) adj.* • sweet.

मिष्टान्न *(S) m.* • sweetmeat; sweets.

मिसरी *f.* • sugar-candy.

मिसाल *(A) f.* • example.

मिस्त्री *m.* • artisan; mechanic; craftsman.

मींजना *v.t.* • to rub with the hands; to crush.

मीचना *v.t.* • to shut (the eyes).

मीज़ान *(A) f.* • total; a balance.

मीठा *adj.* • sweet. ~**करना** *v.t.* to sweeten. ~**बोलने वाला** soft spoken.

मीत, मीता *m.* • friend; lover.

मीन *(S) f.* • a fish.

मीना *(P) m.* • lapis lazuli (a stone used to tinge silver); enamel. ~**कारी** *f.* enamel work.

मीनार *(A) f./m.* • minaret; tall tower.

मीमांसा *(S) f.* • investigation; consideration; a Hindu philosophical system.

मीर *(P) m.* • chief; leader.

मुंगरी *f.* • mallet; wooden hammer.

मुंडन *(S) m.* • shaving the head.

मुँड़ाना, मुँड़वाना *v.i.* • to be shaved.

मुंडित *(S) adj.* • shaven (the head).

मुंडेर, मुंडेरा *f./m* • parapet.

मुंतज़िम *(A) adj&m.* • administrator; arranger.

मुंतज़िर *(A) adj.* • awaiting.

मुंदना *v.i.* • to be closed (esp. the eyes).

मुंदरी *f.* • a ring.

मुंशी *(A) m.* • clerk.

मुंसिफ़ *(A) m.* • a subordinate judge.

मुँह *m.* • mouth; face. ~चोर *adj.* bashful. ~ज़ोर *adj.* impudent. ~फट *adj.* foul-mouthed. ~माँगा *adj.* desired. ~मोड़ना *v.i.* to refrain from.

मुँहामुँही *f.* • wrangling.

मुंहासा *m.* • pimples (on the face).

मुअत्तल *(A) adj.* • suspended.

मुअत्तली *(A) f.* • suspension.

मुआयना *(A) m.* • inspection.

मुआवज़ा *(A) m.* • compensation.

मुक़दमा, मुक़द्दमा *(A) m.* • a law-suit; case.

मुकदमेबाज़ी *f.* • litigation.

मुकरना *(A) v.i.* • to go back on one's word.

मुक़र्रर *(A) adj.* • fixed; settled.

मुक़ाबला, मुक़ाबिला *(A) m.* • confrontation; oppsition; competition.

मुक़ाम *(P) m.* • stopping place; site.

मुकुट *(S) m.* • crown.

मुकुर *(S) m.* • mirror.

मुकुल *(S) m.* • bud; blossom.

मुक्का *m.* • the fist; a blow with the fist.

मुक्केबाज़ *(P) m.* • a boxer.

मुक्केबाज़ी *(P) f.* • boxing.

मुक्त *(S) adj.* • set free; free; emancipated. ~व्यापार *m.* free trade.

मुक्ता *(S) m.* • a pearl.

मुक्ति *(S) f.* • freedom; salvation.

मुख *(S) m.* • mouth; front. ~पृष्ठ *m.* title-page.

मुखड़ा *m.* • face.

मुख़्तसर *(A) adj.* • concise; abridged.

मुख़्तार *(A) m.* • an attorney; solicitor. ~नामा *m.* power of attorney.

मुखबिर *(A) m.* • an informer; a spy.

मुखर *(S) adj.* • talkative.

मुख़ातिब *(A) adj.* • conversing with. ~होना to turn (to) in speaking.

मुख़ालिफ़ *(A) adj.* • opposed; *m.* opponent. ~त *f.* opposition; hostility.

मुखिया *adj.* • chief; *m.* village headman.

मुखौटा *m.* • mask.

मुख्तलिफ़ *(A) adj.* • different; various.

मुख्य *(S) adj.* • chief; leading. ~आयुक्त *m.* Chief Commissioner. ~न्यायाधीश *m.* Chief Justice. ~मंत्री *m.* Chief Minister.

मुख्यालय *(S) m.* • head quarters.

मुगदर *m.* • dumb-bell; a gymnast's club.

मुग़ालता *(A) m.* • error; misunderstanding.

मुग्ध *(S) adj.* • fascinated; enchanted.

मुग्धा *(S) f.* • an artless and immature young girl.

मुचलका *(T) m.* • undertaking.

मुजरा *(A) m.* • allowance; musical performance by a dancing girl.

मुजरिम *(A) adj.* • criminal; *m.* an offender or criminal.

मुजाहिद *(A) m.* • vigorous warrior (for Islam).

मुजाहिदीन *(A) m.pl.* • vigorous warriors for Islam.

मुट्ठी *f.* • the fist. ~**गर्म करना** *v.t.* to bribe. ~**भर** *adj.* handful. ~**में** under one's control.

मुठभेड़ *f.* • clash; encounter.

मुठिया *f./m.* • handle (of any tool or stick).

मुड़ना *v.i.* • to turn; to bend.

मुतलक़ *(A) adv.* • absolutely; wholly.

मुताबिक़ *(A) adj.* • corresponding (to).

मुदित *(S) adj.* • delighted; happy.

मुद्दआ *(A) m.* • wish; object; intention.

मुद्दई *(A) m.* • plaintiff.

मुद्दत *(P) f.* • a period of time.

मुद्दा *(A) m.* • issue; matter.

मुद्रक *(S) m.* • printer.

मुद्रण *(S) m.* • printing.

मुद्रणालय *(S) m.* • printing press.

मुद्रा *(S) f.* • a coin; currency; stamp; seal. **अंतर्राष्ट्रीय~कोष** *m.* International Monetary Fund; ~**स्फीति** *f.* inflation.

मुद्रित *(S) adj.* • printed; sealed; stamped.

मुनादी *(A) f.* • proclamation (by beat of drum).

मुनाफ़ा *(A) m.* • profit.**ख़ोर** *m.* a profiteer. ~**ख़ोरी** *f.* profiteering.

मुनासिब *(A) adj.* • suitable; proper.

मुनि *(S) m.* • a sage; a saint; seer.

मुफ़लिस *(A) adj.* • poor.

मुफ़लिसी *(A) f.* • poverty.

मुफ़स्सल, मुफ़स्सिल *(A) m.* • the country; village.

मुफ़्त *(P) adj.* • free; adv. gratis.

मुबारक *(A) adj.* • fortunate; blessed; interj. blessings. congratulations. ~ **बाद** *m.* blessings; congratulations.

मुब्तला, मुब्तिला *(A) adj.* • afflicted; entangled.

मुमकिन *(A) adj.* • feasible; possible.

मुमुक्षा *(A) f.* • desire for relief (from rebirth).

मुमुक्षु *(S) adj.* • desiring release.

मुमुर्षु *(S) adj.* • wishing to die; dying.

मुयस्सर *(A) adj.* • available.

मुरझाना *v.i.* • to wither.

मुरदा, मुर्दा *(P) adj.* • dead; *m.* a dead body; corpse. ~ **बाद** inter. downwith.

मुरब्बा *(A) adj.* • square; *m.* a square; a plot (of land); *m.* jam.

मुरमुरा *adj.* • crisp.

मुरली *(S) f.* • a flute.

मुरव्वत, मुरौवत *(P) f.* • kindness; humanity.

मुराद *(A) f.* • intention; a boon; wish.

मुरीद *(A) f.&m.* • desciple.

मुरेठा *m.* • a turban.

मुर्ग़, मुर्ग़ा *(P) m.* • a cock; fowl.

मुर्ग़ी, मुरग़ी *f.* • a hen; ~ **का बच्चा** *m.* a chicken.

मुलजिम *(A) m.* • convict.

मुलतवी *(P) adj.* • deferred.

मुलम्मा *(A) m.* • gilding; plating. ~ **करना** to gild.

मुलाक़ात *(A) f.* • meeting; interview.

मुलाक़ाती *m.* • an acquaintance.

मुलाज़िम *(A) m.* • a servant.

मुलायम *(A) adj.* • soft; delicate.

मुवक्किल *(A) m.* • client.

मुशायरा *m.* • a gathering where poets recite their poems.

मुश्क *f.* • the upper arm.

मुश्किल *(A) adj.* • difficult; *f.* difficulty; trouble.

मुश्की *(P) adj.* • musk-coloured.

मुश्त *(P) f.* • the fist; adj. handful; **एक** ~ *adv.* in a lump; as a lumpsum.

मुसकान *f.* • a smile.

मुसकुराहट *f.* • a smile.

मुसव्विर *(A) m.* • an artist; painter; sculptor.

मुसाफ़िर *(A) m.* • a traveller; passenger.

मुसाहब *(A) m.* • companion.

मुसीबत *(A) f.* • trouble; disaster; misfortune.

मुस्तैद *(A) adj.* • prompt; alert; ready.

मुस्तैदी *(A) f.* • readiness.

मुहकमा *(A) m.* • department.

मुहताज *(A) adj.* • needy.

मुहब्बत *(P) f.* • love.

मुहर *(P) m.* • a seal; stamp.

मुहर्रिर *(A) m.* • a clerk.

मुहल्ला, मोहल्ला *(A) m.* • ward; suburb; a city-quarter; locality.

मुहाना *m.* • confluence; rivermouth; estuary.

मुहावरा *(A) m.* • an idiom.

मुहिम *(A) f.* • an enterprise.

मुहूर्त *(S) m.* • a moment; auspicious moment.

मुहैया *(A) adj.* • available. ~ **कराना** *v.t.* to offer; to make available.

मूंग *m.* • green gram.

मूंगा *m.* • coral.

मूंछ *f.* • moustache.

मूंड़ना *v.t.* • to shave; to cheat.

मूंदना *v.t.* • to close; to shut.

मूक *(S) adj.* • dumb; mute.

मूठ *f.* • the fist; handle.

मूढ़ *m.&adj.* • stupified.

मूत *m.* • urine.

मूत्र *(S) m.* • urine. ~**त्याग** *m.* urination.

मूत्राशय *(S) m.* • the bladder

मूर्ख *(S) adj.* • stupid; foolish. ~**ता** *f.* foolishness.

मूर्च्छा, मूर्छा *(S) f.* • swoon; fainting.

मूर्छित *(S) adj.* • fainted; unconscious.

मूर्ति *(S) f.* • idol; statue. ~**कला** *f.* the art of sculpture. ~**भंजक** *m.* iconoclast. ~**कार** *m.* sculptor.

मूर्धन्य *(S) adj.* • leading; chief.

मूल *m.* • root; origin; principal; *adj.* original. ~**उद्योग** *m.* key industries. ~**धन** *m.* capital; ~**निवासी** *m.* native. ~ **प्रति** *f.* original copy.

मूली *f.* • radish.

मूल्य *(S) m.* • price. ~**नियंत्रण** *m.* price control. ~ **निर्धारण** *m.* valuation. ~**वान** *adj.* costly.

मूल्यांकन *(S) m.* • evaluation.

मूल्यानुसार *(S) m.* • ad valorem.

मूलोच्छेदन *(S) m.* • eradication; extermination.

मूसना *v.t.* • to pilfer; to steal.

मूसल *m.* • a club; pestle.

मूसलाधार *adj.* • torrential (rain).

मृग *(S) m.* • a deer.

मृगया *(S) f.* • hunting.

मृणाल *(S) m.* • a lotus-stalk.

मृत *(S) adj.* • dead. ~**प्राय** *adj.* half-dead.

मृतक *(S) m.* • a corpse.

मृत्यु *(S) f.* • death. ~**उपरांत** *adv.* post-mortem. ~**दंड** *m.* death sentence; capital punishment. ~**समाचार** *m.* an obituary.

मृदंग *(S) m.* • a double-drum.

मृदु, मृदुल *(S) adj.* • gentle; mild; soft.

में *ppn.* • in; into; to.

मेड़ *f.* • embankment; fence.

मेंढ़क *m.* • a frog.

मेंढ़की *f.* • a frog.

मेंढ़ा *m.* • a ram.

मेंह *m.* • rain.

मेघ *(S) m.* • a cloud.

मेघाच्छन्न, मेघाच्छादित *(S) adj.* clouded.

मेज़ *(P) f.* • a table.

मेटना *v.t.* • to efface; to erase.

मेदा *m.* • the stomach.

मेदिनी *(S) f.* • the earth.

मेधा *(S) f.* • wisdom; intelligence.

मेधावी *(S) adj.* • intelligent.

मेमना *m.* • lamb.

मेरा *adj.* • my; mine (=**मेरी, मेरे**)

मेरु *(S) m.* • mount Meru. ~**दंड** *m.*

backbone. ~ रज्जू *m.* spinal cord.

मेल *m.* • meeting; mixture; combination; friendship. ~ **करना** *v.i.* to conciliate. ~ **जोल** *m.* familiarity. ~**मिलाप** *m.* reconciliation.

मेला *m.* • a fair.

मेली *adj.* • friendly.

मेवा *(P) m.* • dry fruit.

मेहनत *(A) f.* • labour; toil.

मेहनताना *(P) m.* • wages.

मेहनती *(P) adj* • industrious.

मेहमान *(P) m.* • a guest.

मेहमानी *(P) f.* • hospitality.

मेहरबान *(P) adj.* • kind.

मेहरबानी *(P) f.* • kindness; favour.

मेहराब *(A) f.* • an arch.

मैं *pron.* • I.

मै *(P) f.* • wine; ~**कश** *m.* a drinker. ~**ख़ाना** *m.* tavern; wine-house.

मैत्री *(S) f.* • friendship.

मैथुन *(S) m.* • sexual intercourse.

मैदा *m.* • fine flour.

मैदान *(P) m.* • open field; battle field; ground (parade).

मैना *m.* • a Mynah (bird).

मैल *adj.* • dirt; filth.

मैला *adj.* • dirty; filthy.

मोक्ष *(S) m.* • emancipation; salvation.

मोगरा *m.* • jasmine.

मोच *f.* • a sprain.

मोची *m.* • cobbler; shoemaker.

मोज़ा *(P) m.* • stocking; socks.

मोट *f./m.* • bundle; leather bucket.

मोटरी *f.* • a small bundle.

मोटा *adj.* • fat. ~ **असामी** *m.* a wealthy person.

मोटाना *v.i.* • to grow fat; to grow rich.

मोटापा *m.* • fatness; obesity.

मोड़ *m.* • turn; bend; turning point.

मोड़ना *v.t.* • to bend; to turn; to twist.

मोढ़ा *m.* • a reed-stool.

मोतिया *adj.* • pearly; *m.* jasmine. ~**बिंद** *m.* cataract.

मोती *m.* • pearl.

मोद *(S) m.* • delight; pleasure.

मोदी *m.* • grocer.

मोम *(P) m.* • wax. ~**जामा** *m.* waxed cloth; ~**बत्ती** *f.* wax candle.

मोर *m.* • a peacock.

मोरचा *(P) m.* • front (war); place of battle. ~**बंद** *adj.* fortified. ~**बंदी** *f.* fortification.

मोरी *f.* • a drain.

मोल *m.* • price; value.

मोह *m.* • allurement; charm; attachment.

मोहक *(S) adj.* • enchanting.

मोहताज, मुहताज *(A) adj.* • needy.

मोहना *v.t.* • to charm.

मोहनी *f.* • a charming woman.

मोहरा *m.* • mouth; van (of an army); a pawn (in chess).

मोहरी *f.* • end (of trousers).

मोहलत *(P) f.* • extension (as of time); deferment.

मोहित *(S) adj.* • infatuated.

मौक़ा *(A) m.* • opportunity; place of occurrence.

मौकूफ़ *(A) adj.* • abolished.

मौखिक *(S) adj.* • oral.

मौज *(A) f.* • a wave; whim.

मौज़ूं *(A) adj.* • suitable; placed.

मौजूद *(A) adj.* • present. ~**गी** *f.* presence.

मौजूदा *(A) adj.* • present; existing.

मौत *(A) f.* • death.

मौन *(S) adj.* • silent; *m.* silence. ~**सहमति** *f.* connivance.

मौर *m.* • bridegroom's marriage-crown.

मौरूसी *(A) adj.* • hereditary; ancestral.

मौलवी *(P) m.* • a learned man (in Muslim law).

मौलसिरी *f.* • a large evergeen tree (Mimusops elengi) and its flowers.

मौलाना *(A) m.* • a learned Muslim.

मौलिक *(S) adj.* • original. ~**ता** *f.* originality; ~**शिक्षा** *f.* Basic Education.

मौसम *(A) m.* • season; weather.

मौसा *m.* • mother's sister's husband; uncle.

मौसी *f.* • mother's sister; aunt.

मौसेरा *adj.* • related to mother's sister.

म्याऊं *f.* • mewing (of a cat).

म्यान *(P)* **मियान** *m.* • sheath; scabbard.

म्यानी *(P) f.* • a mezzanine floor.

म्लान *(S) adj.* • languid; dejected.

म्लेच्छ *(S) adj.* • non-Aryan; Barbarian.

य

यंत्र *(S) m.* • an instrument; appliance; machine. ~**कार** *m.* a mechanic. ~**-मंत्र** *m.* magic. ~**मानव** *m.* a robot. ~**शास्त्र** *m.* mechanism.

यंत्रणा *(S) f.* • torture.

यंत्रीकरण *(S) m.* • mechanisation.

यक़ीन *(A) m.* • confidence; conviction. ~**न** *adv.* certainly.

यकृत *(S) m.* • the liver.

यक्ष्मा *(S) m.* • tuberculosis. ~**ग्रस्त** *adj.* consumptive.

यज्ञ *(S) m.* • sacrifice; a sacrificial act; fire-worship.

यज्ञोपवीत *(S) m.* • sacred thread (worn by twice-born Hindus).

यतीम *(A) m.* • an orphan.

यत्न *(S) m.* • effort.

यत्र *(S) adv.* • wherever. ~**तत्र** here and there.

यथा *(S) adv.* • just as; according to. ~ **शीघ्र** *adv.* as early as possible. ~**समय** *adv.* in due course. ~ **स्थिति** as the case may be.

यथार्थ *(S) adj.* • actual; real; genuine; realistic; true. ~**वाद** *m.* realism.

यथेष्ट *(S) adj.* • sufficient.

यदा-कदा *(S) adv.* • from time to time.

यदि *(S) conj.* • if; whether.

यद्यपि *(S) conj.* • although; even if.

यम *(S) m.* • self-control; God of Death.

यवन *(S) m.* • a Greek; a foreigner; a Muslim.

यवनिका *(S) f.* • stage-curtain.

यश *(S) m.* • honour; fame. ~**स्वी** *adj.* famous.

यह *adj. & pron.* • this (*pl.* (**ये**) these); *adv.* to this degree.

यहाँ *adv.* • here; hither.

यहीं *adv.* • right here.

यही *pron.* • this very.

यहूदी *(A) adj.* • Jewish; *m.* Jew.

यांत्रिक *(S) adj.* • mechanical.

यांत्रिकी *(S) f.* • mechanics.

या *(P) conj.* • or; either.

याचक *adj.* • entreating; *m.* petitioner; beggar.

याचना *(S) f.* • begging; entreaty.

याचिका *(S) f.* • petition.

यातना *(S) f.* • torture; torment.

यातायात *(S) m.* • traffic.

यात्रा *(S) f.* • journey; travel.

यात्री *(S) m.* • a traveller; passenger.

याद *(P) f.* • memory; recollection.

यादगार *m.* • souvenir; memorial.

यान *(S) m.* • a vehicle.

यानी *(A) conj.* • that is; *i.e.*

यापन *(S) m.* • spending (time).

यामिनी *(S) f.* • night.

यायावर *(S) m.* • a wanderer.

यार *(P) m.* • friend; lover.

याराना *(P) adj.* • friendly; *m.* friendliness.

यारी *(P) f.* • friendship; love outside marriage.

युक्त *(S) adj.* • collected; combined.

युक्ति *(S) f.* • policy; tact; device; expedient. ~**पूर्ण,** ~**युक्त,** ~**संगत** *adj.* reasonable; rational.

युग *(S) m.* • an age; era; one of the four ages of the world. (*viz.,*

Satya, Treta, Dwapar and Kali, the present age). ~प्रवर्तक *adj.* epoch-making.

युगांतर *(S) m.* • a new age. ~कारी *adj.* epoch-making; revolutionary.

युगल *(S) m.* • couple.

युद्ध *(S) m.* • war; battle. ~कौशल *m.* military tactics; stratagem. ~नीति *f.* strategy. ~ पोत *m.* warship. ~बंदी *m.* prisoner of war. ~ विराम *m.* cessation of war; armistice. ~शील *adj.* militant.

युद्धाभ्यास *(S) m.* • military manoeuvres.

युद्धोत्तर *(S) adj.* • post-war.

युवक *(S) m.* • a youth; youngman.

युवती *(S) f. & adj.* • young; *f.* a young woman.

युवा *(S) adj.* • young.

युवावस्था *(S) f.* • youth.

यूं *adv.* • thus.

यूथ *(S) m.* • flock.

यूनान *(A) m.* • ancient Greece.

यूनानी *(A) adj.* • Greek; the Greek language.

यों *adv.* • thus; in fact.

योग *(S) m.* • union; yoga; addition; ~फल *m.* sum total.

योगी *(S) m.* • an ascetic.

योग्य *(S) adj.* • suitable. ~ता *f.* ability; suitability.

योजना *(S) f.* • plan; project. ~आयोग *m.* Planning Commission. ~बद्ध *adj.* planned.

योद्धा *(S) m.* • a warrior; soldier.

यौन *(S) adj.* • sexual.

यौनाकर्षण *(S) m.* • sex-appeal.

यौवन *(S) m.* • youth. ~काल *m.* the yeass of youth.

यौवनारंभ *(S) m.* • puberty.

यौवनावस्था *(S) f.* • years of youth.

र

रंक *(S) adj.* • poor; m. a pauper.

रंग *(P) m.* • colour; dye; paint; complexion. ~ -ढंग *m.* manners. ~बिरंगा *adj.* multicoloured. ~मंच *m.* stage (of a drama). ~भेद *m.* apartheid. ~रेज़ *m.* dyer. ~रेली *f.* merry-making.

रंगना *v.i.* • to be painted or dyed or coloured; *v.t.* to colour.

रंगाई *f.* • dyeing; colouring; price paid for dyeing.

रंगीन *(P) adj.* • multicoloured; coloured.

रंगीला *adj.* • showy; flirtatious.

रंगोली *f.* • painted decoration on the floor, etc.

रंच *adv.* • a little; somewhat.

रंज *(P) m.* • grief; displeasure.

रंजिश, रंजीदगी *(P) f.* • coolness (of attitude).

रंजीदा *(P) adj.* • sad; displeased.

रंडापा *m.* • widowhood.

रंडी *f.* • a prostitute. ~खाना *m.* a brothel.

रंडुआ *m.* • a widower.

रंदा *(P) m.* • a plane.

रंभाना *v.i.* • to low; to bellow.

रईस *(A) m.* • a person of substance; rich man.

रईसी *f.* • status of a rais.

रक़बा *(A) m.* • area.

रक़म *(A) f.* • an amount; sum.

रकाब *(A) f.* • a stirrup.

रकाबी *(P) f.* • a dish; plate.

रक़ीब *(A) m.* • rival.

रक़्क़ासा *(A) f.* • a dancer.

रक्त *(S) m.* • blood. ~ स्राव *m.* haemorrhage. ~हीन *adj.* anaemic.

रक्तिम *(S) adj.* • red-coloured.

रक्षक *(S) m.* • protector; adj. protecting.

रक्षण *(S) m.* • act of protecting.

रक्षा *(S) f.* • protection; defence. ~ करना *v.t.* to defend; to protect. ~मंत्री *m.* Defence Minister.

रक्षात्मक *(S) adj.* • defensive.

रक्षित *(S) adj.* • defended; protected.

रखना *v.t.* • to place; to put; to keep; to appoint.

रखनी *f.* • a mistress.

रख-रखाव *m.* • upkeep; maintenance.

रखवाना *v.t.* • to cause to be placed, kept or protected.

रखवाला *m.* • watchman; guard.

रखवाली *f.* • watch; guard.

रग *(P) f.* • a blood vessel; artery; vein.

रगड़ *f.* • friction; ruffing.

रगड़ना *v.t.* • to rub; to scrub.

रचना *(S) f.* • a creation; a literary or artistic work; *v.t.* to create; to compose.

रचयिता *(S) m.* • author; creator; composer; (*f.* ~रचयित्री).

रचाना *v.t.* • to arrange; to celebrate (an occasion); to stain (the hands, feet, etc.) with henna.

रचित *(S) adj.* • adorned; compiled; composed.

रज *f.* • dust. ~कण *m.* speck of dust; grain of pollen.

रजत *(S) m.* • silver. ~जयंती *f.* silver jubilee.

रजनी *(S) f.* • night.

रजवाड़ा *m.* • princely state.

रज़ाई *(P) f.* • a quilted blanket.

रटना *v.i.* • to learn by rote.

रण *(S) m.* • battle; war. ~**कौशल** *m.* military tactics. ~**भूमि** *f.* battle field.

रतनार *adj.* • red.

रति *(S) f.* • passion; enjoyment; sexual intercourse.

रतौंधी *f.* • night-blindness.

रत्न *(S) m.* • jewel; precious stone.

रत्नाकर *(S) m.* • the sea.

रथ *(S) m.* • chariot.

रथी *(S) m.* • charioteer.

रद्द *(A) m.* • rejecting; *adj.* rejected.

रद्दी *adj.* • unwanted; *f.* waste (as paper, etc.).

रनवास, रनिवास *m.* • women's quarters; harem.

रपट *f.* • report.

रपटना *v.i.* • to slip.

रफ़ू *(P) m.* • darning; mending.

रफ़्तार *(P) f.* • speed; motin.

रबड़ी *f.* • thickened and sweetened milk.

रबी *(A) f.* • the spring crop (March-April).

रमज़ान *(A) m.* • the ninth month of the Muslim calendar; the fast observed in the month of Ramzan.

रमणी *(S) f.* • a beautiful woman.

रमणीक, रमणीय *(S) adj.* • charming; lovely.

रमना *v.i.* • to stroll; to take delight (in).

रव *(S) m.* • cry; voice.

रवानगी *(P) f.* • departure.

रवाना *(P) adj.* • departed. ~**करना** *v.t.* to send off.

रवि *(S) m.* • the sun. ~**वार** *m.* Sunday.

रविश *(P) f.* • path; custom.

रवैया *(P) m.* • conduct; behaviour.

रश्मि *(S) m.* • a ray of light.

रस *m.* • juice; pleasure; the flavour of artistic or literary compositions. ~**दार** *adj.* juicy.

रसद *(P) f.* • provisions; supplies. ~**विभाग** *m.* commissariat; supply department.

रसना *(S) f.* • the tongue.

रसाई *(P) f.* • reach; access.

रसायन *(S) m.* • chemistry. ~**विज्ञान** *m.* chemistry.

रसिक *(S) adj.* • voluptuous; elegant; admirer of beauty.

रसीद *(P) f.* • receipt.

रसीला *adj.* • juicy; tasty.

रसूख़ *(A) m.* • friendship; influence.

रसूल *(A) m.* • a prophet.

रसोई *f.* • kitchen; food.

रसोइया *m.* • a cook.

रसौली *f.* • a boil.

रस्म *(A) f.* • custom; ceremony.

रस्मी (A) *adj.* • traditional; customary.

रस्सा *m.* • a heavy rope. ~कशी *f.* tug-of-war.

रस्सी *f.* • rope; a string.

रहंट, रहट *m.* • a persian wheel (for drawing water).

रहन-सहन *f./m.* • way of life; life-style.

रहना *v.i.* • to remain; to live; to stay; to dwell or to exist.

रहम (A) *m.* • pity; compassion.

रहमत (P) *f.* • divine mercy.

रहस्य (S) *adj.* • mysterious; *m.* a mystery; secret. ~मय *adj.* mysterious. ~वाद *m.* mysticism.

रहा-सहा *adj.* • remnant; remaining.

रहित (S) *adj.* • deprived (of); without; free.

रांगा *m.* • pewter; tin.

रांगे की पत्तर *f.* • tin-foil.

राँड़ *f.* • a widow.

रांधना *v.t.* • to cook.

राई *f.* • mustard-seed.

राक्षस (S) *m.* • a demon.

राक्षसी (S) *f.* • a demoness; *adj.* fiendish.

राख *f.* • ashes. ~ दानी (P) *f.* ash-tray.

राखी *f.* • sacred safety thread tied by sisters round their brothers' wrists on Raksha Bandhan day (Shrawan Purnima).

राग (S) *m.* • colour; passion; love; harmony; melody; a musical composition. ~रंग *m.* merry-making, colour and song.

राज़ (P) *m.* • a secret.

राज *m.* • rule; kingdom; state; government. ~ अभियोक्ता *m.* Public Prosecutor. ~ कन्या *f.* princess. ~कर्मचारी *m.* government servant. ~कवि *m.* poet laureate. ~काज, ~कार्य *m.* state affairs. ~कीय *adj.* royal; government. ~कुमार *m.* prince. ~ कुमारी *f.* princess. ~कोष *m.* exche-quer. ~गद्दी *f.* royal throne. ~गीर *m.* a mason. ~गृह *m.* palace. ~ घोषणा *f.* edict. ~च्युत *adj.* deposed. ~दया *f.* am-nesty. ~ दूत *m.* ambassador. ~ दूतावास *m.* consulate; embassy. ~द्रोह, ~विद्रोह *m.* sedition. ~ द्रोही *m.* rebel. ~ धानी *f.* capital. ~नीति *f.* politics. ~ नैतिक *adj.* political. ~पत्रित *adj.* gazzetted. ~भक्त *adj.* loyal. ~ भक्ति *f.* allegiance. ~ भाषा *f.* official language. ~मार्ग *m.* highway. ~ वंश *m.* royal family. ~ संघ *m.* confederation. ~सचिव *m.* Secretary of State.

~साक्षी *m.* approver.

राजस्व *m.* • revenue.

राजसी *(S) adj.* • regal; royal.

राजा *(S) m.* • king.

राज़ी *(A) adj.* • pleased; approving; agreeable. ~खुशी *f.* hale and hearty. ~नामा *m.* agreement. ~होना *v.i.* to agree.

राज्य *(S) m.* • kingdom; state. ~करना *v.t.* to reign. ~घोषणा *f.* royal proclamation. ~ परिषद् *f.* Council of State. ~ पाल *m.* Governor. ~ भक्ति शपथ *m.* oath of allegiance. ~ सभा *f.* Council of States.

रात *f.* • night. ~दिन *adv.* day and night; always.

रातिब *(A) m.* • an allowance.

रात्रि *(S) f.* • night.

रान *(P) f.* • the thigh.

रानी *f.* • queen.

रामकहानी *f.* • a long story; a tale of mishaps.

रामराज्य *m.* • a perfect world; utopia.

राय *(P) f.* • opinion; advice.

रार *m.* • quarrel.

राल *f.* • resin; spittle (लार).

रावटी *f.* • a small tent.

रावत *m.* • chief; prince.

राशि *(S) f.* • sum; fund; a sign of the zodiac.

राष्ट्र *(S) m.* • nation; state. ~गीत *m.* national anthem. ~पति *m.* President. ~भाषा *f.* national language. ~मंडल *m.* Commonwealth of Nations. ~वाद *m.* nationalism. ~संघ *m.* League of Nations. संयुक्त ~ संघ *m.* United Nations Organisation (U.N.O.).

राष्ट्रीयकरण *(S) m.* • nationalisation.

राष्ट्रीयकृत *(S) adj.* • nationalised.

राष्ट्रीय *(S) adj.* • national. ~ता *f.* nationality.

रास *f.* • reins.

रास *(S) m.* • Krishna's dalliance and dance with cowherd girls.

रासायनिक *(S) adj.* • chemical.

रास्ता *(P) m.* • road; way.

राह *(P) f.* • way. ~गीर *m.* traveller. ~दारी *f.* toll; octroi.

राहत *(A) f.* • relief; peace of mind.

राही *(P) m.* • wayfarer; traveller.

रिंद *(P) m.* • a dissolute person; a wine drinker.

रिआयत *(P) f.* • leniency; favour; concession.

रिआयती *adj.* • privileged. ~छुट्टी *f.* Privilege Leave.

रियासत *(P) f.* • a state; Indian princely state.

रिवाज *(A) m.* • practice; custom.

रिश्ता *(P) m.* • relationship.

रिश्तेदार *(P) m.* • a relative.

रिश्वत *(P) f.* • a bribe.

रिसना *v.i.* • to drip; to trickle.

रिसाला *(A) m.* • a periodical; magazine.

रिहायशी *adj.* • residential.

रींधना *v.t.* • to cook.

रीछ *m.* • a bear.

रीझना *v.i.* • to be enchanted.

रीढ़ *f.* • the spine.

रीति *(S) f.* • manner; style. ~**रिवाज** *m.* manners and customs.

रुंधना *v.i.* • to be constricted (as the throat).

रुआंसा *adj.* • tearful.

रुकना *v.i.* • to stop; to halt; to stay.

रुकवाना *v.t.* • to cause to be stopped.

रुकावट *f.* • obstacle; obstruction.

रुक़्क़ा *(A) m.* • a note.

रुख़ *(P) m.* • face; facial expression; attitude; aspect.

रुख़सत *(P) f.* • departure.

रुखाई *f.* • roughness.

रुखानी *f.* • a chisel.

रुग्ण *(S) adj.* • ill.

रुचना *v.i.* • to be pleasant or agreeable.

रुचि *(S) f.* • liking; interest.

रुचिर *(S) adj.* • attractive.

रुझान *(A) m.* • inclination.

रुठाना *v.t.* • to displease; to offend.

रुतबा *(A) m.* • rank; position.

रुद्ध *(S) adj.* • stopped; checked.

रुधिर *(S) m.* • blood.

रुपया *m.* • a rupee. ~**भंजाना या भुनाना** *v.t.* to change a rupee into smaller coins.

रुपहला *adj.* • silver-coloured.

रुलाई *f.* • tearfulness; crying.

रुलाना *v.t.* • to make (one) cry.

रुष्ट *(S) adj.* • offended.

रुसवा *(P) adj.* • disgraced. ~**ई** *f.* disgrace.

रुसूख़ *(A) m.* • influence.

रू *(P) m.* • aspect; face.

रूई *f.* • cotton.

रूखा *adj.* • dry. ~-**सूखा** *adj.* plain or simple (food). ~**पन** *m.* dryness.

रूठना *v.t.* • to sulk.

रूढ़ *(S) adj.* • accepted.

रूढ़ि *(S) f.* • convention; tradition.

रूप *(S) m.* • form; aspect; face; beauty. ~**वान** *adj.* handsome; beautiful.

रूपक *(S) m.* • an allegory; a dramatic composition.

रूपसी *adj. / f.* • beautiful (a woman).

रूपांतर *(S) m.* • translation.

रूमानियत *f.* • romantic feeling.

रूमानी *adj.* • romantic.

रूमाल *m.* • handkerchief; hanky.

रूसी *(P) adj.* • Russian; *f.* the Russian language; *m.* a Russian.

रूसी *f.* • dandruff.

रूह *(A) f.* • the soul.

रूहानी *(A) adj.* • spiritual.

रेंकना *v.i.* • to bray.

रेंगना *v.i.* • to crawl; to creep.

रेंड़ी *f.* • the castor-oil plant (Ricinus communis).

रेखा *(S) f.* • a line. ~ गणित *m.* geometry. ~ चित्र *m.* outline; sketch.

रेखांकित *(S) adj.* • underlined.

रेज़गारी *f.* • change (coins); small coins.

रेणु *(S) m.* • pollen; dust.

रेत *f.* • sand.

रेती *f.* • a file (an instrument for filing something).

रेतीला *adj.* • sandy.

रेल *f.* • railway; a rail; a train.

रेल-पेल *f.* • crowd; abundance.

रेला *m.* • a rush.

रेवड़ *f.* • flock; a herd.

रेशम *(P) f.* • silk.

रेशमी *(P) f.* • silky.

रेशा *(P) m.* • a fibre.

रेहन *(A) m.* • a mortgage.

रैन *f.* • night. ~ बसेरा *m.* night's halt.

रैयत *(P) f.* • a tenant; cultivator.

रोंगटा *m.* • the hairs (of the body).

रोक *f.* • a barrier; obstacle; prohibition. ~ टोक *f.* obstruction. ~ थाम *f.* prevention.

रोकड़ *m.* • cash. ~ बही *f.* cash book.

रोकड़िया *m.* • cashier.

रोकना *v.t.* • to stop; to check; to block.

रोग *(S) m.* • disease; illness.

रोग़न *(P) m.* • varnish.

रोगिणी *(S) f.* • a patient (female).

रोगी *(S) adj.* • ill; unwell; *m.* a patient.

रोचक *(S) adj.* • interesting.

रोज़ *(P) m.* • a day; *adv.* daily. ~ नामचा *m.* diary. ~ मर्रा *adv.* everyday.

रोज़गार *(P) m.* • livelihood; employment; ~ दफ़्तर *m.* Employment Exchange.

रोज़ा *(P) m.* • a fast.

रोजी *(P) f.* • daily bread; livelihood.

रोटी *f.* • bread; food. ~ दाल *f.* simple food. ~ कपड़ा और मकान *m.* subsistence and housing.

रोड़ा *m.* • a brickbat.

रोना *v.i.* • to weep; to cry.

रोपना *v.t.* • to plant; to sow.

रोब *(A) m.* • dignity; prestige. ~ गाँठना *or* जमाना to inspire awe.

रोबीला *adj.* • domineering.

रोम *(S) m.* • soft hair on the body.

रोयां *m.* • see रोम

रोली *f.* • a red powder made from turmeric and lime (to put on the forehead).

रोशन *(P) adj.* • bright; illuminated. **~करना** *v.t.* to light. **~चौकी** *f.* clarion.

रोशनाई *(P) f.* • ink.

रोशनी *(P) f.* • light.

रोष *(S) m.* • anger.

रौंधना *v.t.* • to trample on.

रौ *m.* • current; impetuosity.

रौनक *(A) f.* • brightness; elegance; lustre.

ल

लंगड़ा *adj.* • lame. **~ना** *v.i.* to limp.

लंगर *(P) m.* • an anchor. **~उठाना** *v.t.* to weigh anchor. **~डालना** *v.t.* to drop anchor.

लंगूर *m.* • the long-tailed black faced monkey.

लंगोटिया *adj.* • connected with loincloth. **~यार** *m.* close friend.

लंगोटी *f.* • a small strip of loin cloth.

लंघन *(S) m.* • crossing over; a fast; fasting.

लंठ *adj.* • stupid; *m.* a blockhead.

लंठई *f.* • boorishness.

लंडूरा *adj.* • tailless; *m.* a bachelor.

लंदफंद *m.* • deceit.

लंपट *(S) adj.* • licentious.

लंबा *adj.* • long; tall. **~ई** *f.* length; height.

लंबित *(S) adj.* • suspended.

लंबोतरा *adj.* • oval; elongated.

लकड़बग्घा *m.* • hyena.

लकड़ा *m.* • wolf.

लकड़ी *f.* • firewood.

लक़वा *(A) m.* • paralysis.

लकीर *f.* • a line. **~का फ़क़ीर** *m.* conservative in outlook.

लक्ष *(S) m.* • one hundred thousand; a mark; aim.

लक्षण *(S) m.* • a sign; characteristics; symptom.

लक्षित *(S) adj.* • marked out.

लक्ष्य *(S) m.* • target; aim.

लखना *v.t.* • to see; to understand.

लखपति *m.* • a millionaire.

लख़्तेजिगर *(P) m.* • darling.

लगन *f.* • affection; intentness; craze.

लगना *v.i.* • to be joined; to be attached; to seem.

लगभग *adv.* • nearly; almost; about.

लगातार *adv.* • constantly; continuously; *adj.* continuous.

लगान *m.* • land revenue.

लगाना *v.t.* • to attatch; to fix; to fasten; to invest (money).

लगाम *(P) f./m* • bridle.

लगाव *m.* • attached; affection.

लग्न *(S) adj.* • attached; *m.* an auspicious moment; marriage. ~**कुंडली** *f.* horoscope.

लघु *(S) adj.* • light; short; small. ~**न्यायालय** *m.* small cause court. ~**तरंग** *f.* short wave. ~**उपन्यास** *m.* a novella; novelette. ~**गणक** *m.* a logarithm. ~**शंका** *f.* urination.

लचक *f.* • flexibility; elasticity; bending. ~**ना** *v.i.* to bend; to be supple.

लचकाना *v.t.* • to bend; to sprain.

लचर *adj.* • compliant; weak.

लचीला *adj.* • flexible.

लच्छा, लच्छी *m./f.* • bundle; a tassel; bunch.

लजाना *v.i.* • to be ashamed; to feel shy.

लज़ीज़ *(A) adj.* • delicious.

लजीला, लज्जालु *(S) adj.* • bashful; shy.

लज़्ज़त *(P) adj.* • relish; delight.

लज्जा *(S) f.* • shame; bashfulness. ~**वान, शील** *adj.* shy; modest. ~**हीन** *adj.* shameless.

लज्जित *(S) adj.* • ashamed.

लट *f.* • a lock of hair; locks; ringlet.

लटकना *v.i.* • to swing; to hang.

लटकाना *v.t.* • to hang; to keep pending; to defer.

लट्टू *m.* • a top (toy).

लट्ठ *m/f.* • a club; a staff.

लट्ठा *m.* • a beam; rafter; long cloth.

लठैत *adj.* • carrying a club; *m.* a person carrying a club.

लड़ *f.* • a string (as of pearls).

लड़कपन *m.* • childhood; boyhood.

लड़का *m.* • a boy; a son.

लड़की *f.* • a girl; a daughter.

लड़खड़ाना *v.i.* • to stagger; to totter.

लड़ना *v.t.* • to fight; to quarrel; to collide (as vehicles).

लड़ाई *f.* • struggle; a war; battle.

लड़ाका *adj.* • quarrelsome; belligerent.

लड़ाकू *adj.* • military. ~**जहाज़** *m.* a naval vessel. ~**हवाई जहाज़** *m.* a fighter aircraft.

लड़ाना *v.t.* • to cause to fight.

लड़ी *f.* • a string (as of peasls, etc.).

लड्डू *m.* • a ball-like sweetmeat.

लत *f.* • addiction; a bad habit.

लतर, लता *(S) f.* • a creeper; vine.

लतीफ़ा *(A) m.* • a joke; a witty remark.

लत्ता *m.* • rag.

लथपथ *adj.* • drenched; soaked.

लदना *v.i.* • to be loaded (goods etc.).

लदवाना *v.t.* • to cause to be loaded.

लदाई *f.* • charge for loading.

लनतरानी *(A) f.* • vain boasting.

लपकना *v.i.* • to leap; to rush; to snatch.

लपकाना *v.i.* • to stretch (the hand to snatch something).

लपट *f.* • flame.

लपेट *f.* • wrapping. ~ ना *v.t.* to wrap.

लफ़ंगा *(P) m.* • a depraved person; loafer.

लफ़्फ़ाज़ *(A) adj.* • verbose.

लफ़्फ़ाज़ी *(A) f.* • verbosity.

लब *(P) m.* • lip; brim.

लंबादा *(A) m.* • overcoat.

लबालब *adj.* • brimful.

लब्ध *(S) adj.* • earned. ~ प्रतिष्ठ *adj.* celebrated.

लमहा *(A) m.* • a moment.

लय *(S) f.* • rhythm.

ललक *f.* • eager desire.

ललकार *f.* • a challenge. ~ ना *v.t.* to challenge.

ललचना *v.i.* • to covet.

ललचाना *v.t.* • to tantalise.

ललाट *(S) m.* • the brow.

ललित *(S) adj.* • lovely; beautiful.

लवंग *(S) m.* • the clove tree; a clove.

लवण *(S) m.* • salt.

लशकर, लश्कर *(P) m.* • army; military camp.

लसदार, लसलसा *adj.* • sticky.

लस्सी *f.* • yoghurt.

लहंगा *m.* • a voluminous skirt.

लहकना *v.i.* • to glitter.

लहकाना *v.t.* • to cause to glaze.

लहज़ा *(A) m.* • moment.

लहजा *(A) m.* • accent; intonation.

लहना *m.* • an outstanding debt.

लहर *f.* • a wave.

लहराना *v.i.* • to wave (as crops etc.). *v.t.* to wave (as a flag).

लहरिया *adj.* • wavy.

लहलहाना *v.i.* • to grow green; to blossom.

लहसुन *m.* • garlic.

लहू *m.* • blood. ~ लुहान *adj.* smeared with blood.

लांघना *v.t.* • to jump over.

लांछन *(S) m.* • stigma.

लांछित *(S) adj.* • insulted.

लाइलाज *adj.* • incurable.

लाइन *f.* • line.

लाई *f.* • parched rice.

लाक्षा *(S) f.* • lac; shellac.

लाख *adj.* • a hundred thousand; a lakh.

लाख *f.* • shellac; lac.

लागत *f.* • cost price.

लागू *adj.* • in force; valid.

लाघव *(S) m.* • smallness.

लाचार *adj.* • helpless.

लाचारी *f.* • helplessness.

लाज *f.* • shame; bashfulness; modesty.

लाज़िम, लज़िमी *(A) adj.* • obligatory.

लाज़िमी तौर पर *adv.* • necessarily.

लाट *m.* • governor; pillar.

लाठ, लाठा *f./m.* • column; pillar.

लाठी *f.* • a staff; club.

लाड़ *f.* • affection; caress. ~**प्यार** *m.* flirtation; fondness.

लाड़ला *adj.* • pampered (a child).

लात *f.* • a kick; ~**खाना** to be kicked or spurned.

लादना *v.t.* • to load.

लानत *(P) f.* • a curse.

लाना *v.t.* • to fetch; to bring.

लापता *adj.* • missing.

लापरवाह *adj.* • careless.

लापरवाही *f.* • carelessness.

लालसा *(S) f.* • desire; longing.

लालायित *(S) adj.* • wishing eagerly (for).

लालित्य *(S) m.* • sweetness; charm.

लालिमा *f.* • redness; red glow.

लाली *f.* • redness; sweetheart.

लावण्य *(S) m.* • saltiness; beauty; charm.

लाश *(P) f.* • a corpse; carcass; cadaver.

लासा *m.* • adhesive; gum.

लासानी *adj.* • unique.

लास्य *(S) m.* • a women's dance (illustrating the emotions of love).

लाह *f.* • lac; a kind of fine silk cloth.

लिंग *(S) m.* • sex; gender (*gram.*).

लिए, लिये *prep.* • for.

लिखना *v.t.* • to write. ~**-पढ़ना** *v.t.* to study.

लिखवाना *v.t.* • to cause to be written.

लिखाई *f.* • writing; payment for writing or copying.

लिखाना *v.t.* • to dictate; to cause to write.

लिखावट *f.* • writing; handwriting.

लिखत *f.* • written deed.

लिखित *(S) adj.* • written.

लिजलिजा *adj.* • viscous; sticky.

लिटाना • see **लेटाना**

लिपटना *v.i.* • to cling; to be embraced.

लिपटाना *v.t.* • to embrace; to hug.

लिपि *(S) f.* • script; writing. ~**बद्ध** *adj.* written.

लिपिक *(S) m.* • a clerk.

लिप्त *(S) adj.* • engrossed.

लिफ़ाफ़ा *m.* • an envelope.

लिफ़ाफ़िया *adj.* • showy; ostentatious.

लिबलिबा *adj.* • pliable; sticky.

लिबास *(A) m.* • attire; dress.

लियाक़त *(A) f.* • worth; merit; suitability.

लिहाज़ *(A) m.* • notice; regard; consideration.
लिहाज़ा *(A) adv.* • therefore; hence.
लिहाफ़ *(A) m.* • a quilt.
लीक *f.* • path; track; line.
लीचड़ *adj.* • stingy.
लीद *f.* • horse-dung.
लीन *(S) adj.* • engrossed.
लीपना *v.t.* • to whitewash; to smear.
लीलना *v.t.* • to swallow.
लीला *(S) f.* • play.
लुंगाड़ा *adj.* • lewd; dissolute.
लुंगी *(P) f.* • loin-cloth; lungi (a rectangular cloth worn from waiste to the ankles.
लुंज *adj.* • cripple (in hands).
लुकना *v.i.* • to hide.
लुक़्मा *(A) m.* • a morsel.
लुकाना *v.t.* • to conceal; to hide.
लुगदी *f.* • paper-mache.
लुगाई *f.* • a woman; wife.
लुच्चा *adj.* • scoundrel.
लुच्चाई, लुच्चापन *f./m.* • depravity.
लुटना *v.i.* • to be robbed; to be cheated.
लुटवाना *v.t.* • to cause to be looted.
लुटाना *v.t.* • to squander (money, etc.); to cause to be looted.
लुटिया *f.* • a small metal pot.
लुटेरा *m.* • a plunderer.
लुढ़कना *v.i.* • to topple over.
लुढ़काना *v.t.* • to cause to topple over.
लुत्फ़ *(A) m.* • pleasure.
लुनाई *f.* • saltiness; charm.
लुप्त *(S) adj.* • vanished.
लुब्ध *(S) adj.* • lustful; covetous.
लुभाना *v.t.* • to charm; to entice.
लुभावना *adj.* • tempting; charming.
लू *f.* • heat-wave. ~**लगना** *m.* sunstroke.
लूट *f.* • plunder.
लूटना *v.t.* • to loot; to plunder.
लूला *adj.* • crippled (in hands).
लेई *f.* • paste.
लेकिन *conj.* • but; however.
लेख *(S) m.* • an article; writing.
लेखक *(S) m.* • a writer; an author.
लेखन *(S) m.* • writing.
लेखनी *(S) f.* • pen; artist's brush.
लेखा *m.* • an account. ~**अधिकारी** *m.* Accounts Officer. ~**आपत्ति** *f.* audit objection. ~ **कार** *m.* accountant. ~**परीक्षा** *f.* audit. ~**परीक्षक** *m.* auditor. ~**पाल** *m.* accountant. ~**विभाग** *m.* Accounts Department. ~**बही** *f.* account book. ~**सामग्री** *f.* stationery.
लेखिका *f.* • authoress; writer.
लेटना *v.i.* • to lie down.
लेटाना *v.t.* • to cause to lie down.
लेनदार *(P) m.* • a creditor.
लेनदेन *m.* • transaction (in trade).

लेना *v.t.* • to take.

लेप *m.* • smearing; embrocation.

लैस *adj.* • equipped.

लोई *f.* • a lump of dough; blanket of fine wool.

लोक *(S) m.* • the universe; world; public. ~अधिसूचना *f.* public notification. ~कथा *f.* folk-tale. ~कल्याण *m.* public welfare. ~गीत *m.* folk song. ~तंत्र *m.* democracy. ~नृत्य *m.* folk dance. ~निर्माण *m.* public works. ~प्रवृत्ति *f.* mass mentality. ~प्रिय *adj.* popular. ~प्रियता *f.* popularity. ~मत *m.* public opinion; refrendum. ~मार्ग *m.* thoroughfare. ~शिक्षा *f.* mass education. ~सभा *f.* Lower House of Parliament. ~सेवा *f.* public service. ~स्वास्थ्य *m.* public health. ~हित *m.* public interest. ~हित याचिका *f.* public interest petition.

लोग *m.* • folk; people.

लोच *m.* • suppleness; tenderness.

लोचन *(S) m.* • the eye.

लोट *f.* • tossing about.

लोटना *v.t.* • to roll or toss about.

लोटा *m.* • a small round pot.

लोथ *f.* • a corpse.

लोना *adj.* • saline; salty.

लोप *(S) m.* • disappearance.

लोबान *(A) m.* • a gum resin (used as incense).

लोबिया *(P) m.* • the cow-pea (Vigna catjang).

लोभ *(S) m.* • avarice; greed.

लोभी *(S) adj.* • covetous; greedy.

लोमड़ी *f.* • a fox.

लोरी *f.* • a lullaby.

लोलक *(S) m.* • a pendant (for the ear or nose).

लोहा *m.* • iron; steel. स्त्री का ~ *m.* an iron for pressing clothes. ~ढालने वाला *m.* iron founder. ढाला हुआ ~ *m.* cast-iron. ~करना *v.t.* to press clothes. ~लेना to wage war.

लोहार *m.* • a blacksmith.

लोहारिन *f.* • a blacksmith's wife.

लोहारी *f.* • a blacksmith's work.

लोहू *m.* • blood.

लौंडा *m.* • a lad; a boy.

लौंडी *f.* • a girl; a servant girl.

लौंदा *m.* • a lump (as of earth, etc.).

लौ *f.* • a flame.

लौ *m.* • deep meditation; devotion.

लौआ *m.* • a gourd.

लौकिक *(S) adj.* • secular; worldly. ~ता *f.* worldliness.

लौटना *v.i.* • to return.

लौटाना *v.t.* • to bring back; to give back; to send back.

लौह *(S) adj.* • made of iron; *m.* iron.

व

वंकिम *(S) adj.* • curved; attractive (as the eyes).

वंगीय, बंगीय *(S) adj.* • related with Bengal.

वंचक *(S) m.* • a cheat; deceiver.

वंचन, वंचना *(S) m./f.* • cheating; deception. **कर**~ *m./f.* tax evasion.

वंचित *(S) adj.* • deprived (of).

वंदन, वंदना *(S) m./f.* • homage; praise.

वंदनीय *(S) adj.* • praiseworthy.

वंदित *(S) adj.* • adored; praised.

वंदी *(S) m.* • a bard.

वंश *(S) m.* • family; dynasty. ~**क्रम** *m.* family succession; genealogy. ~**ज** *m.* descendant. ~**परंपरा** *f.* heredity. ~**वृक्ष** *m.* genealogical table; pedigree.

वंशी *(S) f.* • flute.

वक *(S) m.* • a crane; heron.

वकालत *(P) f.* • profession of a lawyer; practice at the bar. ~**करना** to practise as a lawyer. ~**नामा** *m.* power of attorney.

वकील *(A) m.* • a lawyer; pleader; advocate; solicitor.

वक़्त *(A) m.* • time; period; occasion. ~ **काटना** *v.i.* to kill time. ~**खोना** to waste time. ~**पर** *adv.* timely.

वक्तव्य *(S) m.* • statement; an utterance; remarks.

वक्ता *(S) m.* • a speaker.

वक्तृता *(S) f.* • a lecture; speech.

वक़्फ़ *(A) m.* • an endowment (religious or charitable).

वक्र *(S) adj.* • curved; crooked.

वक्ष *(S) m.* • bosom; the breast.

वगैरह *(P) adv.* • and so on; and the rest; etcetera (etc.).

वचन *(S) m.* • word; promise, ~**देना** to promise. ~ **तोड़ना** to break (one's) word. ~ **निभाना, पूरा करना,** to keep promise.~**बद्ध** *(S) adj.* bound by promise. ~**भंग करना** to break (one's) promise.

वज़न *(A) m.* • weight.

वज़नी *(A) adj.* • weighty; important.

वजह *(A) f.* • cause; reason.

वज़ीफ़ा *(A) m.* • scholarship; stipend.

वज़ीर *(A) m.* • minister.

वजूद *(A) m.* • existence; integrity.

वज्र *(S) m.* • a thunderbolt. *adj.* very hard.

वट *(S) m.* • a banyan tree.

वटी *f.* • a tablet; pill.

वणिक *(S) m.* • merchant.

वतन *(A) m.* • country; native country.

वत्स *(S) m.* • dear child.

वत्सर *(S) m.* • a year.

वत्सल *(S) adj.* • loving; tender (towards children).

वध *(S) m.* • slaughter. ~**करना** *v.t.* to slay. ~**कर्ता** *m.* executioner. ~**स्थल** *m.* slaughter house.

वधू *(S) f.* • bride; son's wife.

वन *(S) m.* • forest. ~**चर** *m.* forester; a wild animal. ~ **रोपण** *m.* afforestation. ~**भोजन** *m.* picnic.

वनस्पति *(S) m.* • vegetation; flora.

वनिता *(S) f.* • lady; wife; mistress.

वन्य *(S) adj.* • wild; forested.

वफ़ा *(A) f.* • faithfulness; loyalty (towards lover, etc.).

वमन *(S) m.* • nausea; vomiting.

वयस्क *(S) adj.* • adult.

वरंच *(S) adv.* • but; but rather.

वर *(S) adj.* • excellent; fine; *m.* boon; beridegroom.

वरक़ *(A) m.* • leaf (of a tree or book, etc.).

वरज़िश, वर्ज़िश *(P) f.* • physical exercise.

वरण *(S) m.* • choosing; choice of a bride or bridegroom.

वरदी, वर्दी *f.* • uniform.

वरना, वर्ना *conj.* • otherwise; or else.

वरिष्ठ *(S) adj.* • senior (in status).

वरीयता *(S) f.* • seniority.

वर्ग *(S) m.* • group; class; a square (geometry). ~**मूल** squareroot.

वर्चस्व *(S) m.* • vitality; right.

वर्चस्वी *(S) adj.* • vital; vigorous.

वर्जन, वर्जना *(S) m./f.* • prohibition.

वर्जनीय *(S) adj.* • to be prohibited.

वर्जित *(S) adj.* • forbidden.

वर्ण *(S) m.* • colour; class; caste.

वर्णन *(S) m.* • description.

वर्णनीय *(S) adj.* • worthy of description.

वर्तनी *(S) f.* • spelling.

वर्तमान *(S) adj.* • present; current; *m.* present tense *(gram.)*.

वर्धन *(S) m.* • growth; prosperity.

वल्कल *(S) m.* • bark (of a tree).

वल्द *(A) m.* • son.

वल्लभ *(S) adj.* • dear; beloved.

वर्ष *(S) m.* • a year. ~**गाँठ** *f.* birthday.

वर्षा *(S) f.* • rain; rainy season.

वश *(S) m.* • power; control. ~ **चलना** to have power. ~ **में** under control. ~ **में लाना** to overpower.

वशीभूत *(S) adj.* • helpless; enchanted.

वसंत *(S) m.* • spring (season).

वसन *(S) m.* • clothing.

वसीयत *(P) f.* • will; bequest.

वसुंधरा, वसुधा *(S) f.* • the earth.

वसूल *(A) adj.* • collected; acquired. ~**ना** *v.t.* to realise.

वसूली *(P) f.* • collecting; recovery (of money).

वस्तु *(S) f.* • a thing; article; object. ~**तः** *adv.* in fact; really.

वस्त्र *(S) m.* • cloth; clothes.

वस्ल *(A) m.* • union.

वह *pron.* • he; she; it.

वहन *(S) m.* • carrying; transport.

वहम *(A) m.* • delusion; superstition.

वहमी *(A) adj.* • suspicious.

वहशत *(P) f.* • frenzy.

वहशी *(A) adj.* • savage.

वहाँ *adv.* • there; thither.

वहीं *adv.* • right there.

वही *pron&adj.* • that very; the very.

वह्नि *(S) m.* • fire.

वांछनीय *(S) adj.* • desirable.

वांशिक *(S) adj.* • familial.

वा *(S) conj.* • or.

वाक् *(S) m.* • speech.

वाक़ई *(A) adj.* • actual; adv. really.

वाक़या *(A) m.* • event.

वाक़िफ़ *(A) adj.* • acquainted.

वाक्य *(S) m.* • a sentence. ~**रचना** *f.* syntax.

वाग्मिता *(S) f.* • eloquence.

वाचन *(S) m.* • reading; recitation.

वाचाल *(S) adj.* • wordy; talkative.

वाच्य *(S) adj.* • expressible.

वाजिब *(A) adj.* • proper; right.

वाटिका *(S) f.* • a small garden.

वाण *(S) m.* • an arrow.

वाणिज्य *(S) m.* • commerce; trade; business. ~**दूत** *m.* consul.

वाणी *(S) f.* • language; speech.

वात *(S) m.* • air; rheumatism; gout.

वातानुकूल *(S) m.* • air-conditioning.

वातावरण *(S) m.* • atmosphere; environment.

वात्सल्य *(S) m.* • parental affection.

वाद *(S) m.* • dispute; suit. ~**प्रतिवाद** *m.* controversy. ~ **विवाद** *m.* debate.

वादा *(A) m.* • a promise.

वादी *(P) f.* • a valley.

वादी *(S) m.* • a plaintiff.

वाद्य *(S) m.* • a musical instrument.

वानप्रस्थ *(S) m.* • third stage in a Hindu's life (when he leaves his house and does social work).

वानर *(S) m.* • a monkey.

वापस *adv.* • back; back again. ~**आना** *v.i.* to come back; to return. ~**करना** *v.t.* to return. ~**लेना** *v.t.* to take back.

वापसी *adj.* • return (as ticket, journey, etc. f. giving back; refund.

वामन *(S) adj.* • dwarfish.

वायदा *m.* • promise. ~**बाज़ार** *m.* future market.

वायु *(S) f./m.* • air; wind; one of the humours of the body. ~**गतिकी** *f.* aerodynamics. ~**मंडल** *m.* the atmosphere. ~**यान** *m.* an aircraft. ~**सेना** *f.* airforce. ~**सेनाध्यक्ष** *m.* Chief of Air Staff.

वार *m.* • an attack; a blow.

वार *(S) m.* • day (of the week); turn.

वारदात *(A) f.* • an incident; a disaster.

वारिस *(A) m.* • heir.

वार्ता, वार्त्ता *(S) f.* • conversation; talk.

वार्षिक *(S) adj.* • annual; yearly.

वालिद *(A) m.* • father.

वालिदा *(A) f.* • mother.

वाष्प *(S) m.* • steam; vapour; mist.

वासना *f.* • passion; desire. ~**त्मक** *adj.* passionate.

वास्तव, वास्तविक *(S) adj.* • actual; real.

वास्तविकता *(S) f.* • reality.

वास्तव में *adv.* • in reality; actually.

वास्ता *(A) m.* • concern; motive.

वास्तु *(S) m.* • a structure. ~**कला,** ~**शास्त्र,** ~**विद्या** architecture. ~**कार** *m.* architect.

वास्ते *ppn.* • because of; for; in order to.

वाह *(A) interj.* • splendid ! wonderful !

वाहक *(S) m.* • carrier; transporter.

वाहन *(S) m.* • a vehicle.

वाहवाही *f.* • applause; ovation.

वाहिनी *(S) f.* • an army.

वाहियात *(A) f.* • nonsense.

विकट *(S) adj.* • fearsome.

विकराल *(S) adj.* • dreadful.

विकल *(S) adj.* • disabled.

विकलांग *(S) adj.* • crippled; disabled. ~ **ता** *f.* state of physical disability.

विकल्प *(S) m.* • option; alternative.

विकसित *(S) adj.* • budding; bloomed.

विकार *(S) m.* • deterioration; disorder; abnormality.

विकास *(S) m.* • blooming (as a flower) development; evolution. ~**मान** *adj.* develop-ing (**विकासशील**). ~ **वाद** *m.* theory of evolution.

विकेन्द्रीयकरण *(S) m.* • decentralisation.

विक्रय *(S) m.* • sale; ~**कर** *m.* sales tax.

विक्रयांश *(S) m.* • royalty.

विक्रेता *(S) m.* • salesman.

विक्रेय *(S) adj.* • for sale.

विक्षिप्त *(S) adj.* • scattered; mad.

विक्षेप, विक्षेपण *(S) m.* • scattering.

विक्षोभ *(S) m.* • perplexity.

विख्यात *(S) adj.* • famous; renowned.

विगत *(S) adj.* • previous; last.

विग्रह *(S) m.* • separation; quarrel; an idol.

विघटन *(S) m.* • disintegration; decomposition; destruction.

विघ्न *(S) m.* • obstacle; impediment.

विचरण *(S) m.* • wandering.

विचलित *(S) adj.* • moved.

विचार *(S) m.* • thought; idea. ~ **करना** to think. ~ **गोष्ठी** *f.* seminar; symposium. ~ **विमर्श** *m.* deliberation. ~ **क** *m.* a thinker. ~**णीय** *adjj.* deserving consideration.

विचारित *(S) adj.* • considered.

विचित्र *(S) adj.* • strange; peculiar.

विच्छेद *(S) m.* • separation (conjugal).

विछोह *m.* • separation (of lovers).

विजय *(S) f.* • victory; triumph. ~ **स्तंभ** *m.* triumphal column; victory tower.

विजयी *(S) adj.* • victorious.

विजातीय *(S) adj.* • belonging to a different community or nationality.

विजित *(S) adj.* • conquered; defeated.

विज्ञ *(S) adj.* • well-versed; wise.

विज्ञप्ति *(S) f.* • announcement; communique.

विज्ञान *(S) m.* • science.

विज्ञानी *(S) m.* • a scientist.

विज्ञापक *(S) m.* • an advertiser.

विज्ञापन *(S) m.* • an advertisement.

विडंबना *(S) f.* • an iorny.

वितरक *(S) m.* • a distributor.

वितरण *(S) m.* • distribution.

वितरित *(S) adj.* • distributed.

वितर्क *(S) m.* • argument.

वितृष्णा *(S) f.* • aversion.

वित्त *(S) m.* • wealth; finance. ~ **आयोग** *m.* Finance Commission. ~ **मंत्री** *m.* Finance Minister. ~**विधेयक** *m.* finance bill.

वित्तीय *(S) adj.* • financial; fiscal. ~**विवरण** *m.* financial return. ~ **सलाहकार** *m.* Financial Advisor.

विदा, विदाई *f.* • farewell.

विदित *(S) adj.* • known.

विदीर्ण *(S) adj.* • torn apart.

विदुषी *(S) f.* • a learned woman.

विदूषक *(S) m.* • a clown; jester.

विदेश *(S) m.* • a foreign country. ~**मंत्री** *m.* Foreign Minister.

विदेशी *(S) adj.* • foreign; *m.* a foreigner.

विद्यमान *(S) adj.* • existent; present.

विद्या *(S) f.* • learning; knowledge. ~**र्थी** *m.* student. ~ **दान** *m.* teaching. ~**ध्ययन** *m.* study. ~ **पीठ** *f.* university. ~ **लय** *m.*

school, college.

विद्युत *(S) f.* • lightning; electricity. ~**शक्ति** *f.* electric power.

विद्रोह *(S) m.* • rebellion; revolt.

विद्रोही *(S) adj.* • rebellious.

विद्वत् समाज *(S) m.* • the academic world.

विद्वत्ता *(S) f.* • scholarship.

विद्वान *(S) adj.* • learned; *m.* a scholar.

विद्वेष *(S) m.* • enmity; malice.

विद्वेषी *(S) adj.* • hostile; *m.* an enemy.

विधर्मी *(S) adj.* • infidel; *m.* a heretic.

विधवा *(S) f.* • a widow. ~**विवाह** *m.* widow-remarriage. ~ **श्रम** *m.* home for widows. ~ **पन** *m.* widowhood.

विधा *(S) f.* • form.

विधान *(S) m.* • act; constitution; legislation. **सं**~ *m.* constiution. ~**परिषद** *f.* Legislative Council. ~**मंडल** *m.* Legislature. ~**सभा** *f.* Legislative Assembly.

विधायक *(S) adj.* • legislative; *m.* legislator.

विधायिका *(S) f.* • legislature.

विधि *(S) f.* • rule; form; law; statute; ordinance. ~**वत्** *adv.* according to law. ~**विरुद्ध** *adj.* illegal. ~**शास्त्र** *m.* Jurisprudence. ~**सम्मत** *adj.* lawful.

विधुर *(S) m.* • a widower.

विधेयक *(S) m.* • a parliamentary bill.

विध्वंस *(S) m.* • destruction; demolition.

विध्वस्त *(S) adj.* • utterly destroyed.

विनती *(S) f.* • entreaty.

विनम्र *(S) adj.* • humble.

विनय *(S) m.* • courtesy; modesty.

विनयी *(S) adj.* • courteous.

विनष्ट *(S) adj.* • destroyed.

विनाश *(S) m.* • annihilation; destruction. ~**क** *adj.* destructive.

विनिमय *(S) m.* • exchange.

विनियंत्रण *(S) m.* • decontrol.

विनियम *(S) m.* • a regulation.

विनियोग *(S) m.* • appropriation (for a purpose).

विनिवेश *(S) m.* • disinsvestment.

विनीत *(S) adj.* • modest; demure; courteous.

विनोद *(S) m.* • pastime; amusement.

विपक्ष *(S) m.* • opposition (party).

विपक्षी *(S) adj.* • adversary; opponent.

विपणन *(S) m.* • marketing.

विपत्ति, विपदा *(S) f.* • distress; misfortune.

विपरीत *(S) adj.* • contrary; unfavourable.

विपिन *(S) m.* • a forest grove.

विपुल (S) *adj.* • abundant; ample.

विप्र (S) *m.* • a brahman.

विप्लव (S) *m.* • revolt; revolution; uprising.

विप्लवी (S) *adj.* • relating to revolution.

विफल (S) *adj.* • unsuccessful. ~**ता** *f.* fruitlessness.

विभक्त (S) *adj.* • separated; divided.

विभक्ति (S) *f.* • a division; an inflexion (*gram.*).

विभाग (S) *m.* • a department; division; section.

विभागीय (S) *adj.* • departmental.

विभाजक (S) *adj.* • demarcating; *m.* denominator (*maths*).

विभाजन (S) *m.* • partition.

विभाजित (S) *adj.* • partitioned; divided.

विभाज्य (S) *adj.* • to be divided.

विभावरी (S) *f.* • night.

विभिन्न (S) *adj.* • separated; various. ~**ता** *f.* diversity.

विभीषिका (S) *f.* • a frightening display.

विभूति (S) *f.* • might; glory.

विभेद (S) *m.* • division; split.

विभ्रम (S) *m.* • confusion.

विभ्रांति (S) *f.* • agitation; confusion.

विमति (S) *f.* • disagreement.

विमर्श (S) *m.* • deliberation.

विमल (S) *m.* • pure.

विमाता (S) *f.* • stepmother.

विमान (S) *m.* • an aircraft; aeroplane. ~**चालक** *m.* pilot. ~ **चालन** *m.* aviation. ~**पत्तन, पट्टन** *m.* airport. ~**परिचारिका** *f.* air-hostess; stewardess. ~ **वाहक** *m.* aircraft-carrier. ~ **अपहरण** *m.* hijacking of an aircraft. ~**यातायात** *m.* air-traffic.

विमुक्त (S) *adj.* • liberated.

विमुख (S) *adj.* • displeased; indifferent.

विमूढ़ (S) *adj.* • bewildered.

विमोचन (S) *m.* • release (as of a book, etc.).

विमोह (S) *m.* • infatuation.

वियोग (S) *m.* • separation (esp. of lovers).

वियोगी (S) *adj.* • separated; *m.* a separated lover.

विरक्त (S) *adj.* • unattached to worldly objects.

विरक्ति (S) *f.* • absence of desire.

विरचित (S) *adj.* • composed (a literary work).

विरला, बिरला *adj.* • unusual.

विरह (S) *m.* • separation.

विरहिणी (S) *f.* • a woman suffering the pangs of separation.

विरही (S) *adj.* • love-sick.

विराग (S) *m.* • absence of desire.

विरागी (S) *m.* • an ascetic (**बैरागी**).

विराजमान (S) *adj.* • ensconced (as

on a throne or chair).

विराट *(S) adj.* • vast; imposing.

विराम *(S) m.* • respite; rest. ~**चिन्ह** *m.* punctuation mark; fullstop. ~**संधि** *f.* truce; armistice.

विरासत *(A) f.* • inheritance.

विरुद्ध *(S) adj.* • opposed; unfavourable.

विरोध *(S) m.* • opposition; resistance.

विरोधी *(S) adj.* • opposed; rebellious; adversary. ~**दल का नेता** *m.* Leader of Oppsition. ~**प्रस्ताव** *m.* opposition motion.

विलंब *(S) m.* • delay.

विलंबित *(S) adj.* • delayed; deferred.

विलक्षण *(S) adj.* • extaordinary. ~**ता** *f.* remarkability.

विलग *(S) adj.* • separate; detatched.

विलय *(S) m.* • merging; dissolution; ~**न** *m.* merger.

विलाप *(S) m.* • lamentation.

विलास *(S) m.* • sensuous pleasure.

विलासिता *(S) f.* • sensuality.

विलासी *(S) adj. & m.* • pleasure-living; sensual.

विलोकनीय *(S) adj.* • worth-seeing.

विवर *(S) m.* • a hole.

विवरण *(S) m.* • details; specification; detailed account.

विवरणिका *(S) f.* • prospectus.

विवरणी *f.* • return (income tax).

विवर्ण *(S) adj.* • colourless.

विवश *(S) adj.* • helpless. ~**ता** *f.* helplessness.

विवस्त्र *(S) adj.* • nude; naked.

विवाद *(S) m.* • argument; controversy. ~**ग्रस्त** *m.* controversial.

विवादित *(S) m.* • disputed.

विवादी *(S) adj.* • involved in a dispute.

विवाह *(S) m.* • marriage. ~**करना** *v.t.* to marry. ~**प्रस्ताव** *m.* marriage; proposal. ~**प्रमाणपत्र** *m.* marriage certificate. ~**योग्य** *adj.* marriageable. ~ **विच्छेद** *m.* divorce. ~**संबंधी** *adj.* matrimonial.

विवाहित *(S) adj.* • married.

विविधि *(S) adj.* • miscellaneous. ~**ता** *f.* variety (of things).

विवेक *(S) m.* • discrimination; conscience; discretion.

विवेचक *(S) adj.* • discriminating.

विवेचन, विवेचना *(S) m./f.* • discernment; discrimination; appraisal; evaluation.

विशद *(S) adj.* • clean; pure; lucid.

विशारद *(S) adj.* • learned.

विशाल *(S) adj.* • huge; vast.

विशिष्ट *(S) adj.* • pre-eminent. ~**ता** *f.* excellence.

विशृंखल *(S) adj.* • disorganised.

विशेष *(S) adj.* • special; exceptional. ~**ता** *(S) f.* speciality. ~**ज्ञ** *m.* specialist.

विश्राम *(S) m.* • rest.

विश्लेषक *(S) m.* • an analyst.

विश्लेषण *(S) m.* • analysis.

विश्व *(S) adj.* • universal; *m.* the universe; the world. ~**कोश** *m.* encyclopaedia. ~**प्रेम** *m.* philanthropy. ~ **प्रेमी** *m.* philanthropist. ~**विद्यालय** *m.* university. ~**व्यापी** *adj.* universal. ~ **शांति** *f.* world peace. ~**संघ** *m.* World Federation.

विश्वसनीय, विश्वस्त *(S) adj.* • trustworthy; reliable.

विश्वास *(S) m.* • confidence; trust. ~**करना** *v.i.* to trust; to believe. ~**घात** *m.* treachery; perfidy. ~**घाती** *m.* treacherous. ~**जनक** *adj.* convincing. ~**दिलाना** *v.t.* to reassure. ~**पत्र** *m.* credentials. ~**पात्र** *m.* trust worthy. ~**प्रस्ताव** *m.* vote of confidence.

विश्वासी *(S) adj.* • trustworthy; honest.

विष *(S) m.* • poison. ~**धर** *m.* a snake. ~**विज्ञान** *m.* toxicology.

विषण्ण *(S) adj.* • dejected.

विषम *(S) adj.* • irregular; unbalanced.

विषय *(S) m.* • subject; topic; matter; theme. ~**में** concerning (**विषयक**). ~**सूची** contents.

विषयी *(S) adj.* • sensual; licentious.

विषाद *(S) m.* • depression; sadness; despair.

विषाणु *(S) m.* • virus.

विषालु *(S) adj.* • poisonous.

विषुवत् रेखा *(S) f.* • the equator.

विषैला *adj.* • poisonous.

विसर्जन *(S) m.* • consigning (to water).

विसर्जित *(S) adj.* • consigned (to water).

विस्थापित *(S) adj.* • displaced (as a person).

विस्तार *(S) m.* • expansion; extent. ~**पूर्वक** *adv.* in detail.

विस्तारित, विस्तीर्ण *(S) adj.* • extended; expanded; detailed.

विस्तृत *(S) adj.* • detailed; extensive.

विस्तारित *(S) adj.* • wide-opened (the eyes).

विस्फोट *(S) m.* • explosion. ~ **क** *adj.* explosive; *m.* an explosive.

विस्मय *(S) m.* • dismay; astonishment; amazement.

विस्मरण *(S) m.* • forgetting.

विस्मित *(S) adj.* • astonished; amazed.

विस्मृत *(S) adj.* • forgotten.

विस्मृति *(S) f.* • forgetfulness; oblivion.

विस्वाद *(S) adj.* • tasteless.

विहंग, विहंगम *(S) m.* • a bird; sky-goer.

विहार *(S) m.* • recreation; walking for pleasure.

विहीन *(S) adj.* • without; deprived of.

विह्वल *(S) adj.* • perturbed; agitated.

वीणा *(S) f.* • vina.

वीर *(S) adj.* • brave; *m.* hero; brother. ~**ता** *f.* bravery.

वीरान *(P) adj.* • desolate; depopulated.

वीराना *(P) m.* • a desolate place.

वीर्य *(S) m.* • semen; courage; vigour.

वृक्क *(S) m.* • kidney.

वृक्ष *(S) m.* • a tree.

वृक्षारोपण *(S) m.* • tree-planting.

वृत्त *(S) m.* • circumference. ~**खंड** *m.* segment. ~**चित्र** *m.* a documentary film.

वृत्तांत *(S) m.* • account (of a matter).

वृत्ति *(S) f.* • profession; employment. **छात्र**~ *f.* a scholarship.

वृथा *(S) adj.* • pointless; useless.

वृंद *(S) m.* • a group.

वृद्ध *(S) adj.* • old; *m.* an old man. ~**ता** *f.* old age.

वृद्धा *(S) f.* • an old woman.

वृद्धि *(S) f.* • growth; development; increase.

वृष *(S) m.* • a bull.

वृष्टि *(S) f.* • rain.

वृहत् *(S) adj.* • large; great.

वेग *(S) m.* • speed; haste.

वेणी *(S) f.* • braided hair.

वेणु *(S) m.* • flute.

वेतन *(S) m.* • salary; pay. ~**क्रम** *m.* grade. ~**कालक्रम** *m.* time scale of pay. ~**मान** *m.* pay scale. ~**वृद्धि** *f.* increment.

वेद *(S) m.* • knowledge; a Veda; early Indian sacred scriptures.

वेदना *(S) f.* • pain; suffering.

वेदी *(S) f.* • an altar.

वेधशाला *(S) f.* • observatory.

वेला *(S) f.* • time; moment.

वेश *m.* • dress; apparel. ~**भूषा** *f.* attire.

वेश्या *(S) f.* • a prostitute. ~**गमन** *m.* frequenting prostitutes. ~**गृह** *or* **घर** *m.* brothel. ~**वृत्ति** *f.* prostitution.

वैकल्पिक *(S) adj.* • optional.

वैकुंठ *(S) m.* • paradise.

वैज्ञानिक *(S) adj.* • scientific; *m.* a scientist.

वैदेशिक *(S) adj.* • foreign.

वैद्य *(S)* • an Ayurvaidic doctor.

वैध *(S) adj.* • legal. ~**ता** *f.* legality.

वैधर्मिक *(S) adj.* • irreligious.

वैधव्य *(S) m.* • widowhood.
वैधानिक *(S) adj.* • constitutional.
वैभव *(S) m.* • majesty; wealth. ~ **शाली** *adj.* wealthy.
वैमनस्य *(S) m.* • hostility.
वैयक्तिक, व्यक्तिगत *(S) adj.* • personal.
वैयाकरण *(S) m.* • a grammarian.
वैर *(S) m.* • hostility; enmity.
वैरागी *(S) m.* • an ascetic.
वैराग्य *(S) m.* • asceticism.
वैरी *(S) m.* • enemy.
वैवाहिक *(S) adj.* • matrimonial. ~ **अधिकार** *m.* conjugal rights.
वैश्य *(S) m.* • a member of the business class; a caste.
वैषम्य *(S) m.* • inequality.
वैषयिक *(S) adj.* • carnal; sensual.
वैसा *adj.* • of that sort. ~ **ही** *adv.* exactly so.
वैसे *adv.* • in that manner.
व्यंग, व्यंग्य *(S) m.* • sarcasm; satire; irony. ~ **चित्र** *m.* cartoon.
व्यंजन *(s) m.* • a consonant; cooked vegetables.
व्यक्त *(S) adj.* • revealed.
व्यक्ति *(S) m.* • a person. ~ **गत** *adj.* personal. ~ **वाचक संज्ञा** *f.* a proper noun (*gram.*).
व्यक्तित्व *(S) m.* • personality.
व्यग्र *(S) adj.* • eager; agitated. ~ **ता** *f.* agitation; eagerness.
व्यतिक्रम *(S) m.* • transgression.
व्यतीत *(S) adj.* • elapsed.
व्यथा *(S) f.* • pain.
व्यभिचार *(S) m.* • adultery.
व्यभिचारी *(S) adj.* • adulterous; *m.* an adulterer.
व्यय *(S) m.* • expense.
व्यर्थ *(S) adj.* • useless. ~ **ता** *f.* uselessness.
व्यवधान *(S) m.* • gap; interruption.
व्यवसाय *(S) m.* • business; trade.
व्यवसायी *(S) m.* • a businessman; trader.
व्यवस्था *(S) f.* • organisation; arrangement; system; administration; ruling. ~ **करना** *v.t.* to manage or organise. ~ **पक** *m.* manager. ~ **पन** *m.* settlement.
व्यवस्थित *(S) adj.* • organised.
व्यवहार *(S) m.* • conduct; behaviour; treatment; dealings. ~ **न्यायाधीश** *m.* Civil Judge. ~ **न्यायालय** *m.* Civil Court. ~ **संहिता** *f.* Civil Code.
व्यसन *(S) m.* • addiction.
व्यस्त *(S) adj.* • busy; occupied. ~ **ता** *f.* state of being busy.
व्याकरण *(S) m.* • grammar.
व्याकुल *(S) adj.* • bewildered; anxious. ~ **ता** *f.* agitation; anxiety.
व्याख्या *(S) f.* • exposition; explanation; interpretation.
व्याख्यान *(S) m.* • lecture.

व्याघात (S) *m.* • obstacle.
व्याघ्र (S) *m.* • a tiger.
व्याधि (S) *f.* • disease.
व्यापक (S) *m.* • pervasive.
व्यापार (S) *m.* • trade; business.
व्यापारी (S) *m.* • a merchant; trader.
व्यापी (S) *adj.* • pervasive.
व्याप्त (S) *adj.* • surrounded.
व्यायाम (S) *m.* • exercise.
व्यावसायिक (S) *m.* • professional. ~ता professionalism.
व्यावहारिक (S) *adj.* • practical. ~ता *m.* practicability.
व्यास (S) *m.* • diameter.
व्योम (S) *m.* • the sky.
व्रत (S) *m.* • a fast.
व्रीड़ा (S) *f.* • modesty.

श

शंका (S) *m.* • doubt; suspicion. ~करना *v.i.* to doubt.
शंख (S) *m.* • a conch shell.
शऊर (A) *m.* • knowledge; good manners or behaviour.
शक (A) *m.* • doubt; suspicion.
शकट (S) *m.* • a cart.
शकरकंद *m.* • sweet potato.
शकुन (S) *m.* • an omen; vulture.
शक्कर (P) *f.* • sugar.
शक्की (P) *adj.* • suspicious.
शक्ति (S) *f.* • power; energy. ~वर्धक *adj.* stimulant. ~संतुलन *m.* balance of power. ~मान *adj.* powerful (शक्तिशाली). ~हीन *adj.* powerless.
शक्ल, शकल (A) *f.* • features; appearance.
शख़्स (A) *m.* • a man; an individual.
शख़्सियत (A) *f.* • identity; individuality; personality.
शग़ल (A) *m.* • pastime; an activity.
शगुन *m.* • an omen.
शगूफ़ा (P) *m.* • a bud; a minor cause of astonishment.
शठ (S) *adj.* • wicked; fool. ~ता *f.* wickedness; foolishness.
शत (S) *m.* • a hundred. ~क *m.* a century. ~रंज *m.* chess.
शताब्दी (S) *f.* • century.
शतायु (S) *m.* • one living for hundred years.
शती (S) *f.* • a century; centenary anniversary.
शत्रु (S) *m.* • an enemy. ~ता *f.* enmity; hostility.
शनाख़्त, शिनाख़्त (P) *f.* • identification.
शनि (S) *n.* • the planet Saturn.

~वार *m.* Saturday.

शनैः शनैः *(S) adv.* • slowly; gradually.

शपथ *(S) f.* • an oath; vow. ~**पत्र** *m.* affidavit. ~**लेना** to swear.

शफ़ा *(A) f.* • recovery (from illness). ~**ख़ाना** *m.* hospital.

शब *(P) f.* • night.

शबनम *(P) f.* • dew.

शबाब *(A) m.* • youth.

शब्द *(S) m.* • sound; word. ~**कोश** *m.* a dictionary. ~ **संग्रह** *m.* glossary.

शमन *(S) m.* • calming; quieting.

शमशेर *(P) f.* • sword.

शमा *(A) m.* • a candle; lamp.

शयन *(S) m.* • lying down; sleeping; sleep. ~**कक्ष** *m.* bed-room.

शय्या *(S) f.* • a bed.

शरण *(S) m.* • refuge; shelter.

शरणागत, शरणार्थी *(S) adj. / m.* • refugee.

शरत्, शरद् *(S) f.* • autumn.

शरबत, शर्बत *(P) f.* • a sweet drink; syrup.

शरम, शर्म *(P) f.* • shame.

शरमिंदगी, शर्मिंदगी *(P) f.* • shame-facedness.

शरमिंदा, शर्मिंदा *(P) adj.* • ashamed; modest.

शरमीला, शर्मीला *adj.* • modest; bashful.

शराफ़त *(A) f.* • nobility.

शराब *(P) f.* • wine; alcohol. **अंगूरी** ~*f.* brandy. ~**ख़ाना** *m.* tavern; winehouse. ~**की दूकान** *f.* wine shop. ~**बंदी** *f.* prohibition (of alcohol).

शराबी *(P) adj.* • drunk; *m.* a heavy drinker.

शराबोर *adj.* • soaked.

शरारत *(P) f.* • wickedness.

शरारती *(P) adj.* • mischievous; naughty.

शरीअत *(P) f.* • reigious law of Islam.

शरीक *(A) adj.* • participating.

शरीफ़ *(A) adj.* • noble.

शरीर *(S) m.* • the body. ~**रचना** *f.* build. ~**क्रिया विज्ञान** *m.* physiology. ~**संबंधी** *adj.* corporal.

शरीर *(A) adj.* • mischievous.

शर्त *(A) f.* • a condition; terms.

शर्म *(P) f.* • shame; modesty; embarrassment.

शर्माना *v.i.* • to be embarrassed.

शलग़म, शलजम *(PA) m.* • a turnip.

शलभ *(S) m.* • a moth.

शलवार, सलवार *m.&f.* • loose trousers worn by women.

शलाका *(S) f.* • a thin bar; rod.

शल्य *(S) m.* • surgery. ~**क्रिया** *f.* operation. ~**चिकित्सक** *m.* a surgeon. ~**चिकित्सा** *f.* surgery.

शव *m.* • a corpse/ ~**गृह** mortuary.

~दाह *m.* cremation. ~ परीक्षा *f.* post-mortem examination; autopsy.

शशि *(S) m.* • the moon.

शस्त्र *(S) m.* • a weapon. ~शाला *f.* arsenal; magazine.

शस्त्रागार *(S) m.* • arsenal; armoury.

शस्य *(S) m.* • crop; harvest.

शहंशाह *(P) m.* • emperor.

शह *(P) f./m.* • check (in chess). ~ ज़ोर *adj.* powerful. ~तीर *m.* girder; beam. ~तूत *m.* mulberry.

शहद *(A) m.* • honey.

शहनाई *(P) f.* • a type of flute.

शहर *(P) m.* • town; city.

शहरी *(P) adj.* • urban; *m.* a townsman.

शहादत *(P) f.* • evidence; martyrdom.

शहीद *(A) m.* • a martyr.

शांत *(S) adj.* • quiet; calm.

शांति *(S) f.* • peace. ~ प्रिय *adj.* peace-loving. ~वाद *m.* pacifism. ~सम्मेलन *m.* peace conference.

शाक *(S) m.* • a vegetable; greens.

शाकाहार *(S) m.* • vegetarianism.

शाख़ *(P) f.* • branch.

शाखा *(S) f.* • branch; division; section.

शागिर्द *(P) m.* • pupil; disciple.

शातिर *(P) adj.* • rascally; *m.* a rascal.

शादी *(P) f.* • marriage; wedding.

शान *m.* • a grind stone.

शान *(A) f.* • dignity; grandeur. ~ शौक़त *f.* pomp and show.

शाप *m.* • a curse.

शाबाश *(P)* • *interj*; welldone !

शाबाशी *(P) f.* • praise; applause.

शाम *(P) f.* • evening.

शामत *(P) f.* • misfortune; adversity.

शामियाना *(P) m.* • a large tent; marquee.

शामिल *(A) adj.* • involved; included (in).

शायद *(P) adj.* • perhaps; probably.

शायर *(A m.* • a poet.

शायरी *(P) f.* • poetry.

शारीरिक *(S) adj.* • physical; bodily.

शाल *f.* • a shawl.

शालीन *(S) adj.* • noble. ~ता *f.* nobility.

शाश्वत *(S) adj.* • immortal; eternal.

शासक *(S) m.* • ruler.

शासकीय *(S) adj.* • official; governmental.

शासन *(S) m.* • government; rule; administration. ~ काल *m.* regime. ~चातुर्य *m.* statecraft. ~नीति *f.* government policy.

~पद्धति *f.* system of government.

शास्त्र *(S) m.* • the scriptures; a science. ~**कार** *m.* compiler of a shastra. ~**विरुद्ध** *adj.* illegal.

शास्त्रार्थ *(S) m.* • religious debate.

शास्त्री *(S) m.* • a learned man.

शास्त्रीय *(S) m.* • scientific; academic.

शाह *(P) m.* • king. ~**ख़र्च** *adj.* extravagant.

शाही *(P) adj.* • royal.

शिकंजा *(P) m.* • vice; clamp.

शिकन *(P) f.* • wrinkle.

शिकवा *(A) m.* • complaint.

शिकस्त *(P) f.* • a defeat.

शिकायत *(P) f.* • a complaint; an ailment.

शिकार *(P) m.* • hunting; game; victim. ~**करना** *v.t.* to hunt. ~**का पशु** *m.* game. ~**गाह** *m.* hunting ground. ~**होना** *v.t.* to be hunted; to fall prey.

शिकारा *m.* • a light boat (of Kashmir).

शिकारी *(P) m.* • a hunter.

शिक्षक *(S) m.* • a teacher.

शिक्षण *(S) m.* • teaching.

शिक्षा *(S) f.* • education; teaching. ~**देना** *v.t.* to educate. ~**र्थी** *m.* student. ~**निदेशक** *m.* Director of Education. ~ **विभाग** *m.* Education Department. ~ **शुल्क** *m.* tuition fee.

शिक्षित *(S) adj.* • educated.

शिखर *(S) m.* • summit; peak. ~**वार्ता** *f.* summit talks. ~ **सम्मेलन** *m.* summit meeting.

शिखा *(S) f.* • tip; crest; top-knot.

शिथिल *(S) adj.* • loose; slack; lax. ~**करना** *v.i.* to relax (as the body). ~**होना** *v.i.* to be relaxed; to relax. ~**ता** *f.* relaxation; laxity.

शिथिलीकरण *(S) m.* • relaxation.

शिरस्त्राण *(S) m.* • helmet.

शिरा *(S) f.* • blood-vessel; vein.

शिला *(S) f.* • a rock. ~ **लेख** *m.* inscription. ~**न्यास** *m.* laying of foundation stone.

शिल्प *(S) m.* • a craft; art; skill. ~**कर्म** *m.* manufacture. ~**कार** *m.* a craftsman. ~ **विज्ञान** *m.* technology. ~**विद्यालय** *m.* technical college.

शिल्पी *(S) m.* • crftsman.

शिव *(S) adj.* • auspicious; *m.* Lord Shiva.

शिविर *(S) m.* • a camp.

शिशिर *(S) m.* • the cold season; frost.

शिशु *(S) m.* • an infant.

शिष्ट *(S) adj.* • cultured; educated; polite.

शिष्टाचार *(S) m.* • courtesy.

शिष्य *(S) m.* • a pupil.

शीघ्र *adj.* • quick; swift. *adv.* soon; quickly. ~ **गामी** *adj.* going quickly; prompt; fleet; swift. ~**ता** *f.* quickness.

शीत *(S) adj.* • cold; the cold season. ~**काल** *m.* winter. ~**लहर** *f.* cold wave.

शीतल *(S) adj.* • cool; cold. ~**ता** *f.* coolness; coldness.

शीतला *(S) f.* • smallpox.

शीतोष्ण *(S) adj.* • temperate.

शीरा *(P) m.* • juice; syrup; molasses.

शीर्ण *(S) adj.* • wasted.

शीर्ष *(S) m.* • the head; tip; vertex.

शीर्षक *(S) m.* • heading; title.

शील *(S) m.* • virtuous nature; nature.

शीश *m.* • head.

शीशा *(P) m.* • glass; a mirror.

शीशी *f.* • phial.

शुक्र *(S) m.* • Friday; the planet Venus. ~**वार** *m.* Friday.

शुक्र *(A) m.* • gratitude. ~**गुज़ार** *adj.* grateful.

शुक्रिया *(A) m.* • thanks; *interj.* thank you.

शुचि *(S) adj.* • pure; pious.

शुद्ध *(S) adj.* • pure. ~**करना** *v.t.* to purify. ~**ता** *f.* purity. ~**लाभ** *m.* net profit.

शुद्धि *(S) f.* • purity.

शुभ *(S) adj.* • auspicious; lucky. ~**कामना** *f.* good wishes. ~**काल** *m.* lucky moment. ~**चिन्तक** *m.* a well-wisher.

शुभ्र *(S) adj.* • white.

शुमार *(S) f. & m.* • counting; number.

शुमारी *(P) f.* • counting. **मर्दुम** ~ *f.* census.

शुरुआत *(A) f.* • beginning.

शुरू *(A) m.* • beginning. ~**करना** *v.t.* to begin; to start.

शुल्क *(S) m.* • fee; tariff.

शुष्क *(S) adj.* • withered; dried-up.

शून्य *(S) adj.* • empty; void; zero. ~**ता** *f.* emptiness.

शूर *(S) m.* • a hero; a brave man.

शूल *(S) m.* • spike; pangs; thorn.

शूली, सूली *f.* • gallows. ~**चढ़ाना** to hang.

शृंखला *(S) f.* • a chain; series.

शृंगार *(S) m.* • make-up; toilet; adornment; love; sexual passion. ~**विद्** *m./f.* beautician.

शेख़ी *(P) f.* • boast.

शेर *(P) m.* • a lion.

शेष *(S) adj.* • left-over; remaining; last; *m.* remainder.

शैक्षिक *(S) adj.* • educational; educative.

शैक्षणिक *(S) adj.* • academic; educational.

शैतान *(A) m.* • the devil; Satan.

शैतानी (A) f. • naughtiness.
शैदाई (P) m. • one who is in love.
शैल (S) adj. • rocky; m. a mountain.
शैली (S) f. • literary style; style.
शैवाल (S) m. • water-weed.
शोक (S) m. • sorrow; condolence; mourning. ~ करना, मनाना to mourn. ~ गीत m. elegy. ~ समाचार m. obituary (notice).
शोकाकुल (S) adj. • bereaved.
शोकात्मक (S) adj. • tragic.
शोख़ (P) adj. • sprightly; flirtatious.
शोख़ी (P) f. • mischief; playfulness.
शोचनीय (S) adj. • lamentable.
शोणित (S) m. • blood.
शोथ (S) m. • inflammation; a tumour.
शोध (S) m. • purification; research. ~क adj. purifying; m. researcher; purifier.
शोधन (S) m. • purifying.
शोभा (S) f. • radiance; beauty.
शोभायमान (S) adj. • splendid.
शोर (P) m. • noise.
शोरबा (P) m. • soup.
शोरा (P) m. • saltpetre.
शोला (A) m. • a flame.
शोषक (S) adj. • absorbant; m. an exploiter.
शोषण (S) m. • exploitation.
शोषित (S) m. • exploited.
शोहदा (A) m. • a scoundrel.
शोहरत (P) f. • fame; reputation.
शौक़ (A) m. • desire; fancy. ~ चर्राना to desire.
शौक़ीन (P) fdj. • amorous.
शौच (S) m. • purification; defecation.
शौचालय (S) m. • lavatory.
शौर्य (S) m. • valour.
शौहर (P) m. • husband.
श्मशान (S) m. • burial ground; crematorium.
श्याम (S) adj. • dark; black; dark brown. m. a name of Krishna.
श्रद्धा (S) f. • reverence.
श्रद्धांजली (S) f. • homage.
श्रद्धालु, श्रद्धास्पद, श्रद्धेय (S) adj. • reverential; respectful.
श्रम (S) m. • labour; effort. ~ करना to labour. ~ जीवी adj.&m. living by work. ~ दान m. voluntary work. ~ विवाद m. a labour dispute. ~ विभाग m. labour department. ~ विभाजन m. division of labour.
श्रमिक (S) m. • a labourer. ~ संघ m. Labour Federation.
श्रवण (S) m. • hearing; the ear.
श्रव्य (S) adj. • audible.
श्रांत (S) adj. • fatigued.
श्रांति (S) f. • fatigue.
श्राद्ध (S) m. • a religious rite in memory of the dead.

श्राप *(S) m.* • a curse. ~**देना** to curse.

श्रावण *(S) m.* • the fifth lunar month of the Hindu calendar (July-August).

श्री *(S) f.* • happiness; prosperity; beauty; wealth. *adj.* prosperous and happy (used before the name of a man.).

श्रीमान *(S) f.* • a man. ~**मती** *f.* a lady of fame and happiness (used in the case of a married woman).

श्रीयुत्, श्रीयुक्त *(S) m.* • see **श्रीमान**

श्रुत *(S) adj.* • heard.

श्रुति *(S) f.* • sense of hearing; a revelation (the Vedas).

श्रेणी *(S) f.* • a class; type.

श्रेय *(S) m.* • auspiciousness.

श्रेष्ठ *(S) adj.* • best; excellent. ~**ता** *f.* excellence.

श्रोणी *(S) f.* • hips; loins.

श्रोता *(S) m.* • a listener.

श्लाघनीय, श्लाघ्य *(S) adj.* • praiseworthy.

श्लेष *(S) m.* • double-meaning (of words); ambiguity.

श्लेष्मा *(S) f.* • mucus; phlegm.

श्लोक *(S) m.* • a verse; a Sanskrit couplet.

श्वसुर *(S) m.* • father-in-law.

श्वश्रू *(S) f.* • mother-in-law.

श्वान *(S) m.* • a dog.

श्वास *(S) m.* • the breath.

श्वेत *(S) adj.* • white.

श्वेतांबर *(S) m.* • clothed in white; one of the two Jain sects.

ष

षट् *(S) f.* • six. ~**ऋतु** *f.* the six seasons of the year (*viz.*, spring; summer, rainy season, autumn, winter and cool season). ~**कोण** *m.* a hexagon.

षड् *(S)* • six; hex. ~**दर्शन** *m.* the six systems of Indian philosophy. ~**यंत्र** *m.* a plot; conspiracy. ~**यंत्रकारी** *m.* a conspirator.

षष्टि *(S) adj.* • sixtieth. ~**पूर्ति** *f.* sixtieth anniversary.

षष्ठ *(S) adj.* • sixth.

षष्ठी *(S) f.* • the sixth day of a lunar fortnight.

षोडश *(S) adj.* • sixteenth.

षोडशी *(S) f.* • a sixteen years old girl.

स

संकट *(S) m.* • crisis; danger; emergency. ~**आना** misfortune to befall. ~ **काल** *m.* emergency.

संकटापन्न *(S) adj.* • suffering distress.

संकरा *adj.* • narrow.

संकलन *(S) m.* • compilation. ~ **करना** *v.t.* to compile.

संकलित *(S) adj.* • compiled.

संकल्प *(S) m.* • resolve; resolution.

संकाय *(S) m.* • faculty (of a university, etc.).

संकीर्ण *(S) adj.* • narrow. ~**ता** *f.* narrowness.

संकुचित *(S) adj.* • contracted; narrow; shrunk.

संकेत *(S) m.* • a gesture; hint; clue.

संकोच *(S) m.* • embarrassment. ~**शील** *adj.* embarrassed. ~**न** *m.* contraction.

संकोची *(S) adj.* • filled with embarrassment; bashful.

संक्रमण *(S) m.* • transition; infection. ~**कालीन** *adj.* transitional.

संक्रामक *(S) m.* • infectious.

संक्षिप्त *(S) adj.* • concise; abridged.

संक्षेप *(S) m.* • abridgement; summary; abstract.

संखिया *m.* • arsenic.

संख्या *(S) f.* • a number; a figure.

संग *(S) m.* • association; company; attachment.

संग *(P) m.* • stone. ~**तराश** *m.* a stone-cutter. ~**दिल** *adj.* hard-hearted. ~**मरमर** *m.* marble.

संगठन *(S) m.* • an organisation.

संगठित *(S) adj.* • organised; collected.

संगति *(S) f.* • company; society.

संगम *(S) m.* • confluence (as of rivers); meeting; junction; sexual intercourse.

संगी *(S) m.* • friend; associate.

संगीत *(S) m.* • music. ~ **कार** *m.* musician. ~**ज्ञ** *m.* one skilled in music. ~**नाटिका** *f.* an opera. ~ **शाला** *f.* concert hall. ~ **सम्मेलन** *m.* music conference.

संगीन *(P) adj.* • grave; serious.

संगोष्ठी *(S) f.* • symposium.

संग्रह *(S) m.* • compilation; anthology; collection.

संग्रहणी *(S) f.* • diarrhoea.

संग्रहालय *(S) m.* • museum.

संग्रहीत *(S) adj.* • collected.

संग्राम *(S) m.* • battle; struggle. **स्वतंत्रता** ~ *m.* struggle for independence.

संघ *(S) m.* • federation; league; society; union. ~**भावना** *f.* esprit de corps. ~**वाद** *m.* federalism.

संघटक *(S) m.* • component.

संघर्ष *(S) m.* • friction; clash; struggle. ~**शील** *adj.* combative.

संघर्षण *(S) m.* • rubbing.

संचय *(S) m.* • collection; hoard; accumulation.

संचयी *(S) adj.* • amassing; *m.* a hoarder.

संचार *(S) m.* • communication; circulation; transmission. ~**मंत्रालय** *m.* Ministry of Communication. ~**ण** *m.* communication.

संचालक *(S) m.* • executive; conductor.

संचालन *(S) m.* • managing; conduction.

संचित *(S) adj.* • amassed.

संजीदा *(P) adj.* • solemn; serious.

संजीवनी *(S) f.* • a life-giving herb.

संजोना *v.t.* • to arrange.

संज्ञा *(S) f.* • consciousness; mind; a noun (*gram.*). ~**हीन** *adj.* unconscious.

संध्या *f.* • evening.

संड़सी, संडासी *f.* • a pair of tongs.

संत *(S) adj.* • pious; *m.* an ascetic.

संतति *(S) f.* • descendants. ~**निग्रह, निरोध** *m.* birth control.

संतरा *(P) m.* • an orange.

संतरी *m.* • a sentry. *adj.* of orange colour.

संतान *(S) f.* • children. ~**हीन** *adj.* childless; issueless.

संताप *(S) m.* • anguish; grief.

संतुलन *(S) m.* • balance; equilibrium.

संतुलित *(S) adj.* • balanced.

संतुष्ट *(S) adj.* • satisfied; contented.

संतुष्टि, संतोष *(S) f./m.* • satisfaction; contentment; pleasure. ~**जनक, मय, प्रद** *adj.* satisfactory.

संतोषी *(S) adj.* • satisfied.

संदर्भ *(S) m.* • context. ~**ग्रंथ** *m.* reference book. ~**ग्रंथ सूची** *f.* bibliography.

संदिग्ध *(S) adj.* • doubtful; questi-onable. ~**ता** *f.* doubtfulness.

संदूक़ *(A) m.* • box; chest.

संदेश *(S) m.* • message; information. a Bengali sweet.

संदेह *(S) m.* • doubt; suspician. ~**जनक, पूर्ण** *adj.* doubtful.

संधान *(S) m.* • enquiry; search.

संधि *(S) f.* • a treaty; reconciliation. ~**करना** to make peace.

संध्या *(S)* evening; twilight.

संन्यास *(S) m.* • renunciation of the world.

संन्यासिन *f.* • a female ascetic.

संन्यासी *(S) m.* • an ascetic.

संपत्ति *(S) f.* • wealth; property. ~शाली *adj.* rich.

संपन्न *(S) adj.* • prosperous. ~ता *f.* prosperity.

संपर्क *(S) m.* • contact; liaison.

संपादक *(S) m.* • editor.

संपादन *(S) m.* • editing.

संपादित *(S) adj.* • edited.

संपूर्ण *(S) adj.* • complete. ~रूप से *adv.* completely.

संपूर्णता *(S) f.* • completeness.

संप्रति *(S) adv.* • now; at the present time.

संप्रदान *(S) m.* • bestowing; dative case *(gram.)*.

संप्रदाय *(S) m.* • religious community. ~वाद *m.* commnualism. ~वादी *adj.* communalist.

संप्रेषण *(S) m.* • communication; transmission.

संबंध *(S) m.* • relationship; connection; possessive case *(gram.)*.

संबंधित *(S) adj.* • concerned (with).

संबंधी *(S) adj.* • concerning; *m.* a relative.

संबद्ध *(S) adj.* • connected; affiliated.

संबल *(S) m.* • support; provisions (for a journey).

संबोधन *(S) m.* • calling out; vocative case *(gram.)*. संबोधनकारक.

संबोधित *(S) adj.* • addressed.

संभरण *(S) m.* • supply.

संभलना *v.i.* • to be supported; to recover (as from an illness, etc.).

संभव *(S) adj.* • probable; possible.

संभाल *f.* • upkeep, maintenance.

संभालना *v.t.* • to support; to maintain.

संभावना *(S) f.* • probability.

संभावित *(S) adj.* • possible.

संभाषण *(S) m.* • talk; conversation.

संभ्रम *(S) m.* • confusion.

संभ्रांत *(S) adj.* • respected; confused.

संयंत्र *(S) m.* • equipment; plant.

संयत *(S) adj.* • restrained; controlled.

संयम *(S) m.* • self-control; abstinence.

संयमी *(S) adj.* • abstenious; controls or restraint own self. moderate.

संयुक्त *(S) adj.* • connected together; joined. ~परिवार *m.* a joint family. ~राष्ट्र *m.* the United Nations. ~राष्ट्र संघ *m.* United Nations Organisation. ~सरकार *f.* a coalition government.

संयोग *(S) m.* • a coincidence; chance. ~वश *adv.* by chance.

संयोजक (S) m. • a convener; organiser.

संरक्षक (S) m. • patron; protector.

संरक्षण (S) m. • protection.

संरक्षित (S) adj. • protected; defended.

संरचना (S) f. • structure.

संलग्न (S) adj. • enclosed; united. ~क m. enclosure.

संलाप (S) m. • conversation.

संवत् (S) m. • a year; an era.

संवरना v.i. • to be adorned.

संवाद (S) m. • dialogue. ~दाता m. reporter.

संवारना v.t. • to fashion; to adorn; to arrange.

संविदा (S) f. • contract.

संविधान (S) m. • a constitution. ~सभा f. Constituent Assembly.

संवैधानिक, संविधानिक (S) adj. • constitutional.

संवेदन (S) m. • sensation. ~शील adj. sensitive.

संवेदना (S) f. • sympathy.

संशय (S) m. • doubt; apprehension. ~वाद m. scepticism.

संशयात्मक (S) adj. • doubtful.

संशोधक (S) adj. • correcting; m. amender. ~ अधिकारी m. Amending Officer. ~विधान m. Amendment Act.

संशोधन (S) m. • amendment; correction; purifying.

संशोधित (S) adj. • amended; modified; corrected; revised.

संश्लिष्ट (S) adj. • synthesised; synthetic.

संश्लेषण (S) m. • synthesis.

संसद (S) m. • Parliament.

संसदीय (S) adj. • parliamentary.

संसर्ग (S) m. • contact; association; cohabitation; contagion.

संसाधन (S) m. • resources.

संसार (s) m. • the world.

संस्करण (S) m. • an edition

संस्कार (S) m. • refining; culture; conditioning.

संस्कृत (S) adj. • refined; f. the literary language of the Aryans.

संस्कृति (S) f. • culture.

संस्था (S) f. • institute; institution society.

संस्थान f. • institute.

संस्थापक (S) m. • founder.

संस्थापन (S) m. • founding; establishing.

संस्थापित (S) adj. • established.

संहार (S) m. • slaughter; destruction. ~क m. destoyer.

संहिता (S) f. • collection; a collection of the hymns of a Veda; norm; a code of law.

सकना v.i. • to be able.

सकपकाना v.i. • to be disconcerted.

सकरुण *(S) adj.* • compassionate.
सकर्मक *(S) adj.* • transitive (*gram.*); having an object.
सकल *(S) adj.* • entire.
सकारना *v.t.* • to accept.
सकारात्मक *(S) adj.* • positive.
सकाल *(S) m.* • early morning.
सकुचना, सकुचाना *v.i.* • to be shy; to hesitate; to shrink.
सक्रिय *(S) adj.* • active.
सक्षम *(S) adj.* • competent; capable. ~**ता** capability; competence.
सखा *(S) m.* • companion.
सखी *(S) f.* • a girl's or woman's female friend.
सख़्त *(P) f.* • hard; obstinate.
सख़्ती *(P) f.* • severity;
सगर्भ *(S) adj.* • pregnant.
सगर्व *(S) adj.* • proud.
सगा *adj.* • born of the same parents. ~**भाई** *m.* full or real brother.
सगाई *f.* • engagement; betrothal.
सगुण *(S) adj.* • virtuous.
सगुन *m.* • omen.
सगोत्र *(S) adj.* • related; *m.* a kinsman.
सग्गड़ *m.* • cart.
सघन *(S) adj.* • dense.
सच *m.* • truth; *adj.* true.
सचराचर *(S) m.* • the whole world.
सचाई *f.* • truth.
सचित्र *(S) adj.* • illustrated.
सचिव *(S) m.* • secretary.
सचिवालय *(S) m.* • secratariat.
सचेत *(S) adj.* • conscious. ~**क** *m.* whip (as of an assembly, etc.). ~**न** *m.* a rational being.
सचेष्ट *(S) adj.* • active.
सच्चा *adj.* • true; genuine. ~**ई** *f.* truth.
सजग *(S) adj.* • vigilant. ~**ता** *f.* vigilance.
सजना *v.i.* • to be adorned; *m.* lover.
सजनी *f.* • sweetheart.
सजल *(S) adj.* • tearful; moist.
सज़ा *(P) f.* • punishment. ~**याफ़्ता** *adj.* punished.
सजाति, सजातीय *(S) adj.* • a person of the same community.
सजाना *v.t.* • to arrange; to furnish; to decorate.
सजावट *f.* • decoration.
सजीला *adj.* • handsome; elegant.
सजीव *(S) adj.* • animate; living. ~**ता** *f.* liveliness.
सज्जन *(S) m.* • gentleman. ~ **ता** *f.* gentlemanliness.
सज्जा *(S) f.* • decoration.
सज्जित *(S) adj.* • decorated.
सटना *v.i.* • to join together; to cling together.
सटाना *v.t.* • to join; to stick together.

सटीक (S) adj. • appropriate.

सटोरिया m. • a speculator.

सट्टा m. • speculation.

सठियाना v.i. • to grow old; to reach sixty years of age; senility.

सड़क f. • road; highway.

सड़न f. • rotting; decay.

सड़ना v.i. • to rot; to decay.

सड़ाना v.t. • to allow to rot.

सड़ांध, सड़ायंध f. • stench.

सत्कार (S) m. • doing good; hospitality.

सत्संग (S) m. • a congregation for worship; a good company.

सतगुना adj. • sevenfold.

सतत (S) adj. • constant.

सतर्क (S) adj. • alert; cautious. ~ता f. caution.

सतहत्तर adj. seventy-seven.

सतही (A) adj. • superficial.

सताना v.t. • to oppress; to torment.

सती (S) adj. • faithful (wife). ~त्व m. faithfulness (of a wife).

सत्तर adj. • seventy. ~वाँ adj. seventieth.

सत्ता (S) f. • existence; power; authority.

सत्ताईस adj. • twenty-seven.

सत्तानवे adj. • ninety-seven.

सत्तावन adj. • fifty-seven.

सत्तासी adj. • eighty-seven.

सत्त्व (S) m. • essence; natural properties.

सत्य (S) adj. • genuine; real; true; m. truth; reality. ~निष्ठ adj. just; truthful.

सत्याग्रह (S) m. • passive resistance; civil disobedience.

सत्यापन (S) m. • verification.

सत्यापित (S) adj. • verified; ratified.

सत्र (S) m. • session.

सत्रह adj. • seventeen.

सत्वर (S) adj.&adv. • swift; swiftly.

सदका (A) m. • an offering; alms.

सदन (S) m. • mansion; house; chamber (of assembly or parliament).

सदमा (A) m. • shock.

सदय (S) adj. • compassionate.

सदर (A) m. • head; chief; chairperson; head quarters. ~ अदालत f. Supreme Court.

सदरी (P) f. • waistcoat.

सदस्य (S) m. • member. ~ता f. membership.

सदा (S) adv. • always. ~बहार adj. evergreen. ~ चरण m. good behaviour. ~ चार m. good conduct. ~ चारी m. man of good character.

सदाक़त (P) f. • sincerity; loyalty.

सदी (P) f. • a century. फ़ी ~ adv. per cent.

सदृश (S) adj. • similar.

सदेह (S) adj. • embodied.
सदैव (S) adv. • always.
सदोष (S) adj. • defective.
सद्यः (S) adv. • just before or after; at the same time.
सधना v.i. • to be completed.
सधर्मिणी (S) f. • a wife.
सधर्मी (S) m. • of the same religion (person).
सधवा (S) f. • a wife whose husband is alive.
सधाना v.t. • to bring to perfection.
सन् (A) m. • a year.
सनक f. • eccentricity.
सनकी adj. • eccentric; whimsical.
सनद (A) f. • an authoritative document; certificate.
सनना v.i. • to be mixed.
सनम (A) m. • sweetheart.
सनसनाहट f. • a whistling sound.
सनसनी f. • thrill. ~ख़ेज़ (P) adj. sensational.
सनातन (S) adj. • eternal. ~धर्म m. immemorial dharma (Hinduism).
सनातनी adj. • accepting the Sanatan Dharma.
सन्नाटा m. • dead silence.
सन्निकट (S) adj. • very close; adjacent.
सन्निपात (S) m. • disorder of physical humours (Ayurveda).
सन्मार्ग (S) m. • right path.
सपना m. • dream.
सपरिवार (S) adj. • along with family.
सपाट adj. • flat.
सपूत adj. • a dutiful son.
सँपेरा m. • snake-charmer.
सप्तमी (S) f. • the seventh day of the lunar month.
सप्ताह (S) m. • seven days; a week.
सप्रमाण (S) adj. • convincing; proven.
सफ़र (A) m. • a journey.
सफ़री (P) m. • a traveller.
सफल (S) adj. • successful. ~ता f. success.
सफ़ाई (P) f. • cleanliness.
सफ़ाया m. • a clean sweep.
सफ़ेद (P) adj. • white.
सफ़ेदी (P) f. • whiteness; whitewash.
सब adj. • all.
सबक़ (P) m. • lesson.
सबब (P) m. • cause; motive.
सबल (S) adj. • powerful.
सबूत (A) m. • proof; testimony.
सब्ज़ adj. • green.
सब्ज़ी (P) f. • a vegetabie.
सब्र (A) m. • patience.
सभा (S) f. • meeting; assembly; a society. ~कक्ष m. auditorium; lobby. ~नेत्री f. lady president; ~पति m. President; chairperson; Speaker (of an

Assembly or Parlia-ment). ~ भवन m. Assembly Chamber. ~मंडप m. Council Chamber. ~सद m. member.

सभी adj. • everybody; everyone.

सभ्य (S) adj. • civilised; cultured.

सभ्यता (S) f. • civilisation.

समकक्ष (S) adj. • similar.

समकालिक (S) adj. • concurrent.

समकालीन (S) adj. • contemporary.

समसामयिक (S) adj. • current.

समक्ष (S) adj. • in the presence (of).

समग्र (S) adj. • all; total; entire.

समझ f. • understanding. ~दार adj. sensible.

समझना v.i. • to understand.

समझाना v.t. • to cause to under-stand; to explain; to advise.

समझौता m. • agreement; compro-mise.

समतल (S) adj. • smooth; level.

समता (S) f. • similarity.

समदर्शी (S) adj. • impartial.

समधिन f. • mother of a son or daughter-in-law.

समधी m. • father of a son or daughter-in-law.

समन्वय (S) m. • conjunction; con-nection; co-ordination.

समय (S) m. • time; term; period. ~पालन m. punctuality. ~निष्ठ adj. punctual. ~सारणी f. time-table.

समयौन (S) adj. • homosexual; les-bian.

समर (S) m. • battle; war.

समर्थ (S) adj. • capable.

समर्थक (S) adj. • supporting; m. supporter; seconder.

समर्थन (S) m. • support; confirma-tion.

समर्थित (S) adj. • supported.

समर्पण (S) m. • dedication. आत्म ~ m. giving oneself (to another person or cause).

समर्पित (S) adj. • dedicated.

समलैंगिक (S) adj. • homosexual; m.&f. homosexual.

समवयस्क (S) adj. • contemporary; of same age.

समवर्ती (S) adj. • adjacent.

समशीतोष्ण (S) m. • temperate. ~ कटिबंध m. temperate zone.

समष्टि (S) f. • collectivity.

समसामयिक (S) adj. • contempo-rary.

समस्त (S) adj. • entire; whole.

समस्या (S) f. • a problem.

समां (A) f. • view; scene. ~बंधना a mood to be created.

समांतर, समानांतर (S) adj. • parallel.

समागम (S) m. • union; meeting; sexual congress.

समाचार (S) m. • news. ~पत्र m. newspaper.

समाज (*S*) *m.* • a society; association. ~**कल्याण** *m.* social welfare. ~**वाद** *m.* socialism. ~ **वादी** *adj.&m.* socialist. ~**विरोधी** *adj.* anti-social. ~**शास्त्र, विज्ञान** *m.* sociology. ~**शास्त्री, विज्ञानी** *m.* sociologist.

समादर (*S*) *m.* • veneration; repect.

समादृत (*S*) *adj.* • venerated; respected.

समाधान (*S*) *m.* • solution (of a problem).

समाधि (*S*) *f.* • profound meditation; place of entombment. ~**लेख** *m.* epitaph.

समान (*S*) *adj.* • similar; like; equal. ~**ता** *f.* parity; similarity.

समाना *v.i.* • to fit (into); to fill; to pervade.

समानार्थक (*S*) *adj.* • synonymous; ~**शब्द** *m.* synonym (**पर्यायवाची**)

समापन (*S*) *m.* • completing.

समाप्त (*S*) *adj.* • completed; ended.

समाप्ति (*S*) *f.* • completion; expiry.

समायोजन (*S*) *m.* • adjustment.

समारोह (*S*) *m.* • festival; ceremony.

समालोचक (*S*) *m.* • a critic.

समालोचना (*S*) *f.* • criticism. ~**त्मक** *adj.* critical.

समाविष्ट (*S*) *adj.* • incorporated.

समावेश (*S*) *m.* • penetration; entering.

समास (*S*) *m.* • combination; a compound word.

समाहित (*S*) *adj.* • contained.

समिति (*S*) *f.* • committee.

समीक्षक (*S*) *m.* • reviewer; critic.

समीक्षा (*S*) *f.* • critical study; a review.

समीचीन (*S*) *adj.* • proper; consistent.

समीप (*S*) *adj.* • near; adjacent; beside.

समीर (*S*) *m.* • breeze; wind.

समुचित (*S*) *adj.* • suitable; appropriate.

समुदाय (*S*) *m.* • community; group; mass.

समुद्र (*S*) *m.* • ocean; sea. ~**गामी** *adj.* sea-faring. ~**तट** *m.* beach; sea-shore; coast.

समुद्री *adj.* • marine; naval; maritime.

समूचा *adj.* • all; entire.

समूल (*S*) *adj.* • radical; total. *adv.* with the root; utterly.

समूह (*S*) *m.* • multitude; mass (of people).

समृद्ध (*S*) *adj.* • prosperous; wealthy.

समृद्धि (*S*) *f.* • prosperity.

समेत *adv.* • together (with).

सम्मत (*S*) *adj.* • of one mind; agreeing; agreed to.

सम्मति *(S) f.* • agreement; approval.

सम्मान *(S) m.* • honour.

सम्मानित *(S) adj.* • honoured.

सम्मिलित *(S) adj.* • assembled; gathered.

सम्मिश्रण *(S) m.* • a mixture.

सम्मुख *(S) adv.* • opposite; in front of; face to face.

सम्मेलन *(S) m.* • conference.

सम्मोहक *(S) adj.* • fascinating; *m.* a hypnotist.

सम्मोहन *(S) m.* • hypnosis; hypnotism.

सम्मोहित *(S) adj.* • hypnotised.

सम्यक् *(S) adj.* • entire; proper.

सम्राज्ञी *(S) f.* • empress.

सम्राट *(S) m.* • emperor.

सयाना *adj.* • adolescent; adult; wise. ~**पन** *m.* adolescence; maturity; adulthood; clever.

सर *(P) m.* • head. ~ **कश** *adj.* rebellious. ~**ग़ना** *m.* leader. ~**गर्मी** *f.* enthusiasm. ~**गोशी** *f.* whispering. ~**ताज** *m.* best of all. ~**पंच** *m.* head of a Panchayat. ~ **परस्त** *m.* patron; guardian.

सरकना *v.i.* • to move along; to creep.

सरकाना *v.t.* • to move out of way; to postpone.

सरकार *(P) f.* • government.

सरकारी *(P) adj.* • governmental.

सरदार *(P) m.* • leader; chief.

सरदारी *(P) f.* • leadership.

सरपट *f.* • galloping. *adj.* level. *adv.* at a gallop.

सरपत *m.* • reed-grass.

सरमाया *(P) m.* • capital.

सरल *(S) adv.* • simple; easy. ~**ता** *f.* simplicity.

सरस *(S) adj.* • juicy; tasty.

सरसठ, सड़सठ *adj.* • sixty-seven.

सरसराहट *f.* • rustling sound.

सरसरी *(P) adj.* • casual; cursory.

सरसों *f.* • mustard.

सलहज, सरहज *f.* • wife's brother's wife.

सरहद *(P) f.* • frontier.

सराप *m.* • a curse.

सराफ़ा *(P) m.* • money market.

सराबोर *adj.* • soaked.

सराय *(P) m.* • inn.

सरासर *(P) adv.* • throughout; totally.

सराहना *v.t.* • to admire; to praise.

सरिता *(S) f.* • a river.

सरिया *(S) f.* • iron rod.

सरिश्ता *(P) m.* • record office; court.

सरीखा *adj.* • like; similar.

सरूर *(A) m.* • exhilaration (caused by alchohol).

सरेस *(P) m.* • glue.

सरोज *(S) m.* • a lotus.

सरोकार *(P) m.* • concern; affair.
सरोवर *(S) m.* • lake.
सरोसामान *(P) m.* • equipment.
सर्द *(P) adj.* • cold; damp.
सर्दी *(P) f.* • cold; a cold; winter.
सर्प *(S) m.* • a snake.
सर्राफ़ *(A) m.* • a money-changer; jeweller.
सर्व *(S) adj.* • total; entire.
सर्वाधिकार *(S) m.* • all rights. ~ **सुरक्षित** *adj.* all rights reserved.
सर्वांग *(S) m.* • whole body.
सर्वेक्षक *(S) m.* • surveyor.
सलज्ज *(S) adj.* • coy.
सलतनत, सल्तनत *(P) f.* • sovereign power; sultanate.
सलवार • see **शलवार**
सलाई *f.* • a thin rod; matchstick; knitting needle.
सलाख़ *f.* • a thin metal rod.
सलाम *(A) f.&m.* • salutation; peace.
सलामत *(P) f.* • safety.
सलाह *(A) f.* • advice; consultation. ~ **करना** to consult. ~ **कार** *m.* adviser; counseller. ~ **देना** to advise. ~ **लेना** to lake advice.
सलिल *(S) m.* • water.
सलीक़ा *(A) m.* • refinement; taste; courtesy; skill.
सलीब *(A) f.* • a cross. ~ **पर चढ़ाना** *v.t.* to crucify.
सलूक *(A) m.* • behaviour; relationship.
सलोना, सलोनी *adj./m.f.* • salted; attractive.
सलोनापन *m.* • charm; attractiveness.
सवर्ण *(S) adj.* • of the same colour; of the same Varna (**वर्ण**).
सवा *adj.* • plus a quarter; and a quarter.
सवाई, सवाया *adj.* • one and quarter times larger or greater.
सवाब *(A)* • virtue; what is right.
सवार *(P) adj.* • mounted.
सवारी *(P) f.* • riding; a passenger.
सवाल *(A) m.* • question; problem.
सविता *(S) m.* • the sun.
सवेरा *m.* • morning.
सशंकित *(S) adj.* • alarmed.
सशरीर *(S) adj.* • incarnate; *adv.* bodily.
सशस्त्र *(S) adj.* • armed.
सशुल्क *(S) adj.* • paid-up (a current member).
सश्रम कारावास *(S) m.* • imprisonment with hard labour.
ससुर *m.* • father-in-law.
ससुराल *m.* • father-in-law's house.
सस्ता *adj.* • cheap. ~ **पन** *m.* cheapness.
सस्ती *f.* • cheapness; a time of low prices; *adj.* cheap.
सह *(S) pref.* • with; along with. ~ **अपराधी** *m.* accomplice.

सहकार *(S) m.* • assistant; co-operation.

सहकारिता *(S) f.* • co-operation.

सहकारी *(S) adj.* • co-operative. *m.* colleague.

सहकार्य *(S) m.* • co-operation.

सहगामी *(S) adj.* • going with; *m.* companion.

सहज *(S) adj.* • easy; simple; innate; natural. ~ **ज्ञान** *m.* instinct.

सहजात *(S) adj.* • innate; congenital.

सहधर्मिणी *(S) f.* • wife.

सहन *(S) m.* • tolerance; patience. ~**करना** to endure; to tolerate. ~**शक्ति** *f.* power of endurance or tolerance. ~**शील** *adj.* tolerant.

सहन *(A) m.* • inner courtyard; court.

सहना *v.t.* • to tolerate; to endure.

सहपाठिनी *(S) f.* • fellow-student (female).

सहपाठी *(S) m.* • class-fellow (male).

सहभागिता *(S) f.* • collaboration.

सहभागी *(S) m.* • partner.

सहभोजी *(S) m.* • mess-mate.

सहमत *(S) adj.* • agreeing.

सहमति *(S) f.* • agreement.

सहमना *v.i.* • to feel fear.

सहमरण *(S) m.* • dying together.

सहयोग *(S) m.* • Co-operation; collaboration.

सहयोगी *(S) adj.* • co-worker; colbage.

सहर *(A) m.* • dawn.

सहल *(A) adj.* • simple; easy.

सहवास *(S) m.* • copulation; coitus.

सहसा *(S) adv.* • suddenly.

सहस्र *(S) adj.* • a thousand.

सहानुभूति *(S) f.* • sympathy.

सहाय *(S) m.* • helper; patron.

सहायक *(S) adj.* • assistant; subsidiary; auxiliary. ~**संपादक** *m.* assistant editor. ~**अनुदान** *m.* subsidiary grant-in-aid. ~**नियम** *m.* subsidiary rule. ~**पुलिस अधीक्षक** *m.* Assistant Police Superintendent. ~**महानिरीक्षक** *m.* Assistant Inspector General. ~ **सेना** *f.* auxiliary force.

सहायता *(S) f.* • aid; assistance; help. ~**अनुदान** *m.* grant-in-aid.

सहायिका *(S) f.* • assistant (female).

सहारा *m.* • assistance; support.

सहित *(S) ppn.* • with; accompanied (by); attended (by); along (with); together.

सहिष्णु *(S) adj.* • tolerant; patient; forbearing. ~**ता** *f.* tolerance.

सही *(A) adj.* • correct; right; sound.

सहूलियत *f.* • convenience.

सहृदय *(S) adj.* • kind-hearted; kindly.

सहेजना *v.t.* • to arrange (things).

सहेली *f.* • a woman's female friend.

सहोदर *(S) adj.* • uterine; *m.* a real brother.

सह्य *(S) adj.* • tolerable; endurable.

सांकल *f.* • a door-chain; chain.

सांकेतिक *(S) adj.* • symbolic.

सांख्यिकी *(S) f.* • statistics.

सांघातिक *(S) adj.* • deadly; fatal.

सांच *m.* • truth.

सांचा *m.* • a mould.

सांझ *f.* • evening; twilight.

सांढ़ *m.* • a bull; a stallion.

सांत्वना *(S) f.* • consolation. ~**देना** *v.i.* to console.

सांध्य *(S) adj.* • concerning twilight or evening.

सांप *m.* • a snake.

सांप्रतिक *(S) adj.* • contemporary.

सांप्रदायिक *(S) adj.* • communal. ~**ता** *f.* communalism. ~**दंगा** *m.* communal riot.

सांवला *adj.* • dark complexioned; ~**पन** *m.* darkness of complexion.

साँस *f.* • breath.

सांसत *f.* • suffering; torment.

सांसद *(S) m.* • a member of parliament.

सांसर्गिक *(S) adj.* • contagious.

सांस्कृतिक *(S) adj.* • cultural.

साईं *m.* • master; lord; husband

साईस *(A) m.* • a groom.

साक़ी *(A) m.* • cup-bearer (of alcohol); beloved.

साक्षर *(S) adj.* • literate; educated. ~**ता** *f.* literacy.

साक्षात् *(S) adv&adj.* • visibly; manifestly; *adj.* visible; evident.

साक्षात्कार *(S) m.* • an interview; meeting.

साक्षि *(S) adj.* • witnessing. *m.* witness.

साक्षी, साक्ष्य *f.m.* • testimony; evidence.

साख *m./f.* • credit; standing; trust.

साग *m.* • greens; vegetable. ~**पात** *m.* greens. ~ **सब्जी** *f.* vegetables.

सागर *(S) m.* • ocean; sea.

साग़र *(P) m.* • a goblet; a cup (for wine).

साज़ *(P) m.* • equipment; musical instrument.

साजन *m.* • lover; husband.

साज़िंदा *(P) m.* • an instrumentalist.

साज़िश *(P) f.* • conspiracy; plot.

साझा *m.* • partnership.

साझी *m.* • a partner.

साटन *f.* • satin.

साठ *adj.* • sixty.

साठा *m.* • sixty-years-old.

साड़ी *f.* • a sari.

साढ़ू *m.* • wife's sister's husband.

साढ़े *adj.* • plus a half.

सात *adj.* • seven.

सात्विक *(S) adj.* • virtuous. ~ता *f.* honesty; genuineness.

साथ *m.* • society; company. *adv.* with; together.

साथिन *f.* • female companion.

साथी *m.* • accomplice; ally; companion.

सादगी *(P) f.* • simplicity; plainness.

सादर *(S) adj.* • respectful.

सादा *(P) adj.* • plain.

सादृश्य *(S) m.* • similarity.

साध *f.* • longing; craving.

साधन *(S) m.* • means; expedient; resources.

साधना *(S) f.* • accomplishment; adoration; devoted labour.

साधना *v.t.* • to accomplish.

साधारण *(S) adj.* • ordinary; normal; usual.

साधु *(S) adj.* • virtuous; pious; holy; *m.* a holy man.

साध्य *(S) adj.* • attainable; feasible. कष्ट ~ *adj.* involving effort for completion.

सानंद *(S) adv.* • happily.

सान *f./m.* • a grindstone; touchstone. ~धराना, चढ़ाना *or* लगाना to grind (a blade).

सानना *v.t.* • to mix; to knead (as dough, clay etc.).

सानी *(A) adj.* • second; equal; match.

सानुकूल *(S) adj.* • favourable.

सानुनासिक *(S) adj.* • nasal (a vowel or consonant).

सान्निध्य *(S) m.* • proximity; vicinity.

सापेक्ष *(S) adj.* • relative; comparative. ~वाद *m.* relativity. ~ता *f.* relativity.

सापेक्षिक • see सापेक्ष

साप्ताहिक *(S) adj.* • weekly.

साफ़ *(A)* • clear; clean. ~करना to clean; to wash. ~सुथरा *adj.* immaculate; clean.

साफल्य *(S) m.* • success.

साफ़ा *m.* • a turban.

साबिक़ *(A) adj.* • as usual; according to custom.

साबक़ा *(A) m.* • long acquaintance. ~ पड़ना to have business or dealings (with).

साबित *(A) adj.* • proved; confirmed. ~करना to prove.

साबुन *(A) m.* • soap.

साबुत *adj.* • undamaged; whole.

सामंजस्य *(S) m.* • harmony; co ordination.

सामंत *(S) m.* • feudatory prince. ~काल *m.* the feudal period.

~वाद *m.* feudalism. ~शाही *f.* the feudal system.

सामंती *adj.* • feudal.

सामग्री (S) *f.* • materials.

सामना *m.* • confrontation; encounter.

सामने *adv.* • before; in front (of); facing; opposite.

सामयिक (S) *adj.* • timely; contemporary. ~ता *f.* timeliness.

सामरिक (S) *adj.* • military.

सामर्थ्य (S) *f./m.* • power; ability.

सामाजिक (S) *adj.* • social. ~सुरक्षा *f.* social security. ~सेवा *f.* social service.

सामान (P) *m.* • goods; things; materials.

सामान्य (S) *adj.* • general; common; normal. ~ प्रशासन *m.* General Administration. ~बुद्धि *f.* common sense. ~ मुद्रा *f.* common seal. ~ज्ञान *m.* general knowledge.

सामिष (S) *adj.* • non-vegetarian (food).

सामीप्य (S) *m.* • proximity; vicinity.

सामुदायिक (S) *adj.* • pertaining to a community.

सामुद्रिक (S) *adj.* • naval; maritime; astrology; palmistry.

सामूहिक (S) *adj.* • collective.

सांप्रदायिक (S) *adj.* • communal. ~ता communalism.

साम्य (S) *m.* • equality; parity. ~वाद *m.* communism. ~वादी *m.* & *adj.* communist.

साम्राज्य (S) *m.* • empire. ~वाद, ~शाही imperialism. ~वादी *adj. m.* imperialist. ~संबंधी *adj.* imperial.

सायं (S) *m.* • evening. ~काल *m.* evening.

साया (P) *m.* • shade; shadow; *m.* petticoat.

सारंगी (S) *f.* • a kind of violin.

सार (S) *m.* • essence; substance; jist; core. ~गर्भित *adj.* substantial. ~संग्रह *adj.* a digest. ~हीन *adj.* senseless.

सारणी (S) *f.* • a table. समय ~ *f.* timetable.

सारथी (S) *m.* • charioteer.

सारस *m.* • crane; heron.

सारांश (S) *m.* • synopsis; summary.

सारा *adj.* • entire; whole; all.

सारिका (S) *f.* • mynah (bird).

सार्थक (S) *adj.* • significant; meaningful. ~ता *f.* significance.

सार्वकालिक (S) *adj.* • perennial; everlasting.

सार्वजनिक, सार्वजनीन (S) *adj.* • public; general.

सार्वभौम (S) *adj.* • universal.

साल (P) m. • a year. ~गिरह f. birthday.

साल m. • the sal-tree (Shorea Robusta).

सालन m. • meat-curry.

साला m. • wife's brother; brother-in-law.

सालाना (P) adj. • yearly; annual.

साली f. • wife's sister; sister-in-law.

सावधान (S) adj. • careful; cautious. ~करना to warn. ~होना to be aware.

सावधानी (S) f. • caution; prudence.

सावधि (S) adj. • having a fixed term or time (as a loan, etc.).

सावन m. • the fifth month of the Hindu lunar calendar (July-August); a kind of song sung in Sawan.

साष्टांग (S) adj. • with all the eight organs.

सास f. • mother-in-law.

साहचर्य (S) m. • companionship.

साहब m. • a prominent person; an European.

साहस (S) m. • courage. ~करना to act bravely. ~ करके adv. bravely. ~ छोड़ना to lose courage. ~दिलाना to encourage.

साहसिक, साहसी (S) adj. • bold; brave.

साहित्य (S) m. • literature. ~कार m. author; writer.

साहित्यिक (S) adj. • literary.

साहिल (A) m. • coast; shore.

साहुल m. • a plummet.

सिंगार m. • adornment; decoration.

सिंघाड़ा m. • the water chestnut (Trapa bispinosa).

सिंचाई f. • irrigation; payment for watering.

सिंचित (S) adj. • irrigated.

सिंदूर m. • vermillion.

सिंह (S) m. • a lion. ~द्वार m. chief entrance. ~नी f. lioness.

सिंहल (S) m. • Sri Lanka.

सिंकड़ी f. • chain.

सिकुड़ना v.i. • to shrink.

सिकोड़ना v.t. • to contract; to squeeze or press in or together.

सिक्का (P) m. • a coin; currency.

सिखलाना, सिखाना v.t. • to teach; to instruct.

सिजदा (A) m. • bowing the forehead to the ground in prayer to Allah.

सिटकिनी f. • bolt (for closing a door).

सिटपिटाना v.i. • to be disconcerted.

सियासी (A) adj. • political.

सिड़ी adj. • crazy.

सितम (P) m. • injustice; tyranny.

सितार *(P) m.* • a musical instrument like the guitar.

सितारा *(P) m.* • a star.

सिद्ध *(S) adj.* • accomplished. ~ **करना** to accomplish; to prove. ~**हस्त** *adj.* very skilled.

सिद्धांत *(S) m.* • a principle; a doctrine.

सिद्धि *(S) f.* • attainment; fulfilment.

सिधाई, सीधापन *f./m.* • correctness; directness; simplicity.

सिधारना *v.i.* • to depart.

सिपाहियाना *(P) adj.* • soldierly.

सिपाही *(P) f.* • police constable; peon.

सिफ़त *(P) f.* • quality; attribute.

सिफ़र *(P) m.* • zero; a cipher.

सिफ़ारिश *(P) f.* • recommendation.

सिमटना *v.i.* • to shrink; to shrivel.

सियार *m.* • a jackal.

सियासत *f.* • politics.

सिर *m.* • head. ~ **आँखों पर लेना (बिठाना)** to accept with pleasure. ~**उठाना** to rebel. ~ **ऊँचा करना** to be elevated with pride. ~**से पैर तक** from head to foot.

सिरका *(P) m.* • vinegar.

सिरहाना *m.* • head-side of a bed.

सिरा *m.* • end (of something); a blood-vessel.

सिर्फ़ *(A) adv.* • merely; only.

सिल *f.* • a piece of stone.

सिलना *v.i.* • to be sewn.

सिलवट *f.* • a fold (as in cloth).

सिलवाना *v.t.* • to cause to be stitched.

सिलसिला *(A) m.* • chain; series.

सिला *(A) m.* • present; reward; repayment.

सिलाई *f.* • sewing; price paid for sewing.

सिलाना *v.t.* • to cause to be stitched; to have made (a garment).

सिल्ली *f.* • a block of stone.

सिवा *ppn.* • except; apart (from).

सिसकना *v.i.* • to sob.

सिसकी *f.* • a sob; sobbing.

सिहरन *f.* • a thrill; shudder.

सिहरना *v.i.* • to shiver (as with clold); to shudder (with fear).

सींग *m.* • a horn.

सींचना *v.t.* • to irrigate; to water.

सीख *f.* • instruction; advice. ~**ना** *v.i.* to learn.

सीझना *v.i.* • to boil.

सीटी *f.* • a whistle.

सीढ़ी *f.* • a ladder; a step (as of a stair).

सीधा *adj.* • straight; simple; erect.

सीना *v.t.* • to sew.

सीना *(P) m.* • the chest; breast.

सीप, सीपी *f.* • mother-of-pearl.

सीमंत *(S) m.* • the parting of hair.

सीमा *(S) f.* • boundary; frontier;

limit. ~कर *m.* terminal tax. ~करण *m.* demarcation. ~चौकी *f.* outpost. ~बद्ध *adj.* limited. ~शुल्क *m.* custom duty. ~हीन *adj.* limitless.

सीमित *(S) adj.* • limited; restricted.

सीरत *(P) f.* • virtue; nature; qualities.

सीलन *f.* • dampness.

सीवन *m./f.* • seam; sewing.

सीस *m.* • the head.

सीसा *m.* • lead.

सुंघाना *v.t.* • to cause to be smelt.

सुंदर *(S) adj.* • beautiful; handsome; attractive. ~ता *f.* beauty.

सुअवसर *(S) m.* • convenient moment or opportunity.

सुकर्म *(S) m.* • a good act.

सुकुमार *(S) adj.* • tender; delicate. ~ता *f.* tenderness.

सुकुमारी *(S) f.* • a beautiful young girl.

सुकून *(A) m.* • peace of mind.

सुख *(S) m.* • happiness; pleasure. ~द *adj.* comfortable.

सुख़न *(P) m.* • speech; language.

सुखाना *v.t.* • to dry (as clothes, etc.).

सुगंध *(S) adj.* • fragrant; *m.* aroma.

सुगंधित *(S) adj.* • aromatic; fragrant.

सुगबुगाना *v.i.* • to quiver; to show a trace of life.

सुगम *(S) adj.* • easily accessible; intelligible; easy. ~ता *f.* ease; facility.

सुघड़ *adj.* • well-formed; skillful.

सुचरित्र *(S) adj.* • of good conduct or character.

सुचारु *(S) adj.* • lovely; delightful.

सुजान *adj.* • wise; intelligent.

सुझाना *v.t.* • to point out; to suggest.

सुझाव *m.* • suggestion.

सुडौल *adj.* • handsome; graceful; shapely.

सुत *(S) m.* • a son.

सुतली *f.* • twine.

सुतार *m.* • a carpenter; opportunity.

सुथरा *adj.* • neat; tidy.

सुदर्शन *(S) adj.* • handsome; good looking.

सुदृढ़ *(S) adj.* • very firm.

सुध *f.* • memory; attention. ~आना to come to one's senses; to come to mind. ~ -बुध *m./f.* consciousness. ~ लेना to enquire (into).

सुधरना *v.i.* • to be reformed; to be improved.

सुधा *(S) f.* • nectar.

सुधार *(S) m.* • reform. ~क *m.* a reformer. ~ना *v.t.* to improve; to correct.

सुनना *v.t.* • to listen; to hear.

सुनवाई *f.* • causing to be heard; a (court) hearing.
सुनवैया *m.* • a listener; hearer.
सुनसान *adj.* • lonely; desolate.
सुनहरा, सुनहला *adj.* • golden.
सुनाना *v.t.* • to tell.
सुनाम *(S) m.* • good reputation.
सुनार *m.* • a goldsmith.
सुनारिन *f.* • a goldsmith's wife.
सुन्न *adj.* • empty; numb; paralysed.
सुन्नत *(P) f.* • circumcision.
सुपथ *(S) m.* • a good road; right conduct.
सुपात्र *(S) m.* • a suitable person.
सुपारी *f.* • betel-nut (Areca catechu).
सुपुत्र *(S) m.* • a good son.
सुपुर्द *(P) f.* • to entrust; *adj.* entrusted. ~**करना** *v.t.* to hand-over. ~**गी** *f.* surrender.
सुप्त *(S) adj.* • asleep.
सुप्रतिष्ठ, सुप्रतिष्ठित *(S) adj.* • celebrated.
सुबकना *v.i.* • to cry quietly.
सुबह *(A) f.* • morning.
सुबहा *(A) m.* • doubt; suspicion.
सुबुक *(P) adj.* • soft; delicate.
सुबुद्धि *(S) adj.* • intelligent; wise. *f.* good sense.
सुबोध *(S) adj.* • easily understandable.
सुभीता *m.* • convenience.
सुमति *(S) f.* • good disposition; *adj.* wise.
सुमन *(S) adj.* • beautiful; *m.* flower.
सुमरना, सुमिरना *v.i.* • to repeat God's name.
सुमुखी *(S) f.* • a beautiful woman.
सुयश *(S) adj.* • renowned. *m.* fame; renown.
सुयोग *(S) m.* • a good opportunity.
सुयोग्य *(S) adj.* • very capable.
सुरंग *f.* • a tunnel.
सुर *(S) m.* • tune; melody; a note (musical).
सुर *(S) m.* • a god.
सुरक्षा *(S) f.* • safety; security. ~**परिषद** *m.* Security Council. ~**त्मक** *adj.* defensive.
सुरक्षित *(S) adj.* • well-protected; well-defended.
सुरखाब, सुर्ख़ाब *(P) m.* • the ruddy shelduck (Anas casarca = **चकवा**).
सुरभि *(S) f.* • fragrance; cow; *adj.* fragrant.
सुरमा *(P) m.* • powdered antimony (applied to the eyes).
सुरा *(S) f.* • wine.
सुराग *(S) m.* • sweet music.
सुराग़ *(P) m.* • clue.
सुराही *(P) f.* • a jar with narrow long neck.
सुरीला *adj.* • melodious.

सुरुचि *(S) f.* • a good taste; *adj.* having a good taste.

सुरूप *(S) adj.* • handsome.

सुर्ख़ *(P) adj.* • red.

सुर्ख़ी *(P) f.* • redness.

सुलगना *v.i.* • to be kindled (a fire).

सुलगाना *v.t.* • to kindle (a fire).

सुलझना *v.i.* • to unravel; to be solved.

सुलझाना *v.t.* • to solve; to conciliate.

सुलतान *(A) m.* • king; sultan.

सुलताना *(A) f.* • queen.

सुलभ *(S) adj.* • convenient; easily obtained.

सुलह *(A) f.* • peace; truce.

सुलाना *v.t.* • to put to bed.

सुवर्ण *(S) adj.* • of a good colour; of a good caste.

सुवास, सुबास *(S) m.* • fragrance; scent.

सुवासित *(S) adj.* • scented.

सुविख्यात *(S) adj.* • renowned.

सुविचार *(S) m.* • good thought.

सुविज्ञ *(S) adj.* • very wise; expert.

सुशिक्षित *(S) f.* • well-educated.

सुशील *(S) adj.* • courteous; polite. ~ता *f.* goodness of character.

सुशोभित *(S) adj.* • decorated.

सुश्री *(S) adj.* • Miss.

सुषमा *(S) f.* • exquisite beauty.

सुषुप्त *(S) adj.* • sound asleep.

सुसंस्कृत *(S) adj.* • refined; cultured.

सुसज्जित *(S) adj.* • well-decorated.

सुसंपन्न *(S) adj.* • well-to-do.

सुस्त *(P) adj.* • slow; idle.

सुस्ती *(P) f.* • sluggishness.

सुस्थिर *(S) adj.* • steady; very firm.

सुस्पष्ट *(S) adj.* • very clear.

सुस्वाद, सुस्वादु *(S) adj.* • delicious.

सुहाग *m.* • married happiness.

सुहागिन *f.* • a woman whose husband is alive.

सुहाना *v.i.* • to seem attractive; to be liked.

सुहावन, सुहावना *adj.* • agreeable; charming.

सूँघना *v.t.* • to smell.

सूँड़, सूँढ़ *f.* • an elephant's trunk.

सूअर *m.* • a pig; a boar.

सूई *f.* • a needle.

सूक्ति *(S) f.* • wise-saying.

सूक्ष्म *(S) adj.* • minute; fine; ~दर्शी *adj.* keen of sight.

सूखना *v.i.* • to dry; to wither.

सूखा *adj.* • dry; withered. *m.* drought.

सूचक *(S) adj.* • indicating. *m.* an indicator.

सूचित *(S) adj.* • indicated; informed; made known.

सूची *(S) f.* • list; index; table. ~पत्र *m.* a catalogue.

सूजन *f.* • inflammation; swelling.

सूजना *v.i.* • to swell; to be inflamed.

सूझ *f.* • perception; understanding.

सूझना *v.i.* • to appear; to seem.

सूत *m.* • yarn; thread.

सूती *adj.* • made of cotton.

सूत्र *m.* • thread; an aphorism; ~ **धार** *m.* stage manager. ~ **पात** *m.* beginning.

सूद *(P) m.* • interest (on money lent).

सूना *adj.* • deserted; unoccupied. ~ **पन** *m.* desolate.

सूफ़ी *(A) m.* • a Sufi; a member of the Sufi order.

सूबा *adj./m.* • province.

सूबेदार *(A) m.* • governor.

सूम *m.* • a miser.

सूर *(S) m.* • a hero.

सूरज *m.* • the sun.

सूरत *(P) f.* • face; features.

सूरमा *m.* • a hero; valiant person.

सूराख़ *(P) m.* • opening; hole.

सूर्य *m.* • the sun. ~ **ग्रहण** *m.* eclipse of the sun.

सूली *f.* • gallows. ~ **चढ़ाना** to hang.

सृजन *(S) m.* • creating. ~ **शील** *adj.* creative.

सृष्टि *(S) f.* • creation; the world.

सेंकना *v.t.* • to warm; to foment.

सेंत *f.* • something obtained free.

सेंध *f.* • a hole made in a wall by thieves.

सेंधा *m.* • a white rock-salt (नमक).

से *ppn.* • by means of; by; with.

सेज *f.* • a bed.

सेठ *m.* • a prosperous merchant.

सेठानी *f.* • wife of a seth.

सेतु *(S) m.* • a bridge.

सेना *(S) f.* • an army. ~ **पति** *m.* general; commander.

सेना *v.t.* • to hatch (eggs); to brood.

सेनानी *m.* • commander (of an army).

सेब *(P) m.* • an apple.

सेवक *(S) m.* • a servant.

सेवा *(S) f.* • service. ~ **करना** to serve. ~ **काल** *m.* length of service. ~ **निवृत्त** *adj.* retired. ~ **परायण** *adj.* devoted to the master.

सेविका *(S) f.* • a maid-servant.

सेहत *f.* • health. ~ **मंद** *adj.* healthy.

सैंतालीस *adj.* • forty-seven.

सैंतीस *adj.* • thirty-seven.

सैनिक *(S) adj.* • military; *m.* a soldier.

सैन्य *(S) adj.* • military; *m.* an army.

सैर *(A) f.* • stroll; a walk.

सैलाब *(A) m.* • flood.

सैलानी *m.* • a tourist.

सो *adv.* • thus; hence; therefore; *conj.* then; next; now; well.

सोखना *v.t.* • to soak up.

सोख़्ता *(P) m.* • blotting paper.

सोच *m.* • thought; reflection; concern. ~**ना** to think; to reflect.

सोता *m.* • a spring; a stream.

सोधना *v.t.* • to refine; to purify.

सोना *m.* • gold.

सोना *v.i.* • to sleep; to lie down.

सोपान *(S) m.* • stairs; stairway; stage.

सोलह *adj.* • sixteen.

सोहना *v.i.* • to look well or beautiful.

सोहबत *(P) f.* • company; companionship; cohabitation.

सौंदर्य *(S) m.* • beauty.

सौंपना *v.t.* • to hand over.

सौंफ़ *f.* • fennel; aniseed.

सौंह *f.* • an oath.

सौ *adj.* • a hundred.

सौगंध *(P) f.* • an oath.

सौग़ात *(P) f.* • a gift.

सौजन्य *(S) m.* • magninimity; kindness.

सौत, सौतन *f.* • a co-wife.

सौतेला *adj.* • step (as brother, etc.).

सौदा *(P) m.* • goods; wares; a deal. ~**गर** *m.* a trader.

सौदामिनी *(S) f.* • lightning.

सौभाग्य *(S) m.* • good fortune.

सौम्य *(S) adj.* • mild; placid.

सौरी *f.* • labour room.

सौष्ठव *(S) m.* • excellence.

सौहार्द *(S) m.* • friendship.

स्खलन *(S) m.* • a fall.

स्खलित *(S) adj.* • stumbling; discharged (semen).

स्तंभ *(S) m.* • a pillar; column.

स्तंभित *(S) adj.* • astounded.

स्तन *(S) m.* • breast (of a woman).

स्तब्ध *(S) adj.* • dumbfounded.

स्तरीय *(S) adj.* • of a particular grade.

स्तव *(S) m.* • hymn. ~**न** *m.* praise.

स्तुति *(S) f.* • praise; prayer.

स्त्री *(S) f.* • a woman; wife. ~**जाति** *f.* womankind. ~**धन** *m.* a wife's personal property. ~**राज्य** *m.* petticoat government; matriarchy. ~**रोग विज्ञान** *m.* gynaecology. ~**रोग विज्ञानी** *m./f.* a gynaecologist. ~**लिंग** *m.* feminine gender (*gram.*).

स्थगन *(S) m.* • postponement; adjournment.

स्थगित *(S) adj.* • postponed; adjourned.

स्थल *(S) m.* • ground; site; place.

स्थान *(S) m.* • place; locality; site.

स्थानांतरण *(S) m.* • transfer.

स्थापत्य *(S) m.* • architecture.

स्थापित *(S) adj.* • established; founded.

स्थायित्व *(S) m.* • stability; permanence.

स्थायी *(S) adj.* • permanent. ~**निवास** *m.* domicile. ~**आदेश** *m.* standing order. ~**बंदोबस्त** *adj.* permanent settlement. ~**समिति** *f.* standing committee.

स्थावर *(S) adj.* • immovable.

स्थित *(S) adj.* • situated. ~**प्रज्ञ** *adj.* unperturbed; calm.

स्थिति *(S) f.* • situation; state.

स्थिर *(S) adj.* • stable; fixed. ~**ता** *f.* stability.

स्थूल *(S) adj.* • fat; bulky. ~**काय** *adj.* fat. ~**बुद्धि** *adj.* dull-witted. ~**ता** *f.* stoutness.

स्नातक *(S) m.* • a graduate.

स्नातिका *(S) f.* • a woman graduate.

स्नातकोत्तर *(S) adj.&m.* • post-graduate.

स्नान *(S) m.* • bathing. ~**करना** to bathe.

स्नायविक *(S) adj.* • having to do with the nerves.

स्नायु *(S) f.* • nerve. ~**संस्थान** *m.* nervous system.

स्निग्ध *(S) adj.* • affectionate; oily.

स्नेह *(S) m.* • affection; oiliness.

स्नेहिल *(S) adj.* • affectionate.

स्नेही *(S) adj.* • loving.

स्पंदन *(S) m.* • quivering.

स्पर्धा *(S) f.* • envy; competition.

स्पर्श *(S) m.* • a touch; touching.

स्पष्ट *(S) adj.* • distinct; clear. ~**ता** *f.* clarity.

स्पष्टीकरण *(S) m.* • clarification.

स्पृहणीय *(S) adj.* • desirable.

स्फटिक *(S) m.* • quartz.

स्फुट *(S) adj.* • miscellaneous.

स्फुरण *(S) m.* • trembling; springing forth; Verve.

स्फूर्ति *(S) f.* • energy; vigour.

स्मरण *(S) m.* • remembering; recollection; memory. ~**करना** to remember; to recollect. ~**कराना** to remind. ~ **पत्र** *m.* memorandum. ~**शक्ति** *f.* the memory; power of memory.

स्मरणीय *(S) adj.* • memorable.

स्मारक *(S) adj.* • memorial; *m.* a souvenir.

स्मारिका *(S) f.* • a comemorative volume.

स्मित, स्मिति *(S) m.* • a smile.

स्मृति *(S) f.* • memory; recollection; ~**चिह्न** *m.* memento; souvenir.

स्यापा *(P) m.* • mourning; lamentation.

स्याह *(P) adj.* • black.

स्याही *(P) adj.* • blackness; ink.

सृष्टा *(S) m.* • a creator.

स्रोत *(S) m.* • source; stream.

स्व *(S) pref.* • one's own; innate; auto. ~**चालित** *adj.* automatic. ~**कीय** *adj.* one's own. ~**कीया**

f. a woman faithful to her husband.

स्वगत *(S) adj.* • said to oneself; *adv.* spoken aside.

स्वच्छ *(S) adj.* • clean; pure.

स्वच्छंद *(S) adj.* • unrestrained; free. ~**ता** *f.* wilfulness.

स्वजन *(S) m.* • a relative.

स्वजातीय *(S) adj.* • of one's own caste or community.

स्वतंत्र *(S) adj.* • free; independent. ~**ता** *f.* freedom; independence. ~**ता संग्राम** *m.* freedom struggle.

स्वतः *(S) adv.* • of one's own accord; by oneself. ~**सिद्ध** *adj.* self-evident.

स्वत्व *(S) m.* • own right.

स्वत्वाधिकारी *(S) m.* • one having proprietary rights or copyright.

स्वदेश *(S) m.* • motherland. ~**भक्त** *adj.* patriot. ~**भक्ति** *f.* patriotism.

स्वदेशी *(S) adj.* • indigenous; of one's own country.

स्वधर्म *(S) m.* • own or personal duty; own religion.

स्वप्न *(S) m.* • a dream. ~**देखना** to dream.

स्वभाव *(S) m.* • nature; temperament. ~**तः** *adv.* naturally.

स्वयं *(S) pron.* • self; oneself. *adv.* by oneself; of one's own accord. ~**वर** *m.* public choice of a bridegroom by the bride; ~**सेवक** *m.* a volunteer.

स्वर *(S) m.* • voice; sound; note (music); a vowel (*gram.*).

स्वराज्य *(S) m.* • independence.

स्वरूप *(S) m.* • appearance; form.

स्वर्ग *(S) m.* • heaven.

स्वर्गीय *(S) adj.* • of heaven; deceased; the late.

स्वर्ण *(S) m.* • gold. ~**कार** *m.* goldsmith.

स्वर्णिम *(S) adj.* • golden.

स्वल्प *(S) adj.* • very little.

स्वस्थ *(S) adj.* • healthy. ~**ता** *f.* health.

स्वांग *m.* • mimicry; disguise.

स्वांतःसुखाय *(S) adv.* • for personal pleasure.

स्वागत *(S) m.* • welcoming; a welcome; reception. ~ **कारिणी समिति** *f.* Reception Committee.

स्वाद *(S) m.* • taste; flavour.

स्वादिष्ट *(S) adj.* • tasty.

स्वाधिकार *(S) m.* • own authority or right.

स्वाधीन *(S) adj.* • independent. ~**ता** *f.* independence.

स्वान *(S) m.* • a dog.

स्वाभाविक *(S) adj.* • natural. ~**ता** *f.* naturalness.

स्वामित्व *(S) m.* • ownership.

स्वामिनी *(S) f.* • mistress; the lady of house.

स्वामी *(S) m.* • owner; proprietor; husband; head of a religious order.

स्वायत्त *(S) adj.* • autonomous. ~**ता** *f.* autonomy.

स्वार्थ *(S) m.* • selfishness.

स्वार्थी *(S) adj.* • selfish; m. a selfish person.

स्वास्थ्य *(S) m.* • health.

स्वीकार *(S) m.* • accepting; acceptance; assent. ~**ना** *v.t.* to accept.

स्वीकारात्मक *(S) adj.* • affirmative.

स्वीकार्य *(S) adj.* • acceptable.

स्वीकृत *(S) adj.* • accepted.

स्वीकृति *(S) f.* • acceptance.

स्वेद *(S) m.* • sweat; perspiration.

स्वेच्छा *(S) f.* • one's own wish or will. ~**चार** *m.* acting arbitrarily.

स्वैच्छिक *(S) adj.* • self-willed.

ह

हंकवा, हांका *m.* • a hunt with beaters.

हंकवाना *v.t.* • to cause (animals) to be driven away.

हंगामा *(P) m.* • commotion.

हँड़िया *f.* • a small earthenware cooking pot; an alcoholic drink made from rice, etc.

हंफ़नी *f.* • panting.

हंस *(S) m.* • swan. ~**गामिनी** *f.* a woman who moves gracefully (like a swan).

हँसना • to laugh.

हंसमुख *adj.* • cheerful; gay.

हँसाई *f.* • laughter; ridicule.

हँसाना *v.t.* • to cause to laugh.

हँसिया *f.* • a sickle.

हँसी *f.* • laughter. ~**उड़ाना** to make fun of. ~**ठट्ठा** *m.* joking.

हँसुआ • a sickle.

हँसुली *f.* • collarbone; necklace.

हँसोड़ *adj.* • jovial.

हक़ *(A) adj.* • right; true. ~**दार** *m.* rightful claimant.

हकला *m.* • a stutterer.

हकलाना *v.i.* • to stammer; to stutter.

हक़ीक़त *(A) f.* • reality; fact; truth.

हकीम *(A) m.* • a wise man; a doctor (Unani).

हक्का-बक्का *adj.* • taken aback.

हचकोला *m.* • a jolt.

हज़म *(A) m.* • digestion.

हज़रत *f.* • excellence. ~**मुहम्मद** *m.* the prophet Mohammad.

हजामत *(P) f.* • shaving; haircut.

हज़ार *(P) adj.* • thousand.

हज्जाम *(A) m.* • a barber; surgeon.

हटना *v.i.* • to move away.

हटाना *v.t.* • to remove.

हट्टाकट्टा *adj.* • robust.

हठ *(S) m.* • stubbornness.

हठात् *(S) adv.* • suddenly.

हठी, हठीला *adj.* • stubborn.

हड़ताल *f.* • a strike. ~**करना** to go on strike.

हड़पना *v.i.* • to appropriate; to embezzle.

हड़बड़ाना *v.i.* • to rush.

हड़बड़िया *adj.* • easily agitated; hasty.

हड्डी *f.* • a bone.

हत *(S) adj.* • struck; destroyed. ~**प्रभ** *adj.* without splendour.

हतक *(A) m.* • disrespect; insult.

हत्था *m.* • a handle.

हत्या *(S) f.* • murder. ~ **करना** to murder.

हत्यारा *m.* • murderer.

हथकंडा *m.* • tactics.

हथकड़ी *f.* • handcuff.

हथगोला *m.* • hand grenade.

हथसार, हथसाल *f.* • an elephant house.

हथनी *f.* • a she-elephant.

हथियाना *v.t.* • to seize.

हथियार *m.* • a weapon; arms.

हथेली *f.* • palm (of the hand).

हथौड़ा *m.* • sledgehammer.

हथौड़ी *f.* • a hammer.

हद *f.* • limit; boundary. ~**से ज्यादा** *adj. & adv.* unlimited; extremely.

हनन *(S) m.* • killing.

हनना *v.t.* • to kill.

हफ़्ता *(P) m.* • a week.

हब्शी *(A) m.* • a negro.

हम *pron.* • we. ~**लोग** we.

हमजोली *(P) m./f.* • playmate.

हमदर्द *(P) adj.&m.* • sympathetic.

हमदर्दी *(P) f.* • sympathy.

हमराही, हमसफ़र *m.* • fellow-traveller.

हमल *(A) m.* • pregnancy.

हमला *(A) m.* • assault; attack; aggression.

हमारा *adj.* • our; ours.

हमेशा *(P) adv.* • always; constantly.

हम्माम *(A) m.* • a bathing place.

हया *(A) f.* • shame.

हयात *(A) f.* • life.

हर *(P) adj.* • every; each. ~**दम** *adv.* constantly; always.

हरकत *(P) f.* • movement.

हरकारा *(P) m.* • postman; mail-runner.

हरगिज़ *(P) adv.* • at any time; on any account. ~**नहीं** *adv.* on no account.

हरण *(S) m.* • stealing.

हरना *v.t.* • to steal; to kidnap.

हरफ़, हर्फ़ *(A) m.* • a letter (of the alphabet).

हरम *(A) m.* • a harem.

हरवाहा, हलवाहा *m.* • ploughman.

हरा *adj.* • green. ~**पन** *m.* greenness.

हराना *v.t.* • to defeat.

हराम *(A) adj.* • forbidden.

हरामी *(A) adj.* • wicked; illegitimate.

हरारत *(P) f.* • heat; temperature.

हरिण *(S) m.* • a deer.

हरित *(S) adj.* • green. ~**क्रांति** *f.* green revolution.

हरियाली, हरीतिमा *f.* • greenery.

हर्ज *(A) m.* • inconvenience; loss; harm.

हर्जाना *(P) m.* • compensation.

हर्ष *(S) m.* • delight; joy.

हर्षित *(S) adj.* • delighted; cheerful.

हल *m.* • a plough. ~ **चलाना** to plough.

हलक़ *(A) m.* • the throat.

हलका *adj.* • light (in weight); mild.

हलक़ा *(A) m.* • a circle; area.

हलकान *(A) adj.* • harassed.

हलचल *f.* • bustle; stir.

हलफ़नामा *(P) m.* • a sworn statement.

हलवा *(A) m.* • a kind of sweet.

हलवाई *(P) m.* • sweetseller; confectioner.

हलवाहा *m.* • a ploughman.

हलाल *(A) adj.* • allowable; lawful. ~**करना** *v.t.* to kill in the Muslim way.

हल्दी *f.* • turmeric.

हल्ला *m.* • uproar.

हवन *(S) m.* • a sacred-fire.

हवलदार *(P) m.* • sergent (in the army or police).

हवस *(A) f.* • lust; intense desire.

हवा *(A) f.* • wind; air. ~**ई** *adj.* airy. ~**ई अड्डा** *m.* aerodrome. ~**ई जहाज़** *m.* aeroplane. ~**ई डाक** *f.* air mail. ~**दार** *adj.* ventilated.

हवाला *(A) m.* • reference.

हवालात *(A) f.* • custody; lock-up.

हवेली *(A) f.* • a mansion.

हव्वा *(A) f.* • Eve (the first woman on earth).

हश्र *(A) m.* • dire result.

हसरत *(P) f.* • desire; longing.

हसीन *(A) adj.* • beautiful.

हस्त *(S) m.* • the hand. ~**कला** *f.* ~ **शिल्प** *m.* handicraft. ~**कौशल** *m.* skill. ~**लिपि** *f.* handwriting. ~**लिखित ग्रंथ** *m.* manuscript.

हस्तक्षेप *(S) m.* • intervention; interference.

हस्ताक्षर *(S) m.* • signature; ~**करना** *v.t.* to sign; ~**करनेवाला** *m.* signatory.

हस्ति *(S) m.* • an elephant.

हस्तिनी *(S) f.* • a she-elephant.

हस्ती *(P) f.* • existence; wealth.

हाँ *adv.* • yes; of course.

हाँक *f.* • calling.

हाँकना *v.t.* • to drive.

हाँड़ी *f.* • an earthen cooking-pot.

हाँफना *v.i.* • to pant; to puff; to gasp.

हाकिम *(A) m.* • ruler; an officer.

हाजत *(P) f.* • need; urge.

हाज़मा *(A) m.* • digestion.

हाज़िर *(A) adj.* • present.

हाज़िरी *(A) f.* • attendance.

हाजी *(A) m.* • a pilgrim (Muslim) who has visited Mecca.

हाट *f.* • a market; market day.

हाड़ *m.* • a bone.

हाथ *m.* • the hand. ~**आना** to get. ~**उठाना** to raise the hand (to beat).

हाथा *m.* • handle.

हाथी *m.* • an elephant; rook (in chess). ~ **ख़ाना** *m.* elephant house. ~ **वान** *m.* elephant driver.

हानि *(S) f.* • harm; loss. ~**पहुँचाना** to cause loss. ~**कारक** *adj.* injurious.

हामी *f.* • assent. ~**भरना** to assent.

हाय • *interj.* alas !

हार *f.* • defeat. ~**-जीत** *f.* loss and gain.

हार *m.* • a necklace; a garland.

हारना *v.i.* • to be defeated.

हार्दिक *(S) adj.* • cordial; heart-felt. ~**ता** *f.* cordiality.

हाल *(A) m.* • condition; circumstances. ~**चाल** *m.* state.

हालत *(P) f.* • condition.

हालात *(A) f. pl.* • circumstances; facts.

हाव-भाव *(S) m.* • manner.

हाशिया *(A) m.* • margin.

हासिल *(A) m.* • acquisition; gain; total (*maths*).

हास्य *(S) adj.* • ridiculous; *m.* laughter.

हास्यास्पद *(S) adj.* • laughable; ridiculous.

हिंडोला *m.* • a swing.

हिंद *(P) m.* • India.

हिंदी *(P) f.* • the Hindi language.

हिंदुत्व *m.* • Hinduism.

हिंदुस्तान, हिंदुस्थान *(P) m.* • India.

हिंदुस्तानी, हिंदुस्थानी *adj.* • Indian.

हिंदू *(P)* • a Hindu.

हिंसक *(S) adj.* • murderous; violent.

हिंसा *(S) f.* • violence. ~**लु** *adj.* murderous.

हिंस्र *(S) m.* • a beast of prey.

हिकमत *(P) f.* • wisdom. ~**करना** to practise Yunani medicine.

हिक़ारत *(P) f.* • contempt.

हिचक *f.* • hesitation.

हिचकना, हिचकिचाना *v.i.* • to hesitate.

हिचकी *f.* • hiccup.

हिजड़ा *m.* • a eunuch.

हिज्जे *(A) m.* • spelling.

हित *(S) adj.* • good; beneficial. ~**कर** *adj.* benevolent; useful. ~**चिंतक** *adj.* well-wisher.

हितैषी, हितू *(S) m.* • a well-wisher.

हिदायत *(P) f.* • instruction.

हिनहिनाना *v.i.* • to neigh.

हिफ़ाज़त *(P) f.* • protection; care; security.

हिम *(S) m.* • cold; ice; snow. ~**गिरि** *m.* snowy mountains; the Himalayas. ~**पात** *m.* snowfall.

हिमांक *(S) m.* • freezing point.

हिमाक़त *(P) f.* • fatuousness.

हिमायत *(P) f.* • patronage; support.

हिम्मत *(P) f.* • courage.

हिरन *m.* • a deer; a stag.

हिरासत *(P) f.* • custody.

हिलकोरना *v.t.* • to agitate (water into waves).

हिलना *v.i.* • to shake; to stir; to be familiar.

हिलाना *v.t.* • to shake.

हिलोर *f.* • a ripple.

हिसाब *(A) m.* • calculation; accounts; arithmetic. ~**लगाना** *v.t.* to calculate. ~-**किताब** *f.* accounts.

हिस्सा *(A) m.* • part; share.

ही *adv.* • precisely.

हीन *adj.* • without; inferior. ~**ता** *f.* deprivation (of).

हीरा *m.* • diamond.

हीला *(A) m.* • excuse.

हुँकार *(S) m.* • roaring.

हुँकारी *f.* • assent.

हुंडी *f.* • a bill of exchange; draft.

हुआ *v.i.* • became; happened.

हुकूमत *(P) f.* • rule; government.

हुक्काम *(A) m.pl.* • rulers.

हुक्म *(A) m.* • command; order.

हुजूम *(A) m.* • a crowd.

हुज़ूर *(A) m.* • sir; your Highness. ~**में** *adv.* in the presence (of).

हुज्जत *(P) f.* • dispute; foolish arguments.

हुड़दंग *m.* • uproar.

हुनर *m.* • skill; art.

हुलिया *(A) m.* • features (of the face).

हुल्लड़ *m.* • disturbance; uproar.

हुस्न *(A) m.* • beauty.

हूक *f.* • cry of pain; a sob. ~**ना** to cry out in pain.

हृदय *(S) m.* • heart. ~**ग्राही** *adj.* captivating. ~**स्पर्शी** *adj.* pathetic.

हृष्ट-पुष्ट *(S) adj.* • robust; healthy.

हेंकड़ी *f.* • bravado.

हेच *adj.* • superficial.

हेठी *f.* • humiliation.

हेतु *(S) m.* • motive.

हेमंत *(S) m.* • the cold season; winter (mid-November to mid-January).

हेरफेर *m.* • exchange; manipulation.

हेराना *v.i.* • to be lost.

हेलमेल *m.* • intimacy.

हैरत *(P) f.* • wonder; amazement.

हैरान *(A) adj.* • perplexed; worried.

हैवान *(A) m.* • an animal.

हैवानियत *(P) f.* • brutality; bestiality.

हैसियत *(P) f.* • ability; resources.

होंठ *m.* • the lip.

हो *v.i.* • are (e.g., you are).

होड़ *f.* • a wager; a bet.

होनहार *adj.* • promising; *m.* the future.

होना *v.i.* • to be; to be present; to become.

होली *f.* • the Hindu spring festival.

होश *(P) m.* • consciousness; sense. ~**उड़ना** to lose senses. ~**दिलाना** *v.t.* to remind.

होशियार *(P) adj.* • intelligent; clever; skilful.

होशियारी *(P) f.* • intelligence; skill.

हौआ *m.* • a bogyman.

हौज़ *(A) m.* • a tank.

हौदा *(A) m.* • howdah (of an elephant).

हौसला *(A) m.* • courage; morale. ~**अफ़ज़ाई** *f.* encouragement.

ह्रस्व *(S) adj.* • short; small; ~**स्वर** a short vowel.

ह्रास *(S) m.* • decline.

●●●